体育院校通用教材

篮球运动教程

孙民治 主编

全国体育院校教材委员会审定

人民体育出版社

图书在版编目（CIP）数据

篮球运动教程 / 孙民治主编. -- 北京：人民体育出版社, 2007 (2022.10重印)
体育院校通用教材
ISBN 978-7-5009-3100-3

Ⅰ.①篮… Ⅱ.①孙… Ⅲ.①篮球运动—高等学校—教材 Ⅳ.①G841

中国版本图书馆CIP数据核字(2021)第184187号

*

人民体育出版社出版发行
国铁印务有限公司印刷
新 华 书 店 经 销

*

787×960　16开本　27印张　495千字
2007年4月第1版　2022年10月第19次印刷
印数：215,501—225,500册

*

ISBN 978-7-5009-3100-3
定价：65.00元

社址：北京市东城区体育馆路8号（天坛公园东门）
电话：67151482（发行部）　　　邮编：100061
传真：67151483　　　　　　　　邮购：67118491
网址：www.psphpress.com
（购买本社图书，如遇有缺损页可与邮购部联系）

前　言

　　《篮球运动教程》是全国普通高等教育"十一五"国家级规划教材。本教材作为全国体育院校篮球普修课学生用书，由全国体育院校教材委员会篮球教材小组根据全国体育院校本科体育教学计划的培养目标、教学任务、教学时数、教学内容及考核要求，在总结若干年来各体育院校篮球课程教学实践的经验和继承不同时期出版的各类篮球教材优点的基础上，重视吸收国内外篮球运动发展中的先进理论与实践内容，经过参编者多次认真讨论研究，听取和征求多所体育院校篮球教学工作者的意见，特别是在征求对本书第一版使用反馈意见基础上，集思广益，分工负责撰写而成的。

　　本教材着眼于为新世纪培养体育专门人才的实际需要，坚持继承与创新、改革与发展；坚持实事求是，从本科篮球教学实际出发；坚持突出教学性、针对性、实用性、实践性、科学性、先进性、时代性，力求从教学体系和教学内容、教学手段与方法上有所突破，以使教学对象能适应未来工作的需要。

　　本教材与《篮球运动高级教程》和《现代篮球运动教学与训练》有机衔接，构成高等院校培养不同层次人才需要的教学用书，逐步使其形成配套的、适应时代发展的篮球运动教学用书系列。

　　本教材的编写工作自始至终得到了国家体育总局科教司的领导和关心，首都体育学院牵头负责，由前国务院学位委员会体育学科评议组成员、教育部教学指导委员会副主任、中国篮球协会副主席、全国体育院校教材委员会篮球教材编写组组长、博士生导师孙民治教授任主编，教材组副组长、博士生导师刘玉林教授任副主编，由原北京体育大学校长王世安教授、原武汉体育学院院长钟添发教授任顾问，主持和参与了本教材的设计、列目、审定、讨论和定稿的全部过程。全国体育院校知名专家和教授于振峰、王贺立、王向宏、孙民治、许永刚、李杰凯、李颖川、朱越彤、杜俐、杨桦、陈钧、陈金英、郑刚、张培峰、张月英、宋丽媛、练碧贞、赵映辉、赵晶、赵芳、郭永波、郭永东、傅企明、谭朕斌、潘桂芝、陈新建、赵国华等同志参加了编写与修改。毕仲春、郑刚同志组织了技术图

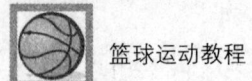

片的拍摄工作。分章编写定稿后,由孙民治、王世安、钟添发、刘玉林为总串稿人,赵映辉、于振峰、谭朕斌、傅企明、陈钧、赵晶等参加串稿,最后经全国体育院校教材委员会审定出版。

本教材在编写过程中得到了国家体育总局科教司、中国篮球协会的大力支持。北京体育大学和武汉、成都、沈阳、广州、西安、上海、天津、哈尔滨、首都体育学院,以及人民体育出版社为本书的审定、串稿和定稿给予了各方面的帮助;耐克公司及北京金色河畔高尔夫学校杜一鸣先生给予的协助,为本书的出版提供了切实的保障条件。在此,一并表示衷心的感谢。

对本书存在的不足之处,真诚希望各位读者提出宝贵的意见和建议。

全国体育院校教材委员会篮球教材编写小组
2007年2月于北京

图 例

- - - →   传球路线

⎯⎯⎯→   队员移动路线

•   球

○•   持球队员

∼∼∼→   运球

⎯⎯→→   投篮

⊥   障碍物、立柱

④•   4 号进攻队员持球

❹   4 号防守队员

△   教师

⊢⎯⊣   掩护

⊢⎯⊢   夹击

⟩   "关门"

目　录

第一章　篮球运动概论 …………………………………………………（1）

第一节　篮球运动发展简况 ……………………………………………（2）
一、篮球运动的起源 ……………………………………………………（2）
二、篮球运动演进发展中的五个时期与三次浪潮 ……………………（4）
三、世界篮球运动的格局与流派 ………………………………………（12）
四、世界篮球运动的发展趋势与展望 …………………………………（14）
五、世界重大篮球赛事简介 ……………………………………………（16）

第二节　现代篮球运动的新理念与当代化特点 ………………………（18）
一、篮球运动的规律 ……………………………………………………（18）
二、篮球运动的功能 ……………………………………………………（21）
三、现代篮球运动的当代化特点 ………………………………………（22）
四、当代篮球运动的新理念 ……………………………………………（23）
五、篮球文化 ……………………………………………………………（27）

第三节　中国的篮球运动 ………………………………………………（31）
一、篮球运动传入中国 …………………………………………………（31）
二、篮球运动在中国的发展概况 ………………………………………（32）
三、中国篮球运动的现状 ………………………………………………（35）
四、中国篮球运动近期面临的任务 ……………………………………（37）
五、国内重大篮球赛事简介 ……………………………………………（40）

第二章　篮球运动教学训练理论 ………………………………………（43）

第一节　篮球运动教学理论基础 ………………………………………（44）
一、篮球运动教学理论 …………………………………………………（44）
二、篮球运动教学步骤 …………………………………………………（46）

三、篮球运动教学方法 ………………………………………（49）

　第二节　篮球运动训练理论基础 ……………………………………（51）

　　一、篮球运动训练理论 ………………………………………（51）

　　二、篮球运动训练步骤 ………………………………………（53）

　　三、篮球运动训练方法 ………………………………………（54）

　　四、篮球运动训练的特点 ……………………………………（56）

　第三节　相关学科对篮球运动教学训练理论的影响 ………………（57）

　　一、人文社会科学对篮球运动教学训练的影响 ……………（57）

　　二、生物科学对篮球运动教学训练的影响 …………………（58）

　　三、新科学、新理论、新技术对篮球运动教学训练的影响 ………（59）

第三章　篮球技术 ……………………………………………………（61）

　第一节　移动 …………………………………………………………（63）

　　一、移动技术的分类 …………………………………………（63）

　　二、移动技术简析 ……………………………………………（63）

　　三、移动技术的动作方法 ……………………………………（64）

　　四、移动技术的教学步骤与练习方法 ………………………（75）

　　五、移动技术教学中易犯错误及其纠正方法 ………………（78）

　　六、移动技术的教学训练建议 ………………………………（78）

　第二节　传接球 ………………………………………………………（79）

　　一、传接球技术的分类 ………………………………………（79）

　　二、传接球技术简析 …………………………………………（80）

　　三、传接球技术动作方法 ……………………………………（81）

　　四、传接球技术的教学步骤与练习方法 ……………………（90）

　　五、传接球技术教学中易犯错误及其纠正方法 ……………（95）

　　六、传接球技术教学与训练的建议 …………………………（97）

　第三节　投篮 …………………………………………………………（98）

　　一、投篮技术分类 ……………………………………………（98）

　　二、投篮技术简析 ……………………………………………（99）

　　三、投篮技术动作方法 ………………………………………（103）

四、投篮技术的教学步骤与练习方法 …………………………………（114）
　　五、投篮技术教学中易犯错误及其纠正方法 …………………………（117）
　　六、投篮技术教学训练的建议 …………………………………………（118）
第四节　运球 …………………………………………………………………（119）
　　一、运球技术分类 ………………………………………………………（119）
　　二、运球技术简析 ………………………………………………………（120）
　　三、运球技术动作方法 …………………………………………………（121）
　　四、运球技术的教学步骤与练习方法 …………………………………（127）
　　五、运球技术教学中易犯错误及其纠正方法 …………………………（130）
　　六、运球技术教学训练的建议 …………………………………………（131）
第五节　持球突破 ……………………………………………………………（132）
　　一、持球突破技术分类 …………………………………………………（132）
　　二、持球突破技术简析 …………………………………………………（132）
　　三、持球突破技术动作方法 ……………………………………………（133）
　　四、持球突破技术的教学步骤与练习方法 ……………………………（136）
　　五、持球突破技术教学中易犯错误及其纠正方法 ……………………（138）
　　六、持球突破技术教学训练建议 ………………………………………（140）
第六节　防守技术 ……………………………………………………………（140）
　　一、防守技术的分类 ……………………………………………………（141）
　　二、防守技术简析 ………………………………………………………（141）
　　三、防守技术的动作分析 ………………………………………………（144）
　　四、防守技术的教学步骤与练习方法 …………………………………（154）
　　五、防守技术教学中的易犯错误及其纠正方法 ………………………（157）
　　六、防守技术的教学训练建议 …………………………………………（159）
第七节　抢篮板球 ……………………………………………………………（160）
　　一、抢篮板球技术的分类 ………………………………………………（160）
　　二、抢篮板球技术简析 …………………………………………………（161）
　　三、抢篮板球技术动作方法 ……………………………………………（163）
　　四、抢篮板球技术的教学步骤与练习方法 ……………………………（166）
　　五、抢篮板球技术的易犯错误及其纠正方法 …………………………（169）
　　六、抢篮板球技术教学训练的建议 ……………………………………（170）

第四章　篮球战术 （171）

第一节　战术基础配合 （173）
一、进攻战术基础配合 （173）
二、防守战术基础配合 （181）

第二节　快攻与防守快攻 （187）
一、快攻战术 （187）
二、防守快攻战术 （194）

第三节　半场人盯人防守与进攻半场人盯人防守 （198）
一、半场人盯人防守 （199）
二、进攻半场人盯人防守 （204）

第四节　区域联防与进攻区域联防 （209）
一、区域联防 （209）
二、进攻区域联防 （215）

第五章　篮球教学训练文件与课的组织 （221）

第一节　篮球教学文件的制定 （222）
一、教学大纲 （222）
二、教学进度 （223）
三、教案 （225）

第二节　中学篮球队训练计划的制定 （229）
一、多年训练计划 （229）
二、学年训练计划 （230）
三、阶段训练计划 （231）
四、周训练计划 （231）
五、课时训练计划 （234）

第三节　学校篮球教学训练的组织与实施 （235）
一、课的组织 （235）
二、课的类型 （237）
三、课的结构 （237）

第六章　篮球教学课实践指导 （241）

第一节　教学前准备 （242）
一、掌握并熟悉上课对象的基本情况 （242）
二、了解教学进度的安排，确定课的内容 （242）
三、备课 （243）

第二节　课堂教学过程控制 （248）
一、上课前教学准备 （249）
二、课上教学过程控制 （249）

第三节　课后总结 （251）
一、对课堂情况的总结 （252）
二、找出存在的问题 （252）
三、提出改进的设想 （252）

第七章　篮球考核工作与方法 （254）

第一节　篮球考核的目的与原则 （255）
一、考核的目的意义 （255）
二、考核的基本原则 （255）

第二节　篮球考核的内容与比重 （256）
一、考核的内容 （256）
二、考核的比重 （256）

第三节　篮球考核的形式与方法 （257）
一、理论考核 （257）
二、实践考核 （258）
三、基本能力考核 （258）
四、考核方法与评分标准 （259）
五、考核工作的基本要求 （262）

第八章　篮球竞赛的组织工作 （263）

第一节　竞赛的意义和种类 （264）
一、竞赛的意义 （264）

二、竞赛的种类 …………………………………………………（265）
　第二节　竞赛的组织工作 ……………………………………………（267）
　　一、竞赛前的准备工作 …………………………………………（267）
　　二、竞赛期间的工作 ……………………………………………（269）
　　三、竞赛的结束工作 ……………………………………………（270）
　第三节　竞赛制度和方法 ……………………………………………（270）
　　一、竞赛制度 ……………………………………………………（270）
　　二、竞赛方法 ……………………………………………………（272）
　第四节　国内外若干赛事的竞赛方法简介 …………………………（279）
　　一、NBA 的竞赛方法 ……………………………………………（279）
　　二、第 28 届雅典奥运会的竞赛方法 …………………………（280）
　　三、第 14 届世界篮球锦标赛的竞赛方法 ……………………（281）
　　四、第 21 届世界大学生运动会篮球竞赛方法 ………………（282）
　　五、CBA 和 WCBA 的竞赛方法 …………………………………（283）
　　六、第 10 届全国运动会的竞赛方法 …………………………（284）
　　七、CUBA 的竞赛方法 …………………………………………（285）
　　八、2005—2006 中国大学生男子篮球超级联赛的竞赛方法 …（285）

第九章　篮球竞赛规则与裁判法简介 …………………………………（287）
　第一节　篮球竞赛规则简介 …………………………………………（288）
　　一、比赛通则 ……………………………………………………（288）
　　二、违例 …………………………………………………………（292）
　　三、犯规 …………………………………………………………（296）
　第二节　篮球竞赛裁判法简介 ………………………………………（301）
　　一、两人裁判制的工作方法与技巧 ……………………………（302）
　　二、篮球竞赛的记录台工作 ……………………………………（308）

第十章　篮球场地器材设备与维修 ……………………………………（311）
　第一节　篮球场地器材设备 …………………………………………（312）
　　一、标准篮球比赛场地的规格 …………………………………（312）

7

二、记录台与替补队员席 ·················（316）
　　三、场地的器材设备 ···················（316）
　　四、记录台专用器材 ···················（320）
第二节　篮球场地的修建与维护 ················（322）
　　一、篮球场地的修建 ···················（322）
　　二、篮球场地的维护 ···················（324）
　　三、奥运会对篮球馆的特殊要求 ··············（325）

第十一章　多种形式的篮球活动 ················（326）

第一节　小篮球 ······················（327）
　　一、特点与作用 ·····················（327）
　　二、规则与裁判法 ····················（328）
　　三、活动的组织与注意事项 ················（330）
第二节　三人制篮球 ····················（331）
　　一、特点与作用 ·····················（331）
　　二、比赛方法与规则 ···················（333）
第三节　轮椅篮球 ·····················（335）
　　一、特点与作用 ·····················（335）
　　二、比赛规则与裁判法 ··················（335）
第四节　聋人篮球 ·····················（337）
第五节　投篮、扣篮与双人投篮比赛 ··············（338）
　　一、投篮比赛 ······················（338）
　　二、扣篮比赛 ······················（339）
　　三、双人投篮比赛 ····················（340）
第六节　其他形式的篮球活动 ·················（341）
　　一、水上篮球 ······················（341）
　　二、无板篮球 ······················（341）
　　三、荷兰式篮球 ·····················（342）
　　四、冰上篮球 ······················（342）
　　五、乒乓篮球 ······················（342）

第十二章　篮球游戏理论与方法 …………………………………（343）

第一节　篮球游戏的基本理论 …………………………………（344）
一、篮球游戏的特点 ……………………………………………（344）
二、篮球游戏的设计和选择原则 ………………………………（345）
三、篮球游戏的组织和教法 ……………………………………（347）

第二节　常见篮球游戏示例 ……………………………………（348）
一、移动 …………………………………………………………（348）
二、传接球 ………………………………………………………（349）
三、运球 …………………………………………………………（350）
四、投篮 …………………………………………………………（351）
五、持球突破 ……………………………………………………（352）
六、篮板球 ………………………………………………………（354）
七、抢断球 ………………………………………………………（355）
八、专项身体素质 ………………………………………………（356）

第十三章　NBA 与 CBA ……………………………………………（359）

第一节　NBA 的发展概况 ………………………………………（360）
一、NBA 的历史演进 …………………………………………（360）
二、NBA 组织管理、经营开发及政策法规制度 ……………（363）
三、NBA 的竞赛体制与后备队伍的培养 ……………………（367）
四、NBA 各支球队名字的由来 ………………………………（368）

第二节　CBA 发展概况 …………………………………………（374）
一、中国篮球职业化的开创背景 ………………………………（374）
二、CBA 的组织管理、经营及政策法规制度 ………………（376）
三、CBA 的竞赛体制与后备队伍培养体系 …………………（379）

第十四章　篮球研究性学习指导 …………………………………（381）

第一节　研究性学习理论与方法概要 …………………………（382）
一、研究性学习理论内容概要 …………………………………（382）

二、研究性学习方法内容概要 …………………………………………（384）

第二节　研究性学习在篮球教学过程中的意义与作用 ……………（385）

　　一、研究性学习在篮球教学过程中的意义 ……………………………（385）

　　二、研究性学习在篮球教学过程中的作用 ……………………………（387）

第三节　篮球研究性学习理论与方法 …………………………………（387）

　　一、篮球研究性学习的理论概述 ………………………………………（387）

　　二、篮球研究性学习的方法 ……………………………………………（388）

第四节　篮球研究性学习指导 …………………………………………（389）

　　一、篮球研究性学习指导的要求 ………………………………………（389）

　　二、篮球研究性学习指导的程序 ………………………………………（391）

　　三、篮球研究性学习指导的内容 ………………………………………（392）

附录1：中国篮球运动重大活动简记 ……………………………………（395）

附录2：全国体育院校部分招收篮球研究生一览表 ……………………（410）

附录3：人民体育出版社部分篮球专业读物推荐 ………………………（411）

参考文献 ……………………………………………………………………（414）

第一章

篮球运动概论

> **内容提要：**
>
> 本章介绍了篮球运动的起源、本质、属性、功能和规律，篮球运动演进过程中的五个时期和所掀起的"三次浪潮"及世界篮球运动的格局与流派；现代篮球运动的新理念、新特点，篮球文化及世界篮球运动发展展望；篮球运动在中国的发展简介、中国篮球运动的现状与面临的任务。

篮球运动的本质就是在特定的规则、特定的时间与空间限制下所进行的投篮比准的游戏，其属性是一种社会文化现象，一种随着人类文明进步、科技发展、反映时代特征的社会人文景观。但不同的人群由于职业视角的不同，对其内涵与外延的称谓也不尽相同：

——人文学者称之为一种体育文化。
——社会学者称之为一种社会活动现象。
——哲学工作者称之为特殊典型的矛盾运动。
——史学工作者称之为民间儿童娱乐游戏的变异。
——生命科学工作者称之为一种健身手段与方法。
——经济工作者称之为一种新兴的产业。
——教育工作者称之为体育教育课程。
——竞技体育工作者称之为竞技体育项目。

上述各种对篮球运动的称谓，虽各有不同，但其本质是游戏，其属性是文化，其表现形式是特殊的社会人文现象，这是众所共识的。

第一节 篮球运动发展简况

一、篮球运动的起源

篮球运动是由美国马萨诸塞州斯普林菲尔德市（旧译春田市）基督教青年会干部训练学校的体育教师、在加拿大出生的詹姆斯·奈史密斯（James Naismith）于1891年发明的（图1-1—图1-3）。由于美国马萨诸塞州冬季较为寒冷，难以在室外开展体育活动，于是奈史密斯便将这一最初在室外试行的篮球游戏移至室内，并将摆置在地面上的筐悬挂于室内两侧离地面约10英尺处（1英尺＝0.3048米，10英尺＝3.048米，约3.05米，即现用篮圈高度的来源）的墙壁上，选用足球向篮内投掷，投入篮内得1分，以得分多少决定胜负。之后，将篮筐底部取消，悬挂在两端墙壁的立柱支架上，为避免将球投掷到场外而影响观看者，曾在篮筐后部设立了大小不同的挡网，类似于在大网的笼中活动，因此，韩国等一些国家以及一些书刊中至今仍将篮球运动称为笼球运动。由于篮球运动具有较强的对抗性，便制定了某些限制性规定，并且不断地改进比赛方式，从而使篮球游戏得到逐步完善并向现代篮球运动过渡。至今，篮球运动已经成为世界上人们最喜爱的体育运动之一。据统计，世界上从事篮球运动的人口已达 5 亿—6 亿人，所成立的国际组织——国际业余篮球联合会已拥有二百多个成员协会，成为当前世界上第二大体育组织，分布于五大洲的各个国家和地区。

图 1-1　篮球运动的创始人詹姆斯·奈史密斯

图 1-2　"篮球"和"篮筐"

图 1-3　早年奈史密斯在勘萨斯大学为女子球赛开赛

二、篮球运动演进发展中的五个时期与三次浪潮

（一）初创传播时期（19世纪90年代—20世纪20年代）

自1891年由奈史密斯创始篮球游戏，成为地域性民间乡土娱乐文化活动后，篮球活动以其新颖的比赛方式、对抗的竞争特点，吸引了大量的体育爱好者。经过一个时期的传播，篮球运动便从学校走向社会，传向国外。篮球运动曾先后于1892年传入墨西哥，1893年传入法国，1895年传入中国、英国，1896年传入巴西，1897年传入捷克，1901年传入日本、伊朗，1905年传入俄国、古巴，1907年传入意大利，1908年传入波兰、瑞士，1911年传入秘鲁，逐渐传播开来。

这一时期篮球运动的主要特点

技术特点：攻守技术简单，普遍限于双手做几个基本动作。

战术特点：无明显成型的全队配合战术，以单兵作战为主要攻守形式，队员有位置分工，分别处于不同区域。进攻以快攻和简单的传切、掩护配合为主，防守以固定区域的人盯人防守为主，战术配合处于朦胧阶段。

规则演进特点：篮球运动发明后，为了使这项运动进一步开展，奈史密斯于1892年制定了简单的篮球规则——《青年会篮球规则》，其内容归纳为5项原则、13条规则，包括篮圈高度为10英尺（3.05米）；采用大而轻以便于双手控制的球作为竞赛工具；场地大小不限，双方参赛人数无明确规定，只要上场人数相等即可；投中一球得1分，得分多者为胜；每次得分后均由中间抛球重新开始比赛；比赛时间分为两个部分（各15分钟）进行；比赛设两名裁判员，主裁判是球员的裁判员，负责宣判犯规；副裁判是球的裁判员，负责计时和记分等方面。1893—1897年，进一步充实了规则，简化了竞赛程序，由中圈跳球开始比赛；队员可换手运球；增加犯规罚球规定，进攻投中一球得2分，罚中一球得1分；队员位置出现锋、卫分工。1901年规定运球队员不能投篮，1908年取消此规定。

场地器材的特点：1891年初创期的篮球运动，场地大小不等，仅在一块狭长的空地两端各放一只桃筐（图1-4），展开攻守对抗。为使游戏比赛合理进行，1892年奈史密斯对比赛场地作了分三段区域的规定：以进攻为例，通常称为后场、中场和前场（图1-5）。1893—1897年，改进了篮圈，逐步开始使用带篮网的铁质篮圈、木质篮板和系带球；将场地面积限定为100英尺×50英尺、

90 英尺×45 英尺和 70 英尺×35 英尺三种，场地增画了分区线、中圈、限制区和罚球线；至 1915 年在美国国内统一了篮球比赛规则之后，比赛场地又逐步变革，增画了各种区位的限制线，如中圈以及罚球线（图 1-6），不久又增加了中线（图 1-7）。篮圈也使用了较规范的铁圈，篮圈后部的挡网也由木质制作的不规则的挡板替代并与篮圈连接，近似于现代使用的篮板装置。20 世纪 20 年代末，球场有了"电灯泡"式的限制区和罚球时攻、守队员的站位区（图 1-8、图 1-9）。

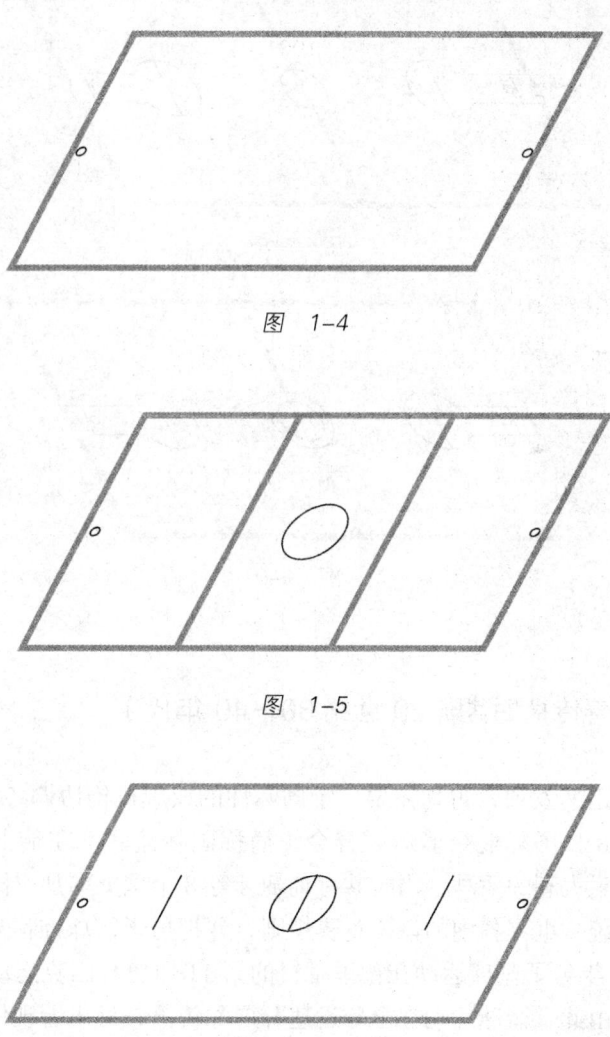

图 1-4

图 1-5

图 1-6

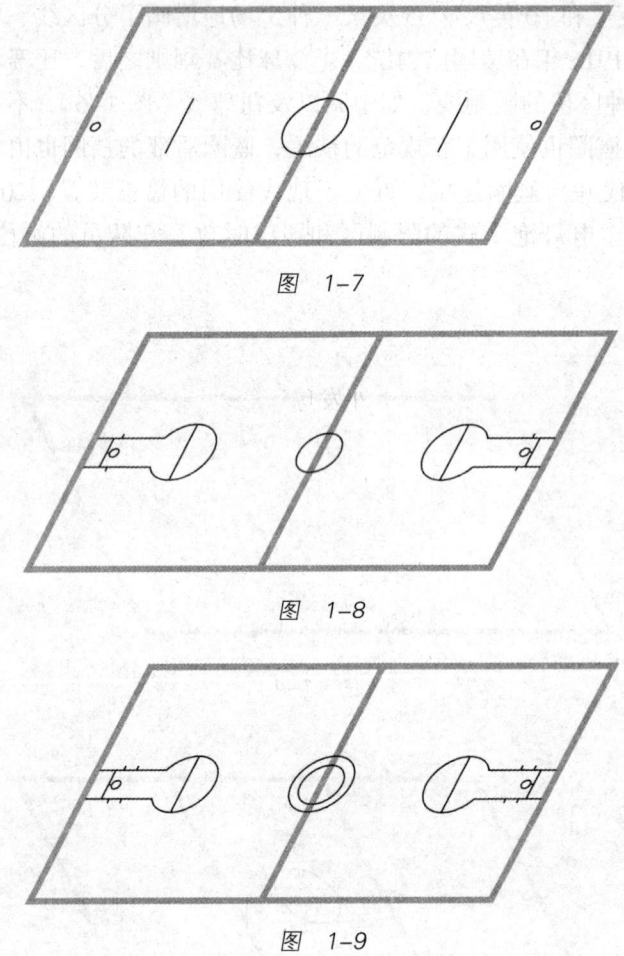

图 1-7

图 1-8

图 1-9

（二）完善传播时期（20世纪30—40年代）

篮球运动迅速发展，迫切需要一个国际性的权威机构协调各国的篮球运动，1932年6月18日国际业余篮球联合会（简称国际篮联）在瑞士日内瓦宣布成立，总部设在意大利的罗马，当时共有葡萄牙等8个国家参加。国际篮联成立后的主要任务是统一世界各国的篮球竞赛规则，并把男子篮球推荐为奥运会正式比赛项目。1936年男子篮球运动在德国举行的第11届奥林匹克运动会上被列入正式比赛项目。由此，篮球运动在全球迅速开展和传播，标志着现代竞技篮球运动正式诞生。

这一时期篮球运动的主要特点

技术特点：出现单手传接球和投篮以及行进间双手交替运球技术，开始运用简单的组合技术，并不断创新，手部和脚步各种技术动作衔接速度加快。

战术特点：攻守中单兵作战减少，进攻中注意较多运用快攻、掩护、突分等几个人战术配合。防守时开始强调集体性，人盯人防守与区域联防被交替采用。

规则演进特点：1932年，规则增订了3秒、5秒、10秒和球回后场的规定；增画中线和增改了进攻限制区；确定了球场面积为26米×14米；比赛时间为20分钟一节，比赛分两节。1936年第11届奥运会期间，国际篮联出版了第一部国际统一的篮球规则，规则中正式确定了每队上场比赛人数为5人；取消投中后在中圈跳球的规定，改由对方在端线外发球继续比赛；度量单位改为国际通用的米、克，避免了由于度量单位不同而产生的麻烦；规则的又一贡献是由单裁判员临场制改为双裁判员临场制，不仅提高了裁判员判罚的准确性，而且也有利于竞技水平的提高，促进篮球运动的发展。进入40年代以后，将进攻限制区扩大为5.8米，规定队员累计犯规4次将被取消比赛资格。

场地器材的特点：1932年国际业余篮球联合会成立，随即也对场地进行了修改，增改了进攻限制区，即将当时"电灯泡"式的罚球区扩大为直线罚球区，即3秒限制区（图1-10）。到40年代，篮板有了规范的长方形和扇形两种（图1-11、图1-12）。球场上的中圈分为跳圈和禁圈两个同心圆，球场罚球区的两侧

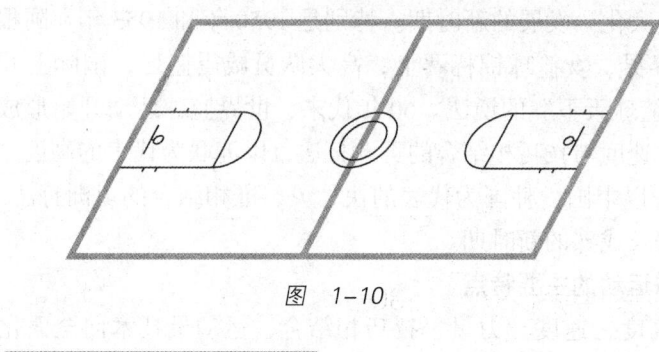

图 1-10

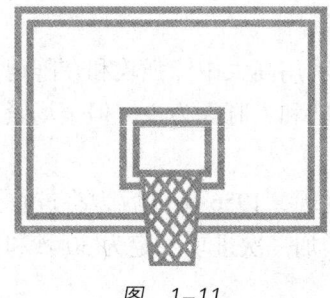

图 1-11

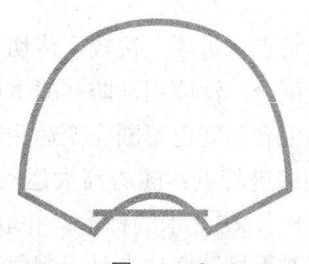

图 1-12

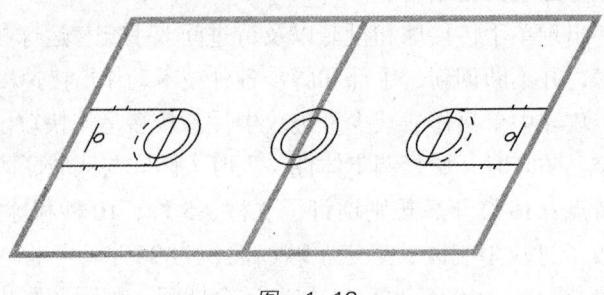

图 1-13

至端线，明确分设了争抢篮板球的队员分区站位线等（图1-13）。

其间，随着初创传播时期向完善推广时期发展即掀起了现代篮球运动飞跃发展的"第一次浪潮"。

（三）普及成熟时期（20世纪50—60年代）

进入20世纪50年代后，随着篮球运动技、战术的创新发展，规则与技、战术之间的不断制约与相互促进，高度开始成为现代篮球竞赛中决定胜负的重要因素之一。由此，一种利用高大队员强攻篮下的中锋打法风靡一时，篮球运动进入了一个向体型"高大化"发展的新时期。特别是1950年和1953年在阿根廷和智利举行的首届世界男、女篮球锦标赛上，高大队员威震篮坛，国际上开始有了"得高大中锋者得篮球天下"的说法。60年代末，世界篮球运动开始形成以美国队为代表的高度、速度与技巧相结合的美洲打法；以苏联为代表的高度、力量相结合的欧洲打法；以中国、韩国为代表的快、灵、准相结合的亚洲打法。可见，篮球运动已进入普及成熟的新时期。

这一时期篮球运动的主要特点

技术特点： 高度、速度、力量、技巧相结合，运动员技术向全面化方向发展。

战术特点： 进攻中快攻、传切、突分以及利用高大中锋强攻和在阵地进攻中组织策应配合广泛应用，防守战术虽以区域联防和人盯人为主，但全场紧逼人盯人防守和混合防守也不断应变运用。

规则演进特点： 随着高大运动员的大量涌现，1956年以后，将进攻限制区扩大为5.8米×3.6米的梯形，并取消中线，增加一次进攻限定为30秒和持球队员在前场被严密防守达5秒应判争球的规定。

场地器材的特点：进入 20 世纪 50—60 年代后，一种固定的利用高大队员强攻篮下的中锋打法风行一时，特别是自 1950 年和 1953 年分别在阿根廷和智利举行了男、女首届世界篮球锦标赛后，高大队员威震篮坛的趋势，对国际篮球运动带来了新冲击，迫使篮球规则在场地、区域划分上对进攻队加强了新的限制，即将篮下门字形限制区扩大成梯形限制区（图 1-14—图 1-16）。

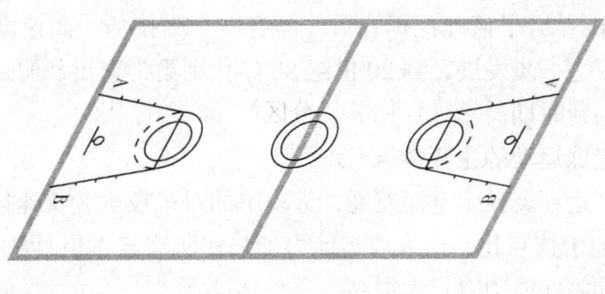

图 1-14

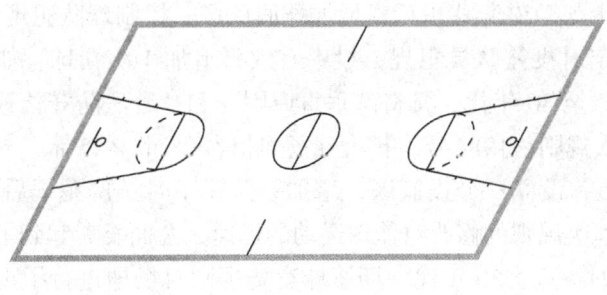

图 1-15

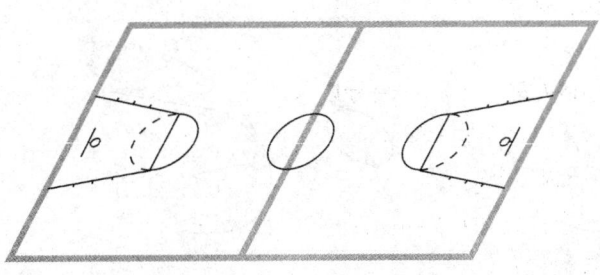

图 1-16

（四）全面提高时期（20世纪70—80年代）

20世纪70年代后，2米以上队员大量涌现，篮球竞赛空间争夺越发激烈，高度与速度的矛盾更加尖锐。1973—1978年间，篮球竞赛规则又进行了多次调整，促使攻防技、战术在新的条件制约下，在注重高度、速度发展的同时，向智慧、灵巧、准确、多变的方向创新发展。尤其自1976年第21届奥运会篮球赛和1978年第8届世界男子篮球锦标赛后，高身材、高技巧、高速度、多变化、高比分的趋势有了进一步发展，到20世纪80年代则更为突出和明显。篮球运动跨入了全面提高的新时期。

这一时期篮球运动的主要特点

技术特点：运动员技术全面发展，进攻中的对抗技术、快速技术和高空技术在综合运用中趋于技巧化，个人攻击能力加强；防守技术更具威胁性和破坏性，个人防守水平和防守能力有较大提高。

战术特点：单一、固定阵势的进攻战术打法已被综合移动进攻战术所取代；防守战术的攻击性、破坏性、综合性、集体性防守形式被广泛运用。

规则演进特点：70年代以后，增加球回后场、控制球队犯规和全队10次犯规的规则；规定对投篮队员犯规，投中有效再追加1次罚球，如未投中则实行"3代2"罚球。至80年代，又将"垂直原则"和"合法防守位置"等身体接触的原则正式列入规则。1984年，扩大球场面积为28米×15米，规定球场上空高度在7.5米以上，设立三分投篮区，增加全队每半时7次犯规后执行"1+1罚球"的规则。本次规则的修改对篮球运动的迅速、全面发展起到了决定性作用。

场地器材的特点：80年代中期篮球竞赛规则对场地进行了再次修改，增设了远投区（图1-17）。

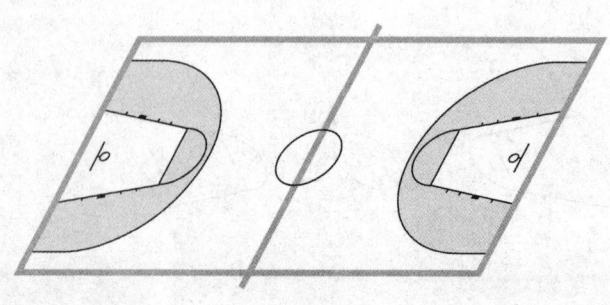

图 1-17

其间,由普及成熟时期向全面提高时期发展,即掀起了现代篮球运动飞跃发展的"第二次浪潮"。

(五)创新飞跃时期(20世纪90年代至今)

自1992年国际奥委会允许职业篮球运动员参加奥运会和世界篮球锦标赛,以及大型洲际以上国际篮球比赛后,篮球运动开创了新的里程、新的时代,呈现出全球大众篮球蓬勃发展,职业篮球方兴未艾,以科技、人文为依托,以谋略竞争、创新发展为动力,以运动员个性、智慧、体能、体质、技巧、素质、素养为基础,以智、悍、高、快、准、巧、灵、变为特征的新的技术、战术展现的发展阶段,进一步体现出当今篮球运动融科技化、人文化、智谋化、个性化、集群化、技艺化、观赏化、职业化、商业化和产业化为一体,呈现出现代篮球运动的当代化色彩。

这一时期篮球运动的主要特点

技、战术特点:集高、壮、强、快、巧于一身的优秀高大运动员大量涌现,其身体素质、技术水平和战术意识都有大幅度提高;高空技术、高空战术有新的发展,高空争夺日趋激烈,身体对抗加剧;快速技、战术和攻守转换战术有新的发展,篮球比赛三分球得分越来越高;明星队员的作用成为世界强队取胜的保证;进攻技、战术趋于简练、实用和多变,并向立体型方向发展;个人防守能力越显重要,其中"以球为主"的防守理念正向以"防人为主"的防守理念转化,防守行动更具攻击性、破坏性、凶悍性(压迫性)和协同性;女子篮球技、战术趋向男子化。

规则演进特点:1990年,为保护运动员和规范球场,规则规定将篮板下沿提高至距地面2.90米,并增设球队席区域。1994年,国际篮联进一步修改规则,改1+1罚球为两次罚球等。1998年,为适应篮球运动技、战术的迅速发展、对抗强度的加剧和商业化、职业化的需求,国际篮联再一次修改规则:允许选择2×20分钟或4×12分钟的比赛时间;对比赛中附带的身体接触要用"有利/无利"的原则加以区分;增加违反体育道德的技术犯规规定;在比赛的最后两分钟内,投篮成功后要停止比赛计时钟等。1999年12月,国际篮联宣布新的篮球规则于2000年奥运会后实行。主要包括:比赛时间调整为4×10分钟;一次进攻时间由30秒改为24秒;由后场推进到前场的时间10秒改为8秒;每队每节犯规4次以后所有的犯规都要处以两次罚球;奥运会和世界篮球锦标赛可实行三人裁判制等。这些变化,对防守提出了更高的要求,使比赛更加快速,对抗更为激烈，进一步提高了比赛的拼斗性、激情和观赏性魅力。

场地器材的特点：1994年国际篮球联合会因运动员身材高度普遍增长、制空争夺凶悍、空间拼抢激烈，对篮球场地器材进行了某些修改，缩小了篮板周边的尺度，增设了篮板周边的胶皮保护圈（图1-18）。

图 1-18

创新飞跃时期即掀起了现代篮球运动发展的"第三次浪潮"。

三、世界篮球运动的格局与流派

进入21世纪，世界篮球运动的职业化步伐加快，随着高水平职业运动员在世界范围内的流动，职业篮球运动的影响在世界范围内不断扩大，具备高超技、战术水平的明星级球员带动了世界区域性篮球运动的发展，使世界篮球运动逐步形成了新的格局与流派。

（一）世界篮球运动竞技水平的格局

透视第28届雅典奥运会与2006年世界男篮锦标赛优胜名次的分布情况，当今世界篮坛比赛名次已形成升降交替、已形成新的多足鼎立的格局。男篮：南美洲的阿根廷、巴西，欧洲的意大利、塞黑、德国、西班牙、希腊、立陶宛，北美洲的美国等篮球强国已形成第一集团；大洋洲的澳大利亚、新西兰，南美洲的波多黎各和巴拉圭，欧洲的俄罗斯等队紧随其后形成第二集团；非洲的安哥拉以及亚洲的中国等队总体实力仍处于第三集团。女篮：北美洲的美国，大洋洲的澳大利亚，欧洲的俄罗斯，南美洲的巴西形成新的四强，处于第一集团；美洲的古巴，欧洲的捷克、西班牙、希腊和亚洲的中国等队处于第二集团；大洋洲的新西兰，亚洲的日本、韩国、中国台北和非洲的尼日利亚等队处于第三集团。然而随着世界篮球运动在全球范围内的广泛交流与融合，世界竞技篮球运动的格局也在不断起伏变化，从而推动着世界篮球运动向着动态的、多元的、多变的方向发展。

（二）世界篮球运动技、战术的流派

由于地域性篮球文化的交融，构成了世界篮球文化丰富多彩，世界篮球运动已形成了不同风格、不同流派、不同打法的特点。

美洲型打法：以美国队为代表形成了一种风格与流派。美洲区域为篮球运动的发源地，整体身高比较欧洲并不占绝对优势，而是突出强调个人技能、体能（速度、技巧）及立体型攻防打法与变化；其他各国的打法、风格基本相似，以技巧与特殊的体能条件相结合，总体上体现出基本技术好，个体攻、防能力和技艺水平高，整体实力强的特点。美洲型球队中黑人运动员较多，他们体能强、速度快、弹跳力好、爆发力强、技术娴熟，经常运用高空补篮、扣篮和盖帽等高难动作，且擅长突破，辅以外围远投，并注重个人攻击能力的发挥。队员在球场上展现的是拼斗和争胜负，个人价值观念的"唯我独尊"是每一名运动员的共同特征。

欧洲型打法：以俄罗斯队、塞黑和立陶宛等队为代表则显现出另一种风格与流派。基本打法以粗犷、凶悍、整体作战为主体，体现了高、狠、准的传统特点，讲究整体实力，普遍在身高和力量上占优势。如希腊、俄罗斯、克罗地亚、意大利、塞黑等欧洲强队，不仅中锋身高超过 2.10 米，而且前锋也在 2 米以上。他们的指导思想是以高快结合，强调集体配合，注重内外结合，重视进攻节奏，防守中重视个体与整体性与攻击性的积极协同，充分发挥集体作用，尤其是塞黑、德国、立陶宛等欧洲队，都具有高水平球星在 NBA 征战。他们技术娴熟、积极快速、投篮准确、拼抢凶狠、攻与守转换衔接主动，能很好地掌握与捕捉战机。

大洋洲型打法：以澳大利亚为代表的一种寓欧、美型打法相交融，又与自身优势相结合的风格与流派。其特点是队员身材高大、作风顽强、攻防转换速度快、配合默契。防守时重视采用扩大人盯人防守压逼对手，阵地进攻中惯用双中锋进攻与掩护配合，比赛中主动掌握节奏，擅长在进攻中以内线强攻、外线掩护后中远距离投篮取胜。

亚洲型打法：东亚比较普及，水平也较高，以韩国、日本和中国台北为代表，西亚近年来提高也较快。其技术特点是以小打大、快速、灵活、准确、突破能力强、整体防守好，以技艺、智谋和顽强作风相结合。而中国队在亚洲已处于最高水平，球员身高目前已超欧、美强队，因此，中国队在不断完善亚洲型打法的同时，也注重向欧、美队的打法风格学习，基本战术配合以高、灵、全、准的整体型攻防和内外结合的打法为主，并正探索与实施中国当前提出的战术指导思想和技、战术风格，以形成自己的攻防体系特色。

非洲型打法：非洲的篮球运动处于崛起阶段，近年来进步突出，像尼日利亚等队，已开始向第二集团冲击，但整体技、战术水平与世界强队相比有一定差距，然而运动员的身体素质较好，不乏身材高大且灵活的球员，也涌现出了一些球星服役于NBA。他们的技术风格和打法，近似于美洲型流派。

随着世界篮球运动的发展，尤其是篮球职业化的影响，加速了当前各种篮球风格与流派的相互融合、渗透和弥补。世界强队根据自身特点，形成了独特的打法，在世界范围内呈现出多样纷争的局面。从总体上看，世界篮球运动将继续沿着一个共同发展方向（智博谋深、身高体壮、凶悍顽强、积极快速、机敏多变、全面准确）和不同流派与不同风格打法的趋势发展。充分体现智勇、高壮、全特、快巧、精准、多变。高智慧、高身材、高体能、高速度、高技术、高比分仍将成为新世纪高水平球队比赛的特点，呈现出智在充实、狠在凶悍、高在制空、快在敏捷、特在绝招、全在拓宽、巧在技艺、准在提高、精在扎实、变在机动，它们的外延与内涵都将更加丰富，体现出21世纪世界篮球运动的新特点。

四、世界篮球运动的发展趋势与展望

21世纪，篮球运动作为一种全球性社会文化，将在世界范围内有更快的发展、更广的普及、更大的提高，进一步形成既具大众性、技艺性、观赏性，又具科技性、竞技性、职业性、商业性、产业性的特殊社会文化形态。

（一）世界篮球运动的发展趋势

1. 大众篮球运动进一步普及

篮球运动由于自身的特点、规律和功能，使它充满活力。为此，新世纪大众性篮球运动将进一步在全球范围内普及，成为名副其实的全球性社会文化和全民性健身强体、修德养心的工具和手段。在发展中国家、地区的社区和工矿企业，篮球运动的开展将日益广泛，热爱篮球运动的各界人士将进一步支持、推广篮球运动。

2. 学校篮球运动蓬勃开展

篮球运动的增智、健身、教育、宣传、社交功能越来越被各级教育行政部门和各类学校领导认同，积极开展学校篮球运动将成为活跃校园文化生活、展现学校声誉、增强师生体质、提高健身水平、陶冶情操、锻炼意志、修养品行、培养团队精神、增强使命感和荣誉意识的特殊教育形式。各种形式的业余篮球俱乐部将成为校园生活的基本社团组织。未来的优秀篮球人才将逐步由此启蒙、发展、提高。

3. 篮球职业化进程向全球推进

职业篮球比赛的特殊社会性魅力和经济效益，促使新世纪职业性篮球俱乐部将在全球范围内广泛建立，职业性竞赛的商业化行为将日益完善法制经营，逐步形成一种新兴产业。竞赛规则、竞赛制度和竞赛方法的变革势在必行，观赏性、健身性、娱乐性、竞技性和科技性将成为篮球运动发展的主要因素。

4. 竞技篮球运动群雄纷争

21世纪，世界篮球运动竞技水平和实力将形成起伏发展的新格局，这是篮球运动在全球普及、发展、提高的趋势。然而，总体上欧、美一些国家和地区在一个时期内仍将处于先进水平，但各国实力接近，排名将反复出现更迭。篮球运动的总体发展方向将依然是群体智慧、意识、形态、个性、修养、体能、技能等多因素综合实力的搏斗与较量，攻守全面兼顾，个体与群体融合，高度与速度并驱，体能、作风、智慧与对抗技能高度统一，教练员与球员有机相辅，即带着创新意识，沿着同一趋势、不同流派、不同风格、不同打法的方向发展，形成百花齐放的发展景观。

5. 篮球运动理论与实践不断创新

现代科技对篮球运动的渗透，促使传统的篮球观念、篮球理论、技术和战术与训练手段产生新的变化。训练手段科学化，新的理论观点层出不穷，新的技、战术不断产生，新的竞赛制度不断完善，新的规则不断充实、发展，从而形成从

篮球理论到篮球实践内容的新结构、新体系。篮球运动在创新与发展的过程中形成个性化、集约化、技艺化、科技化、商业化，显现出竞技篮球运动当代化的科技氛围。

（二）世界篮球运动的发展展望

1. 篮球职业化、人文化、竞技化、观赏化、商业化将进一步加快。
2. 技、战术将不断创新，攻防对抗更加凶悍，高度、速度与准确性的矛盾将更为突出。整体打法成为现代竞技篮球发展的一种趋势。
3. 篮球规则修改将不断激励对抗、倡导激情、鼓励运动员个体性和全队整体性技能和体能的协同发展。
4. 全场比赛将在一定的时机与条件下继续缩短攻防时间，规则对犯规的判罚还将有新的修正。
5. 球星的数量、质量及在球队中的地位将更为突出，其特殊影响力将进一步提高。
6. 比赛设施将会修整，场地区域划分也会有新的变化，进而在更大的范围内、更快速度的移动中完成攻防对抗，攻守战术中队员的位置分工将更为模糊。
7. 体能中的身体素质（力量、弹跳、速度等）、心理素质（价值观念、心理素养、意志品质、承受能力等）、政治素质（爱国主义、集体主义、团队精神、荣誉观念等）、智能素质（文化沉淀、文明程度、应变能力、篮球专项意识与实践水平）将进一步提高。
8. 篮球理论与理念将不断更新，科研成果将广泛应用于篮球训练与竞赛实践。篮球文化将在更广阔的范围内得以展现和深化。
9. 世界篮球运动格局以及优秀球队的区域分布将呈现不稳定性，国际大赛中的球队名次排位将时有更迭。
10. 篮球竞赛形式更富有商业化、产业化特点，职业化进程将进一步加快。

五、世界重大篮球赛事简介

奥运会篮球比赛、世界篮球锦标赛、美国 NBA 职业篮球联赛，现已成为举世瞩目的篮球赛事，这些高水平的篮球赛事推动了世界篮球运动的发展，为更多的球星、更多的球队提供了展现的"舞台"。

（一）奥运会篮球比赛

篮球比赛是奥运会的重要比赛项目之一，包括男篮和女篮比赛。1936年第11届奥林匹克运动会上，男子篮球被列为奥运会正式比赛项目。男子比赛到2004年共举办了16届，中国男篮获得的最好名次是第26届奥运会的第八名。从第21届奥运会开始，规定参加男子篮球比赛的球队为12支，这12支男队产生的办法是：上届奥运会的前三名，奥运会预选赛前三名，亚洲、非洲、欧洲、美洲、大洋洲各洲的冠军队和东道主队。

在1976年第21届奥林匹克运动会上，女子篮球被列为正式比赛项目，到2004年已举办了8届，中国女篮获得的最好名次是第25届奥运会的亚军。奥运会篮球比赛一般分预赛、复赛、决赛三个阶段进行，预赛通常采用分组单循环赛，复赛和决赛多采用交叉赛。

（二）世界篮球锦标赛

世界篮球锦标赛是国际篮球联合会主办的世界性篮球比赛，每四年举行一届。男子比赛始于1950年，到2002年已举办了14届。竞赛规程为：预赛分4个组，各组前三名获出线权，后三名被淘汰。出线的12支球队又分成两个小组进行复赛，然后每个小组的前两名参加1—4名的决赛；3、4名参加5—8名的决赛，5、6名参加9—12名的决赛。中国男篮于1978年首次参加了第8届世界男篮锦标赛，迄今为止共参加了5届比赛，最好成绩是1994年第12届世锦赛的第八名。

首届世界女子篮球锦标赛于1953年在智利的圣地亚哥举行，到2002年已举行了14届。参加比赛的队数和资格与男子比赛基本相同。中国女篮于1983年首次参加了该项赛事，并取得第八名。迄今为止共参加了5届比赛，最好成绩是1994年在第12届世界女子篮球锦标赛上获得亚军。

（三）美国NBA职业篮球联赛

NBA是National Basketball Association的缩写，中文的含义是"国家篮球协会"。NBA篮球比赛是被公认的世界最高水平的篮球比赛，它云集了美国国内和

世界各国最优秀的篮球运动员。目前球队已扩大到了 30 支，拥有众多世界篮球高手的 NBA 职业篮球联赛已逐步成为国际性的篮球比赛。NBA 职业篮球联赛的竞赛方法是：将联赛分成常规赛和季后赛两个阶段。常规赛从每年的 11 月初开始，至次年 4 月 20 日左右结束。季后赛从 4 月下旬开始，到 6 月下旬决出冠军为止。第一轮采用 5 战 3 胜制，第二、三轮（东、西部联盟半决赛和决赛）和 NBA 东、西部总决赛均采用 7 战 4 胜制。

第二节　现代篮球运动的新理念与当代化特点

21 世纪，世界篮球运动作为一种全球性社会文化和人文景观，进一步在世界范围内迅速发展提高，它所反映的新理念与当代化特点突出地表现在以下方面。

一、篮球运动的规律

篮球运动的规律是篮球运动本身所固有的、本质的、必然的联系，反映篮球运动演进过程中，具有普遍意义的某些特征与现象，它是推动篮球运动不断发展的法则。

（一）集体协同规律

篮球运动是集体协同作战，要求球场上一切个人行动都要基于全队整体的目的与任务；要求每名运动员在比赛中必须做到齐心协力，密切配合。只有把个人的技能融汇于集体，集体才能为个人作最佳保障，给个人技术发挥创造更多、更好的机会，所以"集体与协同"是前提，"个性技能展现"是手段。NBA 历史上最伟大的球队——芝加哥公牛队、洛杉矶湖人队与他们所造就的历史上最伟大的球员迈克尔·乔丹、沙奎尔·奥尼尔、科比·布莱恩特等篮球巨星，正是"集体与协同"的相得益彰并相映生辉的典范。是集体造就了伟大的球员，反之又是球员协助集体成就了伟大。篮球运动的集体协同规律还体现在不仅要求比赛场上的 5 名队员协同合作，而且要求充分发挥教练员的指挥才华和场下替补队员的作用，将全队作为一个集体来设计战术、制定战略、整合优势、协同作战。

（二）凶悍对抗规律

篮球运动的凶悍对抗是当今篮球运动的新特征，这一特征体现在攻击过程中，无论球队整体或运动员个体，其根本目的都是为了采取合乎规则要求的手段（身体与技术、战术），积极主动快速地制约对方，在防守时对持球与不持球队员的防守，在进攻中的有球与无球的攻击行动，都倡导最大限度地贴身拼体能、拼体格、拼顶抢、拼挤靠、拼抢篮板球，做凶悍的对抗。能否始终具有凶悍的拼搏精神、以气势智谋占据地面与空间优势是在凶悍对抗中取胜的关键。我国优秀的男、女篮球运动员姚明、隋菲菲、苗力杰等曾先后进入美国 NBA、WNBA 职业篮球联赛，他们在激烈的竞争中充分地展示了亚洲球员的聪慧与技能，但也暴露出中国球员对抗逼抢能力、凶悍拼斗、意志作风意识不足的弱点。因此，训练实践中应积极倡导以凶悍的精神去占据制空优势与地面攻守速度优势，并使这种凶悍精神能与扎实的技艺融汇一体，以达到在强体能与高速度的对抗中求统一、争制胜。

（三）攻守依存规律

进攻与防守是篮球运动的一对基本矛盾，但作为竞赛来讲，进攻是第一位的，只有进攻才能得分，只有得分才能赢得胜利。在竞赛过程中，双方在同一时间段里非攻即守，交替转换，一次进攻结束就是另一次防守的开始，周而复始。攻与守相互依存、互为补充、相互依赖，单纯片面地重视一方而轻视另一方，必然会丧失主动而导致失败。由于进攻与防守因素相互包含、相互渗透，攻中有守、守中有攻，寓于整个比赛过程之中，所以策略上、战术上的强攻助守、强守助攻，都会使战局向相反的方向转变。因此，强调进攻积极绝不意味着防守消极，攻守并重依存是绝对的、普遍的规律，进攻与防守始终处于相互对立、相互斗争、相互依存、相互促进、相辅相成、瞬时变化发展的矛盾过程之中。但由于篮球运动以进攻得分取胜，以守促攻、以守限制对方进攻将是恒久的规律。"百战争高下，一球定胜负"这一名言，充分地揭示出篮球比赛中进攻的重要性，但防守是保护与扩大进攻成果，主动制约对方的关键。

（四）动态变换规律

篮球运动是一项动态性的运动，"动"表现为比赛中人与球始终不停地移动。攻守双方布阵互动，"动"中守、"动"中攻、"动"中及时转换，不间断有谋略、有针对性地"动"；有目的、有攻击性地"动"；以主动的"动"迫使对手被动地"动"；以"动"攻守，以"动"守攻，反复转换"动"的方式与方法，调整"动"的意图，变换"动"的节奏。"变"是篮球运动的灵魂，"动"是"变"的基础，"动"和"变"是绝对的。篮球场上的势态瞬息万变，以变求快、以变求高、以变求准、以变求胜、以不变应万变。"换"是比赛的基本规律，现代篮球运动已经把进攻、攻守转换、防守这三个不同阶段，组成一个完整的攻守整体来进行训练。在比赛中强化"转换"意识，进而形成进攻、防守、攻守转换体系，是现代篮球运动的新特点。

（五）多元统一规律

当代篮球运动中所表现出来的多元，即在于参与者要认识与掌握篮球运动规律，要多技、多能、多智并相互统一于一体，比身体、比技术、比战术、比体能、比作风、比意志、比智慧、比心理素养。因此，教练员、运动员只有真正地理解了多元统一的理念是规律、训练是基础、竞赛是杠杆、技术是手段、战术是方法、意识是导向、心理是保障、谋略是主动、意识是导向、进攻得分是标尺这一多元统一规律的内涵，才能成为一名优秀的教练员、运动员。这一运动规律也可以说是篮球运动的表象与内涵的统一。

（六）内外结合规律

篮球运动对攻守过程中运动员的布阵分位的特异性，是其本质特征的具体反映，它决定了篮球运动在战术打法风格上形成的"内与外""高与矮"相结合的特殊规律，"内"即内线，"外"即外线，"内与外"的结合，亦即内线与外线队员的结合，内线攻击与外线攻击的结合。篮球运动之被称为"巨人游戏"，就是因为比赛争夺的目标在空中，因此，强调内线攻守数量与质量，是现代篮球比赛的特殊规律。但是，实践证明进攻得分重点依然在外线，无内不成队、无外不能胜是现实，因此内与外，外是基础的进攻规律。自20世纪30年代以来，现代篮球竞技比赛中运动员的身高就一直成为决定比赛胜负的重要因素之一。为此，篮球竞赛规则曾多次修改条款，限制"巨人内线的高空优势"，使高个儿在篮下投篮和拼抢篮板球的优势受到某些限制，以让矮个儿球队在外线攻守发挥快、灵、准的优势，使内外线有机地统一起来。所以，正确理解和处理好高与矮、内与外的辩证关系，不仅体现当代篮球竞技比赛的特征与趋势，还有助于树立符合自身特点的篮球理念，形成内外结合的战术风格与特点。

二、篮球运动的功能

现代竞技篮球运动是在统一的国际性体育组织（国际业余篮球联合会）的指导下，以特定的比赛规则和竞赛方式，围绕高 3.05 米、直径 0.45 米的篮筐和周长 0.749—0.78 米、重量 567—650 克的篮球而展开的空间与时间、控球与反控球、投篮与制约投篮的立体型攻守对抗的竞技项目。

当代竞技篮球运动以其特有的个体性、整体性、智慧性、应变性、健身性、增智性、教育性、艺术性、娱乐性、观赏性、商业性等功能与价值受到人们的青睐。

作为游戏，它是一项人们喜闻乐见的全民健身活动的手段，具有娱乐身心和增强体质的功能。

作为竞技体育运动项目，它是一项举世瞩目的奥运会和世界重大国际体育竞技比赛的重要项目，能够培养人们的集体主义和为国争光的精神及更快、更高、更强的理想。

作为文化，它具有特殊的教育性、启示性、文学性，在不断发展的过程中传颂种种有趣的故事，给人以激励和鼓舞。

作为体育学科课程门类，它以全面系统的科学理论知识、丰富多彩的理论与实践内容，给人以处世哲理的启示。

作为特殊艺术，它以独特的活动形式，陶冶情操，展现自我，形象地展示人体优美形态和心灵气质，和谐地反映人类对现代社会文明生活的创新、完善与追求。

作为新兴产业，在国际经济全球化与 WTO 组织的深层影响下，它以自身独特的形式与功能，催化国际社会经济的发展与繁荣。

当代篮球运动更拓集了现代科技学、教育学、人文学、社会学以及各类自然科学于一体，成为一门多学科交叉的、多元化的新型边缘性运动和学科门类。它的内涵价值在于它是人类社会文明进步和发展过程中创造并逐步完善起来的

一种宝贵的精神财富，它反映了现代社会人类生存活动的形式和现象，而这种形式和现象不仅可以通过篮球运动的竞赛过程，显示出人类多彩的生命力、聪颖的智慧、健美的形态、健壮的体质和高超的技能，而且还能培育并折射出从个体到集体、从民族到国家的一种精神及社会文化心理与文明进步的层次氛围。所以，篮球教学、训练和竞赛过程也是贯彻以人为本、提高全民综合教育素质的过程。

综观当代优秀球队的竞技比赛，给人强烈的印象是它的整体性、凶悍性、技艺性和智谋性，既能显示出其自身高、大、健、壮、狠、准、美等形态与机能，又能显示出内层理念上的情操、志向、意志、毅力和协作拼搏精神，更能显示出深层的意识、心态、气质、灵感、韬略、哲理和文采等智慧潜能。

三、现代篮球运动的当代化特点

现代篮球运动的当代化特点主要反映在以下几个方面：

人文性特点。世界范围内篮球竞技比赛职业化、商业化、观赏化气息的加重，人文色彩的充实，已使现代篮球运动成为社会文明进步和人们喜闻乐见的人文景观，它引发种种有趣的竞技史事和人物故事，供人观赏，使人增智，成为在不同人群中进行社会性人文教育的直观课堂，进而达到社会和谐、人群博知广识、展现文化、讲究文明的目的，从而促进社会人们整体人文品位的提高。

职业性特点。至20世纪80—90年代，篮球职业化如雨后春笋般在美、欧、澳、亚建立起来，特别是在国际奥委会同意美国NBA职业球员参加国际大赛后，篮球职业化已成为一种新兴的产业化趋势，优秀球队和球星效应的社会商业化价值发生了新的变化，反映出新世纪篮球运动发展的又一新特点。

商业性特点。篮球运动商业化的重要特征是篮球运动组织体制、竞赛赛制、管理机制的商业化气息浓厚，以及运动技能能力价值观的变更，这一系列的变革，一方面促进了篮球运动向更高的竞技水平发展，另一方面又有力地推动了篮球运动向商业化、产业化方向发展。这已成为21世纪世界篮球运动发展的趋势，其社会价值和经济价值还将呈现新的景象。

综合性特点。当代篮球运动拓集了社会学、人文学、军事学、生物学、科技学、管理学、体育学、竞技学、教育学等学科门类于一体，成为多学科交叉的、多元化的新型边缘性运动，进而有利于广大篮球运动者形成其特有的运动意识、气质、修养、品德、体能和技能，达到健身强体的目的。

智谋性特点。智慧、技艺、体能和默契的配合是当代篮球运动拼争日趋凶悍激烈的基础。如何扬长避短、克敌制胜，除需要身材条件、体能素质、技能能力、意志作风等作保障外，更需要篮球文化品位，人文修养、智慧、计谋和精湛的技艺作保障，因此，从事篮球运动需要技艺上精益求精，使自己达到"艺高人胆大，胆大艺更高"的境地。

协同性特点。篮球运动的活动形式是以两队成员相互协同攻守对抗的形式进行的竞赛过程，集整体的智慧和技能协同配合，反映和谐互助的团队精神和协作风格，并以此获得最佳成效。

凶悍性特点。篮球运动攻守对抗竞争是在狭小的场地范围内快速、凶悍地贴身进行的身体对抗，获球与反获球的追击、抢夺、拼智、拼技、拼体、拼力，不但需要具备聪颖的智慧，还需要具备特殊的体能、彪悍的作风和顽强的意志。篮球竞赛的过程，即是强化这种作风的过程。

转换性特点。篮球运动当代化的特点之一是突出在"快"字上，即快速转换攻守对抗过程。篮球比赛规则规定，以进攻得分多少定输赢，正如我国大书法家欧阳中石先生，在纪念世界篮球运动诞辰 100 周年题词所述"百战争高下，一球定输赢"。但进攻又有时间规定，攻后必守、守后必攻，攻守不断转换，转换又在瞬间，瞬间变化无常，使比赛始终在快速而和谐的高节奏下进行，给人以悬念，增添观赏乐趣，增智养心。

高空性特点。篮球比赛是在一定的时间内围绕空间的球和篮展开的攻守对抗，因此在比赛过程中必须重视身体绝对高度与滞空性特点，并有高度的时空观念；时刻强调时间与空间意识，运用各种形式、方法和手段去争夺时间，拼夺空间优势，组合成各种惊奇的战术配合，从而使比赛更具时空性和观赏性。

四、当代篮球运动的新理念

"理念"即观念。作为从事篮球运动事业的人群来说，必须充分把握当前世界篮球运动在向技艺化、职业化、观赏化、商业化发展的同时，也要提炼出自身在训练、管理、指挥、竞赛、技术和战术创新中的新思路、新举措，进而整合成独特的、全方位的新"理念"。

（一）"聪慧"于智

俗话说"两强相遇智者胜"，为此，篮球界的有识之士不断地强调运动员要用头脑打球、用智慧打球，打聪明球，打文化球；不断地要求教练员具备篮球专

业大师的才德、才学、才智、才气、才华、才思、才能。将运动员与教练员的"聪慧"贯穿于教学、训练与比赛之中，即反映出运动员与教练员在激烈比赛中"智勇与谋略"的统一。

（二）"制空"于高

自20世纪70年代以后，世界各强队开始普遍重视提高队伍整体高度，并曾认为"无高不成队""不控高难赢球"以及"得高水平、高大中锋得优势"的理论。实践证明，近20年来，竞技篮球运动的确已成为巨人们的游戏。然而"高"的内涵不应该仅仅停留在控制悬挂在空中的篮板、篮筐和篮球，树立全面而准确的超高度"制空"理念势在必行。

（三）"凶狠"于悍

篮球运动自20世纪80年代以来，特别是允许职业选手参加世界性大赛以来，运用贴身攻防的对抗手段，以及凶悍拼争的顽强作风，是现代篮球比赛的显著特点之一。篮球场上对"悍"的理解已出现了质的变化，"悍"不仅反映在思想、意志、作风、精神上应具备一往无前的"王"者气质与风范，还反映在比赛过程中拼争技术手段和战术方法的合理运用上。因此，树立"凶悍"的理念，培养"凶悍"的作风，合理地运用"凶悍"的投、突、扣、断、追、逼、抢、打、断等攻守手段，从而使现代篮球比赛精彩纷呈。

（四）"快速"于动

为进一步提高篮球比赛的对抗性、商业性与观赏性，篮球比赛规则对进攻时间进行了严格的限定，从而加快了比赛的速度。当代世界篮球运动掀起了"快"的浪潮，争取时间是掌握主动赢得胜利的基本保障。"兵贵神速"，贵在神速之中，这一兵家古训令人信服。以速度争取主动，以争取时间来控制空间，赢得胜利，这些已是现代篮球比赛对抗时必须具备的理念。

（五）"高分"于准

投篮是篮球运动攻守对抗得分取胜的唯一手段和目的，国际比赛高比分的形成,一是表现为三分投手多,命中率普遍提高;二是进攻速度加快、投篮机会增多;三是不仅十分重视投篮基本功训练,而且还强调在激烈对抗的条件下提高投篮的数量与质量。当代篮球运动除强调以投篮准确作为"准"字要求的基本点外,还必须树立全方位"准"的理念,扩大"准"的内涵与外延。真正确立"百战争高低,准字定输赢"的理念。

(六)"综合"于全

当代篮球运动是一项多元、多型、多类、多变的攻守对抗性运动项目,而对抗的胜负取决于各项因素的有机综合统一。这一理念具体反映在高水平运动队的教练员能围绕着迅速提高竞技水平和在国际大赛中取得优异成绩,从选材组队到实施训练、管理、培养规划的全过程,都十分重视运动员的悟性与意识的全面性,注意专项身体形态各部分比例的全面性,智能结构的全面性,体能素质、心理素质、技能素质、职业素质的全面性,以及掌握与运用攻守技术、战术的全面性等,从而使当代高水平运动队在比赛中适应不同的对手、不同的打法、不同的环境,掌握应变的主动性,自由驾驭比赛。

(七)"防人"于先

当代篮球运动理念的改变,引导着篮球攻守战术体系的变革。由于人是篮球比赛的主体,球由人支配,所以人盯人防守首先是要防住人,所谓联防也首先要控制对方任何有球与无球的人。中国篮球运动竞技水平落后的重要方面之一,第一是防守意识与技能、体能与作风的落后;第二是受传统防守原则、理念的束缚,如长时期在防守中沿袭着"人球兼顾,以球为主"的传统理念,而今在实践过程中,正逐渐被"人球兼顾,以人为主,随球调位,人、球、区、时一体"的防守理念所替代。众所周知,一支优秀的篮球队伍,不但具备优秀的整体力量,而且突出地发挥优秀球员的特殊攻守能力和作用。可见,防守时如何限制对方优秀球员的发挥,并且进行积极盯防、重点盯防、抢前防守或抢先防守,以控制其攻击的次数,减少其攻击的机会,打乱其攻击的节奏,将是当代篮球比赛克敌制胜的最基本手段。因此,"重在防人","防人"于先,不但是防守战术发展的需要,也是防守理念变革的必然。

（八）"应变"于妙

兵家注重"阵而后战、兵法之举、运用之妙、阵乎一新"，可见作战之前排兵布阵的重要性。世界篮球运动的发展趋势是进攻战术越来越精练，锋卫界限越来越模糊，防守的攻击性和破坏性日益增强。因此，两三人之间展开的巧妙的应变性的进攻战术、以防人为主的凶狠集约和应变混合型的防守战术已被越来越多的篮球强队采用。这种进攻与防守战术的变化，可以最大限度地发挥运动员的主观能动性，对运动员的身体素质、心理修养、技术水平、战术意识、智力结构、协同精神、场上作风等提出了更高的要求。

（九）"奇特"于星

当代篮球比赛中，明星队员的作用显得越来越重要，他们在球队中处于举足轻重的地位。一支球队的战略、战术往往围绕明星队员来体现，如美国NBA的韦德、科比；我国男子篮球队的姚明、王治郅等，女子篮球队的苗立杰等，他们各有所长，在其各自位置尽显明星效应。总之，高度的责任感、荣誉感及作风顽强、技术全面、特长突出、心理稳定、得分力强、攻守兼备、智勇双全等是明星队员的共同特征。因此，树立造就明星队员的理念将是所有优秀队伍的共同追求。

（十）"升华"于艺

当代篮球比赛已将技术与艺术有机地融合，形成一种篮球文化，在第25届奥运会上，以乔丹、约翰逊等为代表的优秀篮球运动员，将篮球比赛升华到了艺术化的境界。我国20世纪90年代中期CBA联赛中王治郅的"扣篮"、姚明的"盖帽"、胡卫东和孙军等的三分球都表现出各自独特的技艺，充分地展示了他们的智与勇、健与美。观赏他们的表演，既给人以艺术的享受，又给人以健康向上的启迪。随着篮球技、战术水平的不断提高，篮球运动的艺术魅力必将更全面地显示人体的生命活力和特殊的社会效应与经济效益。

上述当代篮球运动的"新理念"，互为影响，交叉渗透，从而在动态中把篮球运动提升到当代科技文化的层次，把篮球运动实践和在实践中形成的理论提高到篮球哲学、篮球辩证法的认识高度，创新与完善了篮球运动的理论与实践体系。

五、篮球文化

篮球运动诞生一百多年来，已经形成了独特的篮球文化，是全球体育娱乐文化的重要组成部分，凡是到过 NBA 比赛现场的观众都能深切地感受到独特而浓厚的 NBA 文化的感染力。当今中国篮球运动在新时期的全面振兴，也取决于具有中国特色的篮球文化的建立与发展。没有文化的篮球是缺少底蕴、没有内涵和品位的篮球；没有文化的篮球是缺乏亲和力、感召力和影响力的篮球；没有文化的篮球也一定是缺乏动力、魅力和竞争力的篮球。篮球文化是篮球运动的"魂"，培育和发展篮球文化将是实现中国篮球运动可持续发展的重要战略决策。

（一）篮球文化的概念

从广义上讲，文化可解释为："人类在社会历史发展过程中所创造的物质财富和精神财富的总和，特指精神财富，如文学、艺术、教育、科学等。"通俗地说，文化体现在社会个体与群体内、外环境的方方面面，并且千姿百态，特别是非物质文化，它展现了一个民族存在和发展的生活理念、思维方式、创新意识，它是民族精神的生动反映。

篮球文化是人类大文化的下位概念，它是世界各地域人群，通过从事篮球运动过程，围绕本体特征不断总结、创新、发展形成的各种有形与无形、物质与精神内容和形式方法的总称。它是社会的宝贵财富，是反映时代演进水平的社会现象和意识形态。随着现代篮球运动的普及与发展、创新与提高，篮球运动已成为一种多元文化交融在一起的国际性文化财富，它集人文性、多样性、交融性、大众性、集体性、个体性、娱乐性、趣味性、增智性、教育性、展示性、健身性、产业性、政治性等于一体，已渐显示出其特有的社会、物质与精神魅力。

由于各国的地域、民族、传统、习俗不同，政治、经济、制度不同，价值观念、生活观念不同，形成了各民族、各地域的篮球差异性文化。篮球文化的国际性特征、多元化现状与民族性内涵及人文化景观与后发性潜能，必将在更广阔的领域中展现出本体的多元文化价值与功能。例如在 2005—2006 赛季，中国篮球协会推出了国际化、产业化、规范化的运作方针，提出了"我的球队、我的比赛、我的 CBA"的品牌推广口号，还提出了"服务球迷、服务社会、服务赞助商"的办赛宗旨,与国家青少年基金会共同建立了"我与CBA共成长"基金,推出了季后赛总冠军"至尊鼎"和总冠军"戒指"。所有这些,都从不同方面显示出中国CBA的文化内涵与人文价值观,充分地体现了"联赛"鼓励参与者积极追求、角逐"顶级""至尊"的梦想。倡导以团队、协作、拼搏、奋进为主要内涵的国家队文化,以CBA品牌为目标的赛事文化,以祥和、理想、文明、休闲、理智为追求的球员文化,以继承篮球史实为基本内容的博物文化,以及以提高参与者综合素质为方向的人文文化,已成为今后一个时期中国篮球文化建设的基础要素,体现了"继承、发扬、借鉴、创新、图强"的科学发展观,将对未来中国篮球文化全方位的综合发展、提高,起到启示指导作用。

(二)篮球文化的演进

篮球文化是伴随着篮球游戏的创立而产生的,也是伴随着这项游戏的升华而完善、发展的。最初可称之为地域性、乡土性、娱乐性校园健身娱乐游戏,随着现代篮球运动的传播、推广、充实和完善,分阶段地逐步形成了组合性的当代篮球文化体系。尤其自20世纪30年代以来,也就是篮球运动发展掀起三次浪潮以来,篮球运动从业人员个性的自我展现、规则的演变、技术和战术的创新、竞争的激烈、技艺的惟妙惟肖、智慧的开发、趣味性观赏性的激情刺激与日益浓厚的职业化、商业化、产业化色彩,以及各种科学技术的渗透与交融,使篮球运动与篮球竞技过程的形式与水平已不仅仅体现在体能与技能的展示,更体现在文化、知识、智慧、科技、人文、修养、素质、道德品位、制度创新、有形与无形的物质和精神景观的深刻蕴涵。

在篮球运动演进过程大环境的影响下,篮球文化的演进大体可分为五个发展时期:

初创期(19世纪90年代—20世纪20年代),其主流文化的标志是乡土气息的、纯强身娱乐性的一种萌芽与启蒙的象形文化。

完善传播期(20世纪30—40年代),其主流文化的标志是跨国竞技性本体文化初步构建,规则与竞赛制度文化建立并走向国际化。

普及成熟期(20世纪50—60年代),其主流文化的标志是现代竞技篮球运动的水平、运动员的数量与质量进一步向国际性篮球文化发展。

全面提高期(20世纪70—80年代),其主流文化的标志是球星的魅力与球队间高水平竞赛的职业化、商业化、人文化气息加浓,带来各种形式的、多元的全球篮球文化的形成。

创新飞跃期（20世纪90年代至今），其主流文化的标志是艺术化、产业化、人文化，多元素交融下的高水平竞技比赛，世界性篮球文化形成完整体系，社会价值观加速提升。

（三）篮球文化的分类

篮球文化的功能是多元的，价值是多样的，特别是非物质篮球文化随着物质文化的提升，更引起业内人士的注目与深思。

当前篮球文化的分类，概括起来大致可分为以下几种：
一是物质文化和精神文化（有形文化与无形文化）；
二是物质文化、精神文化、制度文化；
三是物质与象征文化、精神文化、制度文化；
四是物态文化、制度文化、行为文化、心态文化。

不管是分为两种、三种还是四种，其内容与内涵都脱离不了第一类两个上位文化范畴，其他则分属于上位文化中的下位文化形式。

（四）篮球文化的形态例析

1. 篮球文化的产业性

所谓文化产业，简单地说就是按照经济法则和方式去进行规模化和市场化的文化生产与营销。任何体育文化产业的实现（包括篮球文化产业设想与推行），首先必须准确把握体育文化的本质特征与规律，以及对产业运行特征规律的认识。中国篮球文化产业，现阶段还仅仅处于启蒙时期。结合我国的具体国情、体育管理现状及中国足球产业化发展进程中的经验与教训，中国篮球文化的传承，应对如下问题展开思考：文化产业主体的文化素质与竞技水平；文化产业主体与社会其他参与者的篮球信仰观，人文素质与文明水准的程度；文化产业的组织运行者对篮球项目规律和文化产业运行规律的认识水平和实践才干；赛制活动整体包装作秀的诱惑力，以及物质保障的多样性、完备性、创造性和先进性；文化产业的社会经济承受力与营销风险以及承受力的贮存实力；民族性篮球文化的特征，传承与挖掘水平的高低及其他相关保障条件等。

总之，决不能从反文化、反传统、反规律中追求篮球文化的产业化，从解析民族精神中追求篮球文化的产业化。

2. 篮球文化的民族性

世界上所有文化形式，真正体现出价值与魅力，就在于它国家的、民族的、个体的、个性化的创造精神和独特的感染力能否充分展示并与国际环境有机组合。NBA球员中的乔丹、科比、奥尼尔、邓肯、姚明、纳什、诺维茨基等国际球星所产生的特殊的社会综合效应，从一个侧面也显示了他们所在国度、所在民族的个性、理念和形象。世界任何高水平的文化内容与形式的形成都不是无源之水，都蕴涵着民族个性的创新精神，反映着从个体到群体、从一个国家到一个民族多元交融的创新发展历程。因此，要实现中国篮球文化的繁荣与发展，就要锐意探索、强化和大力提升中国篮球文化蕴涵的民族个性与优势特征，有鉴别地吸纳美国篮球文化以及其他先进国家篮球文化的内容与形式，与世界篮球和谐交融，发展创新中国特色的篮球文化。

（五）世界篮球文化的发展趋势

篮球文化形成的基础是篮球运动实践，篮球文化的发展趋势也必然伴随着世界篮球运动的发展而兴起，总体上将趋向于多元性，即篮球文化的形式、内容将更丰富多彩，内涵更深奥；异同性，即篮球运动全球化发展过程中，由于政治、经济、生态环境、教育水平、竞赛水平的差异，形成篮球文化的形式异同；民族性，即在构建篮球文化体系过程中，注重本民族传统优势的传扬，以增强民族自尊与自信、自爱；依存性，即加强国际交流，互相取长补短、共同发展；产业性，即篮球运动特殊的功能与社会效益，推动与加快篮球文化产业发展的进程，不同国家、地区将以特殊文化形式将篮球文化推向市场；政治性，即篮球文化作为一种意识范畴，必然与其本土的政治、经济体制相呼应，并为政治与经济服务，更具有象征性、教育性、凝聚性、鼓动性；艺术性，即随着当代篮球技、战术与科技手段的融合，篮球文化形式与产品将趋于艺术性、观赏性、趣味性的提高；和谐性，即作为全球性的篮球文化将全方位地在形态与形式、国际与本土、本体与它体、互动与互学中和谐发展；系列性，即篮球文化产品将由单一向系列、多样的产品品牌化发展；人文性，即随着全球人文意识的提高，篮球文化意识将更具个性化、人文化、人本化、法制化；社会性，即篮球运动将更受社会各界人群的关注、爱好与参与。

总之，现代社会中篮球文化已不仅仅是对某一民族精神和人生境界的驱动与提升，而且也是实现经济发展的一种必备内容和不可或缺的支撑力量。可以说，它是一个民族、一个国家乃至一个地域、一个单位"软实力"的主要载体和具体体现，代表着这个国家的文化进步的程度。特别是在当今市场经济条件下，体育文化范畴内的篮球文化，无论小到个体、单位，大到国家民族精神凝聚与经济振兴、事业发展，均已显示出特殊的功能，从美国 NBA 到中国的 CBA、WCBA 篮球文化无处不在。

第三节 中国的篮球运动

一、篮球运动传入中国

现代篮球运动于 1895 年由美国国际基督教青年会派往中国天津基督教青年会就职的第一任总干事来会理（David Willard Lyon，图 1-19）介绍传入我国天津市，因此，天津市是我国篮球运动的发源地。1896 年在天津基督教青年会举行了我国第一次篮球比赛，此后逐步由天津向北京、保定等华北地区，上海、南京、苏州、杭州等沿海沿江的华东地区，广州、香港等华南地区，武汉、重庆等华中地区，以及内地其他省市的青年会组织、教会学校流行与传播，并逐步推向社会，至今已有一百余年的历史，成为广大人民群众喜闻乐见的体育运动项目之一。

图 1-19 来会理

二、篮球运动在中国的发展概况

篮球运动在我国的传播、普及、发展和提高，受不同时期政治、经济、文化和教育等各方面因素的影响与制约。为便于了解篮球运动在我国的发展历程，通常按照篮球运动传入中国后的社会变迁，篮球运动及其技、战术在中国的发展和重大国内外竞赛活动、事件等，将其分为三个时期进行回顾。

（一）缓慢传播普及时期（1895—1948年）

其间包括三个阶段：
第一个阶段为1895—1918年的初始传播阶段；
第二个阶段为1919—1936年的缓慢推广阶段；
第三个阶段为1937—1948年的局部普及阶段。

这一时期，中国社会正处于半封建、半殖民地时期，篮球运动传入中国后，未能得到当局的重视和有组织的传播、普及，基本处于放任自流的状态。经过近十年的传播，篮球运动才逐渐成为20世纪初大、中学校的主要体育活动并从学校传入社会。1910年旧中国举行的第1届全运会上男子篮球被列为表演项目；1914年第2届全运会上男子篮球被列为正式比赛项目；1924年第3届全运会上女子篮球被列为正式比赛项目。此后，在华北等地区性运动会上，篮球运动也最先被列为正式比赛项目。我国男子篮球队曾参加了10次远东运动会的比赛，并在1921年第5届远东运动会上获得冠军。此外，我国曾派队参加了1936年和1948年的第11届和第14届奥运会篮球比赛。1936年奥运会期间，中国篮球协会正式成为国际业余篮球联合会成员。

20世纪30年代后期，在革命根据地，篮球运动已成为深受广大人民群众和红军、八路军将士喜爱的运动项目。当时特别引人注目的是在国内享有盛誉的八路军120师师长贺龙和政委关向应亲自组建的"战斗篮球队"，以及抗日军政大学三分校以东北干部为主组成的"东干篮球队"，他们共同的特点是宗旨明确、纪律严明、斗志顽强、技术朴实、打法泼辣、体能良好，充分反映出革命军人的优良道德品质和战斗风格，给根据地军民留下了深刻的印象，不仅有力地推动了篮球运动在该地区的普及与提高，而且成为我国部队篮球队的优良传统，为新中国体育事业及篮球运动的发展作出了积极贡献。我国"八一"男子篮球队长期保持国内优势地位，与继承光荣的革命传统密切相关。

1945年抗日战争胜利后，天津、北京、上海以及东北等地区涌现出不少新的篮球队，为1949年新中国成立后，我国体育事业的蓬勃发展和群众性篮球运动的普及、运动技术水平的迅速提高奠定了坚实的基础。

（二）普及、困惑、复苏时期（1949—1994年）

其间包括三个阶段：
第一个阶段为1949—1965年的普及、发展、提高阶段；
第二个阶段为1966—1978年的停滞、困惑阶段；
第三个阶段为1979—1994年的复苏、提高阶段。

新中国成立后，由京津两地大学生组队参加了在匈牙利举行的第10届世界大学生运动会篮球赛，获得第10名。此后，我国篮球运动进入了空前的普及、发展和提高时期。经过几十年的实践，逐步形成了一部集社会群众性篮球活动、学校篮球、竞技篮球、篮球科研与篮球基础理论为一体的中国篮球运动发展史。

为加速我国篮球运动水平的提高，20世纪50年代初在北京成立了中央体训班篮球队。为学习苏联经验、加强国际交往，1950年12月24日，苏联国家篮球队访问了我国北京、天津、上海、南京、广州、武昌、沈阳、哈尔滨8个城市，进行了33场比赛，对比之下暴露了我国篮球竞技水平的落后状况。为摆脱这一落后局面，主管部门采取措施，进一步加速组建专业队伍，学习先进经验、先进打法，更新束缚自己的传统观点，积极参加国际比赛，短期内成效显著，国际交往中战胜了不少欧洲强队，黄柏龄等优秀运动员的技艺表演在中国篮球历史上写下了光辉的一笔。不久，各大地区都组建了篮球集训队，篮球运动跨入了新的发展时期。

至1955年实行全国篮球联赛制度以后，我国篮球运动开始有了不同阶段的训练指导思想，并建立了相对稳定的分级竞赛制度。1956—1957年间实行了篮球等级升降级联赛制度和教练员、裁判员等级制度。在1959年举办的新中国第1届全国运动会篮球比赛中，四川男队、北京女队分别获得冠军。当时我国篮球在技术、战术上逐步形成了以"快攻""跳投""紧逼防守"为制胜法宝的独特风格。经过多年实践，在总结我国篮球运动发展历程和对比世界篮球运动发展现状的基础上，确立了篮球运动的训练指导思想，使我国篮球运动在思想建设、队伍建设、理论建设、赛制建设、科学研究等方面有了明确的目标与方向。至1966年"文化大革命"前夕，我国篮球运动已接近世界先进水平，战胜了不少欧洲强队，后因十年"文革"影响而停滞，从而拉大了与国际强队的距离。

进入20世纪70年代中期后，体育战线全面拨乱反正，篮球竞技运动确立了赶超国际水平的新目标，并重新强调"积极主动、勇猛顽强、快速灵活、全面准确"的训练指导思想和贯彻"三从一大"的科学训练原则。在正确方针指引下，不断总结自身经验，研究世界篮球运动发展趋势、积极创新。不久，我国男、女篮球队开始重新活跃在国际篮坛。1975年，中国篮球协会在亚洲业余篮球联合会取得了合法席位；1976年，国际业余篮球联合会通过决议，恢复中国篮球协会的合法席位，并承认中华人民共和国篮球协会是中国唯一合法组织；1979年，国家实行改革开放政策，我国篮球界不负重望，深化改革，严格训练，严格管理，篮球运动进入最佳发展时期，在世界性及洲际性竞赛中不断获得优异成绩。国家女篮分别在1983年第9届世界女篮锦标赛和1984年第23届奥运会上获得了第三名；在1994年第12届世界女篮锦标赛和1992年第25届奥运会上获得了第二名，进入世界强队行列，先后涌现出宋晓波、柳青、郑海霞、丛学娣等在亚洲和国际篮坛具有较高声誉的优秀球员。国家男篮则在蝉联亚洲榜首地位的基础上，在1994年第12届世界男子篮球锦标赛上首次进入了世界前八名。然而20世纪90年代中后期，由于种种原因，我国男、女篮球队在国际大赛中成绩不尽如人意，呈现滑坡状态。

（三）改革创新追赶时期（1995年至今）

1995年至今为第三个时期，即中国篮球运动随着国家政治、经济体制改革，进入总结经验、深化改革、解放思想、更新观念、创新攀登的新阶段，即第七个发展新阶段。

随着我国社会主义市场经济体制的建立，体育战线进一步深化改革，我国篮球运动从更新观念、转变思想，大胆改革、勇于创新着手，一方面抓篮球运动的全面普及，特别重视从娃娃抓起，从青少年抓起；另一方面狠抓竞技水平的提高，改革管理体制、完善竞赛制度，有力地促进了我国篮球运动的发展与提高，加快了与国际篮球运动的接轨。

1995年，篮球界在国家体委"坚持正确方向、抓住有利时机、继续深化改革、发展体育事业"精神的指导下，坚持"积极稳妥、健康有序"的改革方针。抓住了外商注资的机遇，与国际管理集团等外资合作，在1996年全国甲级队篮球联赛蓬勃开展的同时，举办了由前卫体协、北京体育师范学院（现首都体育学院）、上海交通大学等8个省市、部队、学校组队参加的男子准"职业"篮球联赛——"CNBA职业联赛"，这是我国初步试探职业化联赛的开端，是一次大胆的尝试，但不久因故暂停。此后，中国篮球协会决定以全国男子篮球甲级联赛赛制改革为突破口，以职业化、商业化为导向，加速篮球竞赛体制改革的进程。1997年，篮球运动管理中心成立，在管理体制改革上迈出了重要的一步，即把传统的甲级联赛正式命名为"CBA 男子篮球联赛"。通过十年的改革实践，我国篮球事业发生了深刻的变化，带来了新的生机与活力，初步展现出广阔的发展前景。联赛吸引了众多篮球爱好者和社会各界的广泛关注，姚明、王治郅、巴特尔、刘玉栋、胡卫东、孙军等球员的出色表现，扩大了篮球运动社会化、人文化和科技化的影响，同时也加快了我国篮球运动职业化、商业化的改革进程，"CBA 联赛"已成为国内外知名企业树立形象、体现实力、拓展市场的新舞台。在赛制改革的引导下，众多篮球俱乐部纷纷建立，一种适应篮球社会化、产业化发展需要的俱乐部管理体制渐成雏形。CBA 联赛从 2005—2006 赛季开始，改称为中国 CBA 职业联赛。由此，篮球学校、各种形式的夏令营、训练中心、培训班等社会办篮球的形式大量涌现。1998 年中国大学生体育协会在企业资助下组织了 CUBA 全国大学生篮球联赛。2004 年一项新的大学生篮球赛事——"大学生超级篮球联赛"也应运而生，有 600 多所高校参与的 CUBA 中国大学生篮球联赛和先后有十多所高校参与的中国大学生超级篮球联赛已经成为中国篮球运动的一道亮丽的风景线，对于活跃高等院校校园文化生活，在学生中普及、提高篮球运动水平起到了积极的推动作用。

三、中国篮球运动的现状

自 20 世纪 80 年代中期至本世纪，中国篮球事业进一步得到全面而空前的大普及、大发展、大提高，大众篮球活动与竞技篮球运动均呈现出欣欣向荣、蓬勃发展的景象。

（一）大众篮球活动的发展

篮球运动的诱人魅力和运动价值，吸引了社会各界近亿人参与。在广大厂矿、企业、部队、农村，篮球运动是人们喜闻乐见的文化健身活动，是中国篮球运动发展的社会基础，篮球比赛现已成为最引人注目的竞赛项目。

由于篮球运动寓文化、人文、健身于一体，具有很强的教育性，因此，各级学校均将篮球作为体育教学的重要内容，并列入教学大纲。除在体育课上安排篮球项目教学外，还建立了各级各类篮球学校和篮球俱乐部。这些篮球基层组织已

成为中国篮球运动攀登世界竞技高峰坚实的后备人才基地。

篮球科学研究成果渗透于篮球运动实践是运动水平快速提高的必需,针对世界篮球运动的发展趋势,院校篮球教学工作者与篮球竞技工作者相结合,积极从事篮球科学化训练以及篮球俱乐部组织管理、篮球竞赛制度改革、篮球产业发展等研究,并已取得了一定的成效。

(二)竞技篮球运动水平的提高

中国女篮继1983年和1984年在世界锦标赛和奥运会篮球赛上两获第三名后,在1992年第25届奥运会和1994年第12届世界锦标赛上又两获亚军。男篮在1994年世界锦标赛上首次进入前八名。在历经一段低潮时期之后,中国女篮在2001年重获亚洲两项重要篮球赛事的冠军,并于2002年在南京举行的世界女篮锦标赛上获得第六名,这是近八年中国女篮取得的最好成绩,中国女子青年篮球队在2005年世青赛上获得了第三名的历史性突破,进而形成了中国女篮新的上升态势。中国男篮在2003年亚洲锦标赛上又夺回亚洲冠军的位置。2006年中国男、女篮球队第一次在亚洲运动会上双双荣获冠军。上述成绩的取得标志着中国篮球运动正朝着世界竞技篮球运动的新的高峰攀登。

为了瞄准目标攀登世界先进水平,篮球管理部门在不同的时期,针对世界篮球的发展趋势,从中国实际出发不断应时确立了中国篮球运动的发展指导思想和训练指导思想,树立自身的技术特点与战术风格。

1955年我国篮球运动主管部门曾提出了"积极、主动、快速"的训练指导思想。1957年提出了"积极、主动、快速、灵活、准确"的训练指导思想。1959年提出了"以小打大,以投为纲,狠快准灵的技术风格,以我为主、以攻为主、以快为主、积极防守的战术指导思想"。1972年提出了"积极主动、勇猛顽强、快速灵活、全面准确"的训练指导思想。1985年提出了"以小打大、快速、灵活、全面、准确"的训练指导思想;1988年提出了"以防为主"的训练指导思想。2000年提出了"坚决贯彻'三从一大'科学训练原则,'系统训练、打好基础、强化体能、全面创新、百花齐放',以全场争夺为方向,把拼防守作为重点,强化体能和作风,重视提高对抗能力,形成'快、准、灵、全、专'的技术风格;在此基础上形成'以小打大、以快制高、以巧克强、以准取胜'的战术风格"。

2005年,中国篮球协会针对世界篮球运动的发展趋势及我国篮球运动的发展走向,重新确立了较为全面的发展、提高中国篮球运动的新思路。将我国篮球训练指导思想定位为：以世界篮球先进技、战术为目标，坚持"三从一大"的科学训练原则，系统训练、区别对待，三线队伍以基本功训练为主，青年队以专项体能和基本技术训练为重点，强调动作的规范性和篮球意识的培养；成年队以攻守对抗训练为核心，强化体能、作风和技术运用能力，准字当头，从实战出发，全面创新。技、战术风格定位为：学习世界先进篮球技、战术，形成我国篮球运动员全面（攻防技术）、稳定（技术发挥）、准确（传球和投篮）、凶悍（对抗和拼抢篮板球）的技术风格和内外结合、攻守兼备、快速多变、多点进攻的战术风格，以改变攻防能力不强、投篮命中率低、球权争夺弱，及一流内线，二流前锋，三流后卫的现状。以上指导思想的明确提出，对新世纪中国篮球运动的普及与发展、提高与冲击新的奋斗目标，加快中国篮球职业化进程，进一步提高中国篮球人文文化氛围，起着重要的方向性作用。当然，新的事物在理解和贯彻中还将不断完善、充实、调整才能有序地形成一个系列的整体指导方针。2007年中国篮球协会将进一步进行论证并展开以建立中国以篮球文化为导向的新举措，以进一步推进职业化篮球和大众篮球的蓬勃发展。

四、中国篮球运动近期面临的任务

"十一五"期间篮球事业发展的指导思想是：树立和落实科学发展观，解放思想、遵循规律、勇于实践，在构建社会主义和谐社会的大格局中全面提升中国篮球整体实力和核心表现，走一条基于国际视野、开创中国经验的创新之路。

面对2008年第29届奥运会在我国北京举办的契机，随着我国经济社会的发展和人民生活水平的提高，作为体育运动的重要组成部分，健康发展的篮球运动在丰富社会生活，倡导先进文化乃至构建和谐社会中，发挥着积极作用。为确保"十一五"期间篮球事业沿着积极、健康、有序的方向稳步前进，我国篮球主管部门具体提出了新时期中国篮球运动面临的主要任务：

（一）坚持改革、创新、发展的方针

面对当前篮球运动发展的有利契机，坚持深化改革，扩大开放，促进发展。探索新形势下篮球运动发展道路，继续推进体育社会化、产业化进程。以科学发展观统领全局，尊重规律性、注重系统性、加强计划性、完善制度性。

（二）坚持举国体制，确立正确目标，催人奋进

举国体制是我国特定时期办好竞技篮球的基础保障，必须抓住机遇，迎接挑战，坚定不移地贯彻"大目标、大开放、大团结、大整合、大协作"的工作方针，用符合国际发展趋势和项目规律的眼光来审视、规划篮球运动的未来，追求跨越式发展的战略目标。以更宽的视野、更新的观念、更大的胸怀、更加开放的姿态使中国篮球与时代同步发展。团结篮球界的一切力量，调动一切积极因素，进一步整合资源，盘活存量，提高质量，扩大篮球产业基础。

（三）坚持学习国外先进经验与中国实际相结合

篮球运动起源于西方，当前欧美国家的篮球运动整体发展水平要高于中国。发展新时期的中国篮球事业必须坚持从中国的国情出发和以我为主的理念，但也必须同时处理好学习国外先进经验与开创中国道路的辩证关系。只有坚持以我为主又注意学习国外先进经验与开创中国未来道路的辩证统一，中国篮球运动才能抓住机遇，创造未来。

（四）坚持"五个统筹"，培育和发展"和谐篮球"

坚持"五个统筹"，即统筹篮球运动的普及与提高、统筹国家队建设与职业化改革、统筹职业篮球与业余篮球、统筹篮球运动的社会效益和经济效益，统筹不同地区和不同形态篮球运动的协调发展。只讲重点不讲统筹，或者只讲统筹不讲重点，都不利于篮球事业的可持续发展、和谐发展。

（五）坚持以人为本，构建中国民族特色的篮球文化

着眼于人的全面发展和社会的和谐进步是发展篮球运动的根本目的。篮球工作中树立科学发展观的基点是"以人为本"，将关心人、尊重人、激励人、提高人作为篮球发展的目的。只有真正实现好、教育好和发展好包括运动员、教练员、裁判员以及球迷在内的道德、品位、智能、技能，挖掘出最深文化沉淀的潜能，维护好最广大篮球参与者的根本利益，篮球发展的主体才不会缺失，动力才

不会衰竭，篮球之"魂"——篮球文化事业才能可持续发展。

（六）坚持竞赛改革，探索篮球职业联赛的新途径

继续推进篮球职业化改革，逐步建立职业篮球相对独立的经营管理体制，形成职业篮球与非职业篮球互相衔接、互相促进，各走一径、共同发展的格局。建立以"四大运营模式"为核心的中国职业篮球联赛制度，即建立在中国篮球协会领导下各俱乐部参与民主决策的"新型管理模式"；以南北分区、增加场次、突出对抗为特点的"新型竞赛模式"；以集约化、专业化为运营特点的"新型商务开发模式"；以和谐篮球为目标的"篮球文化建设模式"。

（七）坚持奋斗目标，打造职业化的"精品"赛事

中国篮球的改革是从联赛改革开始的，联赛对篮球运动水平提高与普及起着承上启下的重要作用。承上，培养高层次人才，促进联赛竞争激烈，良性发展的联赛可以为国家队培养、输送更高水平和更具职业素养的优秀球员；培养优秀教练员，迅速提高科学化训练水平和管理水平。启下，精彩纷呈、包装精美的联赛可以吸引更多青少年参与篮球运动，从而可以进一步普及群众基础。职业联赛在给广大球迷带来娱乐享受的同时，也创造出市场价值，带动配套产业的发展。中国篮球协会设计中的"北极星计划"，其目的就是将中国男子篮球职业联赛打造成初步具有职业化特点的"精品"赛事，目标是成为中国最好的体育赛事，进而成为亚洲最好的体育赛事，最终向成为世界高水平职业联赛的方向努力。

（八）坚持发展社会篮球，迅速壮大青少年篮球基础

社会篮球是中国篮球事业金字塔结构的重要基础，它包含青少年系统训练和社会性篮球活动两大部分，只有社会性篮球活动活跃，参加系统培训的青少年运动员多、人才辈出，关注篮球、参与篮球及消费篮球相关产品的人数多，篮球才有可能成为强势运动。社会篮球应主要围绕三方面开展工作：其一，积极扩大参加篮球青少年训练的人数。一方面，继续推进青少年篮球业余训练工作；另一方面，要与教育部门精诚合作，坚持走"体教结合"的道路，形成合力，探索提高

青少年人才培养质量和数量的社会化之路。其二，加强青少年篮球基本功训练。根据中国篮球训练指导思想和技、战术风格，依据青少年生长发育规律和篮球基础训练规律，改变单纯以竞赛为导向的急功近利思想，积极探索并建立能够真正激发社会力量参与青少年篮球人才培养的有效机制。其三，加强协会建设，建立健全全国篮球协会的组织网络。

五、国内重大篮球赛事简介

CBA、WCBA、CUBA、"大学生超级篮球联赛"这些赛事，正逐步地被喜爱篮球运动的中国球迷所认可，正是这些赛事，托起了中国篮球运动的竞赛阶梯，从而也进一步有机地完善了"体教结合"发展构想的实现。

（一）CBA 男子篮球甲 A 联赛及 CBA 职业篮球联赛

CBA（中国篮球协会）男子篮球甲 A 联赛，是我国国内最高水平和最大规模的篮球赛事。中国篮球协会于 1995 年正式推出了与国际接轨的赛事——中国男子篮球甲 A 联赛。首届 1995—1996 赛季，有 12 支球队参加，采用主客场制，分预、决赛两个阶段。为进一步深化联赛改革，逐步探索和建立具有中国特色的职业联赛制度，中国篮球协会在 2005—2006 赛季推出新的"CBA 职业篮球联赛"。这个新联赛脱胎于十年甲 A 联赛，继承了甲 A 联赛好的思想、好的方法，但与甲 A 联赛又有明显的区别，它是在推进联赛职业化进程上取得的初步成果，是总结提炼出的一条符合我国实际的篮球职业化发展道路。

（二）WCBA 女子篮球甲级联赛

随着全国男子篮球甲 A 联赛的迅速发展，女子篮球联赛赛制改革也被提到议事日程。为此，一项酝酿已久的赛事——全国女子篮球甲级联赛（WCBA）于 2002 年 2 月正式拉开帷幕，它标志着女子篮球甲级联赛已正式由赛会制走向赛季制。主客场联赛的实行，不但增多了女篮比赛的场次，而且活跃了球市，促进了全社会对女子篮球运动的关心与了解。WCBA 联赛分为预赛和决赛两个阶段。预赛前八名的球队进行主客场 3 战 2 胜交叉淘汰赛（预赛名次在前的队多安排 1 个主场）；1/4 决赛、半决赛的胜队进行主客场 3 战 2 胜交叉淘汰赛，取得获胜

第一章 篮球运动概论

场次后不再比赛；1/4决赛、半决赛的负队不再进行比赛。预赛9—12名的球队进行主客场双循环比赛。联赛采用升降级的方法，第11、12名的球队降为乙级球队，参加每年一次的全国女子篮球乙级联赛。

（三）CUBA大学生篮球联赛

CUBA联赛是在国家教育部全国大学生体育联合会领导下，在中国篮球协会指导下进行的赛事活动，该联赛创办于1996年，具有以下特点：

其一，挖掘高校篮球潜力；

其二，丰富校园文化生活；

其三，拓宽与普及高等院校群众性篮球活动，提高篮球运动的文化氛围；

其四，促进相关篮球产业市场在高等院校的开发。

大学生篮球联赛的竞赛组织编排体现了"一赛三阶段"和"一赛多方法"的特点。预选赛，于每年的9—11月进行，基层预选赛必须以学校为单位进行，各省市根据不同的情况、不同的条件，可以采取不同的竞赛方法。分区赛，于每年的12月进行，分为东南区、西南区、西北区、东北区四个赛区进行角逐。决赛阶段，于翌年4—5月进行男八强、女四强半决赛。男子：四个赛区每区各取前两名，共8支球队，定为CUBA男八强，进行淘汰赛；女子四个赛区每区各取第一名，共4支球队，定为CUBA女四强，进行淘汰赛。总决赛，男、女组冠亚军总决赛采用主客场赛制，比赛胜场出现1:1，则在第二场结束后进行5分钟的决胜期比赛，直至决出胜负。

（四）大学生超级篮球联赛

自2003年开始，篮球运动管理中心便开始与教育部全国学生体育联合秘书处共同协商、酝酿合作办赛的具体事宜，在经过周密的商讨与细致的准备后，2004年6月1日，一项新的篮球赛事"大学生超级篮球联赛"（简称"大超"联赛）诞生。大学生超级篮球联赛创办的主要特色为：其一，强强联手，打造高水平联赛。其二，高校互动，促进校园篮球文化的发展。其三，专业化运作，提高"大超"联赛的商业空间。

于2004年10月拉开战幕的首届大学生超级篮球联赛，由全国16支高校男子篮球代表队分为南北两个赛区进行主客场比赛。各赛区前四名的队伍于2005

年 3 月起进行交叉淘汰赛,最终决出参加决赛的队伍。

思考题:

1. 试述篮球运动的起源与演进过程中的五个时期及"三次浪潮"。
2. 简述现代篮球运动的功能,并在此基础上试述现代篮球运动的基本规律。
3. 简述世界篮球运动的风格与流派。
4. 简述篮球文化及现代篮球运动的新理念与当代化特点。
5. 简述中国篮球运动的发展情况,并结合自身体会评述当前中国篮球运动的现状及面临的主要任务。

第二章

篮球运动教学训练理论

内容提要：

本章运用现代体育教学理论，重点阐述篮球运动教学理论基础、篮球技术和战术教学步骤与教学方法、篮球运动训练理论基础以及相关学科对篮球运动教学训练理论的影响。

篮球运动教学训练理论，是以相关的教育学、训练学理论以及社会学、人体科学等多种学科理论作依托，是对篮球运动本质特征和运动规律的认识与实践经验的总结。篮球运动的反复实践过程，以及它与现代诸多学科的有机融合，是篮球运动教学、训练理论形成的基础。

第一节　篮球运动教学理论基础

篮球运动教学是一个特殊的、有组织的教育认识过程。通过篮球运动教学过程落实对学生全面素质的教育，使更多的人了解篮球运动的有关知识，掌握篮球运动的方法和技能，进而将篮球运动作为终身体育锻炼、增进健康的方法手段。篮球运动教学是使学生掌握篮球运动知识、技能的基本形式，处于学生形成篮球运动技能、能力的初级阶段。

一、篮球运动教学理论

篮球运动教学理论，是将一般的教学原则和相关科学的理论与方法手段融为一体，促使学生更快、更好地掌握篮球运动基本知识和基本技能的一种专项理论。篮球教学理论依据于：

（一）认知的理论

篮球教学不仅是组织学生进行身体运动，而且要传授大量与之相对应的操作性知识，因此，篮球运动教学是促进学生认知能力发展提高的过程。学生对篮球教材的感知、体会、理解、巩固、运用和评价等认知活动有其固有的规律，篮球教学必须遵循这些规律。在教学实践中要特别注意使篮球知识与篮球技术表象之间建立起巩固的联系，同时要通过认知活动来激发学生学习篮球运动的动机和兴趣。

（二）动作技能形成与发展的理论

篮球运动技能的形成与发展，一般经历粗略掌握、改进提高、巩固运用和创新发展阶段。其生理学和运动技能学机制是运动技能学习的刺激在大脑皮质相应的运动神经中枢之间建立暂时性神经联系的过程。这一过程分为泛化、分化和自动化三个阶段，是大脑皮质相应的运动中枢兴奋与抑制由扩散趋向集中、分化抑制逐步建立的过程，其本质是建立复杂的、连锁的和本体感受的运动条件反射。

（三）运动过程中人体生理机能活动变化的规律

篮球教学是教师组织学生进行运动实践的过程，身体练习是掌握篮球技术技能的主要途径。进行篮球技能的身体练习，就必须遵循人体生理机能活动变化的规律。运动练习中，人体生理机能活动变化的规律是由安静状态进入工作状态，人体工作能力由逐步提高进入到最大限度的水平，最后又逐步降低。经过长期的身体活动练习，既提高了篮球运动技能和身体素质，又使身体的运动机能能力得到适应性改善。遵循规律组织篮球教学，不但可以提高教学的质量，而且可以增进健康，减少运动创伤事故的发生。

（四）篮球运动技能开放性和对抗性的理论

体育运动技能分若干种类，各类技能的性质存在一定的区别。篮球是直接对抗性运动项目，其技术的运用完全取决于实战中攻守关系的变化，没有固定的程序，因此，篮球技能属于开放性运动技能（又称非周期性技能）。在体育教学中，开放式技能与闭合式技能（又称周期性技能）在学习上有各自的认知规律，篮球教学必须遵循篮球运动技能学习与认知的规律，采用与之相适应的方法，要把培养应变能力、对抗能力、配合能力以及意志品质放在重要的地位。

现代教学论认为，任何教学过程都是以认识活动作为核心的复杂信息交流系统，因此，必须依据相关的科学理论来指导教学实践，以保障篮球运动教学在科学教学原则下进行，促进学生的个性、潜能和创造力得到充分展示与提高。表现为：

1. 篮球运动促进文化素养的提高

篮球运动是人类文化的有机组成部分。篮球运动中蕴涵着丰富的科学技术和文化知识，还充满着人生哲理。所以说篮球运动的教学过程是启示正确个性发展、吸收时代文化、培养人格素养的过程，通过篮球运动教学和训练，可以学习和掌握一定的科学知识、技术和技能，提高文化修养，树立个性人格魅力，并使相应的智能、体能能力得到充分发展。

2. 篮球运动促进智能的发展

现代篮球运动不仅是技术和身体的对抗，也是意志与智慧的较量。运动员的智慧、胆略、意志与创造力的层次，往往决定着比赛的胜负。这是因为篮球运动在攻守对抗中具有复杂性、多变性、凶悍性和技巧性特点，要求运动员反应敏捷、判断准确、随机应变、机智果断、勇谋兼备，从而促进大脑功能水平的提高与智力的发展。由此使人产生积极的思维活力，有利于培养人良好的注意力、敏锐的观察力、牢固的记忆力和顽强的意志、稳定的情绪，促进人的综合智能得到提高。

3. 篮球运动促进个性的完善

篮球运动在完善人的个性方面起着独特的作用。篮球运动为练习者提供了一个广阔的活动舞台，参与者在活动中，个性可以得到充分的发展和完善，有利于良好心理素质的形成。特别是通过比赛，使人的个性、自信心、情绪控制、意志力、进取心和自我约束等能力都有很好的发展。由于篮球运动具有紧张、激烈的对抗性，并伴有一定的生理负荷，所以要求参与者克服内心障碍和外部障碍，以坚定的意志和顽强的毅力去克服和战胜各种各样的困难，表现出坚韧不拔的道德意志和良好的心理品质。另外，通过参与这项运动，可以培养队员团结拼搏、文明自律、尊重别人等道德品质和无私奉献的集体主义精神及集体荣誉感。

4. 篮球运动促进创新能力的培养

人的创造力与人的创造性活动是相联系的。篮球运动是一项创造性活动，篮球技、战术的运用具有复杂性和多变性，队员在比赛中运用技术时必须根据比赛情况随机应变，及时、果断、快速地做出应答的行为。例如：为了力争主动，制约对手，通过观察进行分析判断，做出行之有效的组合动作去完成具体的攻守任务，这就确定了篮球技术动作和动作组合的随机性与多样性，需要参与者具有一定的创新能力，用智慧创造性地处理比赛场上出现的各种问题，这就有助于创新能力的培养。

二、篮球运动教学步骤

篮球运动教学步骤是教师为完成教学任务根据学生特点而采取的策略。根据篮球运动的特点，可分为技术教学步骤和战术教学步骤。

（一）技术教学步骤

1. 掌握技术动作方法，建立正确动力定型和初步的对抗意识

篮球技能的形成首先从技术动作的掌握开始，采用各种直观手段使学生感知正确技术动作方法，在头脑中建立起初步的动作表象，然后进行体会与模仿性的练习，使动作表象得到加深。与此同时，教师通过讲解和分析使学生了解技术的方法、要领和运用时机等关于所学技术的理论知识，从而使知识与动作表象之间产生直接的联系，这就是所谓"知识—表象"的建立，是对所学技术的认知过程。学生在知识—表象的定向作用下继续体会练习，就可以建立初步的动作概念，形成初步的动力定型。在教学初期向学生灌输技术动作运用的对抗性，为练习操作赋予实战意义，不仅能够增加练习的兴趣，也可以使学生在一开始就在头脑中打上对抗的烙印，建立起初步的对抗意识。

2. 学会组合技术，提高初步运用能力，建立对抗概念

由于篮球技术属于开放性运动技能，这一性质也决定了技术的组合性和对抗性，因此，要使学生掌握组合技术。组合技术学习是掌握篮球技能的必然步骤。组合技术就是根据实战中技术运用的组合规律，提炼出的结合性练习单元。它们可分为先后组合、同时组合和附加组合等，例如运投组合、运传组合、接投组合和投突组合等等。通过组合技术练习使动作之间合理衔接，体会技术运用的速度、节奏以及攻防意义，学会初步运用。由于组合技术练习具有变换的要素，就使练习的意义更加深刻。此阶段的练习，可增加假设对手的标志物或象征性对手，让学生带着对抗的拼争意识练习，使对抗的概念得到强化，为下一步实战对抗练习打下坚实的基础。

3. 在攻守对抗情况下提高技术运用能力

篮球教学中，一切技术练习都是为了在实战中有效地运用，因此，对抗练习就成为篮球教学中最为重要的环节。对抗练习是在掌握单个技术动作和组合技术的基础上，在攻守对抗的条件下，根据对手的阻挠和制约而采取相应对策，准确而合理地运用技术的练习方法，是学习与掌握篮球技术技能的必然途径。在教学实践中，对抗强度的处理应依据循序渐进的原则，分为在规定的对抗条件下练

习、在消极攻守对抗条件下练习、在积极攻守对抗条件下练习和在教学比赛条件下练习等几种形式，但无论采用哪种形式，都必须将技术的合理运用和实战对抗意识、对抗作风的培养有机结合，既要提高技术的运用水平，又要培养顽强的作风和意志品质。

（二）战术教学的步骤

1. 建立战术概念，掌握战术方法

篮球战术教学首先要使学生建立对战术概念的认知，了解战术的配合方法，逐步建立相应的战术意识。可采用直观演示手段并结合语言阐述使学生明确战术的名称、战术的阵势、配合的位置、移动的路线、配合的时机和行动的顺序等等，重点的配合环节要进行重复演示，启发学生的积极思维，加深对所学战术的理解。教学实践中可按如下步骤进行：

（1）学习局部战术配合方法。篮球全队战术是由基础配合构成的，因此，要从两三人的基础配合学起。基础配合的教学应根据战术构成的逻辑规律确定学习的先后顺序，一般先教主要配合，后教次要配合。例如，策应配合是传切和掩护的综合形式，所以应先进行传切和掩护的教学；突分是掩护后的发展形式，所以应先进行掩护的教学等等。在教学方法上要遵循由浅入深的原则，首先在固定的无干扰障碍的条件下练习配合的方法和路线；然后再设置假设的对手或标志物，进行以简单对抗条件为背景的练习，建立队员之间的配合默契，同时改进配合性技术；再进行消极攻守条件下的练习；最后在积极攻守对抗的条件下进行练习，提高所学战术配合的运用能力。

（2）掌握全队战术方法。全队战术的教学是在完成了局部战术学习的基础上进行的。一般首先进行战术阵势、运用时机和配合的路线等理论知识的教学，然后在消极攻守条件下进行配合练习，最后在积极攻守对抗的条件下进行实战练习。

2. 培养攻守转化和战术综合运用能力

在学习掌握了基础战术和全队战术方法以后，应结合实战比赛进行攻守转换和各种战术组合的练习，其目的是培养队员的攻守转换意识和灵活运用战术的能力。

（1）攻守转换意识是现代篮球教学中特别强调的内容，是快速进攻和攻势防

御的前提条件。攻守转换意识的培养要在日常教学训练中坚持不懈地进行，使学生养成自觉的意识和行动，在比赛中自觉地加快攻守转换的速度，争取比赛的主动权。

（2）战术的运用要根据实战比赛中双方的实际情况，采用不同的战术组合，以己之长攻彼之短，才能始终保持比赛的主动权，因此，要掌握多种战术组合运用的方法。

3. 在比赛中运用战术，提高应变能力

实战比赛是战术练习的最高形式。在比赛之前要提出比赛的具体战术要求，比赛之中要对战术运用的情况进行具体的指导，比赛结束之后要对成功的配合打法进行总结，找出失败的原因，吸取教训，提出改进的方法。

三、篮球运动教学方法

教学方法是指在教学过程中，教师和学生为实践教学目的、完成教学任务而采取的与学生的学相互作用的活动方式，是教学过程整体结构中的一个重要组成部分，是教学的基本要素之一，它直接关系到教学工作的成败、教学效率的高低。

（一）常用的教学方法

在篮球运动教学中，常用的教学方法有以下几种：

1. 讲解示范法

讲解示范是篮球技、战术教学中的重要环节，每教一项技术动作或战术配合，教师都要讲解它的名称、方法、要领、练习形式及需要注意的关键问题等，然后要做出正确的示范。示范时既要注意动作规范和要领，又要使学生都能清楚地看到示范的全过程和关键。复杂的技术动作和战术配合，则要采取反复讲解示范法，并启发学生思考分析动作，更快领会动作的难点和要点。

2. 纠正错误法

教师在教学中应注意观察，及时发现学生的错误动作，分析产生错误的原因，寻找纠正方法。纠正时应针对具体情况，抓住主要矛盾，采取有力措施及时

纠正。可采取简化练习条件、形式，或进一步分析动作和个别辅导，或采取辅助性的慢动作练习，以使学生尽快掌握正确动作，形成正确的动力定型。

3. 完整与分解相结合的教学法

篮球教学过程中，应根据不同的阶段和条件以及不同的对象，采用完整或分解教学法，但要注意二者的结合。一般开始学习新动作时，采用完整教学法，保证动作的完整性、连贯性，使学生形成整体概念。而较复杂的动作、战术配合，则采用完整、分解结合法，如运球急停跳投技术，可分解为运球、运球急停、原地跳投练习，在此基础上再进行完整教学。战术教学通常是先完整讲解示范，使学生清楚布阵、移动路线、配合时机、协作方法等，再进行分解教学和练习，使学生逐步掌握整体战术配合。

（二）现代教学方法

随着我国教育改革的逐步深化，在篮球教学过程中，新的篮球教学理论与方法也不断涌现，在篮球教学方法上，十分重视和强调学生在学习中的主观能动作用，逐步形成以"教师为主导，学生为主体，发展为重心，自我锻炼为主线"的教学观，努力培养学生独立思考、自我锻炼的能力和习惯，从而在教学方法上产生了"发现教学法""掌握学习法""程序教学法"等现代教学方法。

1. 发现教学法

篮球运动教学中的发现教学法，是指在教师指导下，学生身临教师创造的学习情境，通过主动的观察、分析、体会、归纳等学习活动，独立发现问题、解决问题的过程，并在知识的定向作用下，通过有序的练习形成运动技能，培养良好的发现学习习惯，使知识、技能和能力都得到发展的一种方法。这种方法的特点是在教学活动中使学生处于相对主体的地位，在观察与体会中发现和学习新的知识，掌握新的技能。

2. 掌握学习法

"掌握学习"理论是以"人人都能学习"这一信念为基础，以"基本能力和能力倾向各有差异的学生组成的学习集体为前提"，以"传统的集体教学方式为核心"，通过有序的个别化教学活动，使绝大部分学生达到既定教育目标，实现教学的大面积丰收的开发性教学法。掌握学习法的实质是群体教学，并辅之以每位学生所需的频繁的反馈和个别化的矫正与帮助。

3. 程序教学法

程序教学是把教材分成连续的小部分，严格按照逻辑编成程序的一种自动教学活动体系。在程序教学中，学生的自学是在教师为其设定的程序中进行的，教师实施"导"的主要手段是为学生编制适合他们学习的教材——练习程序。运用程序教学法，学生学习的主动性和积极性较高，它把发挥学生的主体作用与具体的教学理论有机地结合起来。学习是在反馈与强化控制作用下进行的，具有适应性等特点。

第二节 篮球运动训练理论基础

篮球运动训练是指在教练员的指导和运动员的参与下，为不断提高和保持运动员的技、战术水平而专门组织的训练过程，是运动员竞技能力的提高过程。篮球运动训练是篮球运动教育与教学过程延续的高级形式，训练的目的是促使篮球运动技能、能力和竞技运动水平的提高。

一、篮球运动训练理论

篮球运动训练理论，是以发展运动员的竞技能力，提高专项运动成绩为目的，研究运动训练过程的规律、相应的原则和方法的一种专项性理论，并以这些理论作基础指导训练实践。篮球运动训练理论研究的具体内容概括起来就是"练什么、怎么练、练多少"。练什么，就是根据篮球运动员竞技能力和运动成绩的诸因素确定训练的内容；怎么练，就是根据确定的内容，运用多学科知识和训练的物质条件，筛选出适合运动队和运动员特点的最有效的方法与手段，合理地安排各项内容比例和程序；练多少，就是合理确定训练过程中的运动负荷问题，解决负荷的定向、定量、节奏、负荷量与强度的有机配合、最大负荷以及负荷的恢复等。

（一）周期训练理论

周期训练理论是训练安排和制订训练计划的基础。周期训练理论的提出，源于人们对运动训练规律的深刻认识，其依据是训练适应性的形成规律、竞技状态发展规律、疲劳与恢复规律。周期性运动训练过程是以循环往复、周而复始的方式进行，每一个循环往复都不是简单的重复，而是在前一个循环的基础上不断提高训练的要求，从而使运动员不断提高竞技能力与水平。周期性是运动训练的基本规律之一，它的实质在于系统地重复各个完整的训练单元，包括训练课、小周期、中周期、大周期。以周期为基础来安排训练就能把训练任务、方法和手段系统化，并能保证其连贯性。

（二）训练调控理论

1. 超量恢复原理

（1）超量恢复是指在运动后的恢复过程中，被消耗的能源物质含量，不仅能恢复到原有水平，而且在一段时间内还出现超过原有水平的情况。

（2）超量恢复理论在调控中的作用是对于未来重复进行较大运动负荷时，能源物质再一次耗尽的一种预防性、保护性机制，是机体对运动负荷产生训练适应的第一阶段。它对训练调控具有重要的理论意义和实践意义。

2. 应激性原理

（1）应激是人体对于外部强负荷刺激（包括生理和心理刺激）的一种生理和心理的综合反应，它是指当有机体受到异常刺激时，身体就会引起一种紧张的心理状态，这种状态称为应激。在运动训练中，运动负荷不可能始终停留在一个水平上，要想不断提高运动竞技能力，就要不断地提高运动负荷水平，打破机体对原有负荷的平衡状态，达到一个新的负荷水平，在稳定一段时间后，再增加负荷。如此循环往复，从而达到提高训练水平的目的，这就是"超量负荷原理"，而这一原理的生理学基础就是应激学说。

（2）应激学说应用于运动训练中，它不单是为了防御机体的衰竭过程发生，避免过度训练，更重要的在于对运动负荷后恢复期中如何改变酶的活性和细胞的通透性，从而对恢复过程进行调整，以加强合成代谢，加速适应的过程。

3. 恢复性原理

（1）身体机能在恢复过程中的各个阶段基本上是一致的，但在恢复的时间上却表现出明显的异时性特点，这种异时性对运动训练的安排与调控具有极为重要的作用。

（2）在运动训练中和运动活动之后运动员的机能恢复过程具有时值不等现象，即机体各种机能的恢复和超量恢复不是同时发生的。教练员要善于运用这一科学理论进行训练中的调控和训练后的机体恢复。

4. 运动恢复训练原理

运动恢复是指运动训练中运动员对有机体承受运动刺激并由此产生的机体内部生理效应和心理效应的一系列变化的应答过程。应答训练恢复的特征，是给运动员的负荷能冲击自身的"生理极限"，最大限度地挖掘其内在潜力。

二、篮球运动训练步骤

（一）技术训练的步骤

1. 单个技术训练

篮球技术是由大量的单个技术动作组成。单个技术训练的目的主要在于掌握、提高单个技术的动作技能。单个技术是掌握复杂技术和创新的基础，运动员应该坚持进行单个技术的训练，不断提高技术水平。

2. 组合技术训练

篮球组合技术，是指两个以上单个技术动作有机衔接所形成的各种特殊的技术群的总称。在进行组合技术训练时，要从实战出发，分析和提炼比赛中出现的各种复杂情况，设计不同的组合技术练习手段。掌握各种组合技术，为在对抗条件下运用技术打好基础。

3. 位置技术训练

篮球比赛中队员的位置分为中锋、前锋和后卫，不同位置的队员在比赛中承担着不同的职责和攻守任务。教练员必须根据队员的位置和攻守任务，有针对性地强化位置技术训练。

4. 攻防技术的对抗训练

篮球技术训练的主要任务不仅是形成动作技能，更重要的是学会如何在比赛条件下运用已形成的动作技能达到一定的战术目的。为此，必须有计划、有要求地进行攻守技术的对抗运用训练。在掌握单个技术、组合技术及位置技术的基础上，学会在攻守对抗的情况下克服对手的阻挠和制约，达到及时、准确、合理地运用技术的目的。

（二）战术训练的步骤

1. 基础配合训练

篮球比赛的战术形式繁多，但都离不开基础配合。基础配合是全队攻防战术训练的基础，只有熟练地掌握和运用这些基础配合，才能在运用全队战术时更加灵活机动，更有效地发挥战术的作用。

2. 全队战术配合的衔接训练

在局部基础配合的训练有了一定基础的情况下，可以进行战术配合的衔接训练，包括局部战术配合衔接训练和全队战术配合的衔接训练。局部战术配合的衔接训练，就是将局部的基础配合进行组合训练。在这种训练中，要强调主次配合的衔接、进行过程中的连接性和变化。全队战术配合的衔接训练，就是在局部战术配合训练有了一定基础后，所进行的全队完整战术训练。通过这种训练，提高全队配合的整体观念，明确在全队配合下自己的行动，以提高行动与配合的合理性和攻击性。

3. 战术配合的综合应变训练

在掌握两个或两个以上全队战术的基础上，需要进行各种战术综合变化的组合练习，提高运用战术的应变能力。一方面要提高进攻与防守战术的转化能力，另一方面要掌握综合运用战术的能力。

4. 战术配合的比赛训练

战术配合的比赛训练是检验战术训练水平的重要手段，具有很强的对抗性。通过比赛训练，可以发现战术配合训练中存在的问题，提高队员的运用能力。

三、篮球运动训练方法

篮球运动训练是教练员与运动员合作的双边活动，教练员的组织、指导、教育主导作用和运动员积极参与的主体作用相互依存、相互促进,得到充分施展与发挥。篮球运动训练不仅是运动技能不断提高的过程,也是一个复杂细致的教育过程,只有遵循专项训练与思想教育相结合的原则,采用科学而合理的训练方法与手段,才能使训练顺利进行,达到既定目的。

篮球运动训练基本方法有以下几种:

(一)重复训练法

训练过程中,对某种动作采用同一运动负荷和相同的间歇时间进行多次练习,以达到增加运动负荷和巩固技能的目的,称为重复训练法,例如篮球运动训练中的连续投篮、传球等。重复次数的多少,对身体的作用不同,对巩固机能的作用也不同。重复次数的多少须依据学生所承受的运动负荷量和完成动作所需的练习量而定。重复训练法可以分为连续重复训练法和间歇重复训练法。

(二)变换训练法

变换训练法是在变化的条件下进行针对性训练的方法。对训练的环境条件、速度、强调动作等进行变换,这样对机体的影响也必然随之而变化。这种方法对学生中枢神经系统的协调性和机体调节的灵活性具有特殊的作用。变换既可以是周期性活动的连续变换训练,也可以是非周期性的间歇变换训练。

(三)循环训练法

循环训练法是综合了重复法、间歇法等一系列练习方法的综合方法,它是把多项活动内容设计成若干个站点,让学生一站一站地进行练习,通过连续完成多种不同项目的循环,按照学生自身的负荷指标,使负荷量逐步提高,以达到增强体质的目的。这种训练法对增强学生的肌力和发展身体素质及增强心肺机能等都有显著作用。

(四)比赛训练法

比赛是调动学生积极性的有效手段,它可以激发学生的斗志,促进学生积极向上、克服困难获得优良成绩。篮球运动训练中比赛法的种类多种多样,有教学比赛、检查比赛、测验性比赛等等，不论采用哪种比赛法，都要根据教学任务来决定，必须注意运动负荷的调节，严格按照既定的规则要求进行。

在篮球运动训练中，必须根据本项目的特点和内容，以及运动形式去选择训练方法组织练习、进行训练，在具体实施中应注意以下特点：

1. 针对性

在不同的训练时期、阶段中，针对全队和个人的不同情况，采用不同的手段、负荷及间歇时间。

2. 综合性

在实践中，不同的训练方法是便于分析、理解和掌握知识与技能，运用中的综合性是经常的，每一项技、战术的训练都必定会融入多种训练方法。

3. 共轭性

即指某一训练方法操作后对几个方面的竞技能力都将有所提高，如两人传球上篮，它对技术动作的快速性、准确性、配合性以及发展专项运动素质都有较好的作用。训练方法随着实践经验的积累和现代科学技术的进步，从理论到实践到方法手段都在不断推陈出新、日新月异，为提高教学训练质量提供了新保障。目前，我国篮球运动训练已普遍借助系统论、信息论、控制论的理论作依据，运用新的模式训练法，改变过去传统的经验训练法，把训练工作上升到以科学化训练为主导的层次上，从而对运动训练过程能进行有效的控制。

四、篮球运动训练的特点

（一）技术、战术能力特征及训练特点

技术、战术能力在篮球运动员竞技能力系统中起着决定性作用，要求运动员技术全面又有特长，技术熟练、准确而实用。战术特征则表现为战术方法、比赛阵型和比赛意识有机结合，整体攻防战术协调发展，个人、组合与全队战术协调发展。在全队训练中强调提高整体攻防技能，注重攻守训练内容的同步化。在个人技术训练中重视训练内容的专门化，使个体特长更为突出。同时，还要特别强调技术动作的动力定型，提高在激烈对抗条件下运用技术的准确性和稳定性。

在战术训练中，由于篮球攻守速度明显加快，快速反击战术及防反击战术在进攻与防守打法的训练中占有重要位置，同时，由于双方攻防能力的日趋平衡，阵地进攻与防守战术也更加受到重视。同时，要有目的地训练运动员独立思考的能力，"用脑子打球"，加强主变与应变能力的培养。

（二）体能特征及训练特点

篮球运动员除身高要求外，还应具有身体健壮、小腿肌肉细长且富于弹性以及踝关节围度小、跟腱清晰、足弓高等形态学特征，以满足快速、灵活、激烈对抗等比赛要求。另外，须具备良好的血液循环和呼吸系统功能。由于篮球运动的特点，运动员须具备全面的身体素质，主要有力量、速度、弹跳、灵敏与柔韧、耐力等。在体能训练中，要强调提高完成动作的速度，即反应速度、移动速度和完成技术与战术行为的速度，强调训练的负荷强度和加速疲劳后的消除，注重训练内容的全面化和内容组合的最佳化。

（三）心理、智能特征及训练特点

篮球运动员心理特征主要包括球感、情绪、注意力和意志品质等；而智能特征主要表现在三个方面，即观察记忆能力、抽象思维能力及独立、创造性地解决各种技术与战术问题的能力。"创造性"是篮球运动员达到较高水平的重要标志。除自我心理控制能力、稳定的情绪、广泛的视野等"常规性"心理训练外，如何培养运动员高度的"创造性"，是心理与智能训练需要解决的重要问题。

第三节 相关学科对篮球运动教学训练理论的影响

一、人文社会科学对篮球运动教学训练的影响

人文社会科学与体育学的结合和渗透，产生了体育哲学、体育社会学、体育管理学、体育伦理学、体育教育学、体育心理学等体育人文学科。这些学科拓宽了体育学的领域，充实了体育学的理论基础，丰富和发展了体育学，对体育运动水平的提高和发展起着重要的作用。这些学科对篮球运动产生了深远的影响，具

体体现在以下几个方面：

（一）为篮球运动实践和科学研究提供唯物辩证的思维方法，为篮球运动向科学化、现代化发展提供理论依据；充实了篮球运动的理论基础，对完善篮球运动的理论体系起着积极的指导作用。

（二）将篮球运动放置于社会的大背景中去考证，巩固和建立篮球运动发展的社会基础，为篮球运动进一步社会化、生活化、产业化提供了理论参考。

（三）对篮球运动实行科学化、规范化运作，优化篮球运动学说和组织结构，提高篮球运动系统和组织管理机构的效率与效益，以及提高篮球运动自身的造血机能，都起到促进作用。

（四）对篮球运动的组织者和参与者从体育道德意识和体育道德行为方面进行规范，为篮球运动进一步普及和提高建立良好的秩序。

二、生物科学对篮球运动教学训练的影响

生物科学学科与运动学的横向交叉，应运而生出运动生理学、运动解剖学、运动生物力学、运动生物化学、运动医学等体育生物学科。这些学科极大地促进了体育运动竞技水平的提高，使体育运动不断向着更高水平发展。这些体育生物学科对篮球运动产生的积极影响体现在以下几个方面：

（一）探讨篮球运动对人体机能的作用和影响的规律与机制，根据不同年龄、性别和训练水平的人在从事篮球运动时的身体发育、健康和机能水平的特点，科学地指导篮球教学和锻炼。

（二）通过对不同篮球运动员的身体形态、机能和运动素质的研究，预测其运动潜力，为运动员寻求最佳技术动作方案提供依据。同时，通过对高水平运动员的技术动作进行分析和研究，建立先进的运动技术模式，提高运动技术水平。

（三）探索篮球运动中物质能量代谢的特点和规律、从事篮球运动时消耗特点和运动性疲劳的机理，从而通过食物、药物和生物因素加速身体的恢复过程，利用辅助因素提高运动能力，并对运动员进行机能评定，制定运动处方，为篮球运动员保持最佳竞技状态、发挥最高竞技水平提供保障。

（四）对篮球运动训练过程进行监控，为篮球训练计划和方案的制定与调整提供科学依据，建立先进的运动技术教学和训练模式，预防和治疗篮球运动中的各类伤病，研究造成篮球运动损伤的原因、预防方法和康复措施，为延长运动寿命、提高运动技术水平提供医学指导和服务。

三、新学科、新理论、新技术对篮球运动教学训练的影响

当今世界，科学技术正以空前的规模和速度推动着人类的进步，也推动着体育运动的迅速发展。一些新学科、新理论、新技术应用于篮球运动，为篮球运动的发展开拓了广阔的前景，为篮球运动竞技水平的提高奠定了雄厚的基础。同时，也为人们更全面、更深入地认识和了解篮球运动提供了保证。

目前，从人文社会科学与自然科学中脱颖而出、与体育运动联系紧密的新学科是体育经济学、体育情报学、体育选材学、体育法学、体育比较学、控制论、系统论、信息论等，这些新学科及其新理论对篮球运动的发展影响极为深刻，例如：体育经济学通过对篮球运动领域内的经济关系及经济过程的研究，对篮球运动的社会经济价值作出评判，为提高篮球运动的投资经济效益和篮球运动建立自身造血功能提供理论依据，进一步促进篮球运动产业化、职业化的发展进程；体育信息学为篮球运动的竞赛、管理问题和理论研究提供参考，使这些问题的解决更具实际意义，更具时代特征；体育选材学为篮球运动的选材提供理论依据与数据参考，优化了人才资源，减少了人力资源浪费；体育统计学对篮球运动员在竞赛和训练中的技、战术运用进行科学统计，利用数据所传递的信息，通过局部样本的数据来推断总体的性质，掌握篮球队训练和竞赛的整体情况。

系统论、控制论和信息论的产生，为篮球运动科学研究提供了有利途径，加速了篮球运动训练科学化的进程。运用控制论探索篮球运动竞赛与训练，近年来日益被广大教练员与科研人员所重视。系统论中的系统方法的应用，给篮球运动科学研究提供了科学的理论及科学方法基础。特别是系统方法把篮球运动过程的整体和局部之间、整体与外界环境之间联系起来，进行总的精确的动态考察，正确地处理篮球运动过程中的整体与部分、偶然与必然、可能与现实、进攻与防守、数量与质量、形式与内容等方面的辩证关系。信息论对提高与发展篮球运动起着保障作用。篮球运动教学、训练、竞赛的过程，本身就是一个信息加工的过程，是以信息为基础的。信息论在篮球运动中的应用，解决了篮球运动教学、训练与竞赛过程中能及时得到信息、加工处理信息和传递信息的简捷途径。

新技术在篮球运动中的运用，大大缩短了篮球运动科学研究的进程，同时也大大提高了科学研究的科学性，如精密仪器、遥测技术使深入研究运动员的生理机能及在训练比赛过程中机能变化的研究变为可能。

计算机、多媒体技术以及信息网络技术的快速发展和广泛运用，为篮球运动科学研究，以及提高篮球运动教学质量提供了良好的基础。其中篮球软件的开发与应用和信息的网络化，为教师与教练员制订比赛方案和计划，确定战略、战术提供了科学参考。这些技术的应用将促进现代篮球运动科学训练手段的当代化，使其向着自动化、电脑化、遥控化、轻便化、模拟化的方向发展，为篮球运动可持续发展提供了科技保障。另外，篮球教学课件的开发及计算机网络技术的应用，使篮球运动的教学、训练变得更为直观、形象，并可实现共享最优秀的教学过程，加之计算机具有一般教学过程所不具备的可重复性，可针对不同个体特点开发不同教学方案等特点，这将有助于有针对性地提高篮球运动教学的效率。

思考题：

1. 如何理解准确性是篮球运动的本质？
2. 简述篮球技术教学的步骤。
3. 简述篮球战术教学步骤。
4. 在篮球教学中如何发现和纠正错误？
5. 新学科、新理论、新技术对篮球运动教学训练理论有哪些影响？

第三章

篮球技术

> **内容提要：**
>
> 本章主要讲述篮球技术的概念、作用、分类、技术动作方法和要领，以及教学中的易犯错误及纠正方法、技术教学步骤与练习方法和建议。

篮球技术是篮球比赛中运动员为了进攻与防守所采用的专门动作方法的总称。

篮球技术是进行篮球比赛的基本手段，在比赛中队员的智慧、技能、应变能力、作风和创造力都是通过双方队员技术的运用以及对抗集中表现出来的，是篮球运动员竞技水平的显著标志，既要体现技术动作方法的合理性，又要体现技术动作运用达到自动化的程度，以及完成技术动作具有的准确性和实效性；在高强度的对抗条件下，要具有较强的控制能力和改变技术运动节奏与方法的应变能力。

篮球技术是篮球战术的基础。任何战术意图和战术方法的实现，都取决于队员是否熟练而准确地掌握相应数量的篮球技术，并能创造性地运用。没有技术作内容，战术就是空洞的形式。先进的技术必然促进战术的发展和变化，战术不断发展与变化又反过来对技术提出了更高的要求，从而促进篮球运动不断地发展。因此，要通过技术的教学与训练，使队员掌握全面的技术，合理地运用技术，科学地创新技术，以适应现代篮球运动的发展。

篮球技术分类的目的，是为了深入研究各类技术动作的作用、特点和应用，以及技术动作之间、技术与战术之间的关系，从而使篮球技术教学与训练的组织工作更具有系统性和科学性。

篮球技术分为进攻技术和防守技术两大类（图3-1）。

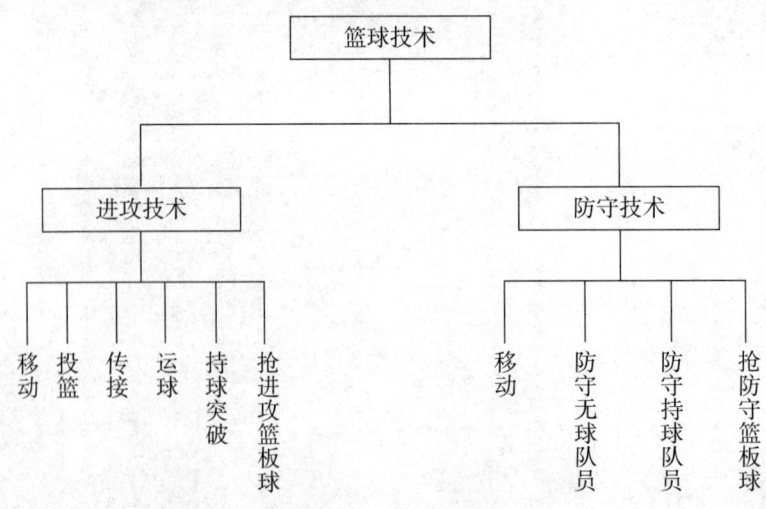

图3-1　技术分类

第三章 篮球技术

第一节 移 动

移动是队员在比赛中为了改变速度、方向、位置和高度所采用的各种脚步动作方法的总称。移动对掌握、运用进攻和防守技术有着密切的关系，它是篮球技术的基础。因此，在篮球技术教学与训练中，首先要重视移动技术的教学。

移动是篮球技术中攻防技术运用的基础。在篮球比赛中，各种攻防技术动作的完成与运用，都需要脚步动作的配合。所以，要求篮球运动员在比赛中，积极快速地移动，合理运用各种脚步动作，充分占据有限的地面与空间，争取掌握攻防的主动。

一、移动技术的分类

移动技术作为攻防技术的基础，在篮球比赛中运用广泛，其实用性强。移动技术动作分类如图 3-2 所示。

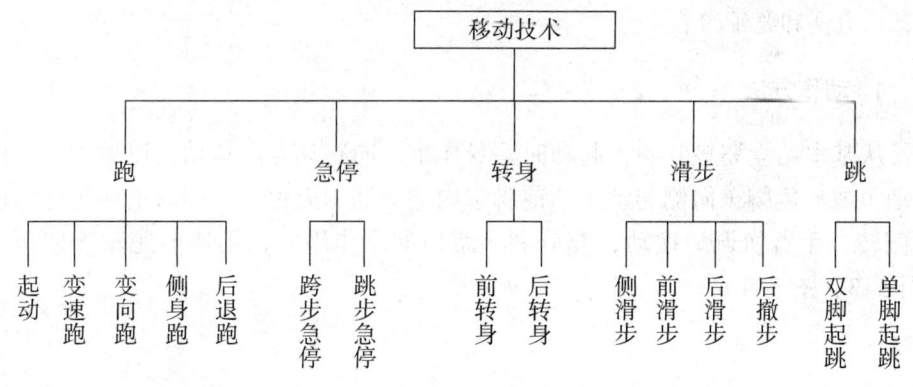

图 3-2 移动技术

二、移动技术简析

移动技术是由走、跑、跳、急停、转身等脚步动作组成的。它是通过快速而突然的各种脚步动作，在进攻时达到摆脱防守、接球、选择位置、牵制对手、掩护或是为了合理而迅速完成运球、传球、突破投篮等目的。防守时是为了抢占有利位置，防止对手摆脱或及时果断、准确地抢、打、断球和抢篮板球。因此，运用各种脚步动作的实质是争取时间和空间的主动权。

脚步动作主要是靠前脚掌内侧蹬地、碾地和腿的发力伸展，充分利用地面给予人体的反作用力，通过腰胯、上体和两臂的协调用力与配合，克服身体的重力和惯性力，来达到起动、起跳、转身、制动等位移的目的。

移动技术教学与训练的关键，是教会队员在移动中掌握好身体重心的平衡与变化。因此，教学与训练中要抓住动作的突然性、快速性、连续性，在动中控制身体平衡，以便能随机应变地改变身体位置。

三、移动技术的动作方法

（一）起 动

起动是队员在球场上由静止状态变为运动状态的一种动作，是获得位移初速度的方法。在进攻中运用起动可以摆脱对手和防住对手，保持或抢占有利位置。其动作方法和要领如下：

1. 动作方法

从基本站立姿势开始，起动时，身体重心向跑动方向移动，以后脚（向前起动）或异侧脚（向侧起动）的前脚掌内侧突然用力蹬地，同时上体迅速前倾或侧转，手臂协调地摆动，充分利用蹬地的反作用力，迅速向跑动方向迈步（图3-3、图3-4）。

第三章　篮球技术

图 3-3　起动

图 3-4　向侧面起动

2. 动作要领

身体重心迅速前移，快速蹬地摆臂，步幅小而快。

（二）跑

跑是队员在球场上改变位置、争取时间完成攻防任务的脚步移动方法。具有快速、灵活、突然、多变之特点。比赛中常用的跑有以下几种：

1. 变速跑

变速跑是队员跑动中利用速度的变换争取主动的一种方法。

动作方法：变速跑时，要利用两脚突然短促而有力的连续蹬地，加快跑的频率，同时上体稍向前倾和手臂相应地摆动加以配合；减速跑时，利用前脚掌用力抵地来减缓快跑的前冲力，同时上体直起，保证身体重心的后移，从而降低跑速。

动作要领：掌握快慢节奏，速度变化明显。

2. 变向跑

变向跑是队员在跑动中利用突然改变方向完成攻守任务的一种方法。

动作方法：变向跑时从左向右变向时，最后一步右脚着地，脚尖稍内扣，用前脚掌内侧用力蹬地，屈膝、腰部随之左转，上体向左前倾，快速移动重心，左脚向左前方跨出，然后加速前进（图3-5）。

图3-5 变向跑

动作要领：前脚掌内侧用力蹬地，重心转移快，右脚上步快。

3. 侧身跑

侧身跑是队员向前跑动中为了观察球场上的情况，摆脱防守接侧向传来的球而采用的一种跑动方法。

动作方法：在跑动时，头部和上体转向侧面或有球的一侧，两脚尖要朝着移动方向，既要保持奔跑速度，又要完成攻守的动作。

动作要领：上体前倾自然侧转，脚尖朝前。

4. 后退跑

后退跑是队员在由攻转守时，为了观察场上情况，背对前进方向的一种跑动方法。

动作方法：后退跑时，脚跟提起，两脚前脚掌交替用力蹬地（用力方向与向前跑动相反），上体放松直起，两臂屈肘相应摆动，保持身体平衡，两眼平视场上情况。

动作要领：脚跟提起，前脚掌用力蹬地。

（三）急　停

急停是队员在跑动中突然制动速度的一种动作方法，它也是各种脚步动作衔接和变化的过渡动作。比赛中急停多是与其他技术结合在一起运用。急停的动作有两种：

1. 跨步急停（两步急停）

动作方法：在快速跑动中急停时，先向前跨出一大步，用脚跟先着地过渡到全脚抵住地面，并迅速屈膝，同时身体微向后仰，后移重心。然后，再跨出第二步，脚着地时脚尖稍向内转，用前脚掌内侧蹬地，两膝弯曲，身体稍有侧转，微向前倾，重心移至两脚之间，两臂屈肘并自然张开，帮助控制身体平衡（图3-6）。

动作要领：第一步要用脚外侧着地，第二步落地时用前脚掌内侧蹬地控制身体重心。

图 3-6 跨步急停

2. 跳步急停（一步急停）

动作方法：队员在中慢跑时，用单脚或双脚起跳（一般离地面不高），上体稍后仰，两脚同时平行落地。落地时全脚掌着地，用前脚掌内侧蹬地，两膝弯曲，两臂屈肘微张，以保持身体平衡（图 3-7）。

第三章 篮球技术

图 3-7 跳步急停

动作要领：落地时，应用前脚掌蹬地，屈膝降重心，重心控制在两腿之间。

（四）转　身

转身是队员以一脚蹬地向前或向后跨步的同时，另一脚做中枢脚进行旋转而改变身体方向的一种动作方法。转身在比赛中运用比较广泛，经常与其他技术动作组合运用。转身时，重心移向中枢脚，另一只脚的前脚掌蹬地，同时中枢脚以前脚掌为轴用力碾地，上体随着移动脚转动，以肩带动向前、向后改变身体方向。在身体移动过程中，要保持身体重心平稳，不要起伏。转身后，重心应控制到两脚之间。转身可分为前转身和后转身：

69

1. 前转身

动作方法：移动脚蹬地，在中枢脚前方（身前）跨步改变身体的方向叫前转身（图3-8）。

图3-8　前转身

动作要领：转体蹬地有力，重心迅速转移，前脚掌碾地。

2. 后转身

动作方法：移动脚蹬地，在中枢脚后方（身后）进行弧形移动的叫后转身（图3-9）。

图 3-9 后转身

行进间运用后转身,是在靠近对手时以前脚为中枢脚旋转,后脚蹬地做后转身。由于跑动中惯性的关系,要适当减速,加大中枢脚碾地的力量,从而加快旋转的速度。要注意控制重心,保持身体平衡。

动作要领:腰胯带动躯干旋转,蹬跨有力,保持身体平衡,重心不要起伏。

(五) 滑 步

滑步是防守移动的一种方法,它易于保持身体平衡,可向任何方向移动。滑步可向侧、向前和向后进行滑动和做后撤步来阻截对方的移动。

1. 侧滑步

动作方法：从基本站立姿势开始，两脚平行站立，两膝较深弯曲，上体微向前倾，两臂侧伸。向右侧滑步时，左脚前脚掌内侧蹬地，右脚向右（移动方向）跨出，在落地的同时，左脚紧随滑动，向右脚靠近，两脚保持一定距离，右脚继续跨出。在滑步时，要保持屈膝低重心的姿势，身体不要上下起伏，重心保持在两脚之间，眼要注视对手（图3-10）。向左侧滑步时脚步动作相反。

图3-10 侧滑步

2. 前滑步

动作方法：两脚前后站立，后脚的前脚掌内侧蹬地，前脚向前跨出一小步，着地后，后脚紧随着向前滑动，保持前后开立姿势（图 3-11）。

图 3-11　前滑步

3. 后滑步

动作方法：后滑步动作方法与前滑步相同，只是向后方移动。

4. 后撤步

后撤步是变前脚为后脚的一种起步方法。为了保持有利位置，特别是当进攻队员向防守队员前脚外侧持球突破或摆脱时，防守队员常用后撤步移动堵截，并与滑步、跑等结合运用。

动作方法：撤步时，用前脚掌内侧蹬地，腰部用力向后转体，前脚后撤，同时后脚的前脚掌碾地，当前脚后撤着地后，紧接滑步，保持身体平衡与防守姿势（图 3-12）。后撤角度不宜过大，动作要迅速，身体不要起伏。

动作要领：前脚蹬地后撤要快，后脚碾地扭腰转髋要快，后撤角度不宜过大，身体不要起伏。

图 3-12 后撤步

（六）跳

跳是在球场上争取高度及远度的一种动作方法。篮球比赛中很多技术动作需要在空中去完成。因此，要会单、双脚起跳，能在原地、跑动中和对抗条件下向不同方向跳、连续跳等，并要求跳得快、跳得高，滞空时间长，以便更好地在空中完成各种攻守动作。

1. 双脚起跳

动作方法：起跳时，两脚开立，屈膝快速下蹲，两臂相应后摆，上体前倾。然后，两脚用力蹬地，伸膝、提腰，两臂迅速向前上摆，使身体向上腾起。上体在空中要自然伸展，收腰，下肢放松。落地时，用前脚掌先着地，并屈膝缓冲身体下落的重力，保持身体平衡，以便衔接下一个动作。双脚起跳多在原地运用，也可以在上步、并步、跳步和助跑情况下运用。

动作要领：两膝弯曲降低重心，用力蹬地，向上摆臂，充分伸展，落地屈膝，保持身体平衡。

2. 单脚起跳

动作方法：起跳时，起跳腿微屈前送，脚跟先着地，并迅速屈膝过渡到前脚掌用力蹬地，同时提腰摆臂。另一腿提膝积极上抬，借以帮助重心上移。当身体上升到最高点时，摆动腿向下放膝与起跳腿自然靠拢，使腾空动作协调。落地时，两脚要分开，注意屈膝缓冲，以便迅速完成其他动作。单脚起跳多在助跑的情况下运用。

动作要领：踏跳脚用力蹬地，摆动腿上摆，身体充分向前上方伸展，控制身体平衡。

四、移动技术的教学步骤与练习方法

（一）教学步骤

1. 移动技术教学顺序是：基本站立姿势、起动、跑、急停、转身、跳、滑步，应遵循先易后难，先攻后守的顺序。

2. 移动技术的教学与练习步骤，应先在原地练习，让学生体会动作方法和难点，然后用慢跑中学习掌握正确的动作方法，在此基础上逐渐提高速度。

（二）练习方法

1. 基本站立姿势、起动和跑的练习

方法：两列横队，前后距离4米，左右间隔3米，做好基本站立姿势。听信

号后集体向前起动做短距离快跑。

要求：起动要突然，反应要快，起动后要加速快跑。

此练习可结合各种不同情况（蹲在地上、原地各种跑步中、原地起跳落地后、滑步中、急停后等等），听信号或看信号向不同方向起动快跑。也可以两人一组，相距若干米，一人抛球，另一人快速起动跑，在球落地前把球接住。

2. 急停和转身的练习

方法一：成基本站立姿势，分别以左、右脚为轴，做前、后转身90°、180°的练习（也可以结合持球做前、后转身）。

要求：降低重心，一只脚蹬地，另一只脚碾地，保持平稳。

方法二：成体操队形，从边线开始，发出开始信号后，第一排向前慢跑3—4步做一次跨步或跳步急停。第一排做第二次急停后，第二排开始做，到边线止。然后过渡到快跑中看信号或听信号做急停动作（也可以结合转身做前、后转身90°）。

要求：认真体会动作要领，急停时重心下降，停稳。

方法三：抛球、接球急停，自己向前上方抛球，球落地前将球接住；前面人抛球，后面人向前跑接球急停；向左、右、前、后抛球，接球急停。

要求：抛球远近、高低可根据各人的能力而定，不能走步违例。

3. 各种跳的练习

（1）原地听信号向上或跨步向前、侧、后上方做双脚起跳练习。

（2）助跑两三步，做单脚或双脚起跳。

（3）结合跨步、转身、急停等动作练习起跳动作。

（4）助跑单脚起跳摸篮板、篮圈的练习。

（5）单、双脚起跳后做接球、传球或断球等动作的练习。

4. 防守步法的练习

（1）听和看手势做向左、向右、向前、向后滑步的练习。

（2）向前或向后滑步，接上步变后撤步接侧滑步的练习。

（3）按规定路线或标志物做之字形、三角形、小8字形滑步和T字形碎步练习。

（4）一对一攻守中，迎上做碎步堵截对手移动路线练习；做上步抢、打球练习。

5. 移动技术的综合练习

（1）由攻转守综合性脚步练习（图 3-13）。
（2）进攻跑动及换位综合性移动练习（图 3-14）。
（3）半场摆脱与防守摆脱练习（图 3-15）

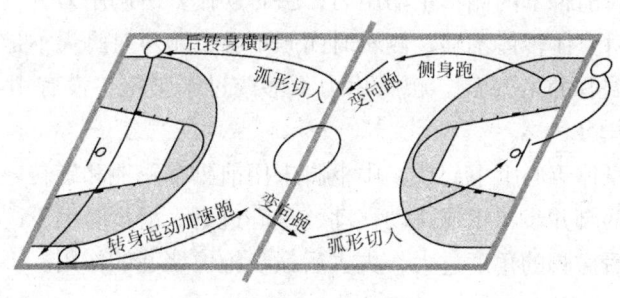

图 3-13

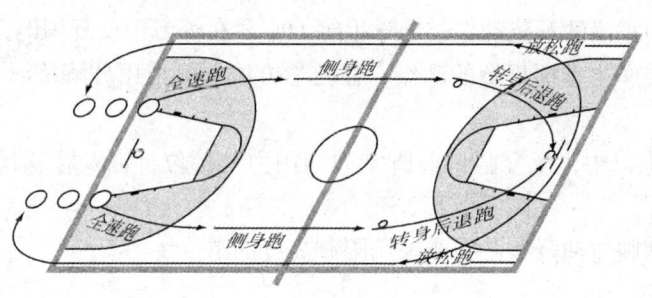

图 3-14

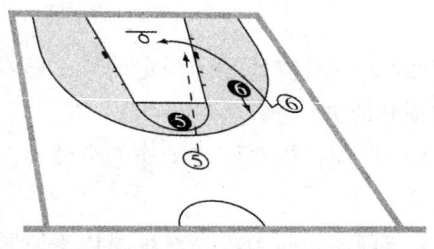

图 3-15

五、移动技术教学中易犯错误及其纠正方法

（一）易犯错误

1. 基本站立姿势或起动前身体重心偏高、步幅过大，不便于迅速蹬地。
2. 变向跑时前脚掌内侧不主动用力，腰胯动作未协调用力。
3. 侧身跑时上体转体不够，侧转时内倾不够，跑步时脚尖不是向前。
4. 急停时身体重心过高，腰胯用力不够或过于紧张，没有用力蹬地和控制身体重心的动作。
5. 转身时身体重心上下起伏，中枢脚未用前脚掌碾地和旋转。
6. 滑步时两脚并步，形成跳动移动，重心过高，滑步时上下起伏。
7. 撤步时后撤脚的角度过大，失去后撤步抢位堵截的作用。

（二）纠正方法

1. 教师用正确的示范动作引导学生练习，并在练习中反复用语言提示。
2. 为了使学生掌握规范的动作，在教学方法上可采用分解练习，由慢至快，由简入繁。
3. 跑的练习中，反复强调前脚掌内侧用力的部位，以及腰胯用力带动重心迅速转移。
4. 强调两腿弯曲降重心，或采用限制高度的滑步练习。

六、移动技术的教学训练建议

（一）在教学与训练中，要强调移动在教学中的重要地位及对提高其他各项技术的重要作用。

（二）在教学与训练中，尽可能地运用视觉信号，培养学生扩大视野、随时观察场上情况变化的习惯和能力。

（三）在教学与训练中，应把提高脚步动作的突然性、灵活性作为重点，注意动作之间的衔接要紧密。

（四）移动技术教学与训练，应与提高专项身体素质紧密结合，还应与其他攻防技术结合进行。移动技术应列为考试内容之一。

第三章 篮球技术

思考题：

1. 简述移动技术的概念与作用。
2. 移动技术应包括哪些内容？
3. 简述影响控制身体平衡与重心转移的因素有哪些？
4. 试述初学变向跑时易犯的错误。
5. 简述移动技术教学的步骤。

第二节 传 接 球

传接球技术是篮球比赛中队员之间有目的地转移球的方法。传接球是篮球运动中重要技术之一，也是篮球比赛中运用最多的一项基本技术。它是进攻队员在场上相互联系和组织进攻的纽带，也是实现战术配合的具体手段。传接球技术的好坏，直接影响战术质量和比赛的胜负。准确巧妙的传球，能够打乱对方的防御部署，创造更多、更好的投篮机会。

一、传接球技术的分类

为了便于学生全面了解和掌握传接球技术，有必要对传接球技术进行分类（图3-16）。

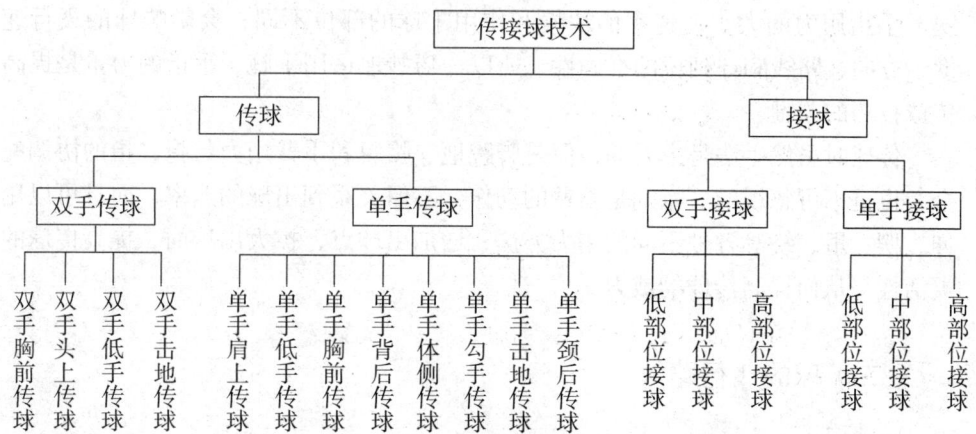

图3-16 传接球技术分类

二、传接球技术简析

传球动作和接球动作是紧密联系在一起的,是队员之间共同完成的配合技术。传球的方法很多,但从球传出到同伴将球接住这一过程来分析,是由传球的动作方法、球的飞行路线和球的落点(到位)三个环节组成的。传球的动作方法是主要的,它决定了球的飞行路线、速度和球到位的准确性。

(一)传球动作方法

传球分单手传球和双手传球两大类,有原地、行进间和跳起之分,又有前、后、左、右、上、下和出球方向的不同。虽然传球的方式很多,但不管是哪种方式,都要全身协调用力,最后通过手腕、手指动作来完成。特别是运用最多的中、近距离传球,主要靠前臂的伸、摆和手腕的用力将球传出。腕、指用力是传球中最主要的动作。

传球手法指球出手的瞬间,手腕、手指对球的飞行方向、速度、路线和传球到位的控制,也就是手腕翻转、前屈和手指弹拨的用力方法。手指、手腕力量作用于球的正后方,球飞行的方向是向前的,飞行路线是平直的;手指、手腕力量作用于球的后下方,球飞行的方向是前上方,沿弧线飞行;手指、手腕力量作用于后上方,球向前下方击地成折线弹出(反弹球)。在球即将离手的一瞬间,用力越大、发力越快,即手腕前屈和手指用力抖动越急促,则作用于球的力量就越大,球飞行的速度就越快;反之,球飞行速度就缓慢。球即将离手的一瞬间,手腕、手指用力的大小、速率的快慢和作用于球的部位不同,会影响球的飞行速度、方向、路线和球到位的准确性,所以,巧妙地运用手腕、手指的力量是提高传球技巧的关键。

传球时虽然手法是主要的,但是脚蹬地、腰腹和手臂用力与腕、指的协调配合,也是不可忽视的。特别是前臂的动作,不但关系到出球的速率,而且可以用伸、摆、甩、绕等各种不同的用力方法,增加出球点,扩大出球面,提高传球的灵活性,从而提高传球的威力。

(二)球的飞行路线

球飞行的路线有直线、弧线和折线三种。比赛中,由于攻、守队员站的位置、距离、移动速度和意图的不同，选择传球的路线和飞行的速度也有所不同。如传出的球需要从空中越过防守队员，则应用弧线球；如不需要超越或传给已摆脱防守的同伴，则绝大部分应用直线球。总之，要随机应变，掌握好传球时机，正确、合理地选择球的飞行路线，使同伴能顺利地接到球。

（三）球传到的位置

要根据接球队员的位置、移动速度和意图，以及根据对方防守队员的情况决定传球的高低、远近、快慢和力量。要将球传到远离对方防守者一侧的位置，与接球队员又恰好相遇，做到人到球到，并且使接球队员接球后能顺利地衔接下一个进攻动作。

接球是获得球的动作。接球方法是抢、断球的基础。接球的主要目的是为了得到球，以便迅速、顺利地衔接下一个动作，或传球，或投篮，或突破，或运球。在激烈的对抗中能否采用合理、正确的接球动作，牢固地接住球，对于减少传球失误，弥补传球的不足，都是非常重要的。

接球有双手接球和单手接球两种方法，不论哪一种方法，接球时都要眼睛注视球，肩臂放松，手臂伸出迎球，手指自然分开向着前上方，两手成勺形。当手指触及球的一瞬间，要及时屈肘，肩放松，臂后引，以便缓冲来球的力量。

要把接球技术完成好，必须重点掌握迎（球）、缓（冲）、衔（接）三个环节。

从传接球的全过程来看，传球技术是主要的方面。要把球传到最佳的位置，尽量减少同伴在各种困难处境中接球（接到球）的难度。

三、传接球技术动作方法

（一）传球技术的动作方法

1. 双手胸前传球

双手胸前传球是比赛中最基本、最常用的传球方法，用这种方法传出的球快速有力，可在不同方向、不同距离中运用，而且便于和投篮、突破等动作结合运用。

动作方法：双手持球的方法是两手手指自然分开，拇指相对成八字形，用指根以上部位持球，手心空出（图 3-17）。两肘自然弯曲于体侧，将球置于胸腹之间的部位，身体成基本站立姿势。传球时，在后脚蹬地、身体重心前移的同时前臂迅速向传球方向伸出，拇指用力拨球，手腕前屈，食指和中指用力拨球将球传出（图 3-18）。球出手后身体迅速调整成基本站立姿势。传球距离近，前臂前伸的幅度小。远距离的传球，则需加大蹬地、伸臂和腰腹的协调用力。传球距离越远，蹬地、伸臂的动作速度越快。

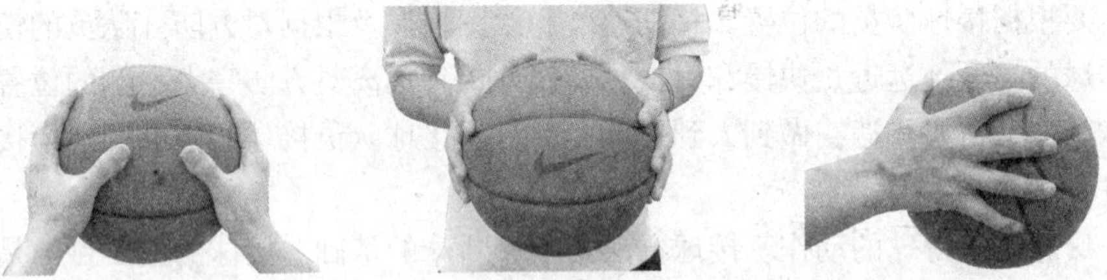

图 3-17　双手持球方法

图 3-18　双手胸前传球

双手胸前传球可在原地和跑动中进行。跑动中双手胸前接球和传球是一个连贯动作。接球时手、脚动作必须协调配合。一般在左（右）脚上步接球后，右（左）脚上步，左（右）脚抬起在落地前出球。传球的动作过程是双手接球后迅速收臂后引，接着迅速伸前臂，手腕前屈，手指拨球，将球传出。

动作要领：双手手腕前屈，食指和中指用力拨球和抖腕。

2. 单手肩上传球

单手肩上传球是单手传球中一种最基本的方法。这种传球的力量大、速度快，常用于中、远距离传球。

动作方法：传球时（以右手传球为例），左脚向传球方向迈出半步，右手托球，同时将球引到右肩上方，肘部外展，上臂与地面近似平行，手腕后仰。左肩对着传球方向，重心落在右脚上，右脚蹬地，转体，右前臂迅速向前挥摆，手腕前屈，通过食指、中指拨球将球传出（图 3-19）。球出手后，右脚随着身体重心前移而向前迈出半步，保持基本站立姿势。

图 3-19 单手肩上传球

3. 单手胸前传球

这是一种动作幅度小、隐蔽性强、出手快、便于和其他技术动作结合（特别是与假动作结合）的传球方法。一般多用于近距离或通过防守向内线传球时。

动作方法：传球时（以右手传球为例），持球方法与双手胸前传球相同。传球时，上体稍右转，右手腕后屈转至球的后方，同时左手离球，右臂迅速前伸，屈腕、手指拨球，将球传出（图 3-20）。

图 3-20　单手胸前传球

动作要领：与上体虚晃假动作结合运用，前臂发力，主要用屈腕、手指弹拨球，动作小而迅速。

4. 单手体侧传球

主要用于近距离的外线队员向内线队员传球。与传球方向相反的上体虚晃动作结合运用效果更佳。

动作方法：双手胸前持球，右手传球时，左脚向左跨半步，右手将球引至身体右侧，拇指向上，手心向前，左手离球。臂向前做弧线摆动，手腕前屈，用食、中指的力量将球拨出，出球部位在体侧。

动作要领：跨步、摆臂、引球动作要连贯。手腕前屈，食、中指拨球的力量和动作幅度要小。

5. 双手头上传球

双手头上传球的传球点高，摆臂动作幅度小，便于与假动作结合，但不利于和突破、运球结合，因此，它适用于高大队员。多用于近距离传球，如快攻第一传、外围队员之间转移球和外围队员传给中锋的高吊球等。

动作方法：持球手法和双手胸前传球相同。两手举球于头上。传球时两肘和手心向前。近距离传球时，前臂前摆同时外旋，手腕前屈外翻的同时，拇、食、中指用力向前拨球。传远距离球时，要加蹬地力量，收腹带动前臂迅速前摆，腕、指用力抖拨，将球传出（图 3-21）。

图 3-21 双手头上传球

动作要领：前臂前摆，急促向前抖腕，手指用力拨球，将球传出。

（二）接球的动作方法

接球是篮球运动中的主要技术之一，是获得球的运用，是抢篮板球和抢断球的基础。在激烈对抗的比赛中，能否采用正确的动作牢稳地接球，对减少传球失误、弥补传球不足，以及截获对方传球等都有非常重要的作用。接球有双手接球和单手接球两种：

1. 双手接球

双手接球是最基本的接球方法，也是在比赛中运用最多的动作之一。其优点是握球牢稳，易于转换其他动作。

动作方法：双手接球时，两眼注视来球，两臂伸出迎球，手指自然分开，两拇指成八字形，手指向前上方，两手成一个半圆形。当手指触球后，迅速抓握球，两臂随球后引缓冲来球的力量，两手握球于胸腹之间。保持身体的平衡，做好传球、投篮或突破的准备。来球的高度不同时，两臂伸出迎球的高低也有所不同（图3-22、图3-23）。

动作要领：伸臂迎球，在手接触球时，收臂后引缓冲，握球于胸腹之间。

图3-22 双手接中部位的球

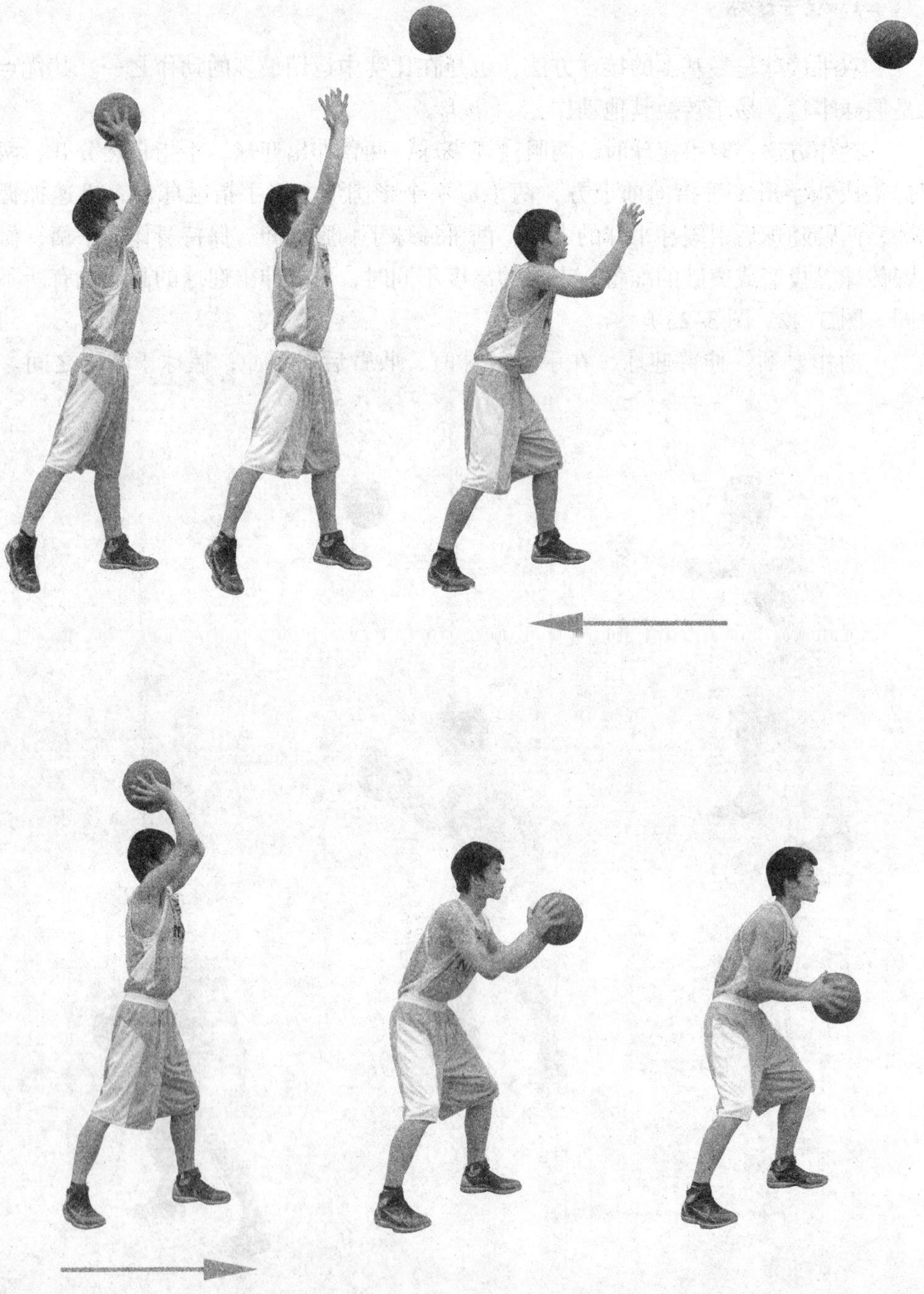

图 3-23 双手接高部位的球

2. 单手接球

单手接球控制的范围大，能接不同方向的球。但是单手接球不如双手接球牢稳，因此，在一般情况下应尽量用双手接球。

动作方法：如用右手接球，则右脚向来球方向迈出，两眼注视着来球。接球时，手掌成勺形，手指自然分开，右臂向来球的方向伸去。当手指触球时，手臂顺势将球向后下引，左手立即握球，双手将球握于胸腹之间，保持基本持球姿势（图 3-24）。

图 3-24 单手接球

接球是终止球在空中运行的方法。不论是双手或单手接球，都必须沿着球飞行的相反方向对球施加相应的阻力，使来球的速度减弱为零。球作用在手上的力与手的缓冲距离有一定的关系（功＝力×距离），接球时减小这个力就要增大对这个力的作用距离。伸臂屈肘迎球和顺势向后引球，进一步屈肘缓冲，正是减弱来球力量至零的过程。如果来球力量大，速度较快，则要加大迎球幅度，以便有更长距离来缓冲。

动作要领：手指自然分开伸臂迎球，触球后引要快，另一手及时扶球。

四、传接球技术的教学步骤与练习方法

（一）教学步骤

1. 传接球技术的教学，首先通过讲解与示范的方法使学生初步掌握原地传接球的动作方法，然后逐步过渡到行进间传接球的教学。

2. 在掌握原地和行进间动作方法的基础上，再进行与其他技术相结合的教学，最后再进行有防守对抗情况下的练习，提高在实践中运用的能力。

（二）练习方法

1. 原地传接球练习

练习：两人一组面对面站立，相距 5 米左右，做各种传接球练习，也可以对墙进行练习。

要求：传球速度由慢到快，重点掌握正确的手法。

2. 移动传接球练习

练习一：如图 3-25 所示，二人一组一球，相距 5—6 米，左右相距 3—4 米，一人原地传接球，一人左右移动传接球，练习若干次后，两人交换练习。亦可两人都在移动中做传接球。

要求：球要传到接球队员两侧 2 米处，使接球队员在快速移动中能接到球。接球队员应把接球与脚步动作的配合协调、连贯起来，不走步。

练习二：迎面跑动传接球练习。如图 3-26 所示，学生分成两队，迎面成纵队站立，相距 6—7 米，迎面穿梭传接球。依次练习，连续进行。

要求：传球的力量要根据距离、跑动速度而定，并控制飞行速度。传接球时不走步。可以和急停结合起来练习。

练习三：横向移动传接球练习。如图 3-27 所示。四人一组，用两个球，持球队员在同一边，与另一边队员对面站立，左右相距 4—5 米，传球距离 5 米。持球队员同时向对面直线传球，传球后交换位置。对面两人接球后将球传回，也同样交换位置。连续进行练习。

要求：始终直线传球，不要随意传球。移动时要商定好谁在前，谁在后，以免发生相撞，影响练习。

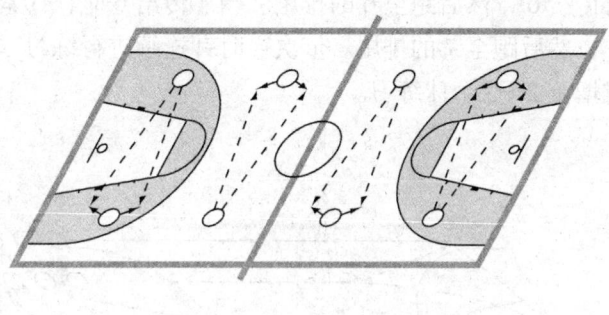

图 3-25

图 3-26

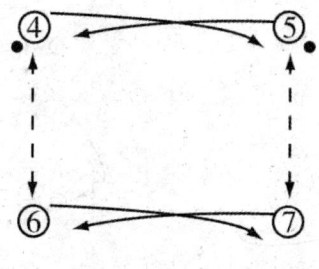

图 3-27

练习四：两人全场跑动传接球练习。如图 3-28 所示，前一组传球到中线时，后一组开始练习。也可结合上篮进行练习。

要求：传斜线球，传在接球人身前一步左右的胸部高度。传接球的动作要连贯、迅速，步法要协调、不走步。

练习五：三角传接球练习。如图 3-29 所示，站成三角形，④传球给⑤后跑到⑤的排尾，⑤传球给⑥后跑到⑥的排尾，⑥传球给④后跑到④的排尾，如此按逆时针方向传球和换位，周而复始。

要求：接球人要上步接球。传接球动作要连贯，不带球跑。

练习六：四角弧线跑动传、接球。如图 3-30 所示，④传球给⑤，并切入接⑤的回传球，再传给⑥，然后跑至⑥的排尾。当④传给⑥时，⑤紧跟着起动切入接⑥的传球给⑦，然后跑至⑦的排尾。依次逆时针连续进行练习。熟练后可换顺时针方向练习或增至 2—3 个球练习。

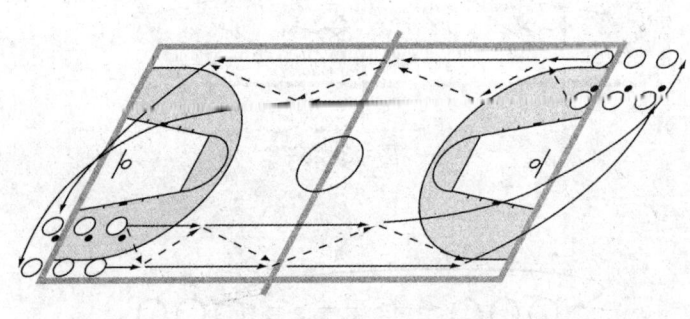

图 3-28

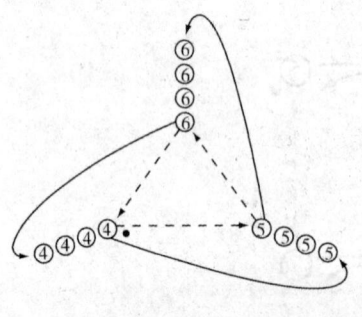

图 3-29

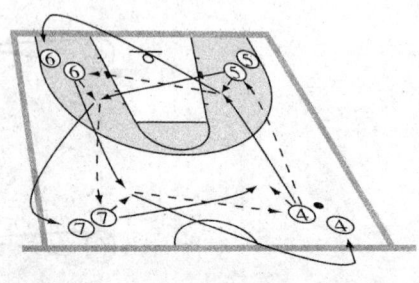

图 3-30

要求：跟进切入时，起动要及时、快速，传接球动作要连贯。球传到接球者的胸部高度，并有一定的提前量。可要求传接多少次不落地，否则重新开始计数，直至完成。

练习七：全场弧线侧身跑传接球练习。如图 3-31 所示，分成两组，○组练习侧身弧线跑传接球，最后上篮，然后运球到排尾。△组做定位传球。○组做几遍后与△组交换练习。

要求：跑动要快，跑动路线呈弧线，传接球要快速、正确，步法要协调，不走步。

练习八：全场三人 8 字形围绕传接球练习。如图 3-32 所示，⑤传球给插中的⑥后，快速从⑥的背后绕过向前加速跑。⑥接球后传给插中的④，并从④的背后绕过向前加速跑。如此反复进行。

要求：传球后绕切要加速、靠近，要控制好重心，使传球连贯。最后接近篮下时，要分散成三角形，以球领人。熟练后可用单手低手传球。

练习九：三人直线传接球练习。如图 3-33 所示站位，跑动中④传球给⑥，⑥回传给④，④再给⑤，⑤再回传给④。如此反复进行。

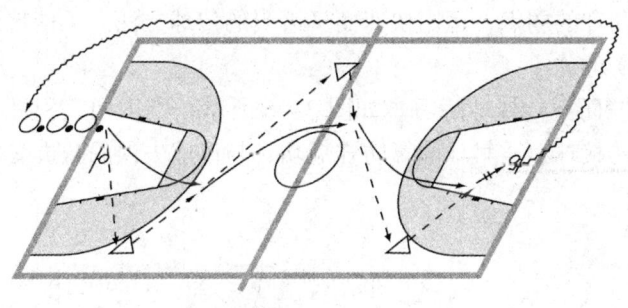

图 3-31

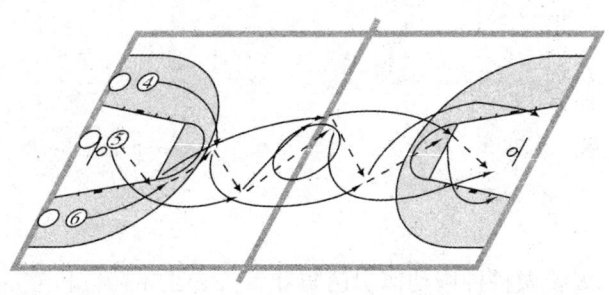

图 3-32

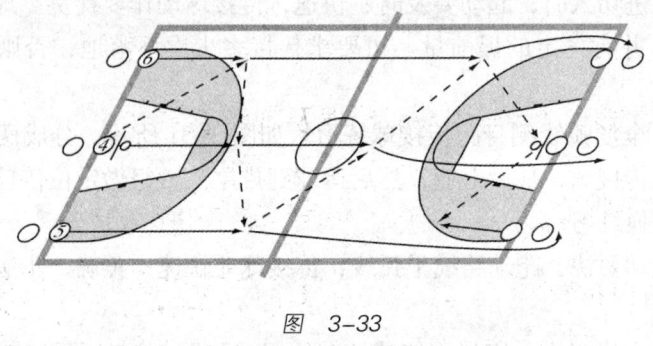

图 3-33

要求：跑动中始终保持两前一后的三角队形，传接球动作要连贯。

3. 在有防守情况下的传接球练习

练习一：一防二传接球练习。如图 3-34 所示。④和⑤相距 5—6 米，相互传球，△在中间防守，△触球即算防守成功，然后和传球失误的队员交换攻守。

要求：防守从消极到积极，挥臂上前封堵传球。传球队员要利用假动作迷惑防守人，抓住防守的弱点，运用快速而又恰当的传球方法。不能传超过手臂上举高度（高吊球）的球。

练习二：二防三传接球练习。如图 3-35 所示，圈内两人积极防守，圈外三人做各种快速传接球，△触球即算防守成功，与传球失误的队员交换位置。

图 3-34　　　　　　　　　图 3-35

要求：传球人要做各种假动作引诱防守者失去正常防守位置。传球要快速隐蔽，球不得在手中停留 3 秒钟，一脚必须踏在圈线上。三组同时开始。

第三章 篮球技术

五、传接球技术教学中易犯错误及其纠正方法

（一）双手胸前传球易犯错误及其纠正方法

1. 传球方向和落点不好。原因是持球时手型不正确，全手掌持球，握球过紧，以致影响了手腕和手指发力。

纠正方法：从纠正持球动作开始，讲解、示范正确的持球手型和手法规格。反复练习持球动作。

2. 传球时两臂用力不一致，身体动作和传球动作不协调。原因是身体过分紧张、站立姿势不正确，以及有习惯性的强、弱手之分。

纠正方法：强调传球时正确的站立姿势，反复练习，并加强弱手的力量训练。

3. 传球动作不连贯，传球时将球推出手。原因是把传球技术片面地理解为持球翻腕和推球两个动作，从而引起整个动作脱节；出球部位太高；两肘关节外展，食、中指指尖拨不上球，而是将球推出手，不是传出。

纠正方法：多示范正确动作，着重徒手模仿练习。强调持球时拇指相对成八字形，两肘自然下垂，放松，靠近身体，并让学生体会持球出手时食、中指指尖内侧拨球的部位（感觉）。

（二）单手肩上传球易犯错误及其纠正方法

1. 传球动作类似推铅球。原因是持球时肘关节下垂过低以及挥臂传球时肘未领先。

纠正方法：反复讲解、示范，多做徒手和持球的引球与挥臂练习。注重抬肘，球应举至头的斜上方。

2. 传球方向掌握不好。原因是传球时手腕前屈动作不正确，没有对准传球方向，而是向内（外）旋压或出手时间过早或过晚。

纠正方法：强调手腕前屈时对准传球方向，最后由食、中、无名指指尖将球拨出。注意出手的时间，距离可近一些以体会动作。反复练习。

3. 传球时上、下肢用力不协调。原因是错误地理解只用手臂传球，没有正

95

确地运用下肢发力和上肢的用力顺序。

纠正方法：强调传球前左肩对准传球方向。传球时，注意蹬地、转体动作。传球距离可适当加大，体会如何全身用力。反复练习。

（三）反弹传球易犯错误及其纠正方法

1. 传球时用前臂将球"砸"向地面。原因是没有掌握动作要领，不知用力方向。

纠正方法：反复讲解、示范，使学生明确反弹传球与一般传球技术动作相同，只是改变了用力方向。

2. 反弹落点掌握不好。原因是动作不够熟练，对球的入射角与反弹角的关系不理解，因而不能准确地掌握球的入射角。

纠正方法：讲解入射角与反弹角的关系，亦可利用标志物来加强练习。

3. 出球点高，造成动作不协调。

纠正方法：传球时先向前跨出半步或一步，再将球传出，使传球动作合理化。

（四）双手头上传球易犯错误及其纠正方法

1. 传球没有速度和力量。

纠正方法：传球时利用腰腹和摆臂以及向前抖腕和手指的力量，抖腕要快而短促。

2. 传球目标不准确。

纠正方法：这是由于出手过早或过晚造成的，所以要讲清出手的时间，并做示范。

（五）单手体侧传球易犯错误及其纠正方法

出球离身体太近；用力不正确，身体协调配合不好。

纠正方法：原因是引球预摆动作不好，用臂向前做弧线摆动不协调，所以造成球出手不是在体侧，离身体太近。应多做示范，着重讲述动作要点。

(六)双手接球易犯错误及其纠正方法

1. 漏接球(球从两手之间穿过)。原因是手型不正确,两手掌平行伸出,两拇指未形成八字形。

纠正方法:讲解、示范正确的手型,用徒手动作来解决手型的定型。

2. 持球不稳(易漏接)。原因是接球时迎球、缓冲动作太慢或未及时伸出迎球,造成没有缓冲动作。

纠正方法:强调接球时伸手迎球,手指触及球时要随球后引,并反复练习。

3. 伸手迎球时手指向着来球方向,造成手指挫伤。

纠正方法:多示范正确迎球的手型,手指向上,两拇指成八字形。

六、传接球技术教学与训练的建议

(一)在教学过程中要狠抓传球手法,先教传平直球的用力手法,再教传折线球的用力手法,最后教高吊球(弧线球)的用力手法,并以三种传球路线交替进行练习。对动作规范和要领要严格要求,促使学生形成正确的传球手法,为掌握多样化的传球方式打好基础。

(二)在掌握动作规格的基础上,要注意把培养学生良好的观察能力和判断能力、善于隐蔽自己的传球意图,以及运用假动作等个人战术行动与提高传接球技术结合起来。

(三)在传球的教学中,要重视接球环节的教学与训练,形成正确的接球手法,养成接球结束就是传球或其他进攻动作开始的习惯。

(四)传接球练习方法应根据学生实际情况进行安排,并在练习中注意培养学生之间互相默契配合的意识。

思考题:

1. 简述一个传球过程由哪几个环节组成。
2. 简述双手胸前传球的动作方法。
3. 现代篮球比赛中传球的技术动作特点有哪些?
4. 试述传球的假动作及其运用时机。

5. 传接球的教学训练应注意哪些问题？

第三节 投 篮

投篮是进攻队员将球投入对方球篮而采用的各种专门动作方法的总称。

投篮是篮球比赛中唯一的得分手段，是一切进攻技、战术的最终目的和全部攻守矛盾的焦点。投篮得分的多少是决定比赛胜负的关键，为此，加强投篮技术的教学与训练、掌握和运用好投篮技术，以及不断提高投篮命中率，对于学习篮球技术具有十分重要的意义。

随着现代篮球运动攻守对抗的日趋激烈，运动员身体形态、机能素质的全面提高，促进了投篮技术的不断发展。其特点是投篮点多、面广、内外结合、出手速度快、出手点高、远距离三分球投篮的次数增多且命中率高。

一、投篮技术分类

投篮技术动作方法很多，可分为原地投篮、行进间投篮、跳起投篮、扣篮和补篮等，大都可用单手或双手进行（图3-36）。

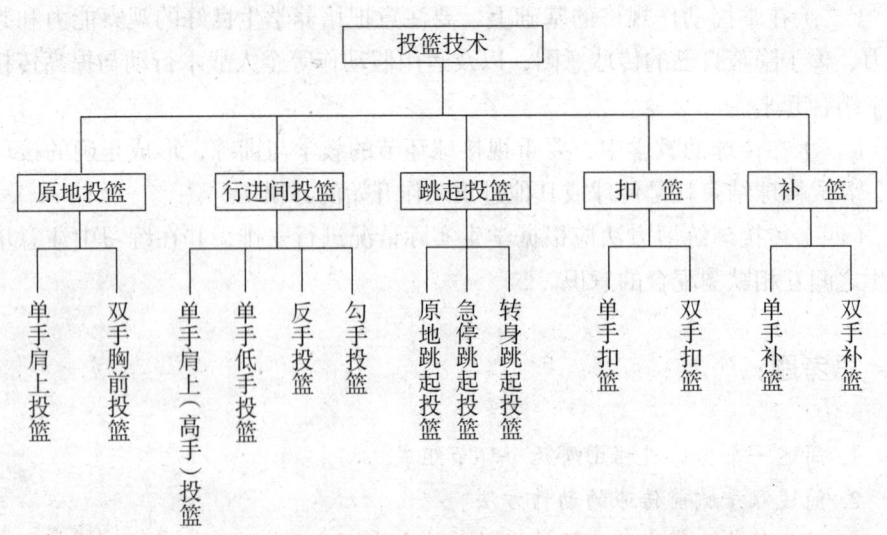

图 3-36

二、投篮技术简析

投篮技术包括持球方法、瞄篮点、协调用力、出手角度与出手速度、球的旋转、投篮弧线和入篮角等几个环节。要提高投篮命中率必须正确掌握投篮过程中的这几个主要环节,形成一个完整的投篮技术动作。如果其中有一个薄弱环节,就会影响投篮的准确性和命中率。

(一)持球方法

正确的持球方法是掌握投篮技术的前提,也是合理运用投篮技术最基本最重要的条件之一。投篮时的持球应符合下列要求:使球尽可能在手中保持稳定,便于与其他攻击技术结合,有利于球出手时合理、准确地用力。

1. 单手持球法

以单手肩上投篮的持球法为例,投篮手五指自然分开,手腕后仰,手心空出,用指根以上部位触球,肘关节自然下垂,另一手扶球的侧上部,举球于同侧头或肩的前上方。从解剖学角度分析,持球时应适当增大手腕后仰角度,即持球或球出手引腕后仰时,手腕后仰角度越大,屈腕主动肌牵拉越长,则完成环节运动的条件越好,它有助于出球时均匀发力和球出手后的飞行弧线(图3-37)。

(1)

(2)

图3-37 单手投篮持球方法

图 3-37 之（1）为投篮出手前上肢各部位的完整持球结构。图 3-37 之（2）是手腕的正确持球方法，即五指自然张开，拇指、食指间的夹角约为 80°，以扩大对球体的支撑面，指根及其以上部位都能触及球，球体的重力作用线落在食指和中指的指根部位，这样不仅可以增强持球的稳定性，而且有助于球出手时均匀、柔和地发力。

2. 双手持球法

以原地双手胸前投篮为例，两手手指自然分开，拇指相对成八字形，用指根以上部位握球的两侧后下方，手心略空出。两臂自然屈肘，两肘自然下垂，肩关节放松，置球于胸前（图3-38）。

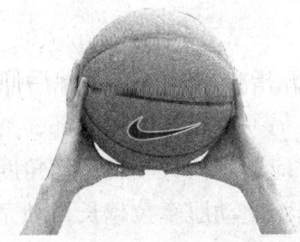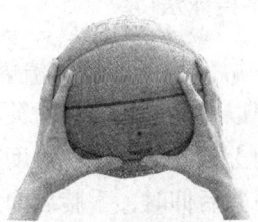

图 3-38 双手投篮持球手法

（二）瞄篮点

瞄篮点是指投篮时眼睛注视篮圈或篮板的那一点。它是为了在瞬间目测出篮圈的精确方位和距离，从而决定投篮出手力量、飞行弧线和落点。投空心篮的瞄篮点一般为篮圈前沿的正中点；碰板投篮的瞄篮点是以篮板的一点作为瞄准点，根据投篮角度、距离、力量和飞行弧线的不同而有所区别（图3-39），运动员要因势变化，善于根据情况随时调节碰板投篮的瞄篮点和出手力量。

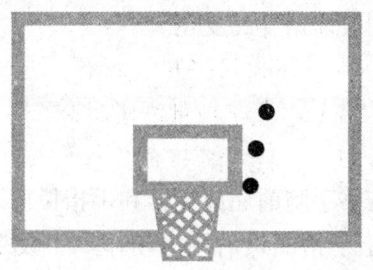

图 3-39 碰板点示意

（三）协调用力

投篮出手用力是指投篮时身体各部位综合、协调的用力过程，它是整个投篮动作的关键环节。以原地单手肩上投篮为例，力的聚合是从投篮准备姿势开始的，力量的起点源于投篮前的基本站法和身体平衡，由下肢蹬地发力，然后沿着投篮出手的方向伸展身体，特别是借助脊柱伸展的惯性促使下肢、躯干和上肢连贯、协调配合，将身体各部位肌肉的力量最后集中于手臂、手腕和手指部位，以伸展手臂、手腕的前屈及手指的弹拨动作将球投出。任何一种投篮方法，最后都是运用肩、肘、腕、指关节的活动来实现的。

（四）出手角度与出手速度

出手角度是指投篮时球离手一瞬间球体重心飞行轨迹的切线与出手点水平面所形成的夹角，它决定球在空中的飞行弧线和入篮角的大小。如前所述，出手角度主要依靠手指最后作用于球体力的方向和作用点来调节。只有在保证正确用力方向的前提下，保持合理的出手角度并与特定的出手速度相配合，才能使球沿着理想的弧线飞行而落入篮圈。

出手速度是指投篮出手的一瞬间，身体各部位的综合肌力经过手腕和手指的调节而使球离手进入空间运行的初速度。现代投篮技术发展的显著特点之一便是动作突然，出手速度快而合理。投篮出手速度首先取决于身体协调、综合用力的大小及腕、指用力的调控，而手腕的翻转、抖动和手指弹拨球动作的柔韧性、突然性和连贯性是取得合理出手速度的关键。投篮出手速度和距离的关系是，投篮的距离越远，球出手的速度则应越快，出手速度和出手角度也是相互制约的，所以投篮的距离也会影响到投篮角度的变化。

（五）球的旋转

投篮时球的旋转是依靠手腕前屈或翻转和手指拨球动作产生的，球的不同旋转方向和速度主要取决于手指的最后用力动作。一般来说，在中、远距离投篮时，都应使球向正后方向旋转。后旋球不仅能保持合适的飞行弧线，使球获得理想的入篮角，而且在球触及篮板或篮圈后沿时也利于向下反弹落下篮圈。不同的旋转方向对各种篮下投篮也有帮助，尤其对失去角度的篮下投篮，不同旋转的碰板球往往能产生令人莫测的投篮效果。为了使球的旋转规律更好地服务于提高投篮命中率，应在实践中不断总结经验，熟悉各种旋转球的性能。

（六）投篮弧线和入篮角

投篮弧线是指球离手在空间飞行时形成的一条运动轨迹，称为投篮抛物线。弧线高低取决于投篮的出手角度和出手速度，投篮距离和出手高度也与弧线高低有紧密关系。不同的投篮弧线产生不同的入篮角和入篮截面，因此，它对投篮命中率有直接影响。人们习惯将投篮弧线分为高、中、低三种（图3-40）。实践证

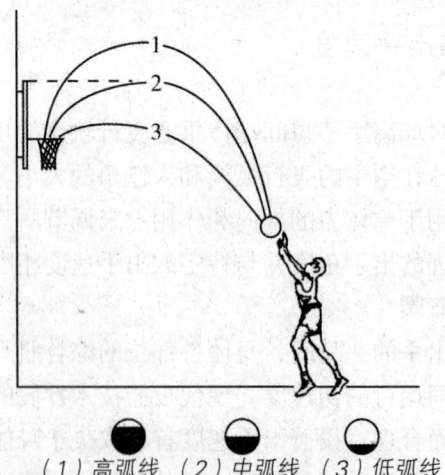

（1）高弧线　（2）中弧线　（3）低弧线

图3-40　原地双手投篮的抛物线示意

明,中等投篮弧线是最理想的,它的入篮角适中,球与篮圈的径向间隙可达最大值,球心与篮心的偏差最小(图3-41)。中、远距离投篮球离手时一般应使上臂与身体的垂直线成30°角左右,弧线最高点是在篮圈水平面上方1.2—2米为宜。但由于运动员的身高、投篮距离、投空心篮与碰板投篮的不同及受防守干扰等原因,投篮弧线不可能是一种模式。运动员要从实际出发,既熟练掌握投篮弧线的一般规律,又善于区别对待。

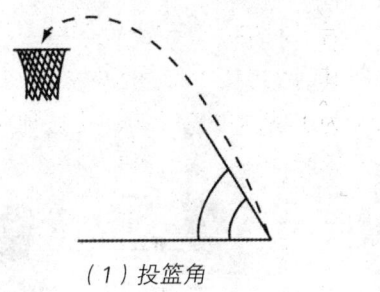
(1)投篮角

(2)入篮角

图3-41 入篮角示意图

三、投篮技术动作方法

(一)原地投篮

1. 原地单手肩上投篮

原地单手肩上投篮是最基本的投篮方法,它是行进间投篮和跳起投篮技术的基础,是比赛中最常用的投篮方法。以右手投篮为例:双脚原地开立,与肩同宽,右脚稍前,身体重心落在两脚之间,屈肘,手腕后仰,掌心向上,五指自然张开,持球于右眼前上方,左手扶球侧,两膝微屈,上体放松并稍后倾,目视瞄篮点。投篮时下肢蹬地发力,腰腹伸展,抬肘伸前臂,手腕前屈带动手指弹拨球,最后通过食指、中指柔和用力将球投出,球离手后右臂应有自然跟随动作(图3-42)。

动作要领:上下肢协调用力,蹬伸、展腰、屈腕、手指柔和地拨球。

前视

后视

侧视

图 3-42 原地单手肩上投篮

2. 原地双手胸前投篮

原地双手胸前投篮是篮球运动中较早的投篮方法之一，这种投篮便于和其他技术结合。能充分发挥全身的力量，适用于中、远距离，一般女子运用这种投篮较多。

动作方法：双手持球于胸前，肘关节自然下垂，两脚前后或左右开立，两膝微屈，重心落在两脚之间，目视瞄篮点。投篮时，两脚蹬地，上肢随着蹬地向前上方伸臂，两手腕同时外翻，手腕前屈，拇指用力拨球，使球通过食、中指端将球投出。球出手时身体随投篮出手方向伸展（图3-43）。

图3-43 双手胸前投篮

动作要领：自然屈肘，投篮时下肢先蹬地，前臂旋内，手指拨球，上下肢和左右手用力要协调一致。

（二）行进间投篮

1. 行进间单手肩上投篮

行进间单手肩上（高手）投篮是比赛中广泛应用的一种投篮方法。一般多在快攻或突破篮下时运用，俗称跑动中投篮。行进间投篮动作方法很多，但动作结构基本相同，都是由跨步接球起跳、腾空举球出手和落地三个部分组成。

动作方法：以右手投篮为例，当球在空中运行时，右脚向来球方向或投篮方向跨出一大步，同时接球，左脚向前跨出一小步，脚跟先着地，上体稍后仰，并用力蹬地起跳，右腿屈膝，左脚蹬离地面。同时双手向前上方举球，腾空后，右臂向前上方伸展，腕、指动作同原地单手投篮（图3-44）。投篮出手后，两脚同

图 3-44 行进间单手肩上（高手）投篮

时落地，两腿弯曲，以缓冲落地的力量。

动作要领：随跑随投、快速突然、蹬地上跳、举球伸臂。

2. 行进间单手低手投篮

这种投篮动作多在快速跑动中超越对手并接近篮下时运用，具有速度快、伸展距离远的特点。

动作方法：以右手投篮为例，行进间右脚跨出一大步的同时双手接球，并用身体保护球，接着左脚迈出一小步同时用力蹬地起跳，随之充分伸展身体，右臂外旋伸直向篮圈方向举球（手心向上），当举球手接近篮圈时，做以中间三指为主的向上拨球动作使球通过指端投出（图3-45）。投碰板球时要注意控制球的旋转。

图 3-45　行进间单手低手投篮

动作要领：腾空时身体向前上方充分伸展，投篮出手前保持单手低手拨球上挑的动作要柔和。

（三）跳起投篮

跳起投篮简称跳投，这里主要指跳起单手投篮，其出手动作与原地单手投篮基本相同，只是在动作结构上增加了起跳部分，投篮动作要在空中完成（图 3-46）。目前，跳起单手投篮已成为篮球运动员普遍采用的主要得分手段，它可以在不同距离、各种角度下运用，方法多样，随机应变。可以高跳高出手，快跳快出手；可以利用侧跨步、后撤步或转身远离对手起跳；也可以贴身跳投和跳起后在空中利用后仰、闪、躲、换手或变高手为低手投篮等，实战运用价值极高。

第三章 篮球技术

前视

侧视

图 3-46 原地跳起投篮

动作方法：以右手投篮为例，双手持球于胸腹之间，两脚左右（或前后）开立，两膝微屈，身体重心落在两脚之间，上体放松，眼睛注视篮圈。起跳时两膝适当弯曲（两脚前后开立时也可上一步再做此动作），接着前脚掌蹬地发力，向上迅速摆臂举球并起跳，双手举球于肩上或头上，左手扶球左侧。当身体升至最高点或接近最高点时，左手离球，右臂向前上方伸展，同时突然发力屈腕，以食、中指拨球，使球通过指端投出。

动作要领：蹬地起跳要快速突然，当身体接近最高点时出手。

（四）扣　篮

扣篮是队员跳起在空中用单手或双手将球由上至下扣入篮圈的一种难度较大的投篮方法。随着运动员身高不断增高，身体素质不断提高，空中争夺日趋激烈，扣篮方式方法也随着实践发展而多样化，有原地扣、行进间扣、单手扣、双手扣、正手扣、反手扣、抡臂扣、高举扣、凌空接扣等等。扣篮是直接将球由上向下灌入篮圈，有出手点高、球速快、攻击性强、难封盖、准确性高等特点，但也是难度较大的投篮方法，必须有很好的身体素质，特别是弹跳力和控制球能力。

1. 行进间单脚起跳单手扣篮

动作方法：以右手为例，行进间右脚跨出的同时接球，紧接左脚迈出一小步并用力蹬地向上跳起，上体充分伸展，高举手臂将球举至最高点，超过篮圈的高度并有适宜的入射角时，用屈腕的动作，将球自上而下地扣入篮圈之中（图 3-47）。球离手后特别要注意对身体的控制和落地屈膝缓冲。

2. 行进间单脚起跳双手扣篮

动作方法：行进间一脚跨出一大步同时接球，另一脚跨出一小步蹬地起跳，身体在空中充分伸展，双手举球至最高点，当球举过篮圈高度时，双手屈腕，将球自上而下扣入篮圈。球离手后注意控制好身体平衡，落地屈膝缓冲。

3. 双脚起跳双手扣篮

动作方法：双手持球双脚用力蹬地向上跳起，同时将球上举，充分伸展身体，将球举过头顶至最高点并与篮圈构成最佳入射角时，双臂用力前屈，用屈腕的动作，将球扣入篮圈内（图 3-48），球离手后注意控制身体和落地屈膝缓冲。

第三章 篮球技术

图 3-47 行进间单脚起跳单手扣篮

111

图 3-48 双脚起跳双手扣篮

动作要领：掌握好起跳的时机，身体协调一致并充分伸展，手指手腕控制好球。

（五）补 篮

补篮是指投篮未中，球刚从篮圈或篮板弹出时，在空中运用单手或双手将球托入、拨入或扣入篮圈的投篮方法。补篮时，队员应根据腾空后人、球、篮的相对位置、高度、角度以及防守情况，灵活地选择方法。

1. 单手补篮

以右手为例，当球从篮圈或篮板反弹时，要准确地判断球的反弹方向，及时起跳，手臂向球的方向伸出，当跳至最高点、手臂接触球的一刹那，在空中用手指手腕的力量将球投入篮圈（图 3-49）。

2. 双手补篮

起跳后，球反弹方向在头的正上方时多采用双手补篮。用双手触球后可用扣篮或拨球的方式将球投入篮圈，其他动作与单手补篮基本相同。

第三章 篮球技术

图 3-49 单手补篮

113

四、投篮技术的教学步骤与练习方法

（一）教学步骤

1. 投篮技术的教学，首先应先教原地投篮，接着教行进间单手肩上投篮、单手低手投篮，再教原地跳起投篮。

2. 通过讲解、示范使学生建立完整正确的投篮技术概念，掌握正确、规范的投篮手法以形成技术动作定型。在掌握了基本手法和步法的基础上逐渐增加练习的次数、距离、难度、强度、密度等并在攻守对抗条件下提高投篮的命中率。

（二）练习方法

1. 原地投篮练习

（1）徒手模仿练习。两人一组相互对投，体会投篮手法和用力动作。

要求：注意持球手法，下肢先发力，体会蹲、伸、拨（手指拨球）的动作。

（2）正面定位投篮练习。如图 3-50 所示，队员每人一球在罚球线上排成单行，自投自抢，依次反复进行。

要求：注意持球手法，下肢先发力，体会蹲、伸、拉（手指拨球）的动作。

（3）不同距离、角度的投篮

队员面对球篮，每人一球，离篮 5—7 米站成一个弧形，如图 3-51 所示。每人依次在同一角度，三个不同距离的位置进行投篮，投完后，按顺时针轮转到下一个角度的位置。队员轮流投进后，按顺时针方向移动位置。

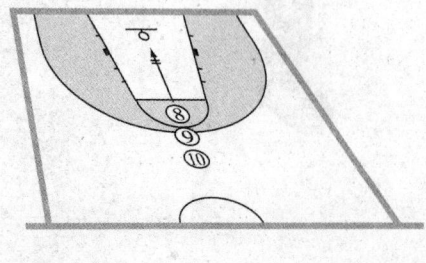

图 3-50

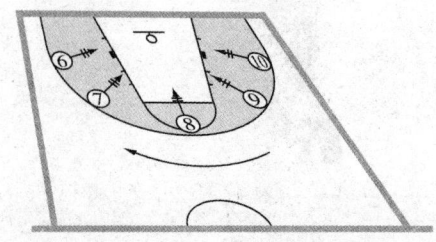

图 3-51

要求：根据不同距离体会用力大小。

2. 行进间投篮练习

如图 3-52 所示站位，④号队员运球与球篮成 45°角自三分线外起动行进间投篮，抢篮板球后将球传给下一名队员，然后跑至排尾，依次轮流练习数遍。

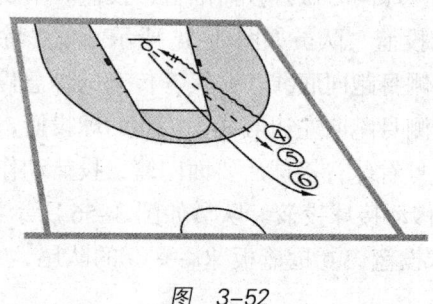

图 3-52

此练习也可在篮下站一人，外围队员依次跑进接篮下队员传给的球上篮。

要求：用低（高）手投篮的动作方法，步法要正确。

3. 行进间传接球投篮

如图 3-53 所示，两人一组一球，全场传接球投篮。

要求：跑动中传接球动作要协调；传球推进要有一定的速度，上篮步法要正确、熟练。

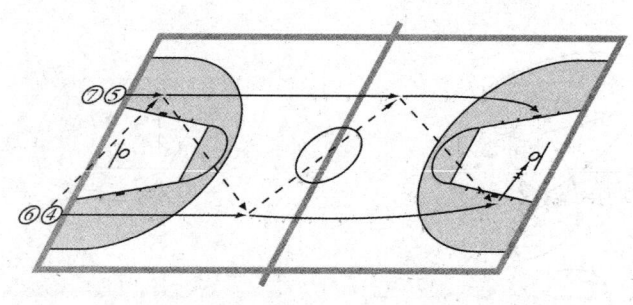

图 3-53

4. 移动投篮练习

方法一：两点移动投篮。两人一组一球，一人传球，一人投篮。规定连投10—20次，或达到规定的投中次数，两人交换练习。可根据队员主要进攻位置确定投篮点。如前锋重点练45°和0°两点移动接球投篮（图3-54），后卫重点练习罚球弧顶和45°两点移动接球投篮。

要求：移动迅速，接球同时做好投篮准备，投篮时不要再调整。

方法二：跑动接球投篮。队员如图3-55所示站位，除排头外，其他每人一球。开始时，④从右边侧身跑向底线，并接⑤传来的球急停，投篮，自抢篮板球后站到队尾。⑤传球后侧身跑向左边底线，接⑥的球投篮，如此反复进行。

要求：跑动时要侧身看球，接球后要面向篮，投篮动作连贯协调。

方法三："V"型移动接球投篮。队员如图3-56所示站位，④传球给⑥后，下压上提接⑥的回传球投篮。⑥抢篮板球后到⑤的队尾，④投篮后到⑦的队尾，反复练习。

要求：下压上提应有节奏变化，有假动作、有掩护意图，投篮连贯协调。

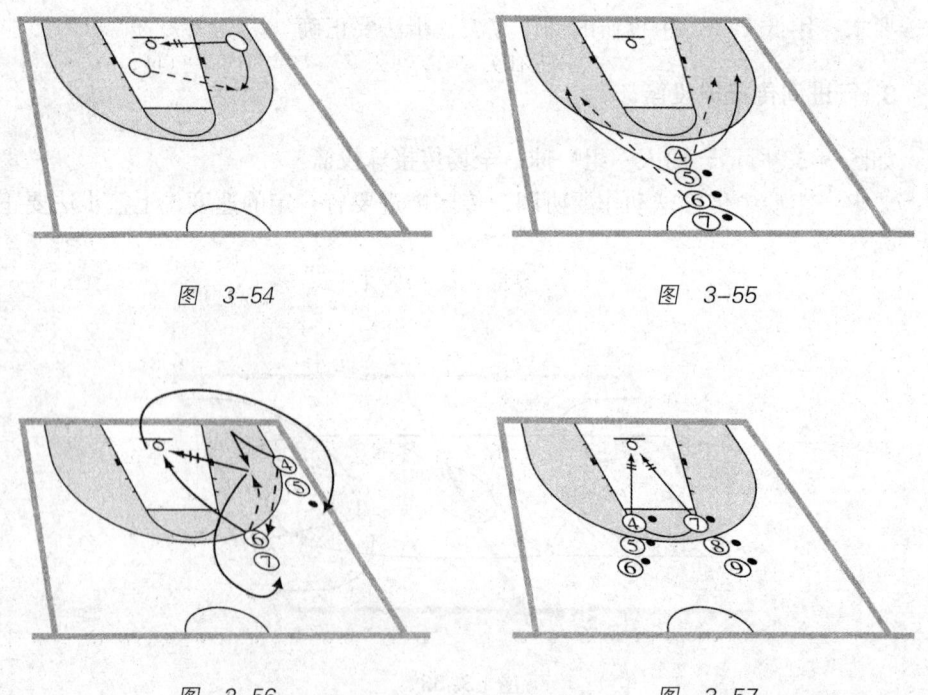

图 3-54　　　　　　　　　图 3-55

图 3-56　　　　　　　　　图 3-57

5. 跳起投篮练习

方法：原地跳起投篮。如图 3-57 所示，队员在罚球线两侧站成两路纵队，每人一球，依次投篮，投篮后自抢篮板球站到另一队的排尾。

要求：持球下蹲、举球和起跳动作协调连贯，控制好身体重心，在接近最高点时出手。

五、投篮技术教学中易犯错误及其纠正方法

（一）双手胸前投篮

易犯错误：
1. 持球手法不正确，肘外张，手臂僵硬，手腕动作紧张。
2. 投篮时两手用力不一致，伸臂不够充分，出球时手指没有自然分开。
3. 投篮时用力不集中，由于用不上力量而形成推球动作。

纠正方法：
1. 讲解示范法：讲解、分析双手胸前投篮技术的难点与关键，并通过不同的示范（侧面、正面、重点示范，结合持球动作、腿、腰腹、臂的协调用力和手腕、手指的最后用力动作），使学生在建立正确技术动作概念的同时，加深对技术动作细节的理解。
2. 诱导法：徒手模仿练习。学生成体操队形，面对教师站立，根据教师口令做向前上方伸臂及翻抖手腕的动作。纠正伸臂不充分、两臂用力不一致、动作僵硬的错误。

持球模仿练习。学生两人一组一球，相互进行对投练习。

3. 变换法：分解、组合练习。学生成体操队形，持球面对教师站立，根据教师口令做持球与伸臂练习；两手持球手臂伸直，做最后出球时手腕、手指外翻拨球的动作练习；完整动作练习（将球拨出）。

矫枉过正练习。学生在距离球篮 6 米左右地方做远投练习。体会全身协调用力。

（二）原地跳起投篮

易犯错误：
1. 起跳后身体重心控制不稳，失去平衡。

2. 起跳后髋关节弯曲，形成"后坐"和"挺腹"动作。
3. 起跳时的蹬地时间与举球、伸臂动作配合不协调。
4. 投球出手过晚，身体在空中下降时球才出手。

纠正方法：

1. 讲解示范法：讲解、分析跳起单手投篮技术的难点与关键（起跳——引球上举；空中保持身体平衡），并通过不同的示范（侧面、正面），使学生在建立正确技术动作概念的同时，加深对技术动作细节的理解。

2. 诱导法：起跳和空中平衡练习。学生成体操队形，根据教师口令，连续做原地起跳、空中维持身体重心平衡的练习。此练习亦可持球进行模仿练习。纠正起跳与引球上举的配合不协调和跳起时身体重心不稳的错误。

辅助性练习。学生两人一组，面对面站立，一人持球做原地跳投的模仿动作，另一人则用手扶住同伴腰部两侧，使其体会身体在空中的平衡感觉，纠正起跳后身体重心不稳，髋关节弯曲，形成"后坐""挺腹"的错误动作。

3. 变换法：减小蹬地力量，降低起跳高度和缩短投篮距离的投篮练习。学生在距离球篮3米左右处，做轻跳投篮，重点体会在跳起的最高点投球出手。纠正投篮出手过晚和身体下降时球出手形成"后坐""挺腹"的错误动作。

六、投篮技术教学训练的建议

（一）在投篮技术教学训练中，建立在正确投篮技术动作定型的基础上，要把投篮与摆脱防守、传球、接球、运球、突破、脚步动作、假动作、抢篮板球等技术结合起来，培养其应变能力。

（二）重视投篮的心理训练，提高投篮命中率。通过比赛和一些特殊的训练手段，提高学生的抗干扰能力，使他们能在一定的心理压力下，保持较高的投篮命中率。

（三）在战术背景下进行投篮训练，培养学生的配合意识，提高他们运用投篮技术的能力。

（四）在教学、训练中随时注意观察，发现错误动作，找出其产生的原因，及时采取针对性的措施加以纠正，以免形成错误的动力定型。

思考题：

1. 简述原地单手肩上投篮的动作方法及要领。

2. 如何正确地选择投篮的瞄准点？
3. 简述影响投篮命中率的因素有哪些。
4. 在篮球比赛中，如何创造良好的投篮时机？
5. 简述投篮技术教学的步骤。

第四节 运 球

运球是持球队员在原地或行进中用单手连续按拍由地面反弹起来的球的一种动作方法，是篮球比赛中个人进攻的重要技术。它不仅是个人摆脱、吸引、突破防守的进攻手段，也是组织全队战术配合的桥梁，并且对发动快攻、突破紧逼防守都起着极大的作用。通过不断的练习，能促进学生熟识球性的提高，增强手对球的控制、支配能力。随着篮球技术的发展和竞赛规则的修订，放宽了手对球吸拉过程的尺度，运球动作及其运用都发生了极大的变化。

一、运球技术分类

运球技术动作方法较多，可以分为原地运球和行进间运球两大类（图3-58）。

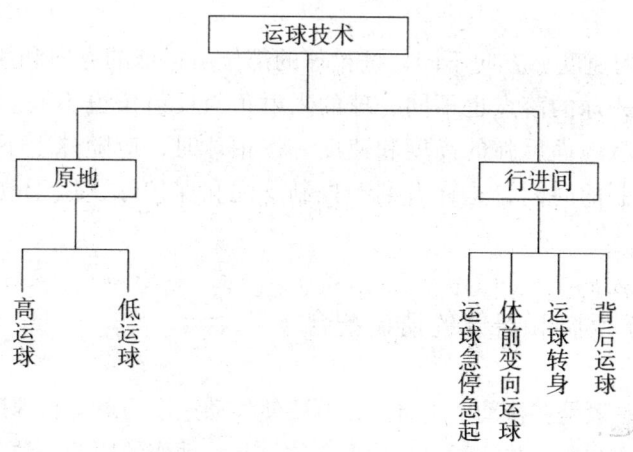

图3-58 运球技术分类

二、运球技术简析

运球技术动作方法很多,但各种运球技术动作过程都是由身体姿势、手臂动作、球的落点、手脚和身体的协调配合四个环节组成。运球技术的关键是手对球的控制支配能力,脚步移动的熟练程度以及手、脚、身体三者的协调配合。

(一)身体姿势

两脚前后开立与肩同宽,两膝微屈,上体稍向前倾,抬头平视,非运球手臂屈肘平抬,以保护球和维持身体平衡。

(二)手臂动作

运球时,手指自然张开,用手指和指根以上的部位及手掌外缘接触球,手指、手腕放松。运球动作随比赛情况而有所不同,低运球时以肘关节为轴,手指、手腕快速按拍球。高运球时以肩关节为轴,用手指、手腕按拍球。当球从地面反弹起来时,用屈肘、伸腕和手指的动作缓冲球向上反弹的力量,以控制球的反弹高度、速度和角度。

(三)球的落点

运球的速度、方向不同,按拍球的部位由运球的方向和速度来决定,按拍部位不同,球的落点也不同,球的入射角与反射角也不同。按拍球的力量大小决定球从地面反弹的高度和速度。按拍球时,应随球上下按压,尽量延长手对球控制的时间,这样有利于控制支配和保护球,便于改变动作和观察场上情况。

(四)手脚和身体的协调配合

运球一般是在移动中进行的,既要使移动速度与球运行速度一致,又要保持合理的动作节奏,并注意对身体重心的控制。动作的协调一致关键在于按拍球的部位、落点的选择和运用力量的大小。手臂动作的变化要与脚步动作、身体姿势改变同步进行，以使整个运球动作协调地完成。

当前，运球动作由以肘为轴改变为以肩为轴，迎送球的动作幅度加大，球附着于手上的时间加长，有利于对球的控制。球的落点在身体的侧后方，远离防守以利于保护球，更具有实效性和多变性。根据球场上情况和本队战术的需要，适时而恰当地运用运球，对全队进攻能起到较大的促进作用。

三、运球技术动作方法

（一）原地高、低运球

1. 高运球：通常在没有防守队员时运用。其特点是球反弹较高，便于观察场上情况。同时在行进中按拍球的速度较均匀，因此动作简单易学。

动作方法：运球时两腿微屈，上体稍前倾，目平视。以肘关节为轴，前臂自然屈伸，手腕和手指柔和而有力地按拍球的后上方，用指根及指腹部位触球，食指向前。球的落点控制在运球手同侧脚的外侧前方，使球的反弹高度在胸腹之间，手、脚协调配合。快速运球行进时，手触球的部位要向后移，用力要稍加大，球的落点离脚要远些（图3-59）。

图 3-59 高运球

动作要领：在手型正确的基础上，主动迎球，随球上引，前臂屈伸，控制球的落点；手按拍和脚步移动协调配合。

2. 低运球：在高运球行进过程中遇到防守队员时，常用低运球摆脱防守队员的抢截。

动作方法：运球行进中遇防守队员时，减速弯腰屈腿，屈腕用手指和指根部位短促地按拍球的后上部，使球控制在膝关节高度，从防守人的一侧超越（图3-60）。

图3-60 低运球

3. 动作要领：突然改变运球高度，并且要控制好按拍球的反弹力量，上下肢协调配合。

（二）运球急停急起

在对方防守较紧时，利用速度的变化摆脱对手，如用以破全场紧逼防守。

动作方法：在快速运球中突然急停，使身体重心下降，手按拍球的前上方，使球停止向前运行，目视前方。急起时，两脚用力蹬地，上体迅速前倾起动，同时手按拍球的后侧上方，人、球同步快速前进（图3-61）。

第三章 篮球技术

图 3-61 运球急停急起

动作要领：急停稳、起动快，人和球速一致，上体前倾和脚的蹬地协调配合。

（三）体前变向运球

在快速行进间运球中，当对手堵截运球前进的路线时，突然向左或向右改变运球方向，借以摆脱防守。

动作方法：以右手运球为例，运球队员从防守队员左侧变向突破时，先向其右侧做变向运球假动作，当对手移动堵截运球时，突然用右手按拍球的右侧后上方，使球经自己体前向左侧前方反弹。同时左脚迅速随球向左侧前方跨步，上体同时向左扭转，身体重心要降低，侧肩贴近防守者，将球压低。当球反弹至腹部高度时，右脚蹬地迅速前迈，左手拍球的后侧上方，超越防守（图3-62）。

图3-62 体前变向运球

（四）运球转身

当对手逼近不能用体前变向运球突破，而且距离又较近时，可迅速改用运球转身来突破防守。

动作方法：当对手堵右侧突破时，迅速上左脚，微屈膝，重心移至左脚，并以左脚前脚掌为轴做后转身，右手将球拉至身体的后侧方，并按拍球落在身体的外侧方，然后换左手运球，加速超越防守（图3-63）。

图 3-63　运球转身

动作要领：控制好重心和球，转身迅速，蹬、转、拍协调连贯。

（五）背后运球

当对手堵截运球一侧，距离较近，不便于运用体前变向运球时，可采用背后运球，改变方向突破防守。

动作方法：在跑动中背后向左变向时，右脚前跨，同时右手按压球的前上方，手臂逐渐外旋，手指迅速向下，手心向前，在背后直臂按拍球的右侧后上方，使球向左脚的侧前方落地，随即迈左脚，球反弹后换左手继续向前推拍前进，加速超越防守（图3-64）。

图3-64 背后运球

动作要领：按拍球的部位正确、手脚动作配合协调一致。

四、运球技术的教学步骤与练习方法

（一）教学步骤

1. 运球技术的教学步骤一般应先教原地运球、行进间高与低运球、运球急停急起、体前变向运球、背后运球、转身运球和胯下运球。

2. 向学生讲清运球的目的和作用，以及运用的时机、动作方法、动作要领和关键环节，指导其掌握正确的运球技术。

（二）练习方法

1. 原地运球练习（熟识球性练习）

方法：学生每人一球，成体操队形，进行各种练习。
要求：体会手指、手腕、上臂、前臂用力和按拍球的手型，以及各种前推、后拉、左右变向时按拍球的部位和用力，提高控制球、支配球的能力。
（1）高运球练习
方法：同上。
要求：站立姿势和运球手法要正确，重点体会主动迎球、随球上引（黏球）的动作。
（2）低运球练习
方法：同上。
要求：两膝弯曲降重心，运球高度在膝部以下，快速按拍球。
（3）体前侧（拉）、后（推）运球练习
要求：按拍球的部位正确，力量适中，落点好，重心下降，控制好球。

2. 行进间运球练习

（1）直线高运球练习
方法：分三组或四组站在端线外，每组一球，同时向对面端线运球，返回时换另一手运球，然后交给下一队员。为增加练习兴趣，此练习可结合分组竞赛进行。

要求：运球时抬头目视前方，速度由慢到快；控制球的落点、速度，手、脚要协调配合。

（2）绕障碍物或弧线运球

方法：如图3-65所示，可以两组同时开始绕球场的三个圆圈做；也可单组进行，交换练习；亦可绕罚球区和中线的圆圈后到另一罚球区圆圈时用另一手运球练习等。

要求：沿圆圈运球时，注意身体重心内倾，手按拍球的侧后上方，克服惯性力；两手交替运球。

（3）运球转身或背后运球

方法：如图3-66所示，按图示路线运球到障碍物时，做后转身运球一次或背后运球一次，再换手继续向另一障碍物运球。

要求：变换动作要突然加快运球速度。

（4）运球急停急起练习

方法：根据教师口令、手势、信号等，练习急停急起或变速运球。成体操队形，两队同时做或横排集体做。

要求：要停稳，起动快，变速时注意掌握好节奏、高低，注意加速。

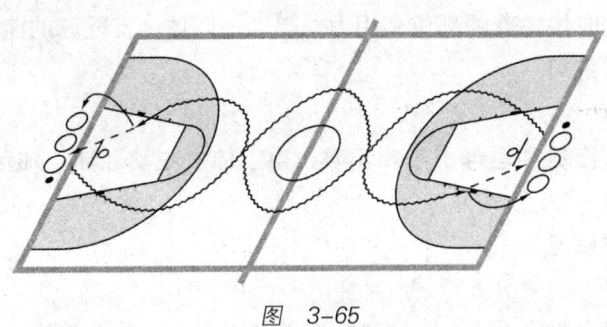

图 3-65

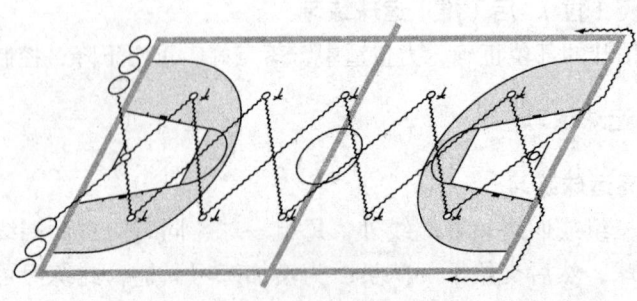

图 3-66

3. 运球技术综合练习

（1）运球与传、接球技术结合练习

方法：如图 3-67 所示，⑤开始运球，在运球中将球传给⑥，然后跑至⑨的队尾。⑥接球后运球中把球传给⑦，然后跑至⑪的队尾。依此类推，连续练习。

要求：运球与传球的衔接要快而协调，不走步违例。

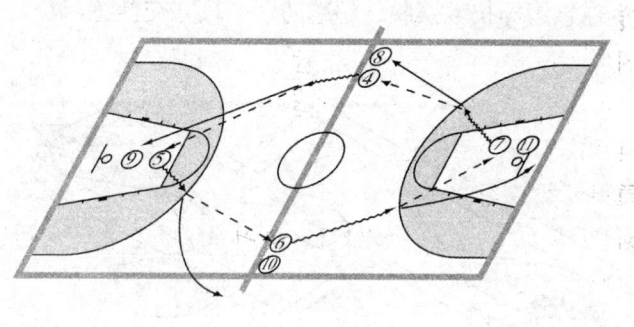

图 3-67

（2）运球、传接球、投篮练习

方法：如图 3-68 所示，⑦和④各持一球，同时开始运球，运至罚球线延长线时，分别将球传给⑪和⑩，传球后迅速向篮下切进，途中再分别接⑪和⑩的回传球，快速运球上篮。投篮后自抢篮板球，分别传给⑤和⑧。依次练习。

要求：技术动作的衔接要连贯协调，不走步违例。

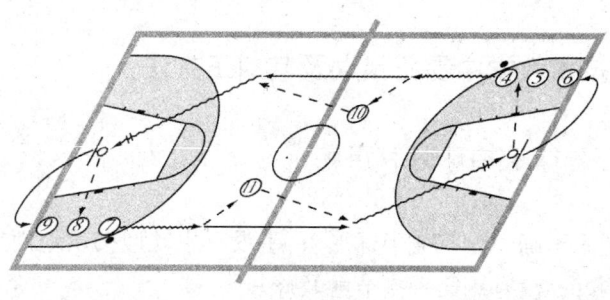

图 3-68

4. 运球对抗练习

（1）全场一对一攻守练习

方法一：开始时防守队员背手防守，几次以后改为积极防守练习，到前场底线返回时，攻守交换，轮流练习。亦可规定每组往返若干次后由另一组进行练习。

要求：防守从消极到积极；运球队员变化要多，要突然，并注意保护球。

方法二：如图 3-69 所示，分两组在（纵）半场内同时进行，进攻队员用体前变向换手、运球急停等技术摆脱、超越防守。攻守交换练习。

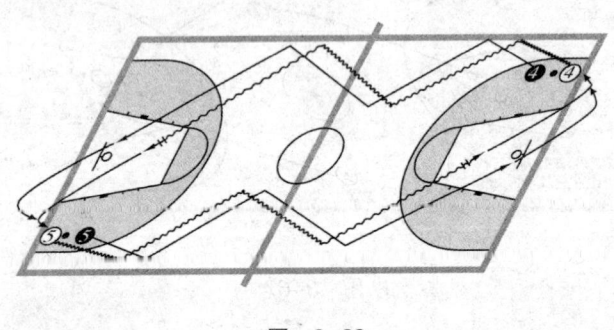

图 3-69

要求：进攻者动作变化要突然。防守由消极到积极，要认真。

（2）半场二防三练习

方法：在半场内二防三练习。规定一定的控制球时间算进攻成功，也可三防四、四防五进行练习。

要求：攻防积极，积极抢断球。

五、运球技术教学中易犯错误及其纠正方法

（一）掌心触球（拍球时有声响）

原因是手型不正确（没有成半球形）；手没有主动迎接从地面反弹起来的球；随球上引缓冲不好；没有用第一指节触及球。

纠正方法：讲清正确动作概念，做正确示范，帮助分析原因；多做（体会）

手指、手腕随球上引和柔和按拍的动作，如对墙连续拍球、坐在小凳上拍球等。

（二）带球跑

原因是对带球跑的概念理解不清，或衔接其他动作时脚步动作不清楚，球运得太高。

纠正方法：运球教学要结合规则进行，讲清概念，并对易犯的几种违例现象一一示范，进行分析；练习中要严格要求，发现走步违例要及时纠正、重做，反复练习；运球时用力要适度。

（三）两次运球

原因是手接触球的部位不正确，停止运球时没有接稳球（注意力不集中或紧张）；双手运球。

纠正方法：结合规则讲清两次运球概念，并多做正、误示范和模仿，严格要求，及时纠正，养成好习惯。

（四）原地或行进间运球时低头看球

原因是控制球不熟练，或降低重心时只弯腰、不屈膝。

纠正方法：教师要强调大胆运球，鼓励学生不看球，在快速运球中培养学员手指的球感，这样才能解放视野；要强调屈膝降重心。

（五）运球时脚踢球

原因是手控制球的能力差，球的落点不好；注意力不集中。

纠正方法：反复练习，提高控制球的能力；强调落点在前脚的外侧前方。

六、运球技术教学训练的建议

（一）在教学与训练中，要着重抓好运球基本功的训练，提高学生控制球、支配球的能力。学生初步掌握了运球动作后，要求他们抬头运球，用手的感觉来控制球，并在训练中严格要求，使他们养成运球时目视前方、观察场上情况和屈膝的习惯。

（二）教学训练中要狠抓运球的关键，要结合各种熟识球性的辅助性练习，练好手上功夫和脚步动作的快速与灵活性。特别要注意弱手的运球训练。

（三）在加强防守的练习中，要从消极防守到积极防守，在不断加强对抗的训练中，逐步提高学生的应变能力。

（四）运球必须与传接球、投篮、突破和抢篮板球等技术结合训练。结合战术训练时，要注意培养学生运球的战术意识，掌握好运球时机，不滥运球，要根据全队战术配合的需要合理运用。

思考题：

1. 简述运球技术动作由哪几个环节所组成。
2. 简述运球转身技术的动作要领。
3. 简述运球技术的教学步骤。
4. 简析运球转身技术的动作要领和易犯错误及其纠正方法。
5. 试述现代篮球比赛中运球技术与过去相比有哪些不同。

第五节 持球突破

持球突破是持球队员运用脚步动作和运球技术快速超越对手的一项攻击性很强的技术。持球突破不仅能创造良好的个人攻击机会，而且能造成对方犯规，打乱对方的防守部署。持球突破若能巧妙地与投篮、传球假动作有机结合起来运用，能使进攻技术更加灵活、机动，富有攻击性。

一、持球突破技术分类

持球突破可分为原地持球突破和运球中突破。根据动作结构可分为原地交叉步运球突破和原地同侧步运球突破两种。

二、持球突破技术简析

持球突破技术动作主要由蹬跨、转体侧身探肩、推放球和加速等几个环节所组成。

（一）蹬　跨

突破时，两脚左右开立稍宽于肩，屈膝降低重心，重心控制在两脚之间，双手持球于胸前。突破时跨出的第一步要稍大，抢占有利的超越位置，但以不影响前进速度为度。跨出的脚要落在紧靠对手的侧面，脚尖向着突破方向，以便第二步蹬地加速突破防守。

（二）转体侧身探肩

上体前移转体与侧身探肩同时进行，以利于加速突破的起动速度和利用上体挡住防守者，迅速占据空间的有利位置，便于突破对手和保护球。

（三）推放球

突破前，双手持球于腰胯部位，在转体侧身探肩的同时将球稍向侧移，同侧手扶球的后上部位，另侧手托球的下部。突破时突然起动蹬地产生初速超越时立即向前下方推放球，要做到以球领人，以利于衔接下一个动作。

（四）加　速

在完成上述动作之后，中枢脚迅速蹬地，加速超越对手。

蹬跨、转体侧身探肩、推放球和中枢脚蹬地等环节紧密衔接，互相促进，快速连贯地完成突破。加速是前三个环节的继续，只有熟练地掌握这几个环节，才能较好地掌握持球突破技术动作。

三、持球突破技术动作方法

（一）交叉步持球突破

动作方法：以右脚做中枢脚为例，突破时，两脚左右开立与肩同宽，两膝微屈，重心控制在两腿之间，持球于胸腹之间。突破时，左脚前脚掌内侧用力蹬地，同时上体右转探肩，贴近对手，球移至右手，左脚交叉步前跨抢位，同时向左脚左斜前方推放球，右脚用力蹬地跨步，加速超越对手（图3-70）。

动作要领：蹬地跨步有力，起动突然，四个环节协调连贯。

图 3-70 交叉步持球突破

(二) 同侧步持球突破

动作方法：以左脚做中枢脚为例，突破前，两脚左右开立稍大于肩，两膝微屈，重心控制在两腿之间，持球于胸腹前。突破时，右脚向右前方跨一大步，同时转体探肩，重心前移，右手放球于右脚侧前方，左脚迅速蹬地并向右前方跨出，加速运球超越对手（图3-71）。

图3-71 同侧步持球突破

动作要领：第一步要小而快，转体探肩动作要突然。

四、持球突破技术的教学步骤与练习方法

（一）教学步骤

1. 教学的步骤是：应先教原地交叉步突破和同侧步突破，它们是教学训练的重点。
2. 教学训练步骤和方法应遵循由易到难、由简到繁的原则。先学单个技术动作，再学组合技术动作，最后在消极防守和积极防守中学会运用。在练习中应学会两脚都能做中枢脚，防止带球走违例。

（二）练习方法

1. 原地各种步法的徒手练习

方法一：全队如图 3-72 所示站位，跟着教师Ⓐ的信号做各种跨步练习。开始做交叉步，然后再做同侧步跨步练习。

要求：蹬地有力，摆动脚跨出成弓步，然后快速收回；做出转体探肩护球动作。

方法二：如图 3-73 所示，两人一组，一攻一防，进攻者○做投篮或传球假动作，防守者●做出相应的反应，○根据●的动作立即突破，或●做诱导性动作，○根据●的诱导动作采用相应的突破方法过人。突破后，两人均做后转身，○传球给●，●用同样方法突破○的防守。练习重复进行。

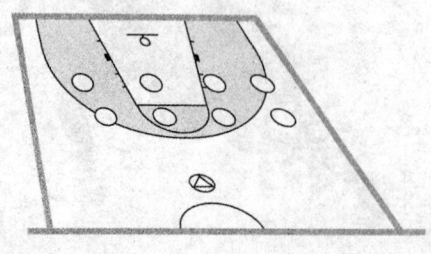

图 3-72

图 3-73

要求：进攻者突破前做各种假动作，诱使防守者产生位置、重心和距离的变化，再根据其变化做相应的突破动作过人，突破动作要正确、快速、有力。

2. 完整动作的练习

方法：如图 3-74 所示，进攻队员每人一球，持球位于右侧，做持球突破运球上篮。投篮后抢篮板球运球至队尾，依次进行。

要求：蹬、转、探、拍各环节动作连贯协调，中枢脚不要移动。

3. 摆脱接球后的突破练习

方法：如图 3-75 所示，队员依次做摆脱接球后突破上篮。

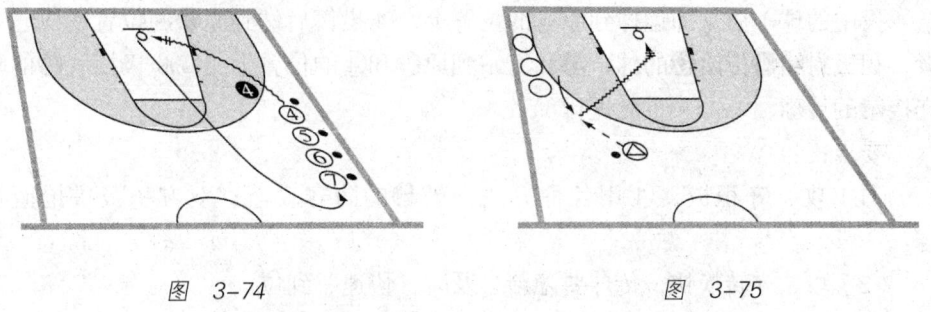

图 3-74　　　　　　　　　图 3-75

要求：接球后要控制好身体重心，突破前要做瞄篮、传球假动作。

4. 各种位置上的一对一练习

方法：在前锋、后卫和中锋位置上的一对一突破练习。

要求：

（1）进攻者从摆脱接球开始，接球后根据防守者的情况实施突破。

（2）投篮后双方积极拼抢篮板球。

（3）攻、守转换快，进攻者抢到篮板球后发动二次进攻，防守者抢到篮板球后快速传球给教师。

5. 二对二攻守练习

方法：如图 3-76 所示，两人一组，场上两组同时进行练习，其他组在中线附近站好。练习开始，❹和❺分别积极防守④和⑤，⑤传球给摆脱防守的④后同

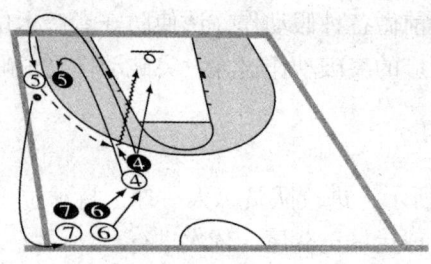

图 3-76

❺一道退下站到中线队伍的排尾。④和❹练习一对一。④用合理的动作突破❹投篮，投篮后双方积极拼抢篮板球，④抢到篮板球后做二次进攻，❹抢篮板球（包括④投中的球）后立即运球到原⑤的位置上，④投篮后站到原❺的位置变成防守者，积极封堵❹传给⑥的球，⑥和❻站到原④和❹的位置上，⑥积极摆脱❻的防守接❹的传球，练习又重复进行。

要求：

（1）攻、守积极，④用各种方法突破❹的防守投篮，双方积极拼抢篮板球。

（2）攻、守转换快，传球要隐蔽、及时、快速、到位。

6. 半场三对三的练习

方法：规定进攻队员不允许做掩护，只能用突破和突破分球，防守队员只能做人盯人防守，不允许交换防守，看哪个队先得10分。

要求：

（1）突破勇猛，时机掌握好。突破和传球、投篮衔接好，运用合理。

（2）投篮后积极拼抢篮板球。攻、守转换快。

五、持球突破技术教学中易犯错误及其纠正方法

1. 持球突破时，中枢脚移动或放球晚造成走步违例

纠正方法

（1）讲解示范法。讲解正确动作方法，并做示范，让学生建立正确动作概念。

（2）诱导法：模仿诱导练习。让动作错误与动作标准的学生同在大镜子前做蹬地、推拍球的模仿练习，以观察、分析、对比正误动作。使有错误的学生看清自己的错误并加以改正。

信号诱导练习。学生成一排横队，根据教师口令做如下动作：口令"一"跨步落地的同时运球。口令"二"，蹬地还原。

（3）意念练习：让学生在脑海里重复正确的蹬地、推拍球动作。在其对动作有了很清晰的了解后再实际练习。

2. 持球突破时第一步小，重心高

纠正方法

（1）讲解示范法：讲解突破第一步大的优越性，并做正确示范，使学生建立正确概念。

（2）限制法：借助障碍架限制练习。学生在距篮5米位置站成一路纵队，距排头1米远放一个丁字形障碍架（或由人以双手侧平举姿势站立代替）进行持球突破练习。要求学生第一步到达规定的距离。

（3）诱导法：教师通过语言诱导，提示动作要点，让学生在消极对抗情况下进行突破练习。

3. 持球突破时，转、探肩不够，不注意保护球

纠正方法

（1）讲解示范法：讲解正确的转、探肩动作，并做示范，使学生建立正确的概念。

（2）诱导法：让学生在大镜子前与技术较好的同学一起做持球突破的模仿练习。使动作错误的学生能清楚地看到自己的错误动作，并加以改正。

（3）对抗练习：两人一组一攻一守，让进攻者在消极防守情况下体会正确的转、探肩动作要领。

4. 持球突破时不敢贴近对手切入，而是绕一个弧远离对手

纠正方法

（1）讲解示范法：讲解正确动作方法，并做示范，让学生建立正确动作概念。

（2）诱导法：两人一组相对站立，相距约1米，一人持球进行模仿练习，一人当障碍物帮助进行练习。要求持球突破者紧贴防守者切入。

（3）限制法：让学生每人在自己前面画出正确的持球突破路线并根据自己的身高、步长情况画出放球的落点。练习时根据所画标记进行。

（4）对抗练习：增加练习强度。两人一组，一人持球突破，一人消极防守（帮助性防守）。持球突破速度不要求很快，但身体要用力紧贴进攻者切入。

六、持球突破技术教学训练建议

（一）持球突破技术教学中，应注意技术动作规范，要教会学生两脚都能做中枢脚，以及明确规则对技术动作的要求，并能合理运用。

（二）重视培养良好的突破意识，提高观察判断能力，掌握突破时机，不断提高持球突破的能力。

（三）注意培养勇猛、顽强的作风，敢于在贴身紧逼中运用突破技术。同时也应注意掌握灵活的突破技巧，逐步学会利用位置差、时间差、假动作和节奏变化等方法，发挥突破的威力。

思考题：

1. 持球突破技术由哪几个环节组成？
2. 简述交叉步持球突破的动作要领。
3. 简述初学者在学习持球突破技术时易犯哪些错误。
4. 简析在篮球比赛中投篮、持球突破、传接球三者之间的辩证关系。
5. 试述持球突破技术在教学训练中应注意哪些问题。

第六节 防守技术

防守技术是防守队员为阻挠和破坏对手的进攻，合理运用脚步移动和手臂动作，积极抢占有利位置，以达到争夺控制球权的目的所采用的各种专门动作方法的总称。

防守对手是一项综合性的个人技术，它不仅需要快速的脚步动作和灵活多变的手部攻击动作，而且还要具备良好的观察、判断和敏捷的反应能力。防守队员要积极地抢占合理的位置，干扰、破坏对手的进攻行为，争夺控制球权，同时，还要想方设法破坏对方的战术配合和限制对方的进攻速度。防守对手是个人防守技术,也是集体防守战术配合的基础。因此,必须高度重视个人防守技术的教学训练,促进防守和进攻技、战术的全面提高。

一、防守技术的分类

防守技术是一项综合的技术动作,主要包括防守无球队员和防守持球队员,具体分类如图 3-77 所示。

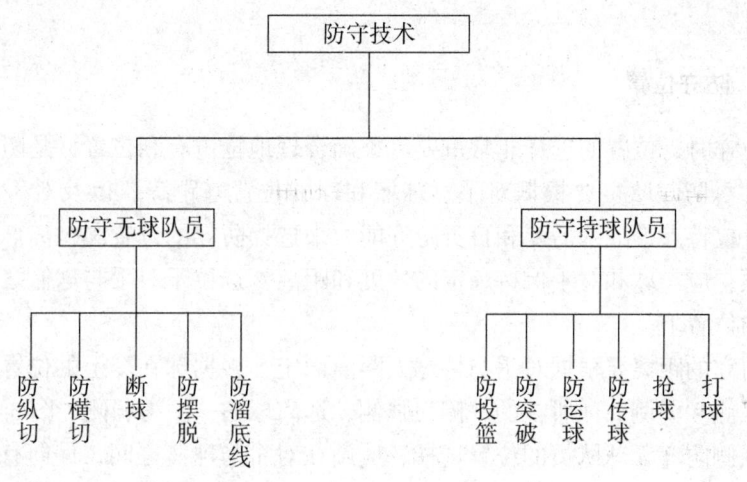

图 3-77 防守技术分类

二、防守技术简析

防守技术是由脚步动作、手臂动作结合对手与球、篮的位置、距离等因素所构成的。脚步动作是防守时采用的移动步法,是个人防守技术的基础。防守队员运用脚步动作,抢占有利的位置与手臂动作配合干扰对方传、接球,封盖投篮和抢、打、断球,最大限度地破坏对方进攻,以达到争夺球权的目的。

(一)防守无球队员

防守无球队员是指进攻队员处于无球状态时,防守队员灵活地运用多种移动步法和手部的有效组合，最大限度地防止和破坏对手行动。现代篮球比赛中无球进攻队员的行动越来越体现出速度快和攻击性强，力求移动到自己有效投篮点或攻击区域内去的接球，或是力图与防守者形成位置差、时间差去接球，从而达到接球后的有效攻击目的，这就对防守无球队员提出了更高的要求。防守无球队员是一个连续的移动和争夺球的过程，必须具备多种防守移动步法，并能根据需要熟练合理地组合在一起加以运用，要求在移动过程中始终保持较低的身体重心，以便随时快速改变方向和步法。

防守无球队员的方法包括防守位置的选择、防守姿势、脚步动作和断球等环节。

1. 防守位置

防守时，位置的选择非常重要。正确合理地抢占有利位置，是防守主动的重要条件。防守队员要根据对手、球篮和球的位置与距离，以及对手的身高、速度、进攻特点、战术需要和自身防守能力来选择防守的位置和距离。为了做到人球兼顾，应与球和对手保持一定的角度和距离。选位于对手与球篮之间偏向有球一侧的位置上。

防守的距离要根据对手与持球人距离而定。根据球在场上的位置，可将球场分为强侧和弱侧。球所在的一侧为强侧，远离球的一侧为弱侧（图 3-78）。

强侧防守无球队员的位置选择，应站在对手与球篮之间，偏向有球一侧。离球近则近，离球远则远。防守时要能达到干扰对方之间传递球（图 3-79），形成球、对手与防守者之间的三角形关系。

弱侧防守无球队员的位置，应选择在与对手相对远些、靠近球篮一侧的位置。

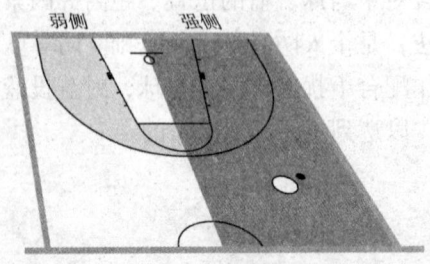

图 3-78

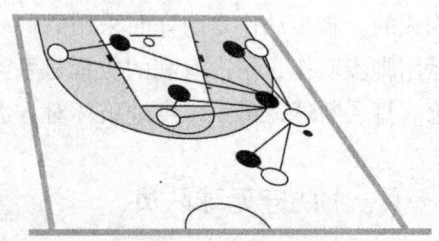

图 3-79

2. 防守姿势

正确的防守姿势能保证扩大控制面积和及时向不同方向移动。选择防守姿势与对手和球的距离远近有关。

强侧（有球侧）防守方法：防守距离球较近的对手时，经常采用面向对手侧向球的斜前站立姿势（图 3-80）。靠近球侧的脚在前，屈膝，重心在两脚之间，便于随时起动，堵截对手摆脱移动的接球路线。伸右侧手臂，拇指朝下，掌心向球，封堵传球路线，干扰对手接球。特殊情况下，为了不让对手接球，在弱侧防守时也采用这种防守姿势。

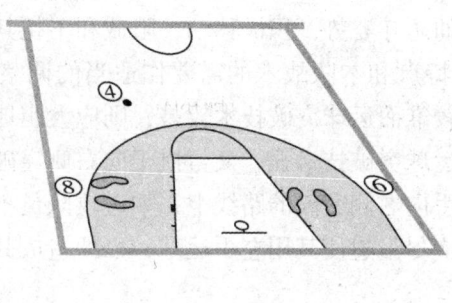

图 3-80

弱侧（无球侧）防守方法：防守距离球较远的对手时，为了便于人球兼顾和协防，经常采用面向球，侧向对手的站立姿势（见图 3-80 的弱侧）。两脚开立，两腿稍屈，两臂伸于体侧，掌心向着球的方向。密切观察球、人的动向，并随着球或人的移动而不断地通过滑步调整自己的防守位置。

3. 脚步动作

防守时，防守队员要根据球和人的移动，合理地运用上步、撤步、滑步、交叉步、碎步和快跑等脚步动作，并配合身体动作抢占有利防守位置，堵截其摆脱移动路线。在与对手发生对抗时，重心下降，双脚用力扒地，两腿弯曲，扩大站位面积，上体保持适宜紧张度，在发生身体接触瞬间提前发力，主动对抗。合理使用手臂动作干扰对手视线，扩大防守空间，保持身体平衡，快速移动，抢占有利位置。

防守位置、姿势与脚步动作三者间有着密切的内在联系。不同位置、不同姿势、不同动作的有机结合、运用与变化，构成了完整的防守。

（二）防守持球队员

篮球比赛中持球队员的进攻对防守的威胁最大，因为只有持球队员才有得分的机会，或传球给无球队员创造得分机会，所以防守持球队员的主要任务是要尽力干扰对手的投篮、传球，堵截其运球突破，封堵其助攻传球，并积极抢打球，以达到获得控制球权的目的。

1. 防守位置

当进攻队员接球的一瞬间，防守队员应及时站位于对手与球篮之间，保持适当的距离，并用正确的防守姿势，积极移动，阻截和干扰其进攻。有时防守的位置要根据所防对手的特点和本队战术的需要作适当的调整，以能控制对手为原则。如进攻队员投篮较准而运球突破技术较差，则应大胆地靠近投篮队员，封盖其投篮；如进攻队员运球突破技术强，又习惯于向右侧突破，防守队员应距离对手稍远些，并站在对手向右侧突破的路线上；如进攻队员不习惯于左手运球，防守队员在移动过程中应尽量迫使其用左手运球，以便造成其失误或给本队创造夹击的机会。

2. 基本步法

防守持球队员的步法，要根据进攻队员在场上的位置、距离球篮的远近、持球队员的特点等选用。一般采用的步法有平步和斜步两种。不管采用何种步法，都要以灵活的脚步动作作为基础，抢占有利的防守位置，争取防守的主动权。

（1）平步步法。两脚平行开立，这种步法的优点是：防守面积大，便于左右移动，对防守对方突破较有利。

（2）斜步步法。两脚前后开立，以便前后移动，对防投篮较为有利。

三、防守技术的动作方法

（一）防守无球队员的动作分析

1. 防纵切接球

如图3-81所示，进攻队员④传球给⑧，防守队员❹及时偏向球侧错位防守,当④向篮下纵切要球时,❹应抢前移动,合理运用身体堵截纵切路线,同时伸出左臂封锁接球,迫使对手向远离方向移动。再如图 3-82 所示,④持球,❽贴近进攻队员⑧并错位防守,当⑧向上摆脱做要球假动作后做纵切(亦称反跑)时,❽应迅速下滑,面对贴近对手⑧,同时转头伸左臂封锁接球。此时,也可以撤前脚后转身,面向持球队员,伸右臂封锁接球,利用左手或身体接触对手。

2. 防横切接球

如图 3-83 所示,④持球,⑥横切要球时,❻上左脚,合理运用身体堵截,同时伸左臂封锁接球,不让他从自己身前横切要球。这时如果⑥变向沿底线横切时,❻应面向球,贴近对手,迅速撤右脚,滑步,同时转头,伸右臂封锁接球,不让他在限制区内接球,迫使其向场角移动,有时亦可撤左脚。当⑥直接从底线横切(亦称溜底线)时,如图 3-84 所示,❻开始面向球滑步移动,卡堵对手,以身体某部位接触对手,跟随其移动,同时伸左臂封锁接球。待对手移过纵轴线进入强侧时,❻迅速上右脚前转身贴近对手,伸右臂封锁接球,将对手逼向场角。

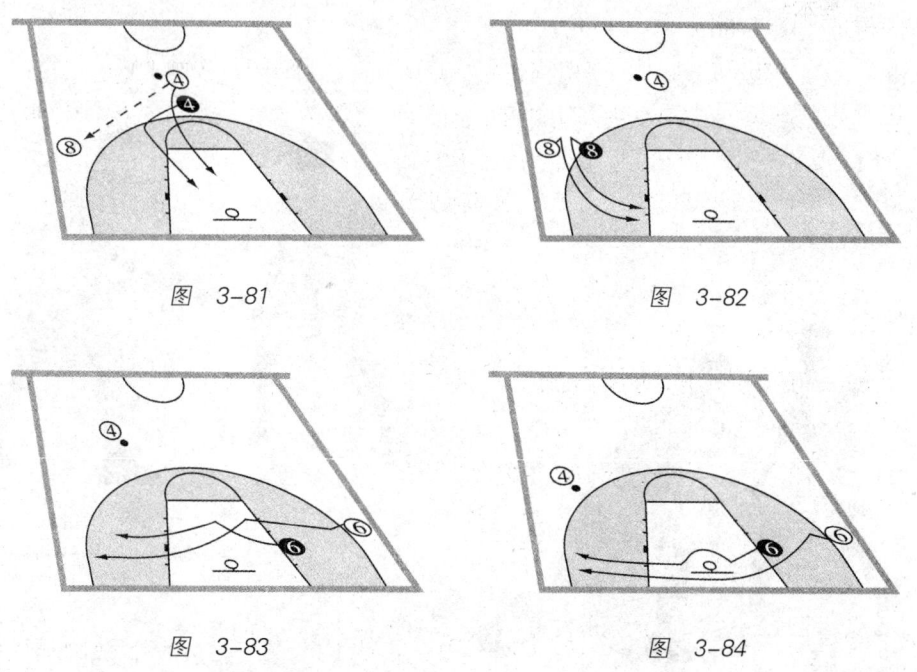

图 3-81   图 3-82

图 3-83   图 3-84

3. 断球

断球是抢获对方传接球的方法。根据传球方向与对手之间的位置关系，有横断球、纵断球和封断球。不论是从接球者的侧面或后面进行断球，还是封堵传球者的传球，都要有积极的移动步法来配合，跃出获球或接近封堵都要准确地判断传球队员传球出手的瞬间。横断球和纵断球要注意跃出的步法，蹬地要快而有力，用身体将接球者挡身后。封断球则要求手臂拦截动作快速。截获球后要注意身体平衡，迅速转入下一个动作，反守为攻。

动作方法：当防守者要从对手右侧绕前断球时，右腿先向前跨第一步，然后侧身跨左脚绕到对手身前，同时重心前移，左脚（或双脚）用力蹬地向前跃出，身体伸展，两臂前伸，将球截获。

动作要领：侧身绕前，跨步要迅速有力，手部前伸突然。

横断球是指从侧面跃出截获进攻队员的传球。

横断球的动作方法：断球时，重心迅速向断球方向移动，以短而快的助跑，单脚或双脚用力蹬地突然跃出，身体伸展，两臂前伸，用双手或单手将球截获（图3-85）。

动作要领：蹬地有力，跃出快速突然。

纵断球是指从接球队员身后或侧后方突然用绕前防守步法跃出，截获进攻队员的传球（图3-86）。

第三章 篮球技术

图 3-85 横断球

图 3-86 纵断球

（二）防守持球队员的动作方法

1. 防投篮

防对手中距离投篮时，应站在对手与球篮之间贴近对手的位置上，两脚前后斜立，屈膝直腰，前脚同侧手伸向对手瞄篮的球，并积极挥动，干扰和影响其投篮，重心略偏前脚，并稍微提踵，脚下要不停地前后碎步移动。另一臂侧张，以防其传球和保持自身平衡，以便随时变换防守动作。

如果防守队员距离对手较远时，应在对手接到球的同时，迅速移动到适当距离的位置上；如果对手已接到球，而防守队员的距离较远时，防守队员就应积极挥摆前伸的手，同时积极移动脚步，逐渐接近对手，防止其接球后立即投篮。防守队员向前移动时切忌步幅太猛和过大，以免失去身体平衡，使对手获得突破的机会。如果投篮队员进行投篮时，或防守队员上步不及时，则应随对手的出球动作，迅速顺势起跳，单臂上伸封盖，影响其投篮的方向和出手的角度。

2. 防突破

防突破的位置和距离的选择，应根据持球的对手离球篮的远近和对手的特点而定。对手距球篮远，又善于突破时，防守队员应以防突破为主，抢占持球队员与球篮之间贴近对手的位置，做好防守姿势。如持球队员由投篮变为向防守队员左侧突破时，防守队员的前脚应迅速用前脚掌内侧用力蹬地，撤步并迅速向左侧斜后方滑步，阻截其突破路线；如进攻队员变投篮向防守队员右侧突破（交叉步突破）时，防守队员应迅速蹬地向右侧斜后方做后撤步，并伴随对手做横滑步，阻截其突破路线，使其被迫改变动作方式和动作方向。

3. 防运球

在一般情况下，为了不让对手运球超越自己，防守队员应与对手保持一臂左右的距离，两臂侧下张，两腿弯曲，在积极移动中保持正确的防守姿势，准确判断，随时准备抢、打球。如果要使防守具有攻击性，也可以采用贴近对手的平步防守，以扩大防守范围，增加对手做动作的难度。

防守持球队员要根据对手的特点和本队的策略，采用不同的防守方法和策略，如为了达到一定的战术目的，可采用放其一侧，堵中放边的策略，诱使对方向边线运球，然后迫使其停止运球，造成夹击防守。

4. 防传球

持球队员离球篮较远时，其主要的传球意图是向中锋供球和转移球。防守时要根据其位置和视线，判断其传球意图，控制其进攻性的传球。对手离篮较近时，主要防其突然传（分）球，应注意对手眼神和假动作——往往是眼向上看，球向下传；眼向右看，球向左传等。防守队员要精神集中，随球动而采取打、封、阻动作。打球时以肘关节为轴，前臂上下、左右迅速屈伸。必要时配合脚的动作，用抢、打、断球破坏其传球。

5. 抢球

抢球是从进攻队员手中夺球。抢球时首先要接近持球队员，看准持球的空隙部分，双手突然抓住球用猛拉或转拖的动作将球抢过来。运用时要抓住持球队员注意力分散、转身和由空中获球下落、运球停止等时机，两手握球要准而快，用力要突然，要有迅雷不及掩耳之势（图 3-87）。

篮球运动教程

图 3-87　抢球

6. 打球与盖帽

打球是打掉进攻队员手中的球。有打掉原地持球队员手中的球（图 3-88）、打掉运球队员手中的球（图 3-89）和打掉上篮队员手中的球（图 3-90）。打球时接近对手是前提，要掌握好时机，根据对手持球部位的高低和走势、运球时球反弹的方向与速度、投篮举球到出手前的过程等，分别由下向上、由上向下或从侧面快速伸出前臂，用腕、指的力量拍击球，动作要快而短促。

第三章 篮球技术

图 3-88 打掉原地持球队员手中的球

图 3-89 打掉运球队员手中的球

图 3-90 打掉上篮队员手中的球

盖帽是防守投篮即将出手或出手后的打球技术,即球即将投出或投出正处于上升阶段时,防守队员将球拍打掉的动作技术。当前盖帽技术有很大的发展,随着运动员的身高和弹跳素质的增长、判断能力的提高,这一技术已成为防投篮最有威胁的手段。在不同情况下可以采用按压式、上挑式、侧击式、封盖式拍打球。盖帽的基本要领是:降低身体重心、快速移动,选择有利方位,判断对手起跳和投篮出手时间,及时起跳。手臂和身体充分伸展,用前臂、手腕、手指动作打球,动作要短促有力(图 3-91)。

第三章 篮球技术

图 3-91 盖帽

四、防守技术的教学步骤与练习方法

(一) 教学步骤

1. 教学步骤首先要先教单个技术，再教组合技术；先在消极对抗情况下练习，后在积极对抗的情况下练习。防守技术要结合防守战术配合进行训练。

2. 在防守训练中，首先要树立积极防御的指导思想，培养积极主动的攻击性防守意识和不怕苦、不怕累、勇猛顽强、勇于拼搏的防守作风，要克服重攻轻守思想。

3. 要特别重视加强从防无球到防有球，从防有球到防无球，从防强侧到防弱侧，从防弱侧到防强侧的转化训练。

(二) 练习方法

1. 选择防守位置

如图 3-92 所示，进攻队员在外围传球，可做摆脱接球动作，但不能穿插、掩护。防守队员根据球的位置做相应选位，积极防守对手的摆脱接球，反复练习数次后，攻守交换。

要求：根据球的转移随时调整防守位置，始终做到人球兼顾，保持正确防守姿势，强侧区要靠近对手，弱侧区可远离对手。

2. 防守摆脱接球和空切

如图 3-93 所示，④摆脱接球结合纵切，防守者❹防守时要面对对手，侧对

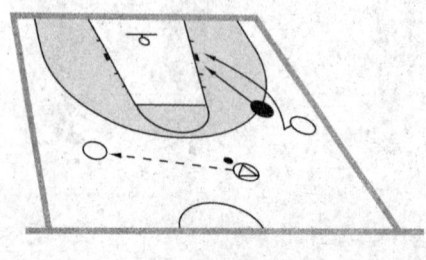

图 3-92

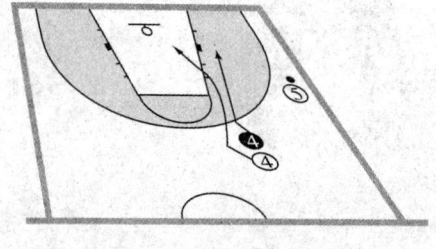

图 3-93

球，右手伸向传球路线封锁接球，防守对手摆脱接球的同时还要控制其纵切。

要求：人球兼顾，以人为主。

3. 防守横切练习

如图 3-94 所示，当球转移到⑤手中时，④向球方向横切要球，❹要及时调整防守位置，合理运用移动步法、身体和手臂动作阻挡对手横切路线，使其改变横切路线。

要求：利用合理动作和积极移动，不允许对手在限制区内接球。

4. 防守纵切、横切练习

如图 3-95 所示，④传球给⑧后进行空切，❹应及时向球侧调整防守位置，进行堵截。

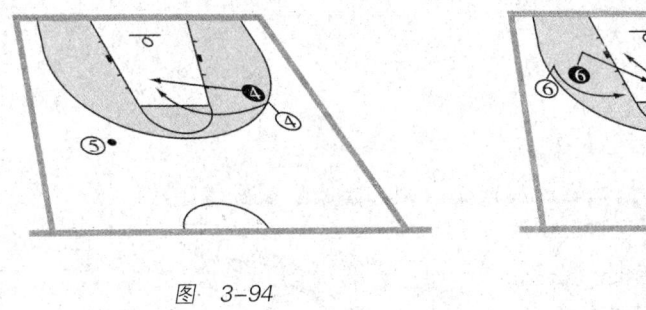
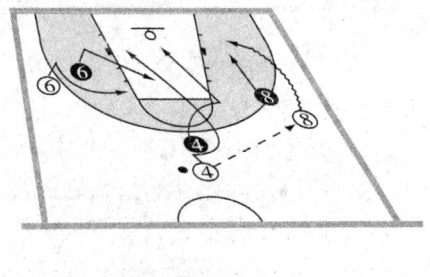

图 3-94　　　　　　　　　　图 3-95

5. 防内线

如图 3-96 所示，④和⑤在外线传球，中锋队员⑧上提接球，❽尽量抢前防守，切断⑧的接球路线，当⑧下移时，❽继续卡其移动路线和接球路线。

要求：防中锋时要紧靠对手，用身体封挡对手移动路线，阻止其接球。

6. 半场一对一攻防练习

如图 3-97 所示，④接球进攻，❹防守。④可做投篮、运球和突破动作，❹练习防投、运、突的上步、撤步、滑步及伸臂干扰封盖等动作和增强攻击力的贴近步法。防守队员尽量贴近对手，以增强攻、防对抗强度。

要求：防守站位在人篮之间，增加手臂的配合，干扰其动作，尽可能贴近进攻队员。

7. 全场一对一攻守练习

如图 3-98 所示，④接球后进攻，并在推进中可将球传给中间接应的⑤，❹防守。④可运用各种运球技术力争摆脱防守，❹可利用平步、撤步、交叉步等技术以及手臂的抢、打、断干扰技术，以堵截对手进攻路线，减缓其进攻推进速度，干扰其传球和突破。

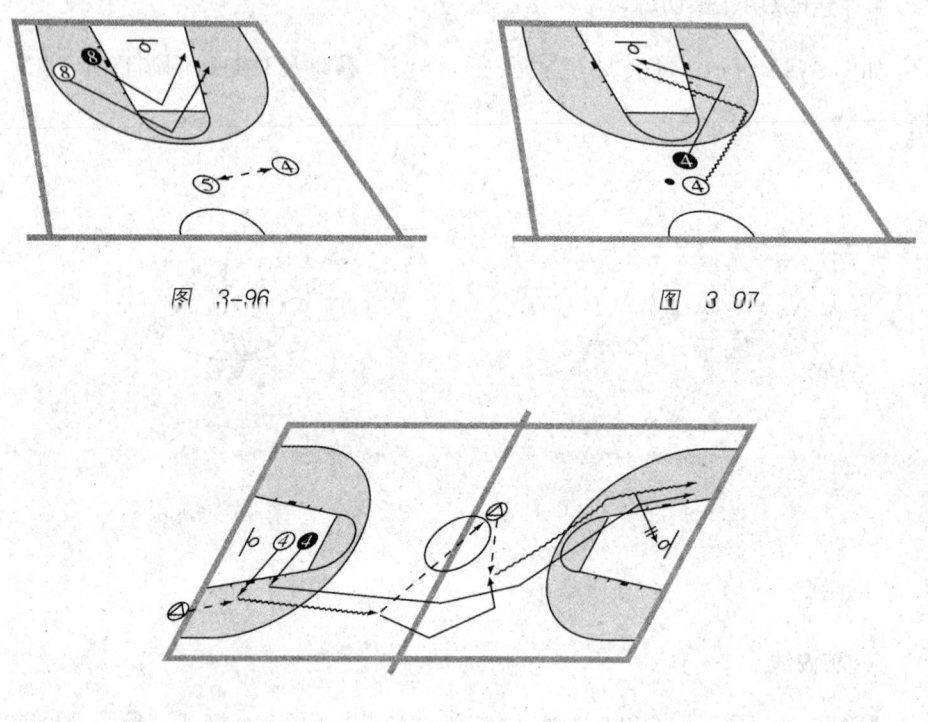

图 3-98

要求：应根据对手的情况，及时调整防守位置，运用脚步移动，配合手臂动作，防其传球和投篮命中。

8. 半场三对三练习

进攻队员在半场进攻中可做投篮、突破、运球和传球，防守者根据对手的动作，积极挥动手臂和移动脚步进行防守。防守无球队员根据对手不断变化的位置，及时调整脚步，控制对手接球和摆脱。一旦对手接球，则按防有球的方法进行防守（图 3-99）。

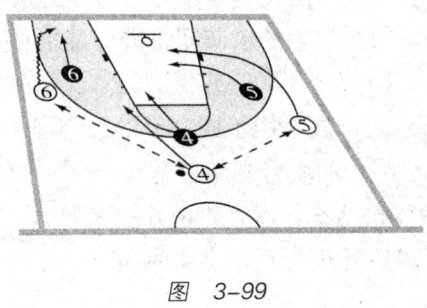

图 3-99

要求：根据对手行动及时调整防守位置，始终保持正确的防守姿势，合理运用防守动作。

五、防守技术教学中的易犯错误及其纠正方法

（一）防有球队员的易犯错误及其纠正方法

1. 防守时身体的基本姿势不正确，防守位置、距离选择不当，没根据对手的动作采取相应动作。纠正方法如下：

（1）讲解示范法。通过反复讲解防守的基本理论和方法，使学生明确防守有球队员的基本要求与方法，建立正确的防有球队员概念。

多做分解示范，使学生看清防守位置和距离，不同的进攻行动选择不同的位置和运用不同的动作。

（2）诱导法。两人一组交换练习，持球人在相对球篮的不同的位置和距离做原地运球、持球、投篮的动作，防守者做相应的防守动作。

练习时，由教师或学生进行语言提示诱导练习者按正确方法去做。

（3）直观法。采用录像对学生的错误动作进行录制并播放，同时对比正确动作促其纠正。

2. 防守时两臂下垂，两腿未能合理屈膝，身体重心高，不能及时移动、积

极抢位和主动用力，或脚下移动步法混乱难以追堵，造成手臂犯规。纠正方法如下：

（1）讲解示范法。通过反复讲解防守的基本理论和方法并做示范，使学生明确防守有球队员的基本要求与方法，建立正确的防守概念。

（2）直观法。采用录像对学生的错误动作进行录制并播放，同时对比正确动作促其纠正。

（3）限制法。根据不同身高采用不同高度的限制绳，让学生在绳下做练习。要求学生练习时肩不得碰绳，而手臂则交替举起。

3. 防对手突破时撤步角度不合适。纠正方法如下：

（1）讲解示范法。讲解并进行正确动作示范，使学生明确正确的基本概念，了解正确的动作方法。

（2）直观法。观看录像中的正确动作，明确防守时如何撤步才能阻截对手。

（3）限制法。画出撤步的正确角度，练习者根据该角度做撤步练习。

4. 盲目抢、打、断球或跳起封盖。纠正方法如下：

（1）讲解示范法。讲解抢、打、断球或跳起封盖的时机，并一一进行演示，形成正确概念和表象。

（2）诱导法。让学生互相配合，先在慢速情况下把握正确时机和方法，逐渐增速进行练习，最后结合比赛去体会。

（3）直观法。通过教师做或录像播放错误动作，使学生找到错误原因并纠正。

（二）防无球队员的易犯错误及其纠正方法

1. 防守时身体各部位的基本姿势不正确，视野狭窄，或者只看人不看球，或者只看球不看人，不能做到人球兼顾，或移动步法混乱造成漏人或犯规，不能抢占正确防守位置。纠正方法如下：

（1）讲解示范法。通过反复讲解和示范，使学生明确防守无球队员的基本要求与方法，建立正确的防守概念。

（2）限制法。采用进攻者固定站位（限制区附近右侧45°位置），练习者盯防，通过外围球的转移，调动防守者随球调整防守位置，使防守人时时处于人、球兼顾的防守位置，并做到近球紧远球松。

（3）直观法。播放一些高水平比赛中防守无球队员的正确站位方法录像，强化正确防守位置概念。

（4）意念练习法。利用正确的选位方法做意念练习，纠正错误的站位。

2. 当对手空切时，不能提前堵截，让对手在身前接球。纠正方法如下：

（1）讲解示范法。通过反复讲解示范，使学生明确防守无球队员空切的基本要求与方法，建立正确的防守概念。

（2）限制法。在场地上画出攻防队员落位及移动路线，防守者根据对手空切路线及时抢占有利的防守位置。

（3）直观法。播放一些高水平比赛中防守无球队员空切时的正确抢位方法录像，强化正确的防守概念。

（4）意念练习法。利用正确的堵截做意念练习，纠正错误的堵截方法。

3. 在限制区内，不能贴身紧防，让对手挤过接球。纠正方法如下：

（1）讲解示范法。通过反复讲解和示范，使学生明确在限制区内防守无球队员的基本要求与方法，强调进攻队员在限制区接球的威胁性，建立在限制区要紧贴对手防守的概念。

（2）直观法。播放一些高水平比赛中阻止无球队员在限制区接球的正确抢位方法录像，强化正确的防守概念。

（3）意念练习法。利用正确的贴身防守方法做意念练习，纠正不敢贴身防守的错误。

（4）对抗练习法。一对一在限制区内做防守接球对抗练习，形成正确的防守动作。

4. 缺乏预先判断，掌握时机不好，不能积极抢断球。纠正方法如下：

（1）讲解示范法。通过反复讲解与动作示范，使学生明确正确动作方法。

（2）直观法。播放一些高水平比赛中防守无球队员时准确预判、及时抢断镜头的录像，使学生形成预判的习惯，达到及时抢断的目的。

六、防守技术的教学训练建议

（一）防守技术是全队防守的基础，无论是防守无球队员和防守有球队员都很重要。在教学训练时，首先要讲解、示范防守的位置、距离、姿势和步法，使学生建立明确的概念。

（二）在教学训练过程中，按照由简到繁、由易到难的原则，逐渐增加练习

的难度和要求。

（三）注意培养学生积极防守的意识，强调防守时要始终全神贯注，一丝不苟。克服重攻轻守的思想。

思考题：

1. 简述防守技术的概念与作用。
2. 防守无球队员与防守持球队员的选位方法有哪些不同？
3. 防守无球队员时的易犯错误有哪些？
4. 简述防守技术的教学步骤。
5. 试述防守技术的教学训练建议有哪些。

第七节 抢篮板球

篮球比赛中，队员争抢投篮未中从篮板或篮圈反弹回的球，统称为抢篮板球。进攻队员争抢本队投篮未中的球称为抢进攻篮板球，防守队员争抢对方未投中的球称为抢防守篮板球。争夺篮板球是获得控制球权的重要来源之一。如抢进攻篮板球占优势，即可增加进攻次数和篮下直接得分机会，还能增强投篮队员的信心，同时减少对手反击快攻的机会；如抢防守篮板球占优势，则不仅能为发动快攻创造机会，还能增加进攻队员投篮的心理压力。因此，一个球队抢篮板球技术掌握的好坏，对比赛的胜负起着至关重要的作用。

篮球比赛中，抢得篮板球是获得控制球权的重要手段，是攻守矛盾转化和比赛胜负的关键，也是衡量运动员个人和全队整体实力的标志。凶悍的争拼和控制篮板球是现代篮球运动当代化的重要特征。

一、抢篮板球技术的分类

抢篮板球技术根据动作结构可分为抢进攻篮板球和抢防守篮板球两种（图3-100）。

第三章 篮球技术

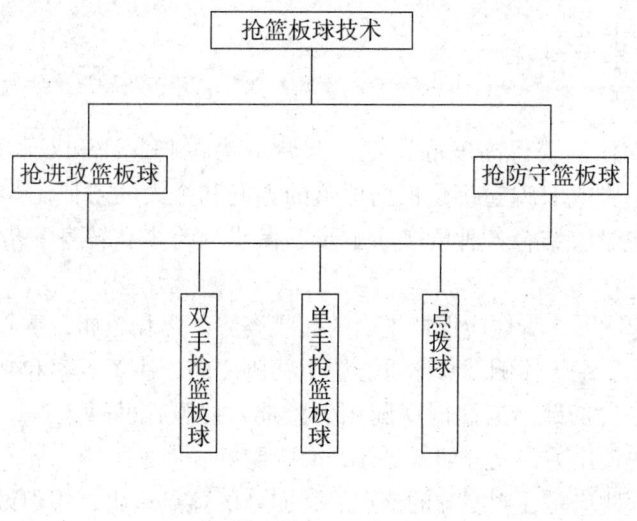

图 3-100

二、抢篮板球技术简析

抢进攻篮板球和抢防守篮板球都是由判断与抢占位置、起跳动作、空中抢球动作和获得球后动作组成。

（一）判断与抢占位置

准确判断投篮后球的反弹方向、距离、落点是抢篮板球的首要。球的反弹有一定的规律，一般情况下，篮板球的反弹规律是投篮距离与球反弹距离成正比，投篮距离远则反弹距离远；反之，投篮距离近则反弹距离近。再者，投篮出手弧度与反弹距离也有关，弧线高则反弹近。另外，投篮角度不同，球的反弹方向也不同。从两侧左15°或右15°角投篮时，球反弹方向一般是在球篮另一侧15°区域或反弹回来。从两侧45°区域投篮未中时，球反弹方向一般是在球篮另一侧正中。从65°区域投篮不中时，球反弹方向落点区域一般是在限制区两侧和罚球线内。在0°角投篮时，一般球的反弹方向是在篮另一侧底线地区，或反弹回同侧地区。根据统计，大多数的反弹球落在5米左右半径内。

掌握这些规律有利于队员的准确判断。在准确判断的基础上，应力争抢占对

161

手与球篮间的有利位置，力争把对手挡在身后。

（二）起跳动作

起跳动作是获得高度的关键。起跳分为单脚起跳和双脚起跳，一般情况下，运用单脚或双脚起跳是根据球落的方向和个人的习惯。为了能更好地控制篮板球，应学会结合各种滑步、上步、撤步、跨步和转身等步法来调整起跳技术动作。

双脚起跳时，身体应保持正确的起跳姿势，两膝微屈，重心降低，上体稍前倾，两臂屈肘举于体侧，身体重心置于两脚之间，注意观察和判断球的反弹方向与落点，及时起跳。起跳时两腿用力蹬地，提腰，两臂上摆，同时手臂向上伸展，腰腹协调用力，充分伸展身体，并控制好身体平衡。

单脚起跳应是在判断球的落点后，向球的落点迈出，用力做单脚跳起，手伸向球的方向。

（三）空中抢球动作

根据运动员触球的方式，抢篮板球动作可分为双手抢篮板球、单手抢篮板球和点拨球动作。

1. 双手抢篮板球

双手抢篮板球的触及球高点不及单手，但控制球比较牢固，更便于保护球和结合其他动作，尤其是抢防守篮板球时，运用双手抢球更有利。跳起腾空后，腰腹肌用力控制身体平衡，身体充分伸展，两臂用力伸向球的方向，以提高制高点和扩大占据空间；当身体和手达到最高点时，双手指端触球的一刹那用力握球，腰腹用力，迅速屈臂将球拉置胸腹部位，同时双肘外展，保护好球。高大队员抢到球后，为避免被对手掏掉，可以双手将球举在头上保护好球。

2. 单手抢篮板球

优点是触球点高，抢球空间大，抢球速度快，灵活性好；不足之处是不如双手握球牢固。

起跳后身体在空中充分伸展，达到最高点时，用近球侧手臂尽量向球伸展，指端触球迅速屈指、屈腕、屈肘、收臂，将球拉下，另一手尽快扶握置球于胸腹部位，同时双腿弯曲，保持身体平衡，以便结合其他技术动作。单手抢篮板球时，触球及收臂拉球要连续，速度快而有力，注意保护好球。

3. 点拨球

点拨球是遇高大队员或身体距球较远不易获得球时，运用单手或双手手指点拨或弹击球的方法将球点、弹给同伴或便于自己截获球的位置。其优点是触球点高，缩短了传球时间，有利于发动快攻；缺点是准确性较差。在接触球的一瞬间，用指端点拨球的侧方或侧下方。在点拨球时应力争做到落点准确，拨球力量适中，便于同伴接球及自己跳起抢球的位置。

（四）获得球后动作

抢获球落地后，应将球紧紧握牢，两脚分开，前脚掌先着地，保持身体平衡，两肘外展保护好球。若遇防守时，则将球置于防守人远侧，并利用肩背或转身跨步，不断移动球的位置，防止对方将球打掉。高大队员在得球后，可将球置于头上，这样更易于传球或护球。

进攻队员抢到篮板球后，应尽可能在空中将球补投入篮，如果没有投篮机会，要迅速将球传给同伴，重新组织进攻。防守队员抢到篮板球后，力争在空中将球传给同伴，完成发动快攻第一传；若空中不能直接传，落地后应迅速传出，或运球突破后及时传给同伴。

三、抢篮板球技术动作方法

（一）抢进攻篮板球

进攻队员抢篮板球时一般处于防守队员的外侧，需要移动和摆脱对手，因此，抢进攻篮板球时要突出一个冲字。

动作方法：处于篮下或内线队员抢进攻篮板球，当同伴或自己投篮时，靠近篮下的队员要在及时判断球反弹的方向，同时以假动作绕跨挤到对方的身前，利用跨步或助跑起跳，跳到最高点进行补篮或直接获取篮板球。

处于外线位置队员抢篮板球，当同伴投篮时，如进攻队员面向球篮，则首先要观察判断球的反弹方向、速度和落点后，突然起动冲向球反弹方向进行补篮或抢获篮板球。以从防守人身后左侧冲抢为例，进攻队员面向球篮时，右脚向右侧跨步，向右侧做假动作，随后以左脚为支撑脚，右脚向左跨出一小步，重心移至左脚，同时右脚立即向前跨步绕前，挤靠防守人，跳起抢篮板球或补篮（图 3-101）。

图 3-101　抢进攻篮板球

动作要领：首先是准确地判断和抢占有利的位置，及时起跳，要突出一个冲字。

（二）抢防守篮板球

防守队员抢篮板球要突出一个挡字，利用自己占据篮下或内侧位置挡抢篮板球。

动作方法：处于篮下防守，当进攻队员投篮时，根据对手移动情况和位置，

第三章 篮球技术

运用上步、撤步和转身等动作把进攻队员挡在身后,并抢占有利位置。在篮下抢位挡人时,一般采用后转身挡人,降低重心,两肘外展,抢占空间面积,保持最有利的起跳姿势。

外围防守队员抢篮板球,当进攻队员投篮、防守队员面向对手时,首先要观察判断对手动向,采用合理动作利用转身阻止对手向篮下移动,并抢占有利的位置(图3-102)。起跳抢球时,在两臂上摆的同时两脚前脚掌用力蹬地,身体和手臂尽力向球的方向伸展,达到最高点时,用单手、双手或单手点拨球的方法抢球。最好在空中将球传给同伴,完成发动快攻第一传;如不可能,则落地时应侧对前场,观察情况,迅速传球发动快攻或运球突破摆脱防守及时将球传给同伴。

图3-102 抢防守篮板球

165

动作要领：防守队员首先要准确判断球的方向和落点，抢占有利位置，运用移动和转身动作，合理地先挡后抢。

四、抢篮板球技术的教学步骤与练习方法

（一）教学步骤

1. 首先要使学生明确抢篮板球的重要性，在进行抢篮板球技术训练中要注意培养学生勇猛顽强的战斗作风和积极拼抢的意识，养成每投必抢的习惯。
2. 学习抢篮板球技术教学的步骤：在了解技术动作要领和动作方法的基础上，先练习原地起跳抢球，再练习移动、抢位、挡人，再练习起跳抢篮板球的完整技术，最后在比赛或有对抗的情况下进行抢球练习。
3. 要在掌握投篮不中时球的反弹、落点规律的基础上，提高抢进攻篮板球时的冲抢意识和抢防守篮板球时的挡抢意识。

（二）练习方法

1. 徒手模仿练习

方法：学生成两列横队站立，根据教师口令做徒手原地双脚起跳，模仿单、双手抢篮板球动作进行练习。

要求：起跳有力，身体充分伸展，抢球动作迅速有力，获球落地稳。

2. 前后转身的抢位练习

方法：如图 3-103 所示，两人一组，面对面站立。练习开始时，进攻队员○和防守队员●相距 1 米，●做前转身挡人抢位练习。1 分钟后，改为●贴身防守○，●做后转身挡人抢位练习。再做 1 分钟，攻、守交换练习。

要求：
（1）进攻队员○开始先原地站立，再消极移动。
（2）防守队员●要及时转身挡住进攻者，眼睛应立即转向球篮。

3. 投封闭球篮的抢篮板球练习

方法：如图 3-104 所示，三人一组，在限制区内站成三角形，教练员协助投

篮。篮圈用网子封闭或套一小篮圈。开始时队员背向球篮做前、后转身抢后场篮板球。做 10 次以后，改为面向球篮做绕前步或后转身抢前场篮板球。再做 10 次后，换下组练习。

要求：

（1）各技术环节（包括抢位、起跳、抢球和落地）都要符合规范要求。

（2）各技术动作环节衔接连贯协调。

4. 抢后场篮板球练习

方法：如图 3-105 所示，队员两人一组，教师投篮。开始时教师做瞄篮和突破假动作，两队员在限制区内做相应的滑步防守动作。当教师投篮后，两队员立即转身抢篮板球，抢到球的队员传球给△，然后分跑到对组的排尾，下组继续练习。

5. 抢前场篮板球练习

方法：如图 3-106 所示，两人一组，分别设置一障碍物，教师投篮，队员面向球篮并在身前设置障碍物。当△投篮后，两队员立即用绕前步或转身插到障碍物前抢篮板球。得球后传球给△，然后跑到对组排尾，下组继续练习。

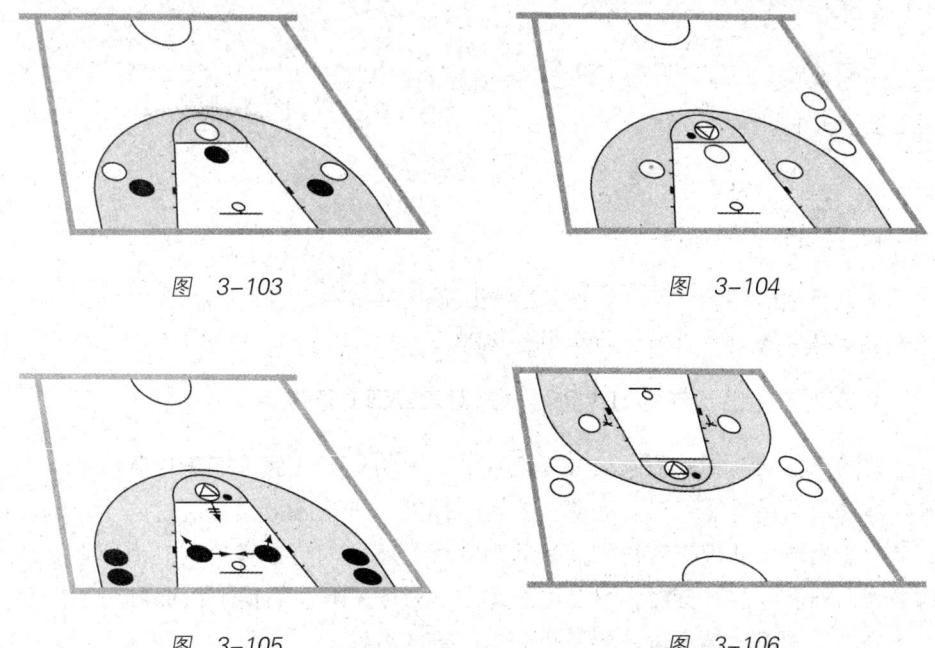

图 3-103　　　　　　　　　图 3-104

图 3-105　　　　　　　　　图 3-106

6. 结合其他技术的练习

方法：如图 3-107 所示，队员两人一组，投封闭篮圈。⑤投篮，④抢篮板球，落地后传球给⑥，然后到对组排尾，如此重复进行。

要求：
（1）抢篮板球的动作正确。
（2）落地后脚尖指向边线或场内，转身面向接球者，传球应快速、准确。

7. 两人对抗抢篮板球练习

方法：如图 3-108 所示，两人一组，教师△协助传、接球，△传球给④后，❹立即向前防守。④投篮后，双方拼抢篮板球。如④抢到篮板球，即刻做二次进攻。如❹抢到篮板球（包括④投中的球）立即传球给△，然后双方站到对组的排尾，下组重复练习。

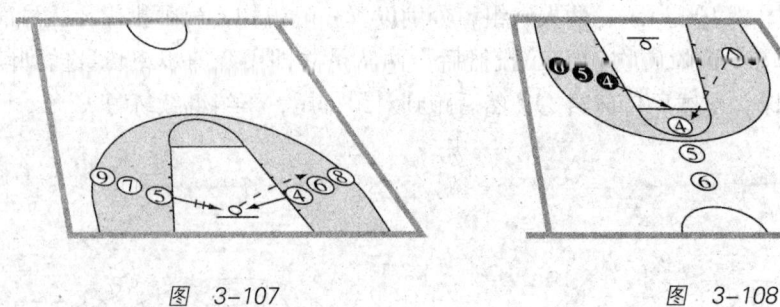

图 3-107　　　　　　图 3-108

要求：
（1）双方拼抢篮板球要积极、勇猛，对抗性要强。
（2）抢得球后衔接动作要连贯、快速。

8. 二对二抢篮板球练习（也可以三对三或四对四练习）

方法：如图 3-109 所示，二人进攻，二人防守。任何一名进攻队员都可以投篮。当进攻队员投篮后，防守队员要转身挡人，进攻队员设法绕过防守者，冲向篮下抢篮板球。如进攻者抢到篮板球则继续投篮，如防守者抢到篮板球则立即运球突破，然后攻、守交换，重复上述练习。做 5—10 次后换下组练习。

要求：面对面挡人时，要注意先挡后抢的意识。

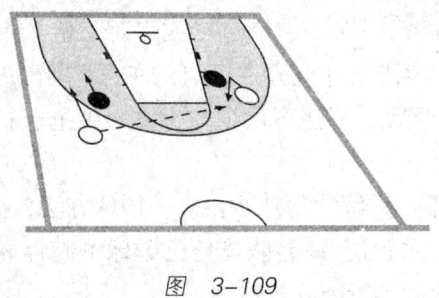

图 3-109

五、抢篮板球技术的易犯错误及其纠正方法

（一）对对手投篮不中没有预测，视野狭小，对球反弹后落点判断不清楚，盲目移动。纠正方法如下：

讲解示范法。重点讲解篮板球反弹落点的一般规律。多次重复训练投篮不中后，根据对手和投篮队员所处的位置，正确判断篮板球反弹的方向和距离，运用快速的脚步移动抢占有利位置。

（二）抢防守篮板球时，只看球而忽略先挡人抢占有利位置。纠正方法如下：

1. 讲解示范法。讲解抢篮板球挡人的重要性，示范挡人的正确方法，提高学生挡人的意识和正确运用挡人方法。

2. 意念法。默想进攻队员投篮不中，确定投篮者的位置和距离，先做挡人再抢球，增加挡人抢篮板球的意识。

3. 对抗练习。进攻队员和防守队员按两人一组，一对一分布在罚球线圆圈的周围，球放在罚球线中间，当教师发出抢球的信号后，双方开始抢球，此时防守队员要运用转身、撤步等脚步动作用背、臀、臂、腿把进攻者挡在身后。

4. 重复训练法。分成两人一组，一攻一守站在罚球线后，教师投篮后，攻守双方积极抢篮板球，防守队员运用各种手段把进攻者挡在身后再抢篮板球。

（三）起跳晚，失去抢篮板球机会或不在最高点抢球。纠正方法如下：

1. 讲解示范法。强调早起跳，身体在空中要充分伸展，达到最高点时抢球。

2. 重复训练法。自投自抢，或一人投两人抢，要求起跳时机准确和起跳后空中身体充分伸展，在最高点抢球。

（四）抢篮板球时，出现推人、撞人和拉人动作，造成犯规。纠正方法如下：

1. 讲解示范法。讲解抢篮板球时正确的挡人和冲抢动作，并多做示范，提高学生抢占位置的认识和建立正确的概念。

2. 重复训练法。进行一对一、二对二或三对三抢篮板球练习。进攻者投篮后，双方都抢篮板球，要求攻守双方在规则允许的范围内进行挡人或冲抢练习。

（五）抢篮板球得球后，不注意保护球，遭对手抢、打球失误。纠正方法如下：

1. 讲解示范法。重点讲解获得球后正确的护球方法，提高保护球的意识。

2. 诱导法。一对一练习，一名队员自己抛球跳起得球落地后，另一名队员上前打、抢球，得球队员进行闪躲护球练习。

3. 变换练习法。一名队员自抛自抢后，两名队员上前围抢，要求得球队员把球举高或远离身体进行闪躲护球练习。

六、抢篮板球技术教学训练的建议

（一）注意抢篮板球技术的教学训练和其他技术结合，抢防守篮板球和一传、运球突破技术相结合，抢进攻篮板球和补篮或二次进攻相结合训练。

（二）注意抢篮板球要在战术背景下练习，把抢篮板球技术和战术结合起来训练。

（三）强调抢篮板球技术的实战训练，加强抢篮板球的对抗练习，抢防守篮板球强调先挡人后抢球，抢进攻篮板球强调先冲抢占据有利位置再抢球。

（四）注意加强身体素质和控制球能力的训练，为在激烈的对抗中争抢篮板球打好基础。

思考题：

1. 简述抢进攻篮板球的技术动作方法有哪些。
2. 简述抢防守篮板球的技术动作方法有哪些。
3. 如何提高抢篮板球的意识？方法有哪些？
4. 简述抢篮板球技术在比赛中的重要作用。

第四章

篮 球 战 术

内容提要：

  本章主要讲授篮球运动全队战术的概念、作用、分类及不同攻防战术的体系和具体的配合方法，使学生了解不同攻守战术的特点、运用时机、变化形式等基本知识，初步掌握篮球战术的理论和方法，并能在实战中初步运用，懂得战术教学与组织训练。

篮球战术是篮球比赛中队员个人技术的合理运用和全队队员相互协调配合的组织形式与方法。其目的是为了充分发挥本队的特长，制约对方，争取比赛的胜利。

篮球战术的作用就是把运动员已获得的身体、技术、心理等方面的训练效果，根据比赛双方的具体情况综合运用，使全体队员形成一个团结战斗的集体，保证每名运动员的技术特长都得到充分的发挥。因此，在组织、运用战术及战术训练中，必须从我国篮球运动的实际出发，依据篮球运动的基本规律，根据自身的条件，建立符合自己特点的攻、防战术体系。

随着世界篮球运动的发展，篮球战术体系发生了变化，运动员在球场上的战术分位也随之趋向全面、机动，但在一般水平的篮球比赛中，通常还是将队员的位置分为中锋、前锋和后卫，不同位置的队员在比赛中承担着不同的职责和攻守任务。合理地按位置职责组织战术配合，充分发挥每名队员的技术特点，有效地组织集体力量完成攻守任务，对于取得比赛胜利有着重要的意义。

然而现代篮球运动当代化的特点之一，是既注意战术位置的分工相对稳定，又重视战术运用的机动、灵活和实效，因而战术的位置分工和锋、卫位置的职责趋于模糊，而且这已成为一种发展的趋势。

前锋队员的位置特点：前锋多处在进攻的最前沿，位于罚球线延长线两侧的地区，活动范围广，担任队内的主要攻守任务。现代篮球运动向高速、高空方向发展，要求前锋身材高大、具有良好的身体素质，技术上既要全面，又要有特点，个人攻击能力强，有良好的战术意识和助攻能力。

中锋队员的位置特点：中锋队员主要落位于内线，活动区域在离篮5米以内，攻、防争夺激烈，是联系外围的中枢，承担着内线攻击的重任。因此，要求中锋身材高大、体格健壮、个人攻击能力强，具有良好的战术意识，能为全队战术组织起枢纽作用，具有拼抢篮板球的意识和能力。

后卫队员的位置特点：后卫队员是临场比赛的组织者和指挥者，是比赛的核心队员，承担着组织全队攻守任务。后卫进攻的主要活动范围是罚球区弧顶外及附近两侧。因此，要求后卫队员技术全面、控制球能力强、能投善突、能妙传助攻，具有良好的战术意识和沉着、冷静、机智的头脑及观察、分析、判断、指挥全队攻守的能力。

篮球战术体系是指由相互联系、相互制约的攻守战术构成的一个整体。根据篮球运动的对抗特征，通常将篮球战术分为进攻与防守两大系统。篮球战术的分类是为了深入研究各类战术在组织上、方法上和应用上的特点，探讨各种行动方法之间相互制约的关系、运用中的变化、战术与技术的关系等等，从而能系统地、科学地组织篮球战术的教学与训练和促进篮球战术的发展。根据篮球运动的攻守特点，篮球战术分类如图4-1。

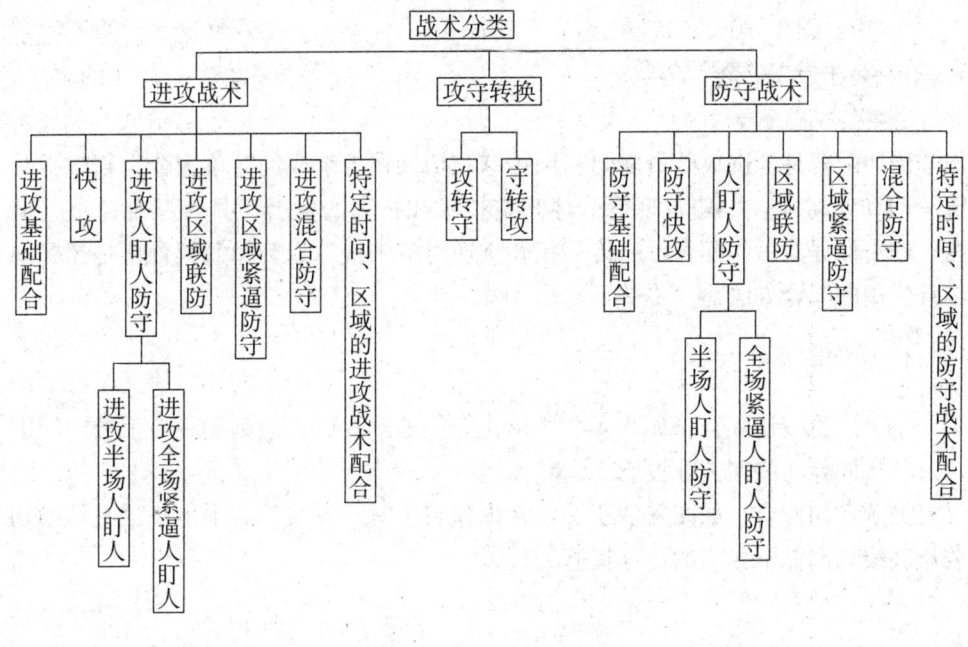

图 4-1

篮球战术教学与训练的主要任务是培养学生或运动员的专门素质和意识，获得篮球战术知识，掌握篮球战术方法，具备篮球战术实践运用能力。

第一节　战术基础配合

篮球战术基础配合是指在篮球比赛中两三人之间有目的、有组织、协调行动的简单攻守配合方法。它是组成全队战术配合的基础，任何一种整体战术配合都离不开基础配合。战术基础配合包括进攻战术基础配合和防守战术基础配合两个部分。因此，熟练掌握战术基础配合数量的多少与运用质量的好坏，直接决定着全队战术的实效性与灵活性的强弱，并与本队比赛的胜负有着密切的关系。

一、进攻战术基础配合

进攻战术基础配合是在篮球比赛中，进攻队员两三人之间有目的、有组织、相互协同行动的配合方法。进攻战术基础配合包括传切、掩护、策应和突分配合。

（一）传切配合

传切配合是指进攻队员之间利用传球和切入技术组成的简单配合。它包括一传一切和空切配合。随着现代篮球高空技术和技巧的发展，具有配合简洁、突然、攻击性强的吊扣配合，一传一扣和空切与空中接球直接扣篮配合也是比赛中经常使用的配合方法。

1. 传切配合的方法

（1）一传一切配合：如图 4-2 所示，⑤传球给④后，立刻摆脱对手❺向篮下切入，接同伴④的回传球投篮。

（2）空切配合：如图 4-3 所示，④传球给⑤时，⑥乘其对手不备，突然横切或从底线切向篮下接⑤的传球投篮。

图 4-2

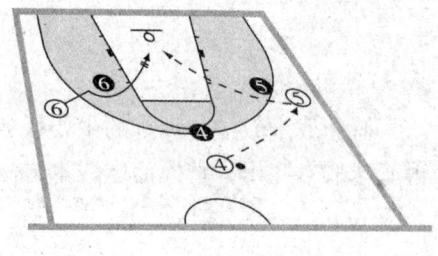

图 4-3

2. 运用提示

（1）切入队员首先要掌握好切入时机，根据对方的防守情况，利用假动作摆脱，及时、快速切入篮下，并随时准备接球。

（2）传球队员要利用假动作吸引、牵制对手，并采用合理的传球方法及时、准确地将球传出。

（二）掩护配合

掩护配合是掩护队员采用合理的行动，用自己身体挡住同伴的防守队员的移动路线，使同伴借以摆脱防守的一种配合方法。因在应用中的变化行动，也把它称为"挡拆"，实际正确术语即掩护。

掩护配合有多种形式和方法，根据掩护者和被掩护者身体位置的不同，有前掩护、侧掩护和后掩护三种形式。根据掩护者的移动路线、方法和变化，有反掩护、假掩护、运球掩护、定位掩护和连续掩护等。从组成掩护配合的行动来看，一是掩护者主动去给同伴做掩护，用身体挡住同伴的防守者的移动路线，使同伴借以摆脱防守；二是摆脱者主动利用同伴的身体和位置把对手挡住，使自己摆脱防守。因此，掩护配合能否成功，关键是在一瞬间创造出的位置差和时间差，争取空间与地面的优势而达到攻击的目的。

1. 掩护配合的方法

（1）侧掩护配合

示例一：给无球队员做侧掩护（反掩护），如图4-4所示，⑤传球给④后，即向相反方向跑动给⑥做侧掩护，当⑤跑到⑥侧面掩护到位时，⑥摆脱防守者切入篮下接④的传球投篮。

示例二：给持球队员做侧掩护，如图4-5所示，⑤传球给④后跑到❹的侧面做掩护，④接球后做投篮或突破的动作，吸引❹的防守，当⑤掩护到位时，④从❹的右侧突破投篮。⑤掩护后及时移动到有利的位置接球或抢篮板球。

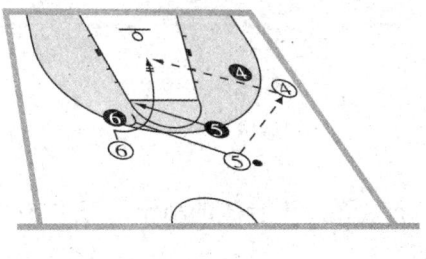

图 4-4

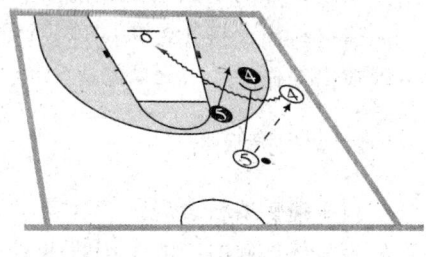

图 4-5

根据掩护者的移动路线、方法和变化，掩护后经常出现第二次机会，如图4-6所示，⑤做掩护后对方换防时，④就采用不向篮下突破而适当向外拉开运球。⑤则及时利用转身把❹挡在身后而向篮下切入，接④的传球投篮。

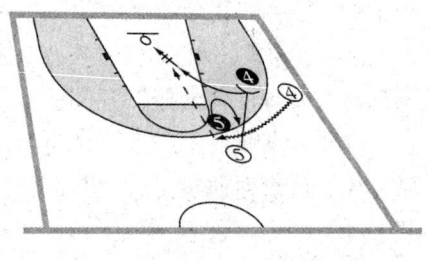

图 4-6

（2）后掩护配合：如图 4-7 所示，前锋为后卫做后掩护。⑤传球给⑥时，④跑到⑤身后给⑤做后掩护，⑤传球后做向左切入假动作吸引⑤的防守，当④掩护到位时⑤突然向右侧切入篮下接⑥的传球投篮。又如图 4-8 所示，④给⑤做后掩护时，④与⑤换防，④及时转身切向篮下，接⑥的传球投篮（掩护后出现的第二次机会）。

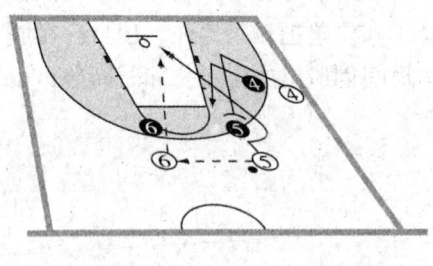

图 4-7

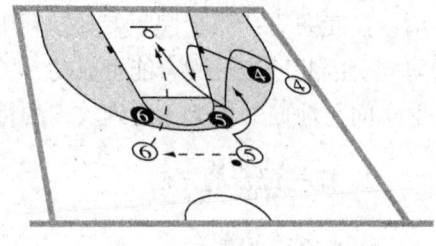

图 4-8

（3）前掩护配合：是掩护者跑到同伴防守者身前，用身体挡住防守者向前移动的路线，使同伴借机摆脱防守接球进行攻击的一种掩护方法。如图 4-9 所示，⑥跑到⑤的前面给⑤做前掩护，⑤利用掩护拉出，接④传来的球投篮或做其他攻击动作。

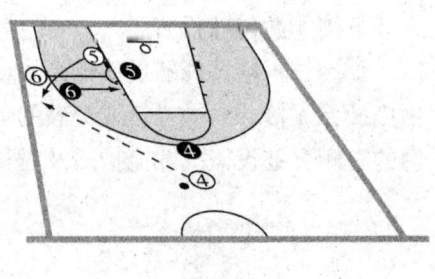

图 4-9

2. 运用提示

（1）掩护要符合规则的规定，不能有推、拉、顶等不合法的动作，与对方队员发生身体接触时不能再用跨步等动作去阻挡。

（2）如果掩护建立在静立对手的视野之外，掩护队员必须允许对手向他迈出正常的一步而不发生接触。

（3）掩护队员的动作要突然，被掩护队员要用假动作吸引自己的防守队员，不让对方发现同伴的掩护意图。

（4）掩护时同伴之间的配合时机非常重要，过早或过迟行动都会使掩护失败。掩护配合时队员配合要默契，注意动作果断，并根据临场变化，争取第二次机会。

(三)策应配合

策应配合是指进攻队员背对或侧对篮接球,以他为枢纽,与同伴配合而形成的一种里应外合的配合方法。

1. 策应配合的方法

示例一:如图 4-10 所示,④摆脱防守插到罚球线作策应,⑤将球传给④,并立即空切篮下,接④的策应传球投篮。

示例二:如图 4-11 所示,④传球给策应者⑤,并从⑤身边切入篮下,⑥向底线下压后绕出,⑤可将球传给④篮下进攻或传给⑥外围投篮,也可以自己进攻。

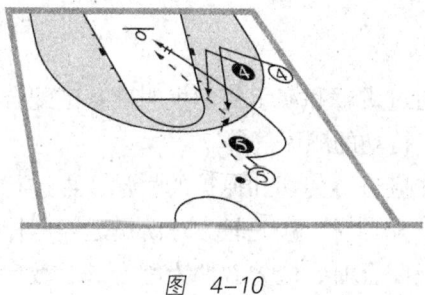

图 4-10

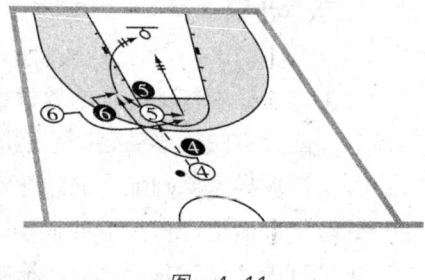

图 4-11

2. 运用提示

(1)策应队员要及时抢位要球,两手持球于胸前,身材较高的策应者可将球持于头上。接球后结合转身、跨步等动作协助同伴摆脱防守或个人进行攻击。

(2)外围传球队员要根据策应者的位置和机会,及时准确地传给策应队员,做到人到球到,传球后迅速摆脱切入篮下,创造进攻机会。

(四)突分配合

突分配合是指持球队员突破对手后,主动或应变地利用传球与同伴进行攻击的一种配合方法。

1. 突分配合的方法

如图 4-12 所示，④持球从底线突破④，遇到❻补防时，④及时传球给横插到有利位置的⑤投篮。

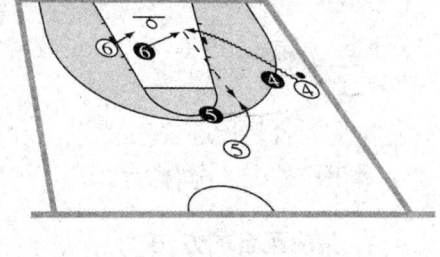

图 4-12

2. 运用提示

（1）进攻队员突破时要快速和突然，在突破过程中要随时观察场上攻守队员位置的变化，及时准确地传球。

（2）接球队员要把握时机，及时摆脱对手，迅速抢占有利位置接球投篮。

（五）进攻基础配合的教学步骤与方法

1. 教学步骤

（1）进攻战术基础配合的教学，首先应通过讲解和演示使学生明确基础配合的概念、配合方法、移动路线、运用的时机、行动的顺序等等。

（2）进攻战术基础配合的教学步骤，首先应进行传切和掩护的教学，再进行突分的教学，最后进行策应的教学。在教掩护配合时，应先教无球队员之间的掩护，再教有球和无球队员之间的掩护。教策应配合时，应先教两人配合，后教三人配合。

（3）在选择教学方法时，首先在固定条件下练习配合的方法、路线、时机，然后再设置假设的对手或标志物，进行以简单对抗条件为背景的练习。

（4）在教学过程中，要强调合作意识的培养与配合的质量。注意节奏与变化，不断提高运用和应变的能力。

2. 练习方法

（1）传切配合的练习

练习一：两人连续空切的练习。如图 4-13 所示，全队分成两组，用一个球，⑤将球传给移动上来的④后，向左做切入的假动作后，突然快速从右侧切入。④接球后做传球给切入队员的假动作后，把球传给⑤组的第二人⑦，接着做假动作，然后突然向篮下切入。依此类推，切入篮下的队员分别跑到对方排尾，依次进行练习。

要求：假动作要逼真，变向切入要快速而突然，切入时随时准备接球。

练习二：三人连续传切练习。如图 4-14 所示，全队分成三组，④、⑤组每人持一球，④传球给⑥后，向左侧做摆脱的假动作，然后迅速从右侧切入接⑤的传球投篮。⑤传球给④之后，向右侧做摆脱的假动作，然后迅速横切接⑥的传球投篮。④、⑥抢篮板球，按顺时针方向换位，依次进行练习。

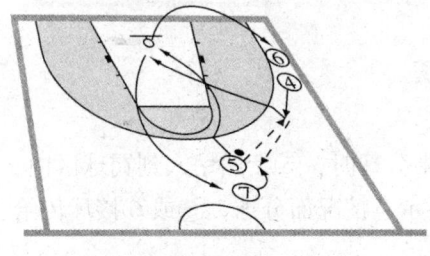

图 4-13

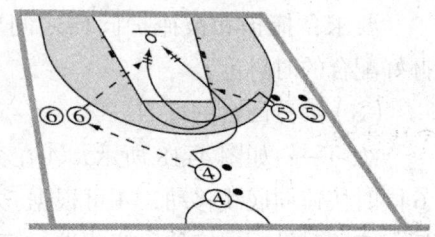

图 4-14

要求：队员接球后应面向球篮，做投篮、传球、摆脱等假动作吸引防守者，抓住时机，合理、及时、准确地传球。

（2）掩护配合的练习

练习一：侧掩护配合的练习。如图 4-15 所示，全队分成两组，⑦给④做侧掩护，当⑦掩护到位时，④从右侧向篮下切入，⑦同时转身跟进，④、⑦互换位置，其他队员依次练习。

要求：掩护的动作要正确，距离要适当，切入前要做假动作，掩护到位时再迅速切入。

练习二：给无球队员做侧掩护。如图 4-16 所示，三人一组，⑥传球给⑤后去给④做掩护，④利用⑥的掩护向篮下切入接⑤的传球投篮。④切入前要做假动作。⑥掩护后转身跟进抢篮板球。顺时针换位进行练习。

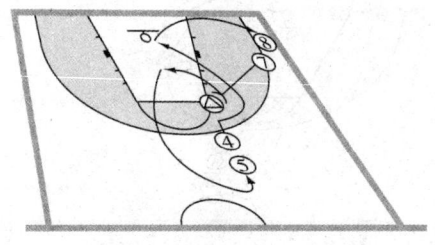

图 4-15

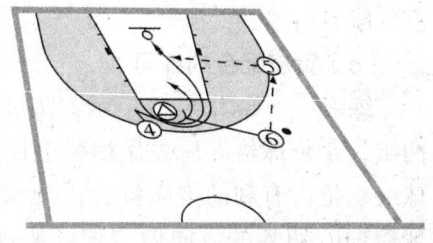

图 4-16

练习三：给无球队员做后掩护。如图 4-17 所示，三人一组，⑤传球给⑥，④给⑤做后掩护，⑤做向左切入假动作吸引⑤的防守，突然变向从右侧利用④的掩护，切入篮下接⑥的传球投篮。顺时针换位进行练习。

要求：掩护和被掩护同伴之间要掌握好配合的时机。

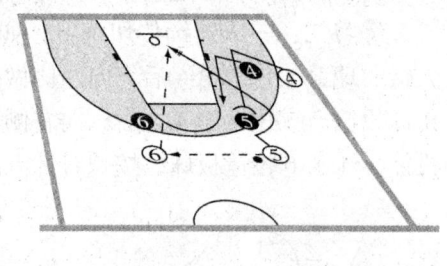

图 4-17

（3）突分配合的练习

练习一：如图 4-18 所示，④在突破过程中分球时，⑤突然切入到罚球区内，⑥同时快速向底线移动，④可根据⑤、⑥伸手示意情况而分球，⑤或⑥接球传给⑦。按顺时针方向换位，依此进行练习。

练习二：如图 4-19 所示，⑤传球给④，④底线突破，❻补防，此时，❺兼顾⑤和⑥的防守。④根据❺的防守，判断将球传给最有利进攻的⑤或⑥。图中所示，❺补防⑥，④将球传给⑤进攻。进攻队员按顺时针换位。练习若干次后，攻守交换连续练习。

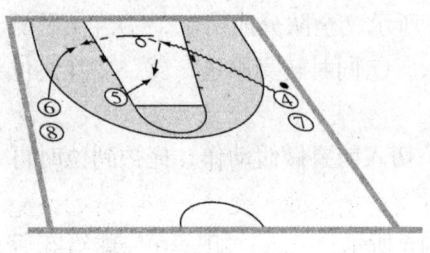

图 4-18

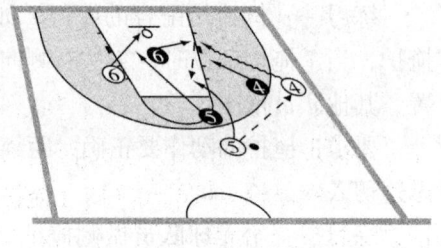

图 4-19

要求：突破动作要突然，并随时注意分球。

（4）策应配合的练习

练习一：如图 4-20 所示，队员分成两组，⑦传球给⑥后先做摆脱上插至罚球线，抢占有利的策应位置，接⑥的传球后向⑥切入的方向做传球的假动作，然后把球传给⑧，传球后跑到④的后面，

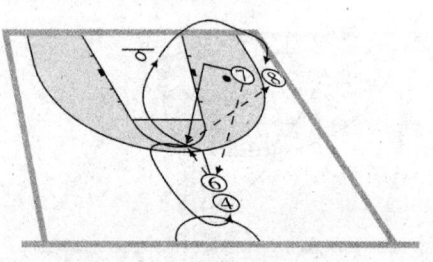

图 4-20

⑥跑到⑧的后面，依次反复进行练习。

练习二：如图4-21所示，⑤和⑥在外围互相传球时，当球传给⑥时，④突然摆脱防守上插至罚球线后接⑥的传球做策应。⑥传球后摆脱对手与⑤交叉切入接球进攻，⑤切向④的侧前方准备接球进攻。④根据情况传球给⑥或⑤，也可以自己进攻。

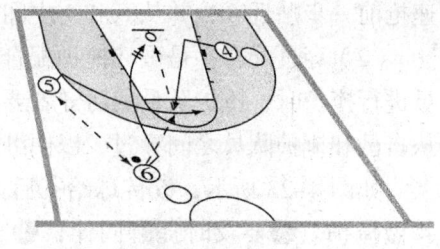

图 4-21

要求：策应队员应合理运用假动作摆脱防守，迅速抢占有利的策应位置，并迎前接球。外围队员传球应做到快速及时，人到球到。

二、防守战术基础配合

防守战术基础配合是在篮球比赛中，队员两三人之间为了破坏对方进攻配合所组成的简单配合。防守战术基础配合包括抢过、穿过、绕过、关门、夹击、补防和交换防守配合等。

（一）防守掩护的配合

抢过、穿过、绕过和交换是破坏掩护配合积极有效的方法。被掩护队员的防守者从掩护队员的防守者身后跑过去叫绕过，从掩护者和防守掩护者之间跑过去叫穿过；被掩护队员的防守者在掩护队员接近自己的瞬间，强行从掩护者和被掩护者之间抢过去继续防守自己的对手叫抢过。

1. 防守掩护的方法

（1）抢过配合：是破坏掩护配合的积极有效的方法之一。防守者在掩护队员临近自己时，要积极向前跨出一步，贴近自己的防守对手，从掩护者前面挤过或抢过去，继续防住自己的对手，防守掩护队员的同伴要及时呼应，并配合行动，以备补防。

如图4-22所示，④传球给⑤后给⑥做掩护，❻在④靠近自己的一刹那，迅

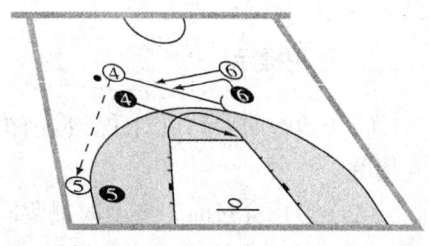

图 4-22

速抢前一步贴近⑥，并从⑥和④中间抢过去继续防守⑥。

（2）穿过配合：是破坏掩护配合、及时防住自己对手的一种配合。当进攻队员进行掩护时，掩护队员的防守者要及时提醒同伴并主动后撤一步，让同伴及时从自己和掩护队员之间穿过，以便继续防住各自的对手。

如图 4-23 所示，⑤传球给⑥后去给④做掩护。❺要及时提醒同伴，❹当⑤掩护到位前的一刹那主动后撤一步，从❺和⑤中间穿过去，继续防守④。

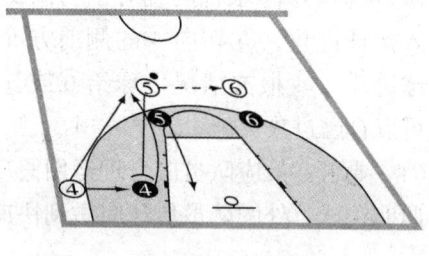

图 4-23

（3）绕过配合：是破坏对方掩护配合及时防守自己对手的一种配合。当进攻队员进行掩护时，掩护队员的防守者主动贴近对手，让同伴从自己的身旁绕过，继续防住各自的对手。

如图 4-24 所示，⑥传球给⑤并为其做掩护，⑤传球给④后利用⑥的掩护向篮下切入，❺从⑥和❻的身后绕过继续防守⑤。

（4）交换防守配合：是为了破坏进攻队员的掩护配合，防守队员之间及时地呼应交换自己所防守对手的一种配合方法。如图 4-25 所示，⑤去给④做掩护，❺要主动给同伴发出换人的信号，及时堵截④向篮下突破的路线。此时❹应及时调整自己的防守位置，防止⑤向篮下空切。

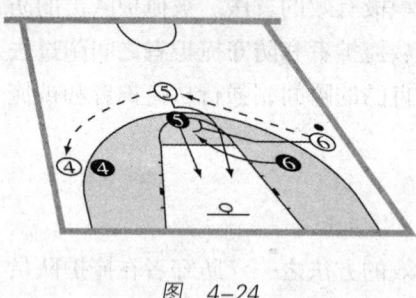

图 4-24　　　　　　　　　　　图 4-25

2. 运用提示

（1）抢过时要贴近对手，向前抢步要及时，动作要突然，防掩护的队员要相互提醒。

（2）运用穿过时，要及时提醒同伴并主动让路，调整防守位置和距离。

（3）运用交换配合时，防掩护者要及时提醒同伴，两名防守队员要移动到位,及时换防,以免防守失误造成漏人。

(二)"关门"配合

"关门"配合是指两名防守队员靠拢协同防守突破的配合方法。

1."关门"配合的方法

如图 4-26 所示,当⑤向右侧突破时,❹和❺进行"关门";向左突破时,❻和❺进行"关门"。

2.运用提示

防守队员应积极堵截对手突破的移动路线,临近一侧的防守队员要及时向

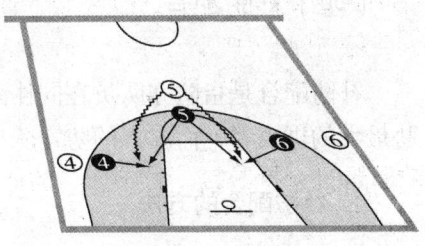

图 4-26

同伴靠拢进行"关门",不给突破者留有空隙。"关门"配合也常运用于区域联防。

(三)夹击配合

夹击配合是指两名防守队员有目的地同时采取突然的行动,封堵和围夹持球者的一种配合方法。夹击配合是一种攻击性和破坏性极强的防守配合,它能有效地控制持球队员的活动,给对手心理上造成巨大的压力,制造对方失误形成本方抢断球的机会。

1.夹击配合的方法

如图 4-27 所示,④从底线突破,❹封堵底线,迫使④停球,❺同时迅速向底线跑去与❹协同夹击④,封堵其传球路线,迫使其违例或失误。

2.运用提示

(1)首先要选择好夹击的位置和时

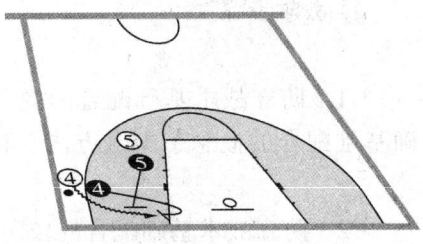

图 4-27

机。当对方埋头运球或运球停止时,都是夹击的好时机,最佳夹击位置是边角和

中线附近。

（2）运用夹击时，贴近对方身体要适度，不能推、顶，以免造成犯规，不要为了急于去抢对方手中球而改变正确的夹击位置和身体姿势。

（3）已形成夹击后，其他队员要随时轮转补位，严防对方近球区域队员的接球，远球区域的防守队员要以少防多，选好断球位置。

（四）补防配合

补防配合是指防守队员在同伴漏防时，立即放弃自己的对手，去补防那个威胁最大的进攻者，而漏人的防守队员及时换防的一种协同防守配合方法。

1. 补防配合的方法

如图 4-28 所示，⑤传球给④后，突然摆脱❺的防守直插篮下，此时，❻放弃对⑥的防守而补防⑤，❺去补防⑥。

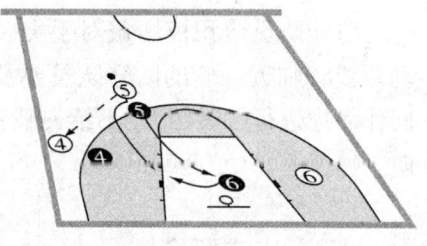

图 4-28

2. 运用提示

（1）防守时要随时观察本队的防守情况，补防的意识要强，一旦发生漏防，邻近队员果断补防。

（2）补防后要及时调整防守位置，仍然保持人球兼顾的位置。

（五）防守战术基础配合的教学步骤与练习方法

1. 教学步骤

（1）防守战术基础配合的教学，首先通过讲解和演示等方法，使学生明确基础配合的概念、配合方法、移动路线、行动的顺序、运用的时机和要求等。

（2）防守战术基础配合的教学训练，首先应先掌握单个基础配合的基础教学，在掌握单个基础配合的基础之后，重点提高基础配合之间的衔接教学，再进行防守基础配合的组合与综合变化的教学，最后过渡到基础配合的对抗教学训练。

2. 练习方法

（1）抢过、穿过、绕过和交换防守的练习

练习一：半场二对二。全队分成两组，如图4-29所示落位，④传球给教练员后给⑤做侧掩护，❺在④掩护到位的一刹那迅速抢前一步贴近⑤继续防守⑤。按此方法连续练几次后，两组相互交换攻守角色，分别站到各组的排尾，依次进行练习。

练习二：半场三攻三守。如图4-30所示，④⑤⑥三人做给有球队员的侧掩护，防守者根据规定练习抢过、穿过、绕过或交换防守配合，依次反复练习若干次后，攻守互相交换。

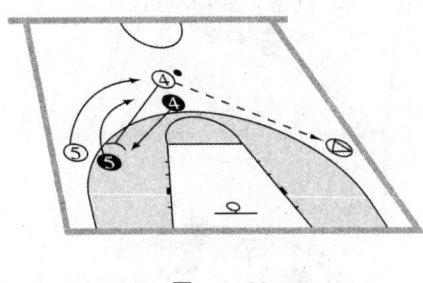

图 4-29

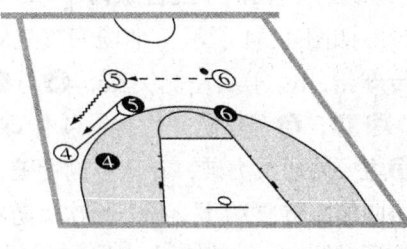

图 4-30

要求：抢过时要贴近对手，向前抢步要及时、有力。掩护队员的防守者要及时提醒并做好换防的准备。

练习三：半场二防二、三防三在对抗条件下的练习。在采用半场对抗的练习时，进攻可采用不同的掩护配合，由慢到快，由消极到积极，逐步练习防守配合。

（2）夹击与补防配合的练习

练习一：半场二对二攻守练习。如图4-31所示，④传球给⑤，❺迫使⑤向场角运球，❹及时上前和❺一起形成对⑤的夹击，封阻其传给④的路线，造成其5秒违例。练习若干次后攻守交换。

练习二：半场三攻三守。如图4-32所示。⑤传球给④，❹迫使④运球到场角，❺及时而迅速地和❹进行夹击，❻及时移动，调整位置迅速补防，并准备断球。练习到规定次数后攻守交换。

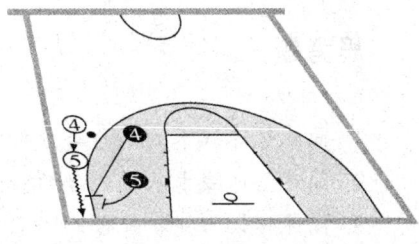

图 4-31

练习三：如图4-33所示，④沿边线运球推进，❹在④的侧前半步防守，控制其运球行进的速度和方向。当④运球刚刚过中场时，❼及时而迅速地上前迫使④停球并与❹一起夹击④。两组可以同时练习，队员按逆时针换位。

要求：夹击时行动要果断突然，不要急于抢对方手中球而改变正确的夹击位置和身体姿势。

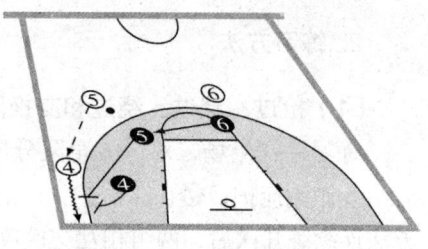

图 4-32

（3）"关门"配合练习

如图4-34所示，半场三攻三守，⑤传球给④，④从左侧突破，❺与❹协同"关门"，❻调整防守位置。④传球给⑥，❻主要防底线突破，⑥从右侧突破，❺再协同❻协防"关门"。做若干次后防守队员按顺时针换位继续练习，然后攻守交换。

要求：临近的两名队员，"关门"时要注意把握好时机，配合默契，动作要快，并要靠紧，不留空隙。

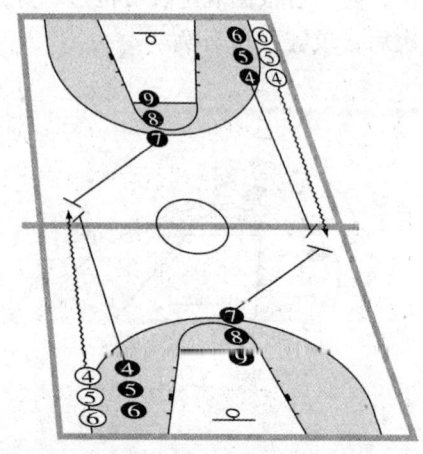

图 4-33

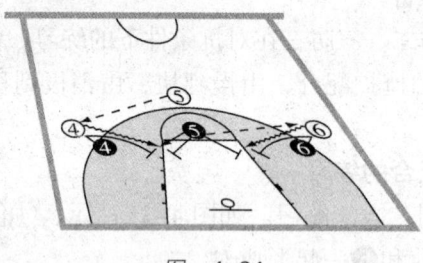

图 4-34

思考题：

1. 简述篮球战术的概念与分类依据。
2. 简述篮球战术基础配合的概念和包括哪些内容。
3. 简述传切、掩护配合时的基本要求。
4. 简述抢过、穿过、交换、夹击配合的方法与要求。
5. 试述进攻战术基础配合教学步骤，并举例解析练习方法。

第二节 快攻与防守快攻

一、快攻战术

（一）快攻战术的概念

快攻是由防守转入进攻时，全队以最快的速度、最短的时间，乘对方防守立足未稳，力争造成人数上或位置上的优势，或创造以多打少或无人防守或人数相等的有利攻击时机，果断而合理地进行快速攻击的一种进攻战术。

快攻是篮球进攻战术的重要组成部分。其特点是快攻发动突然、攻击迅速，所以它是进攻战术中最锐利的武器。由于篮球技术的发展，促进了快攻战术的发展，快攻的速度越来越快，快攻的成功率越来越高，它的核心是争取时间、创造战机、速战速决。

（二）快攻战术的特点和基本要求

1. 快攻战术的特点

（1）每名队员都有较强的快攻意识和熟练的快速进攻技术，参加的人数多，接应点多，一传距离远，快下的速度快，一对一的能力强。

（2）快攻结束时，常采用跳投和组织中远距离投篮及"一传一扣"的空中接球直接扣篮，行进间投篮已不再是唯一结束快攻的手段。

（3）快攻受阻时，审时度势，不失时机地掌握和运用攻击节奏，将快攻与衔接段进攻和阵地进攻有机地结合起来，充分体现进攻的攻击性和连续性。

2. 快攻战术的基本要求

（1）提高快攻战术意识，不放过任何一次快攻时机，积极主动组织发动快速反击。

（2）由守转攻时，要起动快，及时分散，保持合理的位置和跑动路线，做到前后层次有序，左右相互照应。

（3）抢获球的队员要由远及近观察全场情况，及时将球传送到最佳快攻点上、减少传球和运球。

（4）快攻一旦受阻，其他队员要及时接应跟进，不要轻易降低进攻速度。

（5）当快攻不成时，要加强快攻与阵地进攻的衔接，迅速转入阵地进攻。

（三）快攻的组织形式与结构

快攻在组织形式上分为长传快攻、短传快攻、运球突破快攻三种。

快攻的结构，若组织形式是长传快攻，则由发动和结束两个阶段组成。其他两种形式的快攻分别由发动与接应、推进和结束三个阶段组成。而三个阶段的具体形式、位置、区域则以时机条件不同，运用技术与配合可多种多样。

1. 长传快攻

长传快攻也称为长传偷袭快攻。它是指队员在后场获球后，用一次或两次传球，将球传给快速向对方篮下跑动的同伴完成投篮的一种配合。其特点是突然性强、速度快、时间短、成功率高。

2. 短传与运球结合快攻

队员在后场获球后，利用快速的短距离传球、运球推进到前场进行攻击的一种配合方法。其特点是灵活多变、层次清楚、容易成功。

3. 运球突破快攻

防守队员获得球后，利用运球技术超越防守，自己投篮得分或传给比自己投篮机会更好的同伴进行攻击的方法。其特点是减少环节、抓住战机、加快进攻速度。结束段主要是个人攻击或给跟进者投篮。

4. 运用快攻战术的时机

快攻战术通常在抢得后场篮板球时、掷界外球时、抢断到球时、跳球获得球时运用。

（四）快攻战术的方法

1. 长传快攻的方法

示例：抢篮板球后长传快攻，如图4-35所示，④抢到篮板球后，首先应观

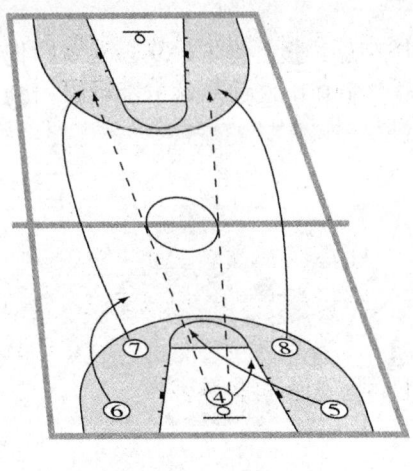
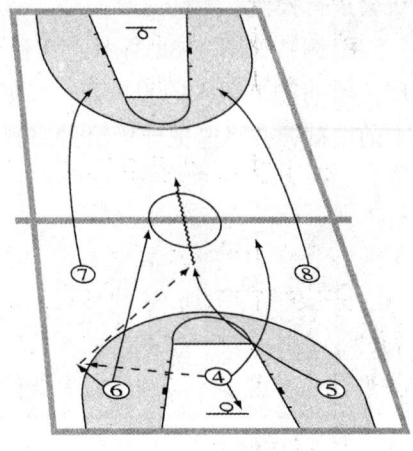

图 4-35　　　　　　　　　　图 4-36

察全场情况,掌握发动快攻的时机,⑦和⑧及时快下超越防守者。④根据情况,长传球给⑦或⑧进行投篮。④⑤⑥应随后插空跟进。

2. 短传结合运球快攻的方法

示例:如图 4-36 所示,④抢到篮板球后,将球传给接应的⑥,⑥又把球传给插中路的⑤运球推进。⑦和⑧沿边线快下,⑤根据情况将球传给⑦或⑧投篮,④和⑥随后跟进。

3. 运球突破快攻的方法

示例:中路与边路结合推进。如图 4-37 所示,④抢到篮板球后,⑤插中接应将球传给沿边线跑动的⑧,⑧再回传给⑤,从中路推进,⑦和⑧沿边线快下,⑥和④随后跟进。

4. 快攻结束的配合方法

(1) 二攻一的配合方法

快攻推进至前场形成二攻一的局面时,进攻队员要拉开适当的距离,扩大

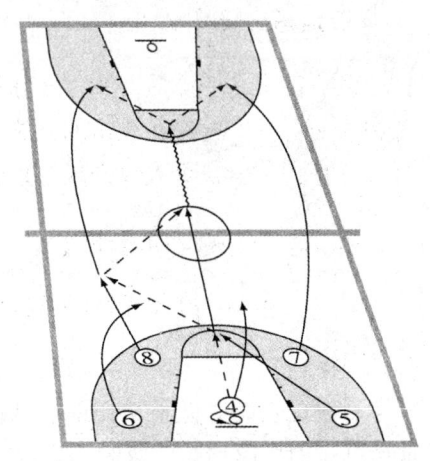

图 4-37

进攻范围,可利用快速传球、快速运球、运球突破投篮等进攻手段,创造进攻的

机会进行投篮。

示例：如图 4-38 所示，⑨和⑩快速推进中，吸引❹上前防守⑨，⑨立即把球传给向篮下切入的⑩投篮。又如图 4-39 所示，⑩利用运球向篮下突破吸引❹上前堵截，并迅速把球传给另一侧切入的⑨投篮。

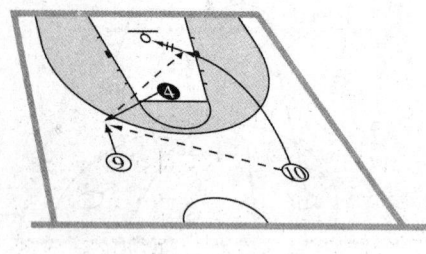

图 4-38

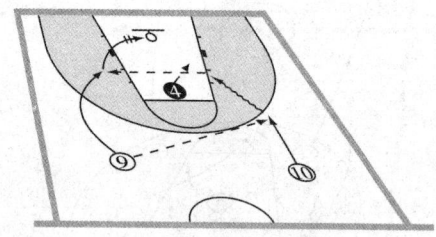

图 4-39

（2）三攻二的配合方法

三攻二时，左右两侧的队员要向边线拉开且略突前，中路队员稍靠后，保持三角队形，扩大进攻面。在攻击时，要根据防守的阵型，决定进攻队员是从中路运球突破，还是从边路运球突破，并且在突破中根据防守的变化果断、及时地处理球。

示例一：防守队员平行站位时的进攻方法。如图 4-40 所示，⑧首先应从两名防守队员的中路运球突破，突破中遇到❹的堵截时，⑧立即把球传给⑨投篮。当⑨接球后又遇到❺的堵截时，如图 4-41 所示，⑨则把球传给⑩投篮。

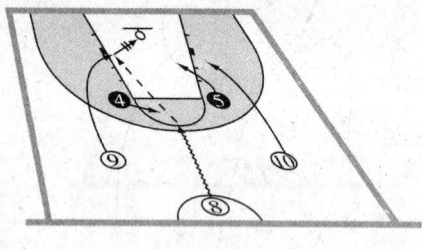

图 4-40

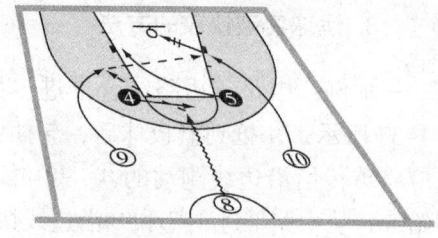

图 4-41

示例二：防守队员采用前后站位时的进攻方法。如图 4-42 所示，对方采用前后站位对中路堵防较紧时，进攻队员应首先从两边组织快速运球突破篮下。由于❺稍偏左，所以⑩运球突破到篮下遇❺及时堵截时，应立即把球传给⑨投篮。又如图 4-43 所示，⑩开始运球偏右时而❹及时去防守，❺重点防守⑨的切入时，可把球传给从中路插入的⑧投篮。

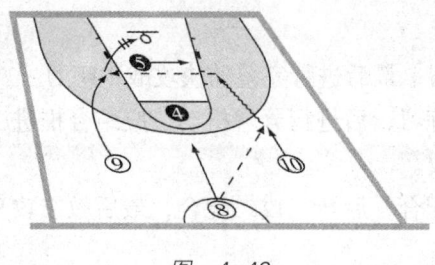

图 4-42

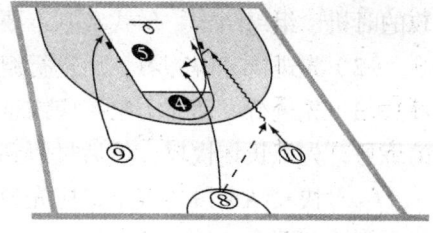

图 4-43

示例三：防守者采用斜线站位时的进攻方法。进攻队员从中路运球进攻时，如图 4-44 所示，⑧从中路运球突破，遇到❹向中路堵截时，可立即把球传给切入篮下的⑩投篮。若⑩在篮下接球后遇到❺的补防时，可以把球传给⑨投篮。又如图 4-45 所示，⑧从中路运球推进，由于❹后撤防守⑩的空切，而❺及时移动堵截⑧的中路突破时，⑧应立即把球传给⑨投篮。

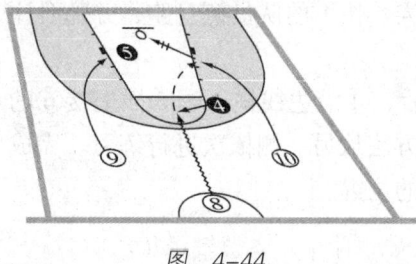

图 4-44

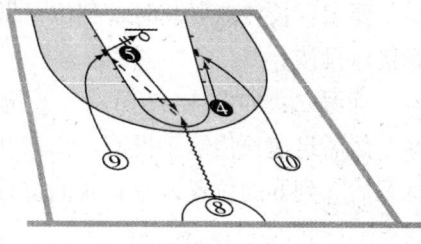

图 4-45

5. 运用提示

（1）快攻战术成功的关键，是从抢到篮板球后，分散快、一传和接应快、推进速度快，最后快攻结束投篮要稳和准。

（2）接应点要尽量靠前，接球位置要在罚球线延长线以外的区域。

（3）球在中路推进时要与两侧队员形成三角形，两侧在前，中路在后，所以两侧队员要快速，中路队员要掌握好快攻战术的节奏。

（4）快攻结束时，要利用多种投篮机会，在对方收缩篮下时可采用中远距离投篮。

（五）快攻战术的教学步骤与练习方法

1. 教学步骤

（1）快攻战术的教学，首先通过讲解和演示使学生明确快攻的概念、发动快攻的时机、组织结构、形式和基本要求。

（2）先进行分解练习，后进行组合的练习，最后进行完整的快攻战术练习。

（3）先进行发动与固定接应结合推进的练习，后进行分解机动接应结合推进的练习，先练长传快攻，然后过渡到短传快攻。

（4）快攻结束段的教学，应先教二攻一配合，后教三攻二配合，最后教二攻二和三攻三配合。

2. 练习方法

（1）长传快攻的练习

练习一：全队分成四组如图4-46所示站位，④抢抢⑩投的篮板球后，⑤沿边线快下接④的长传球上篮。④传球后排到⑥的后面，⑤投篮后⑦抢抢篮板球，⑤排到⑧的后面。另一侧以同样的方法依次进行练习。

要求：长传球要及时、到位，做到以球领人。快下的队员侧身跑，并随时注意接球投篮。

练习二：如图4-47所示，⑥抢到篮板球后，④沿边线快下，⑤插上接⑥的球，然后迅速长传给①投篮。⑦⑧⑨以同样的方法从另侧依次进行练习。完成练习后⑤到⑥的位置，⑥到④的位置，⑨到⑤的位置。

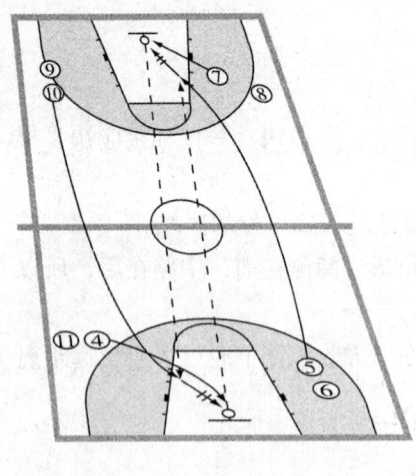

图 4-46

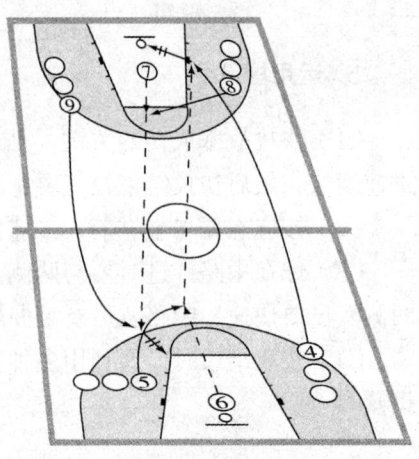

图 4-47

要求：抢到篮板球后不准运球，迅速传出第一传。接应队员要及时插上，并根据快下队员的速度及时准确地传球，快攻的队员应随时准备接球投篮。

（2）短传快攻的练习

练习：三人短传快攻。如图4-48所示，⑥抢到篮板球后迅速传给接应的⑤，⑤及时回传给插上的⑥，然后⑥又传给插上的④，④回传给⑥，⑥可择时机传给④、⑤投篮。另外两人拼抢篮板球。

要求：抢到篮板球后不准运球，迅速传出第一传。接应队员要及时插上，并根据快下队员的速度及时准确地传球，快攻的队员应随时准备接球投篮。

（3）快攻结束段的练习

练习一：全场二攻一。如图4-49所示，两人一组分别在两边篮下站位，由⑥⑤开始全场二攻一，❹防守。然后由❹❺接着向对面球篮进行二攻一，依次类推往返练习。

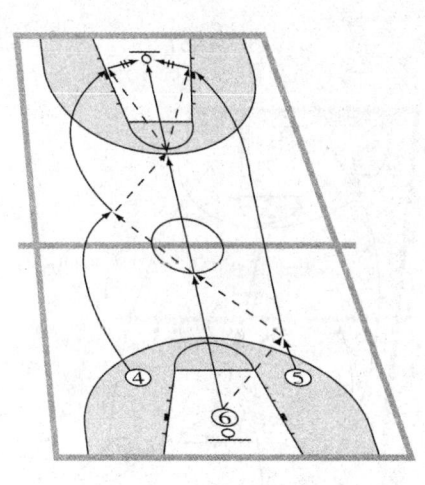

图 4-48

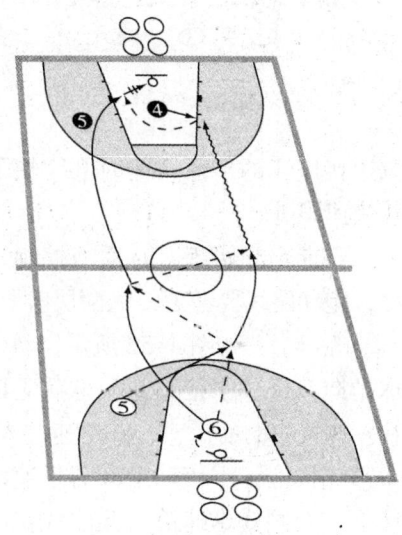

图 4-49

要求：发动要迅速，推进要快速，处理球要果断。

练习二：全场三攻二。如图4-50所示，将全队分成三人一组的若干小组，④⑤⑥进攻，❼❽防守。三攻二结束后，由❼❽❾三人接着向对面方向进攻，另一小组再出两名队员防守，依次往返，连续练习。

要求：掌握快慢节奏，保持纵深队形，减少失误。

（4）五人快攻练习

练习一：如图4-51所示，五名队员按联防站位开始，教练员在不同位置投篮，队员按要求快速分散、接应、推进练习。如④抢到篮板球后，右侧的⑥快速

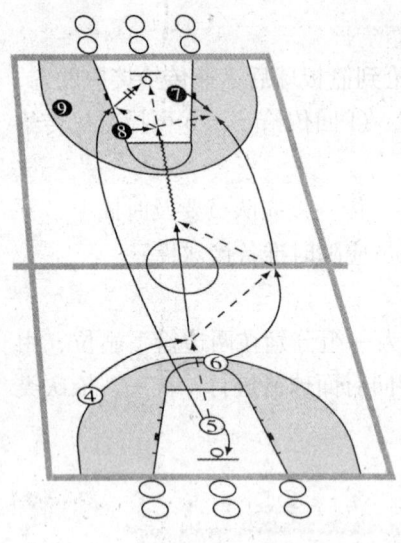

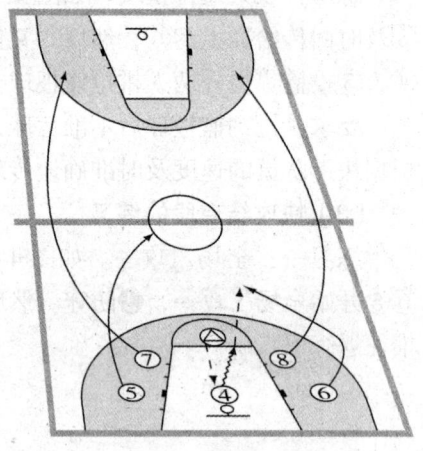

图 4-50

图 4-51

拉边接应①的传球，同时⑧⑦快下，④⑤快速跟进。

要求：开始练习时适当控制进攻速度，跑动路线要清楚，纵深层次要分明。

练习二：如图 4-52 所示，教练员把球抛向篮板，④抢到篮板球后立即传给在左侧接应的前锋⑦，⑥迅速进入中路，做第二接应，⑦传球给⑥后迅速沿边线快下，右侧⑧迅速沿右侧边线快下。⑤④快速跟进。

要求：抢篮板球后，第一传要快速准确，接应队员要快速插上接应。

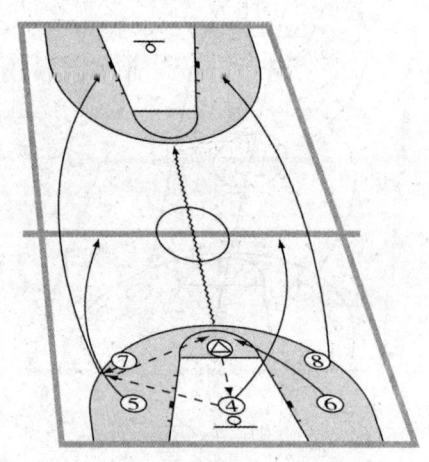

图 4-52

二、防守快攻战术

（一）防守快攻战术的概念

防守快攻是指由攻转守的瞬间及时组织阻止和破坏对方快攻的防守战术。

防守快攻要从全力拼抢前场篮板球开始，在失去球权后，首先封堵第一传、堵截接应队员，边退边干扰，延缓对手进攻速度，借机及时组织全队防守。

（二）防守快攻的基本要求

1. 全队首先要积极防守，保持攻守平衡，进攻投篮后既要有人积极拼抢篮板球，又要有人迅速退守。
2. 积极封截和破坏对方的一传接应，抢占对方习惯的接应点并堵截接应队员，堵截、干扰、延误对方的推进速度。
3. 要具有积极拼抢的意识，当对方形成快攻时，应快速退守，及时迅速地在以少防多的情况下，大胆出击，赢得时间和力量上的均衡。
4. 要随机变换防守战术，在失去球后，立即采取前场紧逼防守，退回后场，采用半场人盯人防守，使对方不适应，破坏其快攻。

（三）防守快攻战术的方法

1. 提高投篮命中率，拼抢前场篮板球

现代篮球比赛中，根据实战的统计资料看，由守转攻抢后场篮板球后发动快攻的几率最大。因此，进攻队员积极拼抢前场篮板球是制约对方发动快攻的有效方法。

2. 积极封堵第一传和接应

及时封锁和堵截对方的第一传和接应，是防守快攻的关键环节，延误其快攻时间，为本队退守和组织全队防守争取时间。

3. 堵截接应点

当对方采用固定接应方式时，应抢占对方的接应点，截断接应队员与第一传的联系，以干扰与控制对方任一队员的接应意图与行动，从而达到破坏和延误对方快攻发动和推进的速度。

4. 防守快下的队员

由攻转守时，防守队员应积极堵截中场，使进攻队员不能直线长驱直入篮下，积极运用快速退守，并追截沿边线的快下队员。

5. 提高以少防多的能力

提高一防二、二防三的能力，重点防篮下，为同伴回防赢得时间，这就必须提高个人防守能力，以及同伴之间的相互补防能力。

一防二：一防二时，应充分根据对方的进攻位置，边防边退，选择有利的防守位置，迫使对方运球能力不强的队员运球，从而造成对方失误或延误进攻时间。

二防三：防守快攻战术的二防三配合有以下三种方法。

（1）两人平行站位防守

这种防守队形适用对付两侧边线突破能力较强的进攻队员，但中路防守较弱。如图4-53所示，❺防守⑤运球突破，❹兼顾⑥和⑧的行动，随球的转移，积极防守。

（2）两人重叠站位防守

这种防守队形可有效地阻止对方中路突破，但移动补防距离较长。如图4-54所示，当⑥中路运球推进，⑦和⑧沿边线快下时，❹上前堵截中路，❺在后兼顾⑦和⑧的行动。当⑥将球传给⑦时，❺则立即前去防⑦，❹后撤控制好篮下并兼顾⑧和⑥。

图 4-53

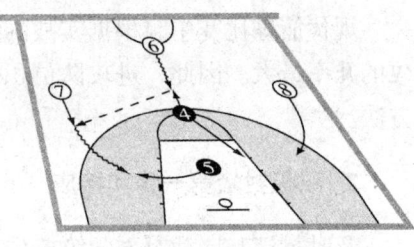

图 4-54

（3）两人斜线站位防守

这种防守队形的特点是不仅可以阻止中路突破，而且移动补位的距离短。如图4-55所示，当④和⑤进行短传推进时，❹先选择偏左的位置防守，当⑤将球传给④时，❹要立即移动堵截④，❺选择有利位置兼防⑥和⑤。

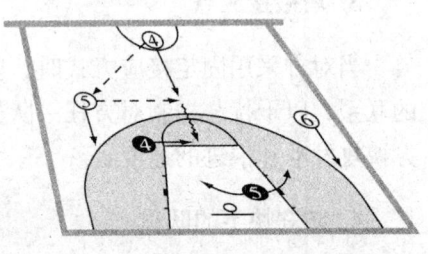

图 4-55

（四）防守快攻战术的教学步骤与练习方法

1. 教学步骤

（1）防守快攻教学要与快攻教学结合进行，一般放在进攻教学完成之后，再教防守快攻。

（2）防守快攻教学应采用分解法，把堵截快攻第一传与接应、防守对方推进、防守结束段分别进行教学。在掌握各阶段方法的基础上，再进行整体防守战术的教学。

2. 练习方法

（1）封堵第一传与接应

练习一：三对三堵截快攻的发动与接应。如图 4-56 所示，教练员将球抛向篮板，当④抢到篮板球时，离④最近的❹立即封堵④的第一传并防其突破，❺立即堵截⑤接应，❻堵截⑥插中接应，并伺机抢断球。

练习二：三对三夹击第一传。如图 4-57 所示，教练员将球抛向篮板，④抢到篮板球时，离④最近的❹立即封堵第一传并堵截运球突破，这时❺大胆地放弃⑤，与❹夹击④。❻调整位置，兼防⑤和⑥。

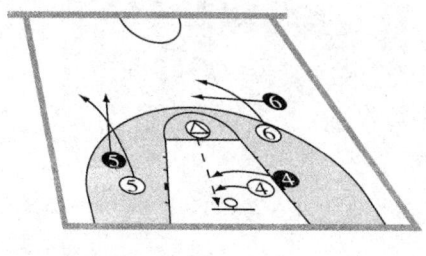

图 4-56

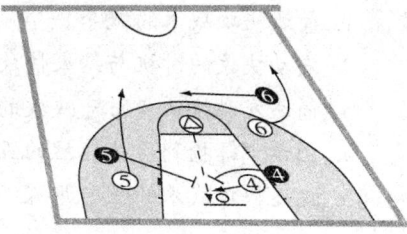

图 4-57

（2）快攻结束时的少防多

练习一：全场一防二。如图 4-58 所示，⑤和⑥传球快速推进到前场，⑦进场防守，⑤或⑥投篮后，⑦抢篮板球与⑧发动快攻，传球快速推进。此时，⑨迎前防守，当⑧或⑦投篮时，⑩跑进场内抢篮板球，与⑨发动快攻传球推进二攻一，依次练习。

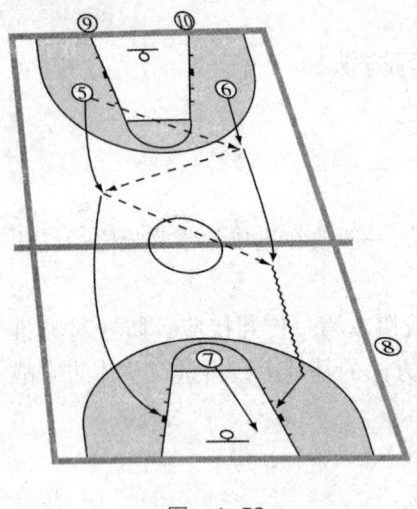

图 4-58

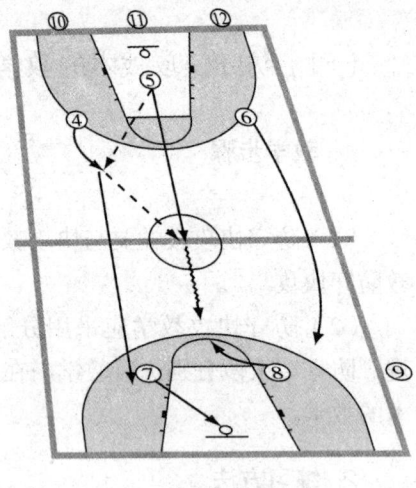

图 4-59

练习二：全场二防三。如图4-59所示，④⑤⑥三人一组传球向前场推进，⑦⑧在前场三分线弧顶附近防守，⑨在边线外等候，当⑦⑧抢断球或抢到篮板球时，⑨立即进入场内与⑦⑧发动快攻。⑩⑪迅速进入场内防守，当⑩⑪抢断球或抢到篮板球时，⑫立即进入场内与⑩⑪发动快攻。攻守交替进行。

思考题：

1. 简述快攻战术的概念。
2. 发动快攻的时机与结束快攻形式有哪些？
3. 简述发动快攻与防守快攻的组织形式和结构。
4. 图示中锋抢到篮板球后的五人快攻路线。
5. 试述快攻战术的教学步骤。

第三节　半场人盯人防守与进攻半场人盯人防守

半场人盯人防守与进攻半场人盯人防守战术，是篮球比赛中运用最广泛的防守与进攻战术。半场人盯人防守战术是在每名防守队员分别防守一名进攻队员的基础上相互协作的一种全队防守战术，而进攻半场人盯人防守战术是运用传切、掩护、策应及突分等基础配合组成的进攻战术。

一、半场人盯人防守

（一）半场人盯人防守的基本要求

1. 防守队应根据双方队员的身高、位置和技术水平合理地进行防守分工，并使其尽量与对手的力量相当。

2. 由进攻转入防守时，要迅速退回后场，找到自己的对手，在控制住自己对手的基础上，积极抢球、断球、夹击和补防。

3. 防守有球队员要逼近对手，主动攻击球，积极封盖投篮，干扰传球，堵截运球，并伺机抢球，迫使对手处于被动局面。

4. 防守无球队员要根据对手、球和球篮的距离选择人球兼顾的位置。防守离球近的队员时要贴近防守，切断对方的传球路线，不让对手接球；防守离球远的队员时要缩小防守，在控制住自己对手的基础上，协助同伴防守。

（二）半场人盯人防守战术的方法

根据防守区域的大小，半场人盯人可以分为半场扩大人盯人防守和半场缩小人盯人防守两种。

1. 半场扩大人盯人的防守方法

这种防守方法控制区域比较大，一般是距篮8—9米，因此，这种防守用来对付中远投较准但突破和控制球能力较差的队是比较有效的。防守的重点任务是阻挠和破坏对方外围的传、运配合，封锁外围的投篮，要紧紧盯住有球的队员和距球近的队员，对离球远的队员则可以稍放远一些，以利于协同防守。一般要做到"三人紧，两人松"或"四人紧，一人松"。

（1）球在正面时的防守方法。如图4-60所示，当⑥持球时，❻要近身防守，❼❺❹也要紧逼对手，卡断对手接球的路线。❽可适当地缩回，准备协助同伴防守。

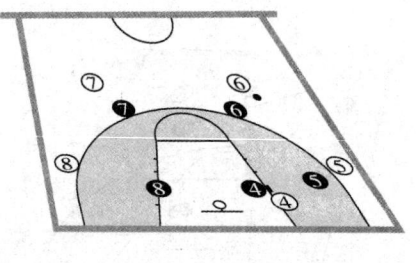

图 4-60

（2）球在45°角时的防守方法。如图4-61所示，当⑥传球给⑤后，❺要紧紧看住⑤，不让他投篮或从容地传球，并严防他从底线突破。❻在紧逼⑥的同时，还应注意，如果⑤从内侧突破，要及时后撤"关门"。❼防离球远的⑦可以稍缩回一些，但要防止⑦插向篮下。❽可远离⑧，靠近篮下，随时准备截断⑤传给④的高吊球。❹防守中锋④，为了不让④在篮下接到球，应当果断地绕前防守。

（3）球在边角停止时夹击的防守方法。如图4-62所示，当球在⑧手中已运过球停止时，防守队员应有组织地上去夹击、抢断，迫使⑧传球失误或5秒违例。❼见球在⑧手中已运球停止时，要果断、迅速地向⑧滑动，与❽夹击⑧。❻要及时补防⑦，❺和❹要及时调整位置，伺机断球。

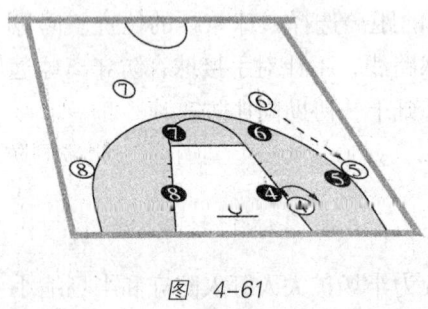

图 4-61

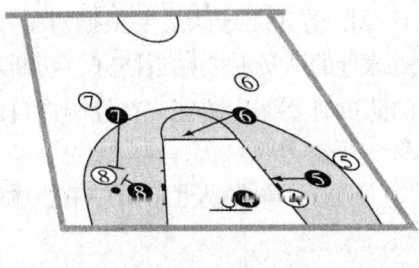

图 4-62

（4）球在边线与中线夹角停止时的夹击方法。如图4-63，当⑦在中线的角上停止运球时，❻应果断地横移，同❼一起进行夹击。❺迅速向上移动补防⑥，并截断⑦传给⑥的球。❽紧逼⑧，❹兼防④和⑤。

（5）球传到限制区时的防守方法。如图4-64，当⑧传球给向限制区横插的④时，❹要紧逼防④，限制④接球。如果④接到球，则其他防守队员都应当适当后撤。

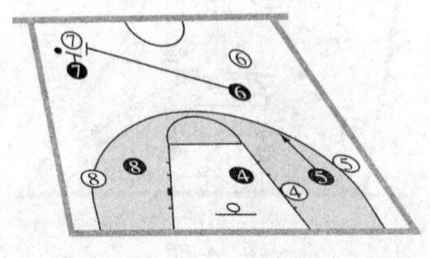

图 4-63

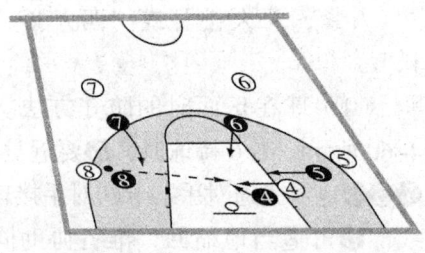

图 4-64

2. 半场缩小人盯人的防守方法

这种防守方法控制的防区比较小，一般距篮 6 米左右，防守队员主要是占据和控制三分线以内的区域，重点是防对方的篮下进攻。因此，防守中锋的队员要紧紧地盯住对方的中锋，外围队员要协助防守中锋。防距球远的队员时，要离他远一些，这样就可以夹击对方的中锋，或协助外围同伴防住对方的突破。防持球队员时要防紧，防其突破和向篮下的传球。采用这种防守方法时，伸缩性要强，做到防有球时立即上去，紧贴对手；防无球时，及时调整位置，做到"人球兼顾"，控制对手的移动，阻止和破坏其进攻。

（1）球在正面的防守方法。如图 4-65，当球在⑥手中时，❻应紧盯，不让其投篮和传给中锋④，❺要缩回，协助❹防④，❹要在④的左侧防守，卡断⑥的传球路线。❼稍向⑥靠拢，以备⑥向中间突破时与❻做"关门"的防守配合。❽向篮下靠拢，❼和❽此时均应"人球兼顾"，堵截对手向限制区切入的路线。

（2）球在45°角时的防守方法。如图 4-66，当⑤接球后，❺应上前积极防守，干扰他投、传，尤其要注意不让他沿底线突破。中锋❹应站在靠底线一侧防守④。❻撤回到④的附近，帮助❹防守对方的中锋④。❼和❽均向限制区回缩，并注意防住对手的空切。

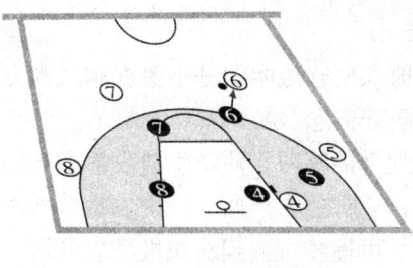

图 4-65

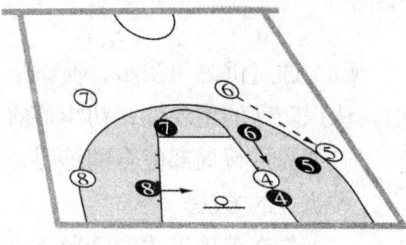

图 4-66

（3）中锋接到球的防守方法。如图4-67，当对方中锋④在限制区腰上得球时，❹要紧盯，不让他投篮和突破（要保持正确防守位置和姿势）。❺和❻应果断迅速地暂时放弃自己的对手而后撤。同❹一起夹击④。❼稍向⑥的位置靠近，兼防⑥和⑦，❽向篮下靠拢，以便补防

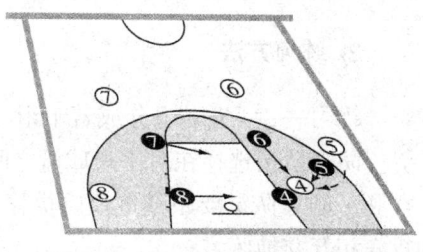

图 4-67

和抢篮板球。

（三）半场人盯人防守战术运用的提示

1. 从进攻转入防守时，要快速退回后场，尽快地找到自己防守的对手，保持正确的防守位置和姿势，并要招呼同伴，尽快地组织好全队的防守。

2. 选择防守对手时，应根据双方的身体、技术、位置的特点来决定，一般是大对大，小对小，快对快，慢对慢。确定防守对象时，即使做不到略高一筹，起码也应当势均力敌。

3. 要根据对方的特点加强防守的针对性。当对方中远距离投篮较准时，要扩大防守；对方中锋攻击能力强时，要缩小防守；对方运球突破能力强时，要注意进行"关门"防守；对方空切多时，要注意防守补位；对方掩护时，要采用抢过或交换防守配合。在防守过程中，既要加强对持球队员防守的攻击性，又要保证全队防守的整体性。

（四）半场人盯人防守的教学步骤和练习方法

1. 教学步骤

（1）通过讲解与演示，使学生了解半场人盯人防守战术的基本要求和战术方法，认识防守的重要性，初步形成正确的全队防守概念。

（2）先进行局部配合的练习，再进行整体配合的练习，使学生初步掌握半场人盯人防守的方法。

（3）先在消极进攻的情况下进行防守练习，再逐步过渡到在积极进攻的情况下进行防守练习，最后在由攻转守的情况下进行防守练习，逐渐增加防守的难度，使学生巩固已掌握的方法，在运用中提高。

2. 练习方法

练习一：4人一组分成若干组，先由两组学生站成两前锋和两后卫的攻防阵势。防守队员选择在对手与球篮之间的防守位置，进攻队员在小范围内进行移动摆脱，防守队员要跟随进攻队员移动，并保持正确的防守姿势。练习若干次后，攻守相互交换练习。

要求：防守队员在移动中应始终注意对手、球篮和自己与球的位置，并不断调整好位置。

练习二：4人一组分成若干组，先由两组学生站成两前锋和两后卫的攻防阵型。进攻队员在原地相互传接球，防守队员随着进攻队员的传球选择防守位置。防守持球队员要紧逼，防守无球队员要保持离球近则近、离球远则远的防守位置。练习若干次后，攻守相互交换。

要求：防守队员在对方传球过程中，应注意自己的对手有球还是无球、离球近还是离球远，增强防守中的转换意识，从而及时调整位置。

练习三：4人一组，如图4-68所示，⑧持球，⑧紧逼⑧，④选择在④的侧前方，⑦选择在⑦的侧前方，要做到既不让对手接球，又要防止对手从背后空切。⑥选择在远离对手的位置上，要求既要防止⑥切入，又要进行补位，协助同伴防守。练习若干次后，攻守交换练习。

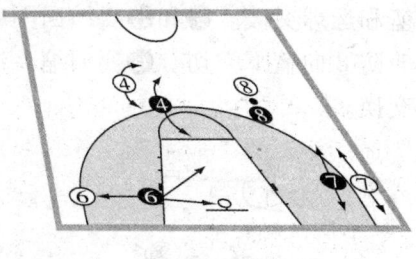

图 4-68

要求：防守队员树立对有球者紧逼、对近球者错位防守的意识。

练习四：4人一组，如图4-69所示，④运球突破时，④要紧跟④移动，⑥应立即上前与④进行"关门"配合防守，堵住④。⑧向罚球线附近移动，防止⑧空切，⑦远离⑦，随时准备补防，防止⑥和⑦向篮下空切。练习若干次后，攻守交换练习。

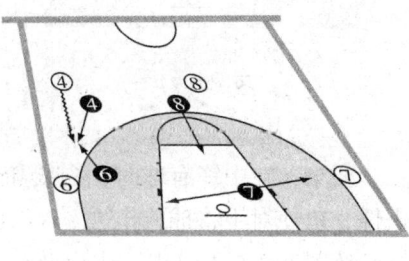

图 4-69

要求：离球近的防守队员要果断协助同伴进行防守，离球远的防守队员要以少防多。

练习五：4人一组，如图4-70所示，⑥持球，⑥紧防⑥。当⑥从底线运球突破时，⑥要紧防⑥，⑦要远离⑦，迅速补防⑥。④和⑧要远离对手，向罚球线附近移动，④在防住④的同时兼顾

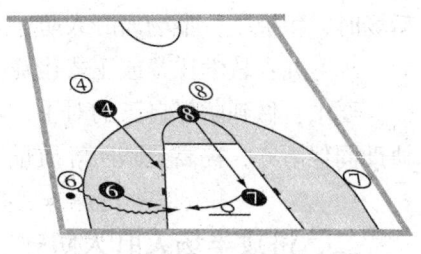

图 4-70

⑧，❽在防住⑧的同时兼顾⑦。练习若干次后，攻守交换练习。

练习六：5人一组，如图4-71所示，⑧持球，❽紧防⑧，❺站在⑤的侧前方，不让⑤在原地接球。当⑧将球传给⑦时，❺要迅速从⑤的身后绕过，站在⑤的右侧前方，不让⑤接球。❹和❽要向罚球线附近移动，协助❺防守，❻要远离对手，随时准备补防。练习若干次后，攻守交换练习。

要求：防守中锋的队员要根据球的转移来选位，邻近的外围队员要进行协防，及时伸缩。

练习七：5人一组，如图4-72所示，当⑤持球时，❺紧贴⑤，防守其投篮和运球突破。❼和❽要缩回围守⑤，❹要缩回，除防守自己的对手，还要兼防⑧向篮下空切。❻要回缩，准备补防和抢篮板球。练习若干次后，攻守交换。

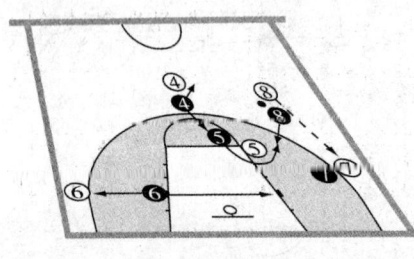

图 4-71

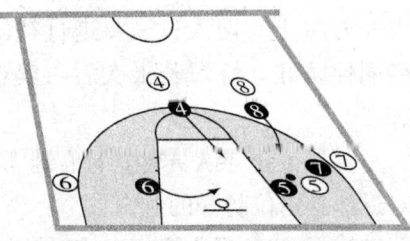

图 4-72

要求：在中锋有球时，内线和外线的防守队员要协调一致，防守时要富有攻击性，迫使对手将球传出去。

练习八：5人一组，先由两组上场练习，结合全场攻守转换练习半场人盯人防守。练习一定时间后，换另外两组继续练习。

要求：立即找到自己的对手，并与对手保持一定的距离，不让其突破，退到后场时，积极进行半场人盯人防守。

练习九：教学比赛或正式比赛

要求：做到防好自己的对手，不让对手随意投篮、突破和传球，在此基础上协助同伴防守，提高全队防守质量。

二、进攻半场人盯人防守

进攻半场人盯人防守是基本的进攻战术，在比赛中运用得最多、最普遍。所以，每一支篮球队都应该掌握进攻半场人盯人防守的战术。

（一）进攻半场人盯人防守的基本要求

1. 要根据本队队员的身体条件、技术水平，选择适宜的进攻战术配合和战术队形，以便扬长避短，发挥本队的优势。
2. 由防守转入进攻时，在前场要迅速落位，形成战术队形，立即发动进攻。
3. 在组织战术中，应该注意各种进攻基础配合之间的衔接和变化，既要明确每个进攻机会，又要明确全队的进攻重点，还要保持进攻战术的连续性。
4. 组织进攻战术时，应该尽量做到内外结合、左右结合；要扩大进攻面，增多进攻点，增强战术的灵活性。
5. 在进攻配合中，既要积极地穿插移动，又要注意保持攻守平衡。在进攻结束时，既要有组织地抢前场篮板球，又要有组织地进行退守。

（二）进攻半场人盯人防守的队形与方法

1. 进攻半场人盯人防守的队形

（1）2-1-2队形，单中锋站在罚球线附近，如图4-73。
（2）2-2-1队形，单中锋站在篮下附近，如图4-74。

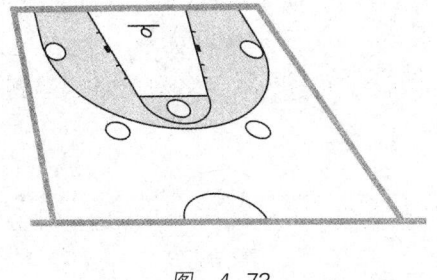
图 4-73

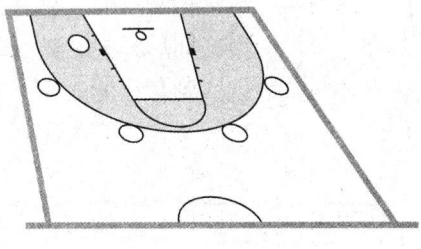
图 4-74

（3）2-3队形，单中锋站在篮下附近，如图4-75。
（4）1-3-1队形，双中锋上、下站位，如图4-76。

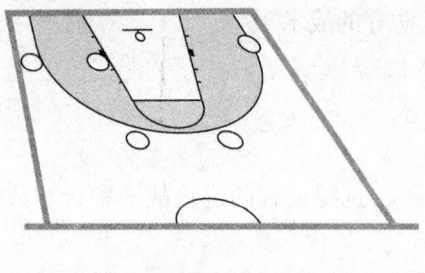

图 4-75

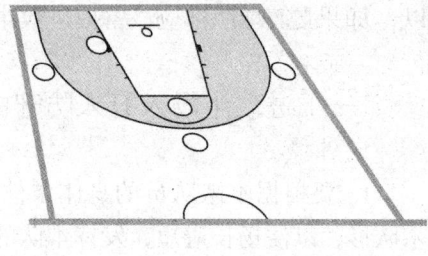

图 4-76

（5）1-2-2 队形，双中锋篮下站位，如图 4-77。

2. 进攻半场人盯人防守战术方法示例

进攻半场人盯人防守战术，是每一支球队都必须掌握的最基本的进攻战术。这种战术主要是运用个人技术和传切、策应、掩护、突分等进攻配合创造机会投篮。

（1）运用传切、策应配合创造投篮机会。如图 4-78 所示，⑦传球给⑧，⑧接球后做投篮或突破的假动作吸引防守者，然后把球传给摆脱防守切向篮下的⑦投篮。如果这个机会不成，可把球传给摆脱防守向右横切的④，④接球后可根据情况投篮或突破。当对方围守④时，④可把球传给移动过来的⑥投篮。⑤⑦④冲抢篮板球。如果上面的几个机会都没有实现，则⑤向外移动，⑦经底线移动到⑤原来的位置。这样就形成与原来对称的队形，然后采用同样的方法，从左侧重新开始进攻。

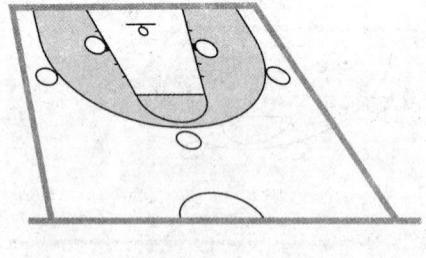

图 4-77

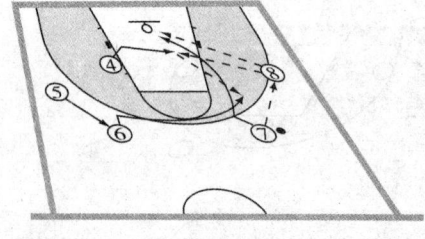

图 4-78

（2）运用掩护、策应配合创造投篮机会。如图 4-79 所示，⑥传球给⑦，⑦传球给摆脱防守横切限制区的④后，立即跑去给⑧做掩护，④得球以后根据防守的情况可投篮或突破。如果对方围守④，④可传球给利用掩护摆脱防守的⑧投篮；如果防守者采取换防的措施，④就传球给掩护后转身的⑦投篮。⑤要冲抢篮板球。如果上面几个机会都没有实现，⑤应向外移动，⑦沿底线移到⑤原来的位置，形成与原来对称的队形，在左侧用同样的方法进攻。

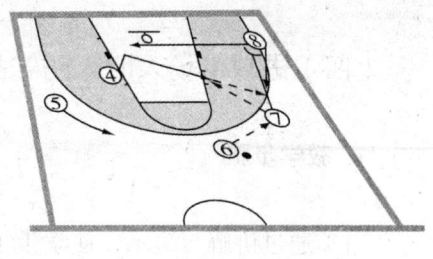

图 4-79

上述方法，可以连续进攻。但不管怎样进攻，都要注意攻守平衡。

（3）运用后掩护配合创造投篮机会。如图 4-80 所示，⑥传球给⑦，⑦接球后做投篮或突破的假动作吸引防守者，⑧及时地跑过来给⑦做后掩护，⑦乘机突破上篮，如果对方采取换防措施，⑦可以分球给掩护后转身的⑧投篮。

（4）运用策应配合创造投篮机会。如图 4-81 所示，⑥传球给⑦的同时，④向右侧横切接⑦的球做策应，⑦传球给④后，向④的右侧绕切，与此同时，⑥先下压并与⑦交叉移动向④的左侧绕切，④可将球传给⑥或⑦投篮；④也可以利用⑥和⑦的切入做诱饵，转身投篮。

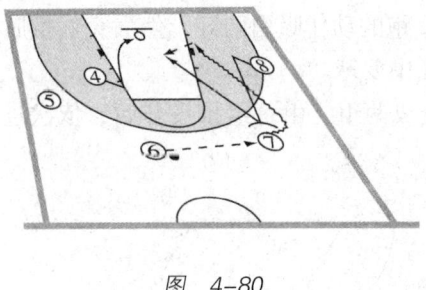

图 4-80　　　　　　　　　图 4-81

（三）进攻半场人盯人防守战术运用的提示

1. 要动起来打。传球后，不要站在原地不动，要积极地穿插、换位，把对方调动起来，但不要盲目乱跑，要注意保持适当距离，注意攻守平衡。

2. 要抓住对方的弱点，通过各种配合，结合中远距离投篮。要内外线结合，内外互相牵制。

3. 每次投篮以后，都要积极地冲抢篮板球，争取第二次进攻。

4. 要保持冷静的头脑，要有勇有谋，不要盲目蛮干。要敢于运用自己的特长。

（四）进攻半场人盯人防守战术的教学步骤和练习方法

1. 教学步骤

（1）通过讲解与演示，使学生了解进攻半场人盯人防守战术的基本要求和战术方法，初步形成正确的全队进攻概念。

（2）先进行局部的、单个的基础配合练习，再进行整体的、多种基础配合结合的练习，使学生初步掌握进攻半场人盯人防守的基本方法。

（3）先在消极的情况下进行进攻配合练习，然后逐渐过渡到在积极防守的情况下进行进攻配合练习，最后在由攻转守的情况下进行配合练习，逐渐增加进攻的难度和对抗的强度，使学生巩固已掌握的方法，并在运用中提高。

2. 练习方法

练习一：半场一对一摆脱接球。如图4-82所示，两人一组，先由一组学生进行练习，练习一定次数后，换另一组进行练习。

要求：进攻队员在接球之前，一定要用反跑的动作吸引防守，然后突然摆脱对手接球。可以摆脱拉出要球，也可以摆脱插中要球。

练习二：传切练习。如图4-83所示，分成两组，由每组排头开始，依次进行。每组练习后，练习者排到另一组后面。

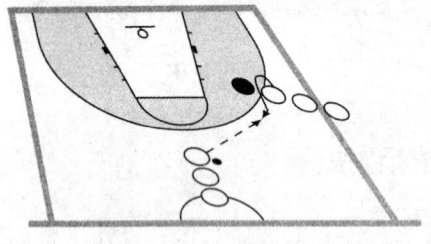

图 4-82

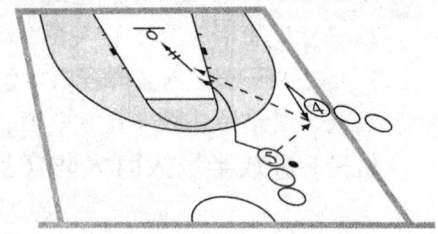

图 4-83

要求：④接球前要有下压摆脱的动作，⑤将球传给④后，先做向左侧摆脱的假动作，然后改变方向切入篮下，接④的传球上篮。④在传球前，做投篮、向底线突破的假动作，吸引防守，然后及时传球给⑤。

练习三：反掩护练习。如图4-84所示，分成三组，由每组排头开始，依次进行。各组练习后，顺时针方向轮转换位，分别排到各组排尾。

要求：进攻队员传球后要向反方向去做掩护，掩护动作要合理到位，掩护后要注意转身跟进。被掩护队员在同伴到位前，要把对手的注意力引向另一侧，一旦同伴到位，立即利用掩护插入篮下。在掩护进行过程中，持球队员要吸引防守者，注意及时传球给插入篮下的同伴，或是掩护后跟进的同伴。

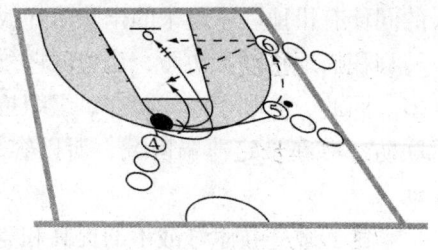

图 4-84

练习四：半场五对五攻守。5人一组，先由两组进行练习，练习一定时间后，换两组上场练习。

要求：进攻的一组按预定的配合方法进行练习，要熟悉进攻练习，了解不同的时机。防守的一组要人盯人，开始可以消极一些，但一定要跟着对手跑动。

练习五：全场五对五攻守。5人一组，先由两组进行练习，练习一定时间后，换两组上场练习。

要求：进攻组要积极地移动，灵活地运用各种基础配合，提高队员之间的配合协调能力，保持进攻配合的连续性。防守组可以运用扩大或缩小的形式，积极防守。

思考题：

1. 试述半场人盯人防守的基本要求。
2. 分析进攻半场人盯人防守的战术方法。
3. 简述半场人盯人防守的教学步骤。
4. 简述半场缩小人盯人防守战术的方法。
5. 试述进攻半场人盯人防守战术的教学步骤。

第四节 区域联防与进攻区域联防

一、区域联防

区域联防是由攻转守时，防守队员迅速退回后场，按每名队员分工负责防守一定的区域，严密防守进入该区域的球和进攻队员，并以一定的形式把每个防守区域的同伴有机地联系起来的全队防守战术。现代联防战术的特点是防守队员随球的转移积极地移动和协防，位置区域分工明确，对有球区以多防少，无球区以少防多。因此，有利于内线防守、组织抢篮板球和发动快攻。但由于各种形式的区域联防都存在一定薄弱区域，所以容易被对方在局部区域形成以多打少而陷于被动。

随着攻守技术、战术的提高和竞赛规则增加的三分球规定，促进了区域联防的发展，防守队形从固定变为不固定，从而形成"一对一"的对位联防，加强了区域联防的针对性。同时，在区域联防的运用中，也普遍遵循并贯彻"以球为主"的防守原则，做到球、人、区三者兼顾，扩大了每名防守队员的控制范围，强调与同伴的协防，以及封盖、夹击等防守技术的运用，进一步加强了区域联防的集体性、伸缩性和攻击性。区域联防的发展，使它在现代篮球比赛中仍然作为一种有效的防守战术而被广泛运用。

（一）区域联防的形式

随着篮球运动的发展，现在世界强队只用一种固定形式的联防比较少，多半是把各种联防结合运用，根据进攻队形的变化而改变着自己防守的队形。但不管是什么样的联防，最重要的就是以球为主，人球兼顾。对持球者一定要盯紧，因为有球的人能直接得分，或者他会把球传给更有利于得分的人。因此，就不能让持球的人轻易投篮或任意传球。五名防守队员都要积极地滑动，扬手挥臂，扩大防守面积，填补五人之间的空隙，使进攻队员感到在联防的防区之内，到处是人，无机可乘。

常用的区域联防的形式有三种。如图4-85所示，前边站两名队员，中间站一名队员，后边站两名队员，这种队形叫"2-1-2"联防（图中椭圆形的虚线表示每名队员防守的区域，各个防区衔接的地方为两名队员共同防守的区域）。采用这种联防形式的较多。其他还有"2-3"联防，如图4-86，是前面站两名队

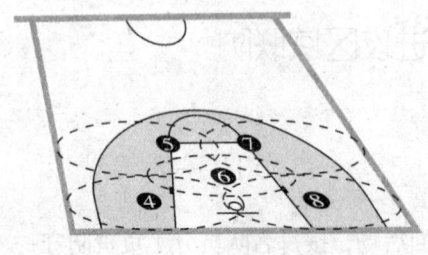

图 4-85

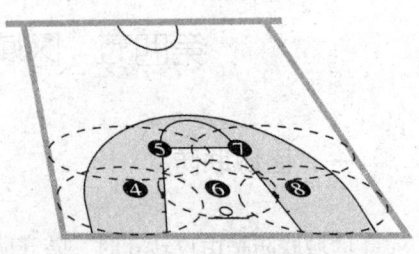

图 4-86

员，后面站三名队员。这种形式，篮下防守力量较强。图 4-87 是"3-2"联防，前面站三名队员，后面站两名队员，这种形式，对于防外围投篮准的队较有效，并能干扰其传球。不论采用哪种形式的联防，都要把身材高、弹跳好、善于抢篮板球的队员安排在篮下的位置和中间的位置，要把移动速度快、灵活机警的队员安排在前面。在人员的安排上，要充分考虑发挥每名队员的特长。

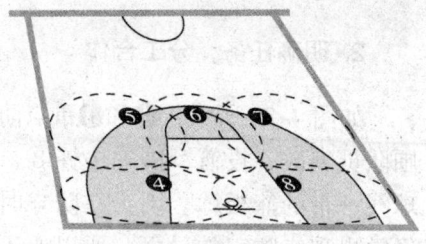

图 4-87

（二）区域联防的基本要求

1. 根据区域联防的形式、队员的条件和技术特长，合理分配队员的防守区域，发挥队员在各自防区的作用。

2. 由进攻转入防守时，要积极阻止对方的攻势，有组织地快速退守和及早落位布阵防守。

3. 防守队员要协同一致，随球积极移动，并张开和挥动双臂，相互照应，形成整体防守。

4. 防守持球队员时，应按照人盯人防守的原则，积极干扰和破坏对手的投篮、传球和运球，严防从底线运球突破。

5. 防守无球队员时，要根据离球的远近和防区中进攻队员的行动，积极抢位和堵截，不让对手在有威胁的区域内接球，随时准备协同同伴进行"关门"、补位等防守配合。

6. 当进攻队员采用穿插移动时，应根据其行动方向，先卡位，并迅速调整防守位置或队形；当进攻队投篮后，每名防守队员都要堵位和抢位，有组织地争夺篮板球并及时地发动快攻。

（三）区域联防的方法（以"2-1-2"阵型为例）

1. 由攻转守，快速布阵

由攻转守时，要在对方进攻之前，快速退回本队后场，每名队员都按照区域分工，站成"2-1-2"的队形，观察对手的活动，做好防守的准备，严阵以待。

2. 明确任务，分工合作

如图 4-88 所示，❹和❺重点防守外围队员突破、投篮，围守中锋⑧，抢罚球线一带的篮板球。因为在防守时，会经常出现二防三的局面，所以要不停地移动，积极地挥动手臂，一人上前，一人保护，互相配合，大造声势。

中锋❽要密切监控对方中锋⑧在限制区一带的活动，严防他和其他队员插向中区接球投篮或突破，并积极争抢篮下中间地带的篮板球。

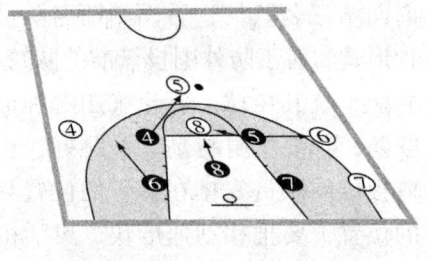

图 4-88

❻和❼坚守篮下两侧，尽力封锁进攻队员在篮下两侧接球投篮，并拼抢这一带的篮板球。防守时，要纵观全局，并挡人、卡位。

3. 随球转移，人球兼顾

如图 4-88，当球在圈顶外⑤手里时，由于❻和❼都在防守队的右侧，所以应由❹上前防守⑤，阻挠其投篮或突破。❺稍向左侧移动，协助❽防守⑧，防止⑤传球给⑧。❽稍上提，注意⑧的行动。❻略向左前方移动，准备上去防④。❼向中区靠拢，并注意⑦的活动，在篮下站成三角形，控制位置，准备抢篮板球。

如图 4-89 所示，假设⑤把球传给⑥，球在侧翼 45°角区域时，❺应快速滑步或跑上去防守⑥，不让其投篮或突破。❹滑到⑧的右前方，协助❽防守⑧，防止⑥传球给⑧。❽稍向右侧移动，注意⑧的行动，一旦⑥传球给⑧，则❽要防⑧投篮和突破，同时❹❺❽三人也可围守、夹击⑥。❼可稍向右侧移动，注意⑥可能把球传给⑦，也可能持球突破。

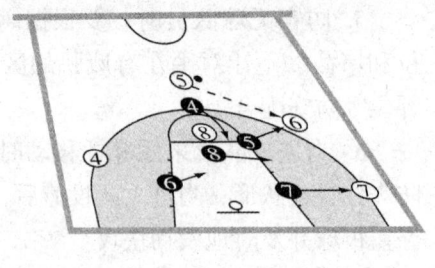

图 4-89

⑥若突破时，❼应配合❺进行"关门"防守或补位防守；如果⑥投篮，则❼要把⑦挡在外面，抢篮下右侧一带的篮板球。❻稍向前移动，防止④向篮下或中区空切，并抢篮下左侧一带的篮板球。

如果⑥把球传给④，如图 4-90 所示，则❻要注意断球，但不要冒险行事。如事先无准备，判断不准，就不宜断球，应向左前方移动，等④接到球时上前防守,不让其投篮或从底线突破。此时❹要尽快地绕过❽,回去防守自己区内的④。❻等❹回防④时再退回篮下。❽稍向左侧移动,注意⑧的行动。❼要向左侧移动保护篮下,防止⑦溜到篮下接球投篮。因为⑦在篮下接球威胁最大,所以❼首先要卡断并占据⑦通往篮下的路线(这样,即使⑦要强行通过,也必须是绕经篮后才能过去),同时,❼还要用后背贴近⑦,并用手摸着"护送"他到左侧篮下交给❻后,再回到原来的防区。如果❻还没退回来而④又把球传给了⑦,则❼要继续防守⑦,防止其投篮和突破。❺向后移动,加强篮下的防守,并防止⑥向篮下空切接球。

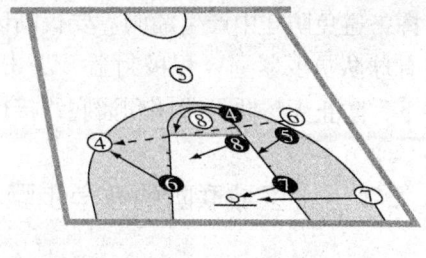

图 4-90

如图4-91所示,当球在底角时,假若④把球传给了⑦,❻要上去防⑦投篮和从底线突破。❹向下滑动,协助❻防守。这时如果中锋⑧下顺到左侧腰上(限制区左侧线的中部),则❽应立即向左移动,严防⑧接球。如果⑦把球传给⑧,❽要防⑧投篮和突破。同时❻应适当回缩,❹❻❽三人围守夹击⑧。❺向

图 4-91

中区靠拢保护篮下,阻止⑤插向中区接球,并抢这一带的篮板球。❼向篮下移动,阻止⑥向篮下空切,并抢篮下右侧的篮板球。

(四)区域联防运用时机的提示

1. 对方外围中远距离投篮不准,而内线威胁较大时。

2. 对方频繁地采用穿插移动和运球突破,而本队个人防守技术较差,或犯规较多时。

3. 为了使对方不适应,有策略地改变防守战术时。

4. 为了加强有组织的抢篮板球和发动快攻时。

5. 犯规较多,后备力量不足时。

运用区域联防时还应针对对方的进攻队形,及时变换防守队形,避免在局部区域造成以少防多的被动局面。防守队员要相互呼应,处于后线队员要负责指

挥，避免防守中产生漏洞。要提高区域联防的伸缩性，以球为主，扩大防区，对有球队员要紧逼，积极封盖、夹击、围守，加强攻击性。同时，要时刻保护篮下，防止无球队员背插和溜底线接球进攻。

（五）区域联防的教学步骤和练习方法

1. 教学步骤

（1）通过讲解与演示，使学生了解区域联防战术的基本要求和战术方法，明确区域联防的特点和重要性，初步形成正确的全队防守概念。

（2）先进行分解的、局部配合的练习，再进行结合的、整体配合的练习，使学生掌握区域联防的方法。

（3）先在消极进攻的情况下进行防守练习，然后逐步过渡到在积极进攻的情况下进行防守练习，最后在由攻转守的情况下进行防守练习，逐渐增加防守的难度，使学生在运用中巩固和提高已掌握的方法。

2. 练习方法

练习一：外围两人防守。如图4-92、图4-93。两人一组，先由两组进行练习，一组相互传球或运球突破，另一组做防守移动，练习若干次后，防守的一组换下，进攻的一组改为防守，新上来的一组进攻。

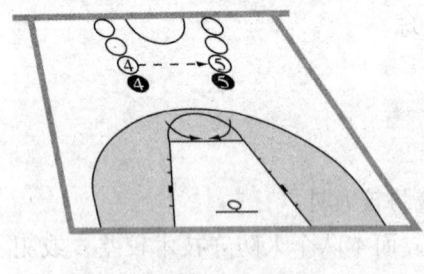
图4-92

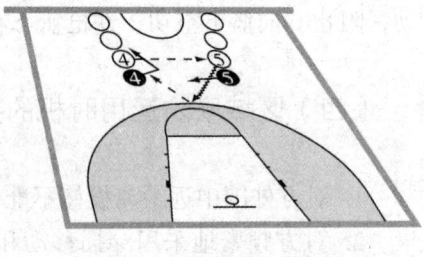
图4-93

要求：防守的队员要始终保持正确的姿势，对有球队员要立即上前紧逼，防无球队员要向同伴一侧滑动，进行保护。当持球队员向两防守者之间突破时，防守队员要迅速地后撤靠拢，进行"关门"。在对手将球传出后，防守队员要能够马上分开，并立即顶上去防守有球队员。

练习二：外围四人防守。如图4-94所示，四人一组，先由两组进行练习，练习一定时间后，换两组进行练习。

要求：防守队员要积极、快速滑动。防有球队员时要上前紧逼，防投为主，防突为辅。邻近的防守队员要进行保护，准备协助"关门"。离球远的防守队员要偏向有球侧，但要做到人球兼顾。

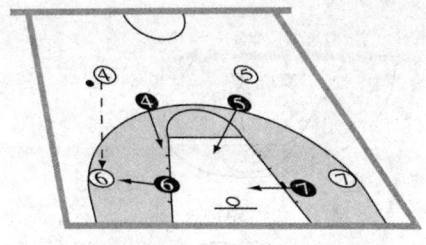

图 4-94

练习三：半场五人防守，如图4-95所示，五人一组，先由两组学生进行练习，练习一定时间后，换两组继续进行练习。

要求：当进攻组的中锋队员在有球侧限制区边上时，防守者要绕前防守，同一侧的防守队员要回缩协助围守中锋，

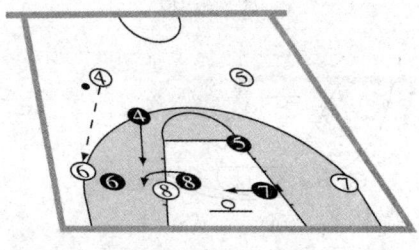

图 4-95

另一侧的防守队员要注意控制对方的高吊球。中锋队员得球后，要进行围守，围守之后要能够迅速回防自己的区域。

练习四：全场五人防守。五人一组，先由两组学生进行练习，练习一定时间后，换两组继续进行练习。

要求：由攻转守时要快速退回后场站好位，防守者要积极滑动，扬手举臂，在防好自己区内进攻队员的同时，还要注意球的位置，并协助其他同伴防守。

二、进攻区域联防

不管进攻哪一种联防，最有效的办法就是利用快攻，趁对方尚未返回防守阵地时，以快攻得分。但是任何一支球队都不会总是让对手打成快攻的，因此，就必须学会进攻各种联防。在进攻联防时，要针对这种防守战术主要是每人防守一定区域的特点，集中优势兵力，在局部区域形成人数上的优势，并进行穿插、迂回、声东击西，调动和打乱对方的联防阵型，创造投篮的机会。

（一）进攻区域联防的形式

进攻区域联防的战术队形常用的有以下几种："1-3-1"，如图4-96；"1-

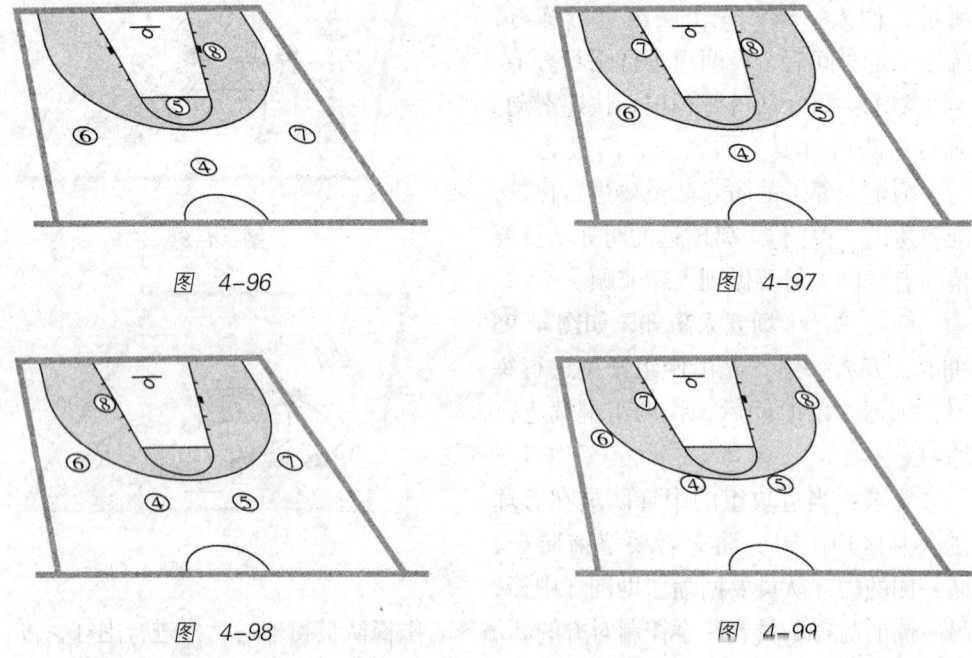

图 4-96　　　　　　　　　　　图 4-97

图 4-98　　　　　　　　　　　图 4-99

2-2",如图 4-97;"2-2-1",如图 4-98;"2-3",如图 4-99 等。

（二）进攻区域联防的基本要求

1. 由防守转入进攻时，首先要积极发动快攻，打乱对方的战略部署。

2. 当防守队员已组成区域联防时，进攻队应针对防守队形，采用插空站位的进攻队形组织进攻。

3. 组织进攻区域联防战术时，应耐心地运用快速的传球转移进攻方向和积极穿插移动，调动和牵制防守，创造进攻机会。

4. 进攻区域联防要用准确的中远距离投篮，迫使对方扩大防区，以利于内外结合的攻击；要在防守薄弱的区域组织进攻；要在局部区域以多打少；拼抢篮板球，争取二次进攻机会；还应注意保持攻守平衡，准备退守。

（三）进攻区域联防的方法

下面介绍进攻"2-1-2"联防的方法。

1. 站位

进攻队员站位时，要避免与防守者形成一对一的局面，应当既要照顾到同伴间的联系，以利于组织进攻，又要考虑到一旦进攻失败时便于退守（即攻守平衡）。

针对"2-1-2"联防而采用"1-3-1"进攻队形的站位。

2. 配合方法

（1）利用快速传球创造中远距离投篮的机会。如图4-100所示，④⑤⑥⑧之间互相快速传球，调动❹❺❽来回滑动，迫使对方三防四，造成进攻者有一人处于暂时无人防守的局面。这时，要抓住时机，果断而大胆地进行中远距离投篮。也可以像图4-101那样，由④⑤互相快速传球，假攻右侧，当把❹❺吸引上来时，⑤或④立即把球转移给⑥进行中投。⑤⑧⑦抢篮板球，④⑥准备防守。

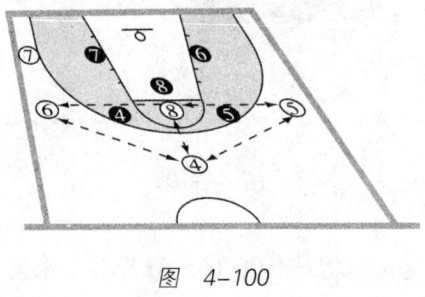

图 4-100

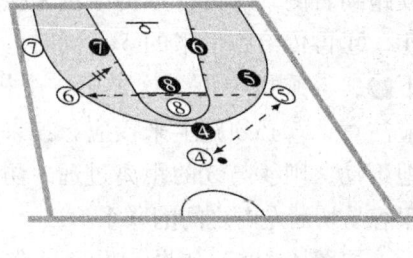

图 4-101

（2）利用穿插创造篮下或中远距离投篮的机会。如图4-102，⑥传球给⑦以后，突然向篮下空切。这时如果❼上前防守⑦，则⑦立即传球给切进中的⑥投篮；如果❽回撤堵截⑥，不让⑥接球，则⑧乘机插向限制区左侧的腰上接⑦的传球投篮。

（3）利用突破分球创造投篮的机会。如图4-103，⑦接⑥的传球以后，也

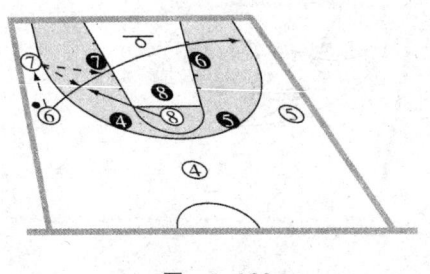

图 4-102

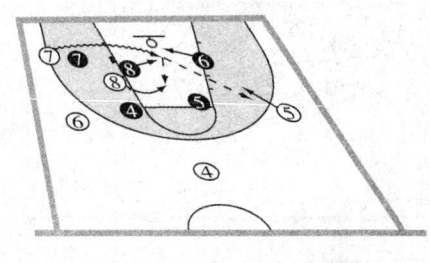

图 4-103

可以从底线突破。如果❽补防，⑧应迅速横插到中间，这时⑦可用低手传球或反弹球传给⑧投篮；⑦也可以传给⑤，⑤趁防守者尚未滑过来的机会从容投篮。

（4）利用掩护创造的投篮机会。如图4-104，⑤传球给④以后，快速向篮下空切，并跑到左角。④把球传给⑥，⑦给跑到左角的⑤做前掩护，把❼挡住。⑥把球传给⑤，⑤投篮。

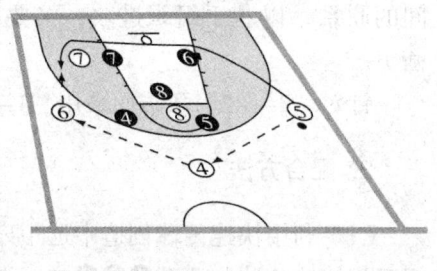

图 4-104

（5）五人配合示例。如图4-105，⑥传球给⑦以后，突然向篮下空切。这时如果❼上来防⑦，则篮下较空，⑦可立即把球传给空切的⑥上篮。这是第一个机会。如果⑦没把球传给⑥，则⑥继续跑到右侧，⑦可把球传给过来接应的④，④再传给跑上来的⑤。同时❽挡一下❺，⑤乘机中投。这是第二个机会。应注意，⑤必须跑上来接应，如果⑤原地不动，则④与⑤的距离过远，防守者很容易切断左右之间的联系。

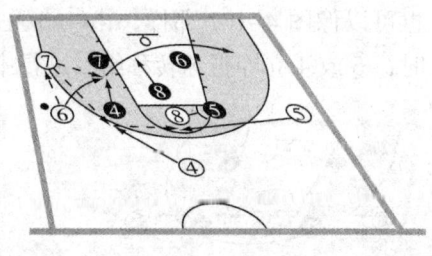

图 4-105

如图4-106，如果⑤看到机会不好，则应立即将球传给⑥，⑥若不上来防守，则⑥可投篮。❻若上来防守，⑥就有两个机会：一是传给下顺的⑧跳投，若❽继续追防⑧，罚球线前则被拉空，⑦可乘机插入，接⑥的传球投篮；二是⑥从底线突破分球，如图4-107所示，当⑥突破时，⑧下顺，⑦插中，④向左移，⑥可根据出现的机会将球分给⑧⑦或④。如果上述配合没有成功，还可以重新组织这个配合。

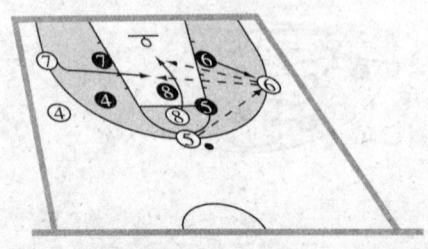

图 4-106

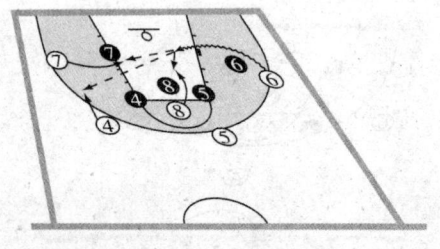

图 4-107

（四）进攻区域联防战术方法运用的提示

1. 要有目的地快速传球，调动防守者移动，造成投篮的机会。接球后，不要停球不传。

2. 在自己有把握的区域内，要大胆、果断地进行中远距离投篮。

3. 无球队员要穿插移动，跑向空位，这样才能调动防守者，从而创造投篮的机会。

4. 要明确每次投篮后有三人冲抢篮板球，另两人准备退守。要注意攻守平衡。

5. 要有耐心。急躁、蛮干很容易失误，给对方造成反击得分的机会。耐心进攻，即使24秒违例，也还能组织起防守，不让对方快攻得分。

（五）进攻区域联防战术的教学步骤和练习方法

1. 教学步骤

（1）通过讲解与演示，使学生了解进攻站位队形、队员位置分工和进攻配合方法，建立完整的进攻概念。

（2）先进行固定配合的练习，再进行配合中变化的练习，使学生初步掌握进攻区域联防的基本方法。

（3）先在消极防守的情况下进行练习，而后逐渐过渡到在积极防守的实战对抗情况下进行练习，使学生在运用中巩固和提高已掌握的方法。

2. 练习方法

练习一：半场四对四。如图4-108所示，四人一组，先由两组学生进行练习，练习一定次数后，再换两组进行。防守站成"2-2"的联防阵型，进攻站成"1-2-1"阵型。

要求：进攻组要运用传球、穿插、突破、策应来创造内外线攻击投篮机会，防守组可以由消极防守过渡到积极

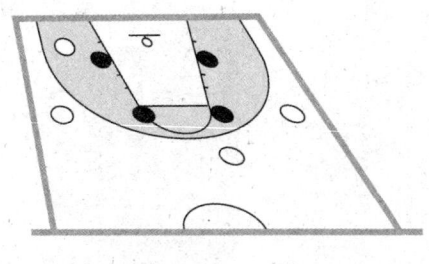

图 4-108

防守。

练习二：半场五对五。如图 4-109 所示，五人一组，先由两组学生进行练习，练习一定次数后，再换两组练习。防守站成"2-1-2"的联防阵型，进攻站成"1-3-1"阵型。

要求：进攻组要运用传球、穿插、突破、策应来创造内线攻击投篮机会，防守组可以由消极防守过渡到积极防守。

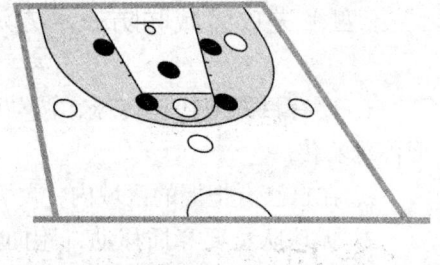

图 4-109

练习三：全场五对五攻守教学比赛。五人一组，先由两组学生进行练习，练习一定时间后，再换两组练习。

要求：进攻组要把快攻和阵地进攻结合起来，要迅速地、有针对性地落位，掌握好进攻节奏。从后场向前场推进过程中，要把内外、左右、突破和中投、球动和人动结合起来，使进攻保持连续有组织、有变化地进行。

思考题：

1. 试述区域联防的基本要求。
2. 分析进攻区域联防的战术方法。
3. 简述区域联防战术的教学步骤。
4. 简述进攻区域联防战术的教学步骤。

第五章

篮球教学训练文件与课的组织

内容提要：

本章主要介绍了篮球教学文件的三种形式与制定的基本要求和有关注意事项、中学篮球代表队训练计划的制定以及学校篮球教学训练的组织与实施；运用文献资料法和访谈法，结合中学生身体和心理特征以及中学教学的特点，对中学篮球队训练计划的制定和学校篮球教学训练的组织与实施等内容，进行了比较详细和有针对性的分析，以利教师的教学和学生的主动学习。

第一节　篮球教学文件的制定

教学文件是教学工作的各种计划，包括教学大纲、教学进度和课时计划（教案）。它是在长期教学实践中总结出来的宝贵经验，是教学工作的主要依据。正确制定和执行各种教学文件是全面完成教学任务的前提，也是顺利进行教学工作的根本保证。

一、教学大纲

教学大纲是教师教学工作的主要指导性文件，它是根据教学计划中所规定的培养目标、教学目的任务和基本要求以及对各门课规定的总时数，以纲要的形式列出该门课程的教学内容、顺序、分量、形式和主要措施。

教学大纲是国家对该门课程提出统一要求的法定性文件，是检查教学质量的统一标准。教学大纲一般是由国家统一制定和颁发的，但有的也可以由学校自己制定。

（一）教学大纲的结构

教学大纲一般由三部分组成。

1. 说明

在说明中简要阐明本大纲的使用范围和对象、制定大纲的指导思想和原则、使用时应注意的问题。

2. 正文

在正文中要阐明本门课程的教学目的任务、教材编选的原则，组织教法的形式、方法和要求，教学内容的细目提要与基本要求、时数分配与各部分的比重，完成教学任务的主要措施，考核内容与方法。

3. 参考文献目录

要列出主要的参考文献、作者、名称、题目、出版刊物名称与机构、出版时间、页码。

（二）制定教学大纲的基本要求

1. 从实际出发，落实教学计划所规定的培养目标和要求，并提出明确的教学目的任务。
2. 根据篮球运动的特点，确定本课程的任务、时数、教材内容，突出基本理论、基本技术和基本技能的教学训练与培养。
3. 要注意教学内容的科学性、系统性和先进性。
4. 合理分配时数，要保证理论与实践的合理比例。
5. 考核内容应以基本理论、基本技术与基本技能为重点。考核方法应能全面、客观地反映学生的理论、技术与技能的真实水平，评分办法力求科学。

二、教学进度

教学进度是根据教学大纲的任务、内容和时数分配，具体落实每次课教学内容的安排。教学进度的安排是否科学，在很大程度上关系着教学的效果和任务完成的质量。

（一）制定和安排教学进度的基本要求

1. 全面安排，重点突出。根据篮球运动发展规律和培养目标的要求，为了使学生对篮球运动有一个系统的、完整的概念，必须全面安排大纲所规定的教材内容，但在时数分配、出现次数上，要从培养目标的实际需要出发，突出重点，加强基本理论、基本技术和基本技能的教学与培养。
2. 制定进度时，根据篮球运动具有集体性、竞赛性和对抗性的特点，既要考虑各类技术、战术本身纵的联系和系统性，又要考虑攻守各类技术、战术横的关系。篮球技术、战术的运用具有综合性的特点，学习、掌握单个动作以后，还要把它们组合起来，加以综合练习。在学习攻守技术、战术时，还要把它们结合起来，在对抗条件下掌握技术和战术，提高技术、战术的运用能力和应变能力。因此，在安排教学进度时，既要由易到难，循序渐进，注意系统性，又要纵横交错，攻守结合，合理搭配。
3. 理论课、实践课要科学安排，密切结合，本着理论联系实际、理论指导实践的原则，根据不同阶段的任务与要求，有的放矢地安排理论课、教法课、实践课，把传授知识、掌握技术与能力培养有机地结合起来进行。

4. 每次课的教材分量要适当，不可过多，也不能太少，一般以一两个新教材、一个复习教材为宜。

5. 安排进度时，要适当考虑每次课的运动负荷量的合理安排，尽量做到大、中、小结合。

6. 安排进度时，要课内外结合、校内外结合，例如组织竞赛、裁判能力与教学训练能力的培养与考核，就要把课堂教学与课外作业和校内外的竞赛活动结合起来，把课内教学实习和校内外教育实习结合起来。

（二）教学进度的格式

1. 符号式教学进度

制订教学进度时，要把各类教材按编号顺序列入教学内容栏内（表5-1），按每个教材出现的顺序和次数，用符号×填入各次课的方框内，教师根据各类教材安排的先后顺序、数量和重复次数编写每次课的教案。

表5-1　符号式教学进度

编号	教学内容	教学时数	出现次数	课次												
				1	2	3	4	5	6	7	8	9	…	…	…	…

2. 名称式教学进度

制订进度时，按照课的编号顺序，把每次课的教材名称填入表中教学内容栏内（表 5-2），在组织教法栏中，填写重点教材的组织教法，备注栏内填写课的类型和其他事项。教师按表的每次课的内容、教法建议编写教案。

表 5-2　名称式教学进度

课次	教学内容	组织教法	备注
1			
2			
⋮			

三、教案

教案即课时计划，是教师根据教学进度编制而成的。科学地编写每次课的教案对全面完成大纲所规定的教学任务具有重要意义。

教案不仅是教师上课的依据，而且对积累资料、总结经验、提高对教学规律的认识具有重要意义。另外，教案还是检查、考核教师的工作态度、业务水平的具体内容之一。

（一）教案编写的要点

教案编写是一个十分复杂的过程，涉及因素也多种多样，一般来说涉及的主要因素有如下几点：

1. 钻研教学大纲

教学大纲是根据教学计划，以纲要形式编制的有关教学内容的指导性文件。学习钻研教学大纲可以使教师：

（1）从总体上了解本学科的教学目的、任务，从而正确地把握备课的方向，使备课能体现总的目标要求。

（2）从总体结构出发，掌握本学科的知识体系，了解各部分相互之间的内在联系，从而全面安排，突出重点。

2. 详细研究教材

教材是教学大纲的具体化，是学生学习的主要内容，也是教师教学的主要依据，所以教师必须认真研究教材。钻研教材分通览和精读两种情况：通览教材，一般是在教师接受教学任务后，将教科书浏览一遍，了解其结构，熟悉其内容，领会教材的编写意图；精读教材，是在授课之前，对教材进行详细阅读和钻研。

3. 确定教学目标

教学目标是预期教学结束时学生必须获得的学习结果或终点行为。教学目标作为一个整体，是由不同的层次构成的。作为学习结果的教学目标，可以根据其表述的抽象程度分为三类，构成由抽象逐渐具体的三个层次。

（1）终极教学目标：即教学所要实现的最终目标，是教学的总目标。它一般包括三个方面的内容：①使学生掌握一定的知识和技能；②使学生的智力和体力得到发展；③培养学生正确的世界观，形成健康的个性品质。

（2）中程教学目标：是指阶段教学目标，即在一定的学习阶段里，学习者在不同的知识、技能水平阶段所应达到的程度。

（3）具体教学目标：是将中程教学目标再行分化，一般是指一个教学单元或一次具体课要使学生掌握的内容。

4. 了解教学情境

要使教案编写合理有效，符合教学规律的要求，教师必须认真了解教学情境。因为教学工作必须做到"知己知彼"。"知己"就是教师根据自身的条件对教材要作深入细致的钻研；"知彼"就是指深入了解教学情境。了解教学情境有两层含义：一是要了解教学的对象，即了解学生；二是了解教学的场地和设备。

了解教学情境后，教师可以根据多数学生的基本状况和个别学生的特殊情况，有针对性地、恰当地确定教学的难点，然后综合教学重点、难点、教学情境，决定是否调整教学目标，使编写的教案切实可行，从而取得理想的教学效果。

5. 选取教学方法

教学方法是教师"教"的方式和教师指导的学生"学"的方式的综合。教师借助于教和学的方式来完成教学任务。为了在有限的时间内，把教学内容顺利地转化为学生的知识、技能、能力和思想观点，使学生的身心得到全面发展，教师必须正确地选择教学方法。

教师在选择和运用教学方法时应注意以下几点：

（1）要研究教学方法赖以建立的理论基础。任何一种教学方法都是建立在一定的教学思想基础上的，是教学思想的外化形式和外在表现，教学思想与教学方法是"神"与"形"的关系。因此，在选择与运用教学方法时，不仅要把握教学方法的"形"，而且还要掌握教学方法的"神"，做到"神形兼备"。

（2）要克服教学方法的单一化倾向。没有哪一种教学方法能够达到所有的教学目标，所谓万能的教学方法是不存在的。现代教学论的发展证明，任何一种教学方法只能适应于特定的教学情境，每一种教学方法都有其自身的优点和不足。

（3）要提倡多种教学方法的互补融合。在众多的教学方法中，一种教学方法的优点可能恰恰是另外一种方法的不足，反之亦然。如果能利用各种方法的互补性，并将具有互补关系的方法结合使用，一定能取得好的教学效果。

6. 设计教学过程

教学过程是教师有目的、有计划地向学生传授知识、技能，发展学生能力，进行思想教育和学生在教师的指导下主动积极学习的过程。教学过程设计得是否恰当，直接关系到教学任务能否顺利完成。所以，设计教学过程是教案编写中极为重要的一步。

（二）教案的格式

教案的格式和写法多种多样，在实践中，多采用表格式，但也有用条文式的。

1. 表格式

表格式教案（表5-3）是在确定课的任务以后，按表格各栏的先后顺序，填写每一部分的教学内容、组织教法、练习次数和运动量以及其他有关事项。课后填写小结。

2. 条文式教案是按课进行的顺序，用文字逐条加以叙述。

表5-3 表格式教案

上课日期：   年   月   日   授课教师：

班级			第 周	场地器材与媒体	场地：
人数	男		第 次课		器材：
	女				媒体：
教材内容				教学任务或教学目标	
重点难点					

教学过程	教学内容和达成目标	教学组织与方法		练习次数	时间
		教师教法	学生学法		
作业和参考文献推荐					
病弱处理					
课后小结					

（三）编写教案时应注意的问题

1. 要明确本课任务。教师在确定课的任务时，要根据培养目标和大纲、进度的具体要求、教材的性质与学生的实际情况，提出明确而具体的教学任务和目标要求。

2. 要钻研教材，分析教材的性质、特点和在教学中的主次位置、教材之间的纵横关系，要抓住教材的要点和关键环节。

3. 要考虑学生原来的基础、接受能力、人数、场地、设备和器材等，正确运用教法步骤，选择有效的练习方法，合理安排练习次数和运动负荷。

4. 要注意教材之间和课前后的联系，承上启下，这样才能保证教学的完整性和系统性，以及教学方法的渐进性。

5. 确定教学任务时要从大多数学生出发，但又要注意因材施教，个别对待。

第二节　中学篮球队训练计划的制定

训练计划是对未来训练过程预先作出的理论设计，它是进行和检查训练工作的重要依据。制定的计划要有预见性，要在充分调查研究的基础上确定训练任务、具体目标和方法措施，使训练工作有计划、有步骤地进行，保证训练任务顺利完成。

学校篮球队的训练计划是依据学校总的学年、学期教学计划制定的。制定计划可以保证有目的、有系统、有组织、有步骤地进行训练。训练的根本任务是采取有效的方法和手段，促进和提高篮球技术、战术和身体素质的水平，以争取较好的运动成绩。

训练计划的制定分为多年（三年）训练计划、年度训练计划、阶段训练计划、周训练计划和课时训练计划。中学篮球队还应根据学期和假期制度来制定学年计划，以适应以学为主和假期比赛的特点。

一、多年训练计划

中学篮球队多年训练计划实际上是整个中学时期系统训练的总体规划。教师应依据学生的思想、身体条件、技术和战术基础、学习成绩以及心理特征等基本情况来制定。中学生多年训练计划也应对球队和每名队员定一个总体目标和任务，以达到"从小培养，打好基础，系统训练，积极提高"的目的。

多年训练计划的主要内容有：训练目标和任务；运动员思想、意志品质、身体条件、年龄和生理特点以及基本技术等基本情况的分析；测定和评定训练水平与全面考核措施；各学年的训练任务、技术指标及主要措施；比赛安排和名次要求等。

多年训练计划可以用表格方式列出或用文字阐述。制定多年训练计划要明确目的和任务，步骤与时间安排要适当，各项训练指标、测验手段、负荷安排要科学合理，应尽可能用数据或百分比标明，并能反映出多年训练的发展目标。

二、学年训练计划

学年训练计划是多年训练计划的一部分，是实现多年训练总任务的最重要、最具体的环节，它是根据多年训练计划和学年比赛任务制定的。学年训练计划主要是利用课余时间有计划、有组织、较系统地落实多年训练计划的指标与内容。它的主要内容包括：

（一）学年训练总体任务

学年训练的总任务是根据全队队员的基本情况，在总结上一学年训练的基础上提出的运动素质、技术、战术等各项训练指标和参加比赛的成绩要求，以及训练工作的检查、监督等措施以保证总目标的实现。

（二）划分训练周期和各周期的任务

在学年训练计划中，根据竞赛时间划分训练周期、时期和分配任务，提出要求，再根据训练阶段制定出具体的训练内容。中学篮球队的训练可按学期分为两个周期，每学期分为准备期、比赛期和过渡期。

年度训练计划主要有三种类型（表5-4）。

表5-4 学年训练计划的划分及基本任务

训练计划类型		时间跨度	基本任务
年度训练计划	单周期	6—12月	准备并参加1次或1组重要比赛
	双周期	每个周期4—6个月	准备并参加2次或2组重要比赛
	多周期	各周期3—5个月	准备并参加3次或3组以上重要比赛

第五章 篮球教学训练文件与课的组织

第一种类型：是以全学年为一个大训练周期的单周期训练计划。分为准备期、竞赛期、过渡期。

第二种类型：是全学年按两个学期分为两个大训练周期的双周期训练计划。有两个准备期、两个比赛期和一个过渡期。

第三种类型：是在全学年过程中设有较多次数比赛的年训练计划，在两次比赛的期间，进行保持训练水平的训练，或者安排积极性休息。

准备期的主要任务是提高运动员的机能、素质、技术、心理等方面的水平，最终达到竞技状态的初步形成。准备期分为一般准备阶段和专门准备阶段。一般准备阶段主要是发展一般身体素质和掌握技术；专门准备阶段主要是提高专项素质和技术。一般准备阶段负荷逐渐增大，优先增加训练量；专门准备阶段训练量减少，训练强度继续加大。

比赛期的任务是发展专项训练水平，完善专项技术，提高比赛能力，形成和保持良好的竞技状态，创造良好成绩。比赛期负荷趋势是训练量小，训练强度增至最大。

过渡期的主要任务是消除比赛所积累的疲劳，促进机体恢复。采用负荷量和较小的一般身体训练及积极性休息。

学年训练的各个时期是一个不可分割的整体，各学年、时期之间既有区别又有联系，除在必要时及时进行调整外，一般要按计划进行训练，并做到有指标、有检查、有评价、有奖惩，使整个训练都在严格的程序监控条件下进行。

三、阶段训练计划

为了使训练安排更加周密、合理、详细，可按准备期、比赛期和过渡期安排阶段训练计划。在计划里，要制定出具体而周密的教学训练任务、内容和运动负荷。阶段计划要保证学期计划各个时期任务的完成，要有利于各个时期训练的自然衔接，也要便于能够及时调整。计划的制定一般采用表格形式，辅以说明即可（表5-5）。

四、周训练计划

周训练计划是由数次训练课组成的，是训练过程中相对完整而又经常重复的重要部分。它是根据不同时期、阶段的训练任务、要求、完成和恢复等状况，对一周的身体、技术、战术训练内容和负荷所作的科学安排。

表 5-5　阶段训练计划

_____ 队 _____ 阶段训练计划　　　　主教练 _____

		主要训练内容	训练方法措施	训练单元	比重（%）
上阶段训练的基本情况分析					
本阶段任务与训练重点					
训练安排	类别				
	身体训练 一般				
	身体训练 专项				
	技　术				
	战　术				
比赛安排	名称				
	名次指标				
训练负荷曲线	大中小　　　　　　　　　　　　———量　------强度　　　　　　　　　　　　　周				
训练进度					
备注					

_____ 年 ___ 月 ___ 日　制定

为适应不同任务而制定的周训练计划大致有四种类型，即基本周训练、赛前诱导周训练、比赛周训练和恢复周训练。这四种类型的周训练计划相对应用于准备期、比赛期和过渡期的训练。不同类型的周训练计划，有其不同的训练任务、内容和负荷安排特点。

（一）训练任务

基本周训练：主要任务是通过负荷的改变引起新的生物适应现象，提高运动员的竞技能力。基本训练周又分为加量周训练和加强度周训练。在全年训练中采用最多的周训练类型是基本训练周训练。

赛前诱导周训练：主要任务是使运动员的机体适应比赛的要求，把训练过程中所获得的竞技能力集中到专项上去。赛前诱导周训练主要用于比赛前的专门训练准备。

比赛周训练：主要任务是为运动员在各方面达到最佳竞技状态做准备，并进行最后的调整训练和参加比赛，力求创造优异成绩。比赛周训练一般以比赛日为训练周的最后一天，向前数一个星期予以计算。

恢复周训练：主要任务是通过降低运动负荷及采用各种恢复措施消除运动员生理上和心理上的疲劳，以求尽快地实现能量物质的再生，促进恢复。

周训练过程中要求在完成主要任务的同时，考虑训练的系统性和各训练周之间的相互关系。周训练的不同内容及不同负荷要合理交替安排，这样既能够使运动员所需要的各种竞技能力得到全面综合的发展，又可避免负荷过于集中而引起过度疲劳。

（二）训练的主要内容

根据周训练计划任务和实现训练目标的需要，各种类型的周训练内容应有所不同。基本周训练，较多地采用发展一般身体素质和专项身体素质的训练手段，全面提高运动员的竞技能力。在技术训练中，采用分解和完整技术练习相结合的方法，更好地掌握和改进运动技术。训练内容广泛多样，并合理交替保持系统的持续训练。

赛前诱导周训练的主要内容与基本训练周训练一样，但练习内容更加专项化，训练课的组织形式接近专项的比赛特点。一般身体训练的比例减少，专项身体训练的比例增加。在技术训练中，增加完整练习的比例，以便更有效地发展专项竞技能力。

比赛周的训练应把高强度的专项训练安排在赛前3—5天进行，而把恢复性的中、低强度的一般或专项练习安排在赛前1—3天进行，使运动员通过艰苦训练所获得的竞技能力能在比赛中得到充分的发挥。

恢复周训练为一般性的身体练习，采用带有游戏性的各种练习，以消除运动员生理和心理上的疲劳。

（三）训练负荷的安排

基本周训练负荷变化的主要特点是周训练负荷增大。因为只有加大负荷，才能引起机体更深刻的变化，产生新的生物适应性。加大训练负荷有以下三种途径：

增加训练量,训练强度保持不变或相应地下降;

提高训练强度,训练量保持不变或相应地减少;

训练量和训练强度都保持不变,通过负荷的累加效应给机体以更深刻的刺激。

赛前诱导周训练负荷变化的基本特点是提高训练强度,与其相应的是训练量适当减少。如果原来量就不大,也可保持原来的训练量。但要避免训练强度和量同步增加。

比赛周训练负荷的安排,全部要围绕着使机体在比赛日处于最佳状态来进行。负荷的组合方式依据专项特点和运动员赛前的状态而定。一般来说,总的负荷水平不高。在比赛日之前,通常降低或保持一定的训练强度,训练量也应减小或保持。

恢复周训练负荷特点是大大降低训练的强度,训练量适当保持一定的水平,或者大幅度地减小。

周训练计划的格式如表5-6所示。

表5-6 周训练计划

_____年_____月_____日至_____月_____日
_____训练阶段 第_____周 周的类型_____
主要任务:_____

星期	主要任务	内容手段	负荷	恢复措施

为了掌握训练进度,必要时教练员应根据训练情况及时调整计划。但每周训练计划不仅要任务明确,规定训练次数和时间,安排好每课的内容和负荷,而且还要合理地安排测验和比赛。

五、课时训练计划

课时训练计划是根据周训练计划对每一次课作出的具体安排,主要内容包括:课的任务及内容;准备活动的内容、分量与要求;基本部分的训练内容,分量与时间的安排及具体要求;训练方法、手段的选择与运用;课的时间分配和课

第五章 篮球教学训练文件与课的组织

的各部分组织工作；课的结束部分整理活动内容、分量与要求；小结与布置课外作业等。

通常一堂训练课由准备部分、基本部分和结束部分三个部分组成。准备部分是让机体逐步进入工作状态，并从心理和生理两个方面做好承受计划负荷的准备。基本部分是课的主要部分，按照训练任务及训练内容的安排顺序进行，其间运动负荷必须有一次或几次达到高峰。结束部分要逐渐降低运动负荷量，使机体进入接近安静时的状态。表5-7是课训练计划的基本格式。

表 5-7 课训练计划

日期： 年 月 日 午 地点				
课的任务：				
课的部分	时间	内容手段	组织形式	负荷要求
准备部分				
基本部分				
结束部分				
小结：				

第三节 学校篮球教学训练的组织与实施

一、课的组织

训练课的组织、控制和完成质量，教师起主导作用。因此，教师在组织训练时，应严于律己，以身作则；要诚恳热情，成为运动员的知心朋友，不仅关心运动员的技术提高，而且关心他们的思想、学习和生活；既要首先成为一个以身作则的教育者，一个很好的鼓动者，还应成为一个受教育者，虚心地听取队员意见，集思广益，把自己的意图、想法和要求告诉队员，变成队员的自觉行动，这样就能大大地提高训练效果，充分发挥智力优势。

要完成训练计划，提高训练水平，贯彻科学系统的训练，上好训练课是关键。训练课是按教学大纲的内容、顺序、要求和进度安排的。在一次训练课中，应根据学生运动员的心理和生理特点、篮球运动的特点以及运动规律进行。

首先要加强对学生运动员进行思想政治教育，明确训练的目的任务，充分调

动他们的训练积极性，增强荣誉感和责任感。在训练中，教师应坚持严格要求，严格训练，善于发现问题和及时解决问题，激励他们努力去完成训练任务。这是上好训练课的重要环节。

另外，教师在教学中要全面贯彻党的教育方针，教书育人，培养高尚的道德和意志品质。通过各种方法、手段向学生传授篮球运动的基本理论与技术，培养各种实际能力，增进健康，增强体质。每次课都要承上启下，互相联系，保持教学的完整性和系统性。

其次，篮球教学有自己的特点，在组织上必须采取有效措施，才能顺利完成教学任务。有的学校，场地、器材少，班的人数又多，因此在组织练习时就要从实际出发，采取灵活多样的练习方法，才能既保证一定的运动量，又能提高学生的积极性。篮球课中，由于练习分散，不易照顾和组织管理，这就要培养小先生（从学生中选择、培养几个思想好、技术好又有一定的组织能力的学生做骨干），分组练习时，由他们带领、组织、帮助小组同学练习，这样既可以协助教师完成教学任务，又可以培养、提高部分学生的组织能力和分析问题、解决问题的能力。

由于篮球运动是集体性、对抗性很强的运动项目，比赛和练习时，容易出现一些思想问题、场上作风问题、违反纪律问题。因此，篮球课中，要特别注意加强思想教育，严格要求和加强管理，只有这样，才能把课上得既活泼又有秩序。

训练课的组织主要包括运动员的组织、练习的组织、课的时间与运动负荷的安排四个方面。

运动员的组织，基本上分集体（全队或小组）训练和个人训练两种形式，这两种训练形式常常是结合起来采用。

练习组织是训练课作业进行的程序和作业内容的安排，一般是先进行基本技术练习，后进行战术配合、全队战术和教学比赛的训练。

运动负荷的安排是训练课最主要的环节。运动负荷的增长要循序渐进，要根据不同时期、训练阶段的任务来确定每次课的负荷强度和密度。一次课应出现几次负荷高峰。一般进入到基本部分的前段时就应出现第一个高峰（较高），到基本部分后段时应达到第二个高峰（最高）。合理安排运动负荷和如何进行大运动负荷训练是训练工作中的一个重要问题，也是迅速提高队员身体、技术和战术训练水平，使其适应实践需要的一个主要方面。一堂训练课的成功与否取决于训练内容的组织安排是否得当，是否符合科学和客观规律，其中也包括对一堂课的运动负荷控制。每次课的内容、练习形式与方法、运动负荷以及课与课之间，都要互相衔接，保持训练的完整性和系统性。

二、课的类型

课的类型是指课的种类，不同类型的课具有不同的功能。深入认识课的分类，恰当选择课的类型，可以帮助教师了解各类课的性能。将教学目标落实到每一节课上，充分发挥各类课的功能，确保教学过程的完整性，对于提高教学效率和保证教学质量有着重要的意义。

（一）教学课的类型

1. 理论课：可以采取讲授课、自学答疑课和讨论课等形式。
2. 实践课：可以采取技术教学课、战术教学课、教学比赛等形式。
3. 考试、考查课：可以采取笔试、口试、技评、达标与比赛和作业等形式。
4. 实习课：教学实习、竞赛组织和裁判实习等。

（二）训练课的类型

1. 身体训练课：主要发展运动素质，提高身体机能水平。
2. 技术、战术训练课：主要提高技术、战术水平。
3. 比赛训练课：主要提高技术、战术运用能力和比赛适应能力。
4. 综合训练课：把几种训练课的形式结合起来进行，提高身体素质、技术、战术等多方面的综合水平和能力。
5. 调整恢复训练课：主要用于过渡期，消除疲劳，恢复体力，保持技术水平。
6. 测验课：主要通过检测各种指标，评定训练水平。

三、课的结构

课的结构是指课的组成部分与进行的顺序和时间的分配，它是课堂教学与训练的内部组织形式。掌握和运用课的结构理论，在教学和训练实践中有着重要的意义，可以帮助教师合理地规划和操作教学训练程序，科学地分配教学训练的时间，全面协调教与学、训与练的活动，把教学内容组织得更加严谨，把课上得更加紧凑，能在规定的时间内有效地完成教学任务。

课的类型决定课的结构，课的类型不同，课的结构也不一样。

(一)理论课的结构

1. 新授课的结构。新授课的一般结构是组织教学、导入新课、讲授新课和布置作业。其中,讲授新课是核心环节,教师要在这一部分花时间,费力气。

2. 复习课的结构。复习课要帮助学生强化已经学过的知识,并加深理解,融会贯通。复习课的基本结构是:组织教学,提出复习的目的和要求;运用多种方法复习;小结。

(二)实践(训练)课的结构

篮球教学的实践课和训练课一般由三部分组成。

1. 准备部分

目的:教学课的准备部分主要是为了使学生从生理、心理上尽快进入工作状态,为顺利完成课的任务做好准备。训练课的准备部分需要从生理和心理上做好承受较大和最大运动负荷的准备。

任务:组织学生,集中注意力;加强神经系统、内脏器官及各肌肉群的活动,提高其兴奋性。

内容:班长、队长或值日生整队报告出席人数,教师进行考勤检查,简要说明本次课的任务与要求。根据基本部分的教学、训练内容的需要,选择准备活动的练习。练习的内容,主要是由走、跑、跳、徒手体操、游戏和各种控制球、支配球的练习组成。训练课除做一般准备活动以外,还要做专门准备活动。

准备活动的组织方法:一般采用集体形式进行,训练课有时根据需要也可以给一定时间做个人的特殊准备活动。

准备活动的时间:准备部分是在教师的组织下做好准备进入训练状态,其间身体准备活动是一堂训练课中必不可少的,一般安排15—20分钟。准备活动的具体内容既要能集中学生注意力和活动他们的身体,又要能与基本部分内容有机地联系起来。

2. 基本部分

目的:教学课主要是形成、巩固和提高技术、战术和技能,发展身体素质,培养道德意志品质。训练课除此以外,还要提高比赛能力。

任务：根据教学大纲、训练计划的要求，创造各种条件，使学生掌握和提高技术、战术和技能，并提高其运用能力。与此同时，逐步加大运动量和强度，增强体质，发展运动素质，提高篮球意识、技巧和运动水平。加强思想教育和心理训练，培养良好作风和拼搏精神。

内容：教学课根据教学大纲的内容、教学进度的安排，结合学生情况，选择各种发展身体素质的练习、技术和战术的练习、培养各种能力的练习。训练课根据训练计划的安排，进行个人的、小组的、全队的身体练习、技术和战术练习、教学比赛、对外比赛。根据各个时期的任务，逐步增加运动负荷量和强度。

基本部分要合理安排教材内容，组织教学活动。一般来说，教学课先教新教材，然后复习旧教材，最后进行运动量较大的教学比赛或者发展身体素质的专门练习。要根据课的任务和学生的具体情况以及课的时间、场地、器材等条件来选择恰当的练习方法和手段。教学中，要循序渐进。进行技术教学时，先教单个动作，然后进行组合动作练习、攻守对抗练习，最后在比赛中运用。进行战术教学时，先教基础配合，后教全队战术，然后在教学比赛、正式比赛中运用。

基本部分的时间，教学课（两节课连上的）一般是70分钟左右，训练课一般是全课时的70%左右。

3. 结束部分

目的：教学课的结束部分主要是为了有组织地结束教学工作，使学生逐渐恢复到相对安静的状态。训练课的结束部分主要是为了加速排除体内积存的乳酸，补偿运动时的氧债，使参加运动的肌肉尽快地恢复到运动前的状态，同时使运动员心理上从应激状态逐渐恢复到平静状态。

内容：激烈的训练后，应该做一些整理活动，让学生由紧张兴奋的心理状态和激烈的运动生理状态逐渐缓和下来。主要采用一些慢跑、游戏、放松练习和注意力转换练习，也可以做一些运动量不大的罚球、投篮练习。下课前要进行小结和讲评工作，形式有两种：一种是由教师进行小结；另一种是师生共同小结。小结要简短扼要，有针对性，以表扬为主，以正面教育为主。

时间：教学课的结束部分一般是5—10分钟，训练课一般是15分钟左右。

（三）训练课实施应注意的事项

如何合理安排运动负荷和进行大运动负荷训练是训练工作中的一个很重要的问题，也是迅速提高队员身体素质和技、战术训练水平，使其逐步适应实践需要的一个主要方面。一堂训练课的成功与否取决于训练内容的组织安排是否得当，是否符合科学性和运动规律，其中也包括对一堂课的运动负荷控制。

另外，中学篮球队训练有其本身特点，队员既要参加文化课学习，又要保证一定的运动训练时间。因此，在时间上大致安排 1.5—2 小时的训练，教师应在有限的时间里，科学合理地控制好运动量，确保训练任务的完成。

总之，教师要组织好一堂训练课，必须有明确的目的、任务，有科学的训练方法和手段，合理地安排和组织各项练习。只有正确掌握科学的训练方法，才能取得较理想的效果，不断提高技、战术水平和身体素质。

篮球运动训练的组织形式，除了训练课这一基本组织形式以外，还有早操和个人训练等形式，它与集体训练课互为补充。

早操是学生运动员训练生活的一个环节，它能增进健康，消除疲劳，为完成当日的训练任务做好精神和身体上的准备，同时可以利用早操时间改进动作技巧，促进运动器官系统的协调发展。早操的内容，可以根据不同训练时期的训练任务、季节气候、队员情况和训练条件，选择一些有针对性的一般身体活动和专门性练习，如跑步、徒手操、辅助性练习，结合基本技术动作的专门练习（基本功练习）等。早操可以由教练员组织，也可以由运动员独立进行活动。早操时间不宜过长，运动负荷不宜过大，否则会影响学习和训练。

个人训练的作业一般由教师布置任务、内容和提出要求，让运动员独立进行练习。其目的大多数是为了提高某些动作的熟练程度，改进个人技术动作的某些不足，提高某种运动素质。个人训练作业是集体训练的补充，运动员在无人指导情况下进行练习，需要独立思考，反复实践，往往能悟出技术动作的规律，形成自己的技术风格，起到集体训练所起不到的作用。安排个人训练作业要有针对性，根据运动员的实际情况，提出具体的任务、内容和要求。为了提高个人训练的质量，首先要加强思想教育，提高训练的自觉性和积极性。另外，教师布置任务时，要提出具体指标、数量和质量，进行个人训练时要防止训练负荷过大。

思考题：

1. 篮球教学文件的制定如何体现科学性？
2. 制定和安排教学进度的基本要求有哪些？
3. 简述编写教案时应注意哪些问题。
4. 多年训练计划、学年训练计划、阶段训练计划、周训练计划和课时训练计划的关系怎样处理为好？

第六章

篮球教学课实践指导

内容提要:

本章重点阐述篮球教学课的课前准备、课堂控制及课的总结,旨在为学生进行篮球教学课实践进行指导。

体育院校篮球教学课包括实践课、理论课、教法课、演示课、影视课、比赛课、实习课、考试课等等。其中实习课是对学生进行教学实践指导、培养教学实践能力的最全面形式之一，教师要有意识地将实习课安排在教学计划中。其目的是为了让学生进行上课的练习，锻炼和培养学生编写教案、进行讲解和示范、运用口令、组织教法、纠正指导等能力，使他们在从事篮球运动教学中能够遵循教学的基本规律，运用科学的教学手段和方法，把握教学的全过程，落实教学的具体任务。本章为学生进行篮球教学课实践提供指导。

第一节　教学前准备

对于初次上篮球教学课的教师来说，是从学生到教师、从所学到所用的一个转化过程。初次上课面临的问题很多，例如怎么上、上什么等等，需要花费一定的时间进行以下几方面的准备。

一、掌握并熟悉上课对象的基本情况

（一）了解学生的性别、年龄、体育基础、身体素质、篮球技术和战术水平、对篮球运动的喜爱程度等。考虑到篮球运动集体性、对抗性的特点，应更深入调查和摸清学生的身体、技术特点，以便合理安排教学任务、内容、组织教法、运动负荷等等，在教学中合理掌握分组，注意区别对待。

（二）了解篮球场地、设备、球的数量和气候等条件，以便从实际出发确保能使学生更好地掌握所授课程的技术和战术及组织与教法，保证教学过程的顺利进行。

二、了解教学进度的安排，确定课的内容

教学进度里确定的教学内容，一般的安排都是先学习主要技术，然后逐步扩展学习内容，增加战术教学，体现循序渐进的原则。从进度上可以清楚地看出课的进程和已经学习过的技术或战术。如某一次课的进度是：第一，复习已学过的攻守技术。第二，学习进攻基础配合：传切、突分。第三，进行半场三对三教学比赛。从进度的内容可以看出，学生已经学习了相当一部分的技术动作，如进攻的传接球、运球、投篮、突破、防守对手或者进行了攻守对抗技

练习等。根据这种分析，在确定教学内容时就应考虑如何使学习内容与复习内容有机地结合起来，让复习内容为学习内容奠定基础。因此，本次课内容的安排应是复习传接球技术，持球突破技术和摆脱对手切入技术，以利于学生学习传切、突分配合时产生积极的正迁移作用，使课的内容衔接紧密，以利于教学中练习和组织。

三、备课

教学前备课包括认真熟悉教材、确定课的任务、编写课时计划（教案）、确定教学方法与步骤、试讲课等。具体内容包括：

（一）认真熟悉教材

一般来说，教材是教师选择教学内容、方法的基本参考用书和学生课前、课后复习用书，因此教师要结合大纲、进度熟悉教材。教材有统编教材和自编教材，基本是按各学校大纲中规定的内容选择所要应用的教材。教材能反映出教学内容的深度和广度，不同的教学对象使用教材应不一样。篮球运动的教材中包括技术动作方法、战术配合方法、教学步骤、练习方法等内容，是编写教学计划不可缺少的依据。学校体育教材根据小学、中学、中等专业、高等院校体育教学的目的、对象和条件等差异决定了各级学校的教材有自己的特点。如小学中、高年级要求学习简单的基本技术，并能在游戏和比赛中运用；初中阶段则包括基本技术、简单战术和规则，如篮球移动、传接球、运球、投篮、半场人盯人等，使学生熟识球性，提高手控制球的能力和手脚协调配合的能力，并能运用所学的基本技术进行比赛；高中阶段应当全面复习初中学过的基本技术，介绍简单战术，提高综合运用实战能力。因此，必须熟悉教材，认真钻研教材，明确技术规格，结合学生具体情况找出难点，以便在教学中抓住关键，确定教学方法和手段，有的放矢地把握课的深浅度，保证良好的教学效果。

（二）确定教学任务

确定教学任务，首先要清楚篮球教学的基本任务是传授篮球基本知识、基本理论、基本技术和战术；通过不同的练习方法，发展身体素质，增强体质；培养团结协作、勇猛顽强的团队合作精神；培养篮球运动的组织能力、竞赛能力、裁

判能力，分析解决篮球运动中的一些问题。明确了这一总的任务，就容易确定每一次课的教学任务和目标。

作为一次课，任务的确定应与前后课程密切联系，要根据教学进度安排、确定教学任务和内容。

1. 新授课的任务有开始学习、初步掌握、基本学会、熟练运用等几个层次。练习方法和练习形式应围绕不同层次任务确定，使实践教学的内容、练习形式、次数与教学任务相匹配。

2. 复习课的教学任务可定为进一步巩固、提高、正确熟练运用等不同层次。通过掌握某一技术动作、练习方法、练习形式，可以增加难度，达到完成任务的目的。

3. 无论是学习内容还是复习内容，都要选择适当的教学形式和方法，突出对学生综合素质和专业素质的教育和培养，在教学中渗透着思想作风、道德品质的教育，确保教学任务的完成。

（三）编写课时计划

课时计划也称教案，它是教师上好每一次课的依据。初次上课的教师尤其要认真地编写教案，这对于缺少上课经验的教师来说有一定难度，可能要花费较多时间，反复修改才能符合要求。曾经有的体育院校学生在实习期间，第一次写教案反复修改了7次才达到了指导教师的要求，他虽然花费时间长，但确实加深了对教学的理解和认识，熟悉了教案编写过程。该生由于教案编写得有针对性，第一次课上得很成功。对于每位教师来说编写教案实际上是在进行一次教学设计，主要包括教学内容设计、教学方法设计、教学时间设计。

1. 教学内容设计

一堂课的教学内容设计是教师认真分析教材，结合学生的实际水平，合理选择和组织教学内容以及合理安排教学内容的表达和呈现过程，它是教学设计最关键的环节，也是主体部分。在教案中教学内容主要是指学生学习或复习的技术动作、要领、方法、战术配合形式，重点是帮助学生有效地理解和掌握知识、技术、技能。内容的设计应符合课的任务，要体现循序渐进的原则。如课的任务是初步掌握交叉步持球突破技术，课的内容就应安排与交叉步持球突破技术有关联的、有衔接的技术练习，如接球、跨步、转身、运球、行进间投篮等。这些练习内容可以起到启发学生对学习新技术的思维。

2. 教学方法设计

教学方法是为完成教学任务、传授教学内容、体现教师的教和学生的学相互作用所采取的方式、手段和途径。教学方法在教案中要用语言和图示明确而具体地表达出来，并具有可操作性。确定教学方法应考虑以下因素：

（1）按照教学计划、教学进度、每堂课具体的教学任务、教学条件选择教学方法并确定时间安排，如果具备多媒体教学设备，还应考虑多媒体课件及教学工具与教学内容整合设计。

（2）根据学生的学习特点选择教学方法。选择教学方法要考虑学生对篮球运动知识理解的程度、掌握篮球技术和战术的水平。一般来说，对初上篮球课的学生要以打好基础、促进学生身体的全面发展为主。通过练习法、重复法让学生练习、掌握基本动作；通过竞赛法与游戏法，提高学生的学习兴趣，调动学习的积极性，培养良好的道德品质和团结合作精神。对已基本掌握篮球技术的学生，可适当增加对抗练习，提高技术和战术运用能力，培养配合意识。

（3）根据教学条件选择教学方法。篮球教学要具备必要的场地设备，教学方法的选择要充分考虑教学的条件，其主要考虑的因素包括上课人数、场地条件、篮球数量等。教学设计要充分利用场地、器材、设备进行分组练习或循环练习，变换练习条件，适当增加难度，保证学生能有一定的运动量和提高技术与战术水平。

（4）熟练运用组织教法。教学方法设计要认真考虑练习的组织队形（距离、位置、方向）、变换练习形式时前后的衔接、球的路线、人的位置轮换、调动队形等，充分利用有限的空间、时间、不同的组织形式使上课有序、高效运行。

（5）提倡改革创新，大胆运用新的教学方法。篮球运动是一项颇受青少年喜爱的体育活动，也是一项有广泛群众基础的竞技体育项目。广大青少年完全能够从不同媒体接触到有关篮球运动的信息、技术和战术，教师应当顺应这个趋势，利用当前社会上、媒体中广泛传播的信息，引进新颖的训练、练习方法，结合青少年特点改进教学手段和方法，提高学生的学习兴趣。

3. 教学时间设计

一堂体育课教学时间是 45 分钟或 90 分钟，合理控制教学时间是关系到能否完成教学任务的关键，是顺利进行教学活动的重要因素，因此要重视教学时间控制。

（1）把握好整体时间分配。课前应对一堂课的整体时间分配做到心中有数，

依据课的任务、教学内容、学习内容、复习内容、练习方法的实际需要，对整堂课的时间作出合理规划。一般安排是：讲解时间尽可能简略扼要，节省时间，学生练习时间尽可能充裕。学习内容的时间比例稍大，复习内容的时间相对较少，其主要目的是要完成课的主要任务。例如：一堂45分钟的课，基本部分的时间应在30分钟左右，一堂90分钟的课，基本部分的时间应在70分钟左右。其中学习内容占的时间60%以上，复习内容占的时间40%以下。

（2）保证学生充分的学习时间。教案中各部分时间的安排，包括教师讲解、示范、组织调动队形、收放器械、学生练习等，其中重点要保证学生的练习时间。因此，在备课时要做到以下几点：

第一，尽量减少不必要的组织措施和队形调动，尽可能以最短的时间、最快的速度组织队形。

第二，根据学生人数、教学内容、教学方法，充分利用场地、器材进行合理分组。

第三，合理安排教法顺序。如有球与无球练习的安排要合理，课的安排可以从无球→几个人一球→两个人一球→每个人一球。或者与之相反，从每人一球逐渐减少。这样中间减少了掌球、放球的时间，保证练习的连续性。

第四，提高讲解、示范质量，做到精讲多练，有针对性地重点讲授，节省时间。如果上课对象是中、小学生，教师的正确示范会使学生一目了然，示范重于讲解。新学内容以边讲解边示范为好，使学生既看清了动作过程，又理解了动作方法，便于尽快掌握。

（四）试讲

对于初次上课的教师来说，试讲也可称为模拟讲课。模拟讲课是在每次课前模拟实际授课的演习，它对于初次上课的教师上好每一次课有至关重要的意义，通过模拟讲课，可进一步明确课的任务，加深对课的内容、练习方法的理解，使讲解更清楚，示范动作更准确，组织调动队形更合理，还能对课上可能发生的情况做到有备无患，对于可能发生的意外情况做到防患于未然。模拟讲课包括以下几个方面：

1. 课堂用语

课堂用语包括讲解内容、技术动作要领表达、师生交流语言、课堂组织用语等。

（1）整队时的口令声音洪亮，有力度，有气势。

（2）向学生介绍课的任务时简洁明确，层次清楚。介绍练习内容和练习形式时要用术语，重点突出。结合图示讲解时要简明扼要，语言表达要让学生易懂。纠正学生错误动作时要耐心，语言有针对性，要正面引导，让学生易于接受。

（3）调动队形、做操的口令要有节奏感，声音洪亮，有力量，用富有激情的口令调动学生积极性。做操时用适当的语言提示要求。组织游戏练习要用简洁清楚、调动学生兴趣的语言表达，以迅速按照提前设计好的方案进行。

（4）讲解动作要领和练习方法时的语言要结合动作顺序有层次地表达清楚，要结合动作要领讲清身体各部位的移动位置、控制方法、用力顺序。可以从上肢到下肢或者从下肢到上肢按顺序进行讲解。一般来说，面向全体学生时大多数采用边讲解边示范的形式，抓住重点精讲，使学生了解动作关键。如学习交叉步持球突破时，则教师的讲解应与示范同时进行。持球方法、身体动作应以示范为主。持球突破的动作环节（蹬地跨步、转体探肩、推放球、加速）应边示范边讲解；中枢脚的确定要清楚明确，必须用语言来强调。这样可使学生加深对持球突破动作的认识，尽快理解和掌握。

2. 正确示范

示范是实践课教学最基本的方法和能力，示范要正确，这对于初学者形成正确的动力定型是非常重要的。因此，教师示范必须领会动作要领，掌握动作方法，懂得运用的要求。备课时，要认真设计示范动作，对要示范的技术动作的每个环节都要认真、反复、一丝不苟地练习，以保证示范时的准确性。只有示范正确到位，才能增强上课的自信心。这里要特别强调的是初次上课的教师在平时练习中，要有意识地按照正确的动作要领去做，不能随随便便，马马虎虎，努力使自己的动作形成正确的动力定型，确保示范万无一失。

3. 确定练习时间和次数

对于初次上课的教师来说，对安排的课堂练习内容、练习方法所占用的时间常常心里没底，只有通过模拟讲课，做到胸有成竹，才能保证上课时不慌乱，顺利完成课的任务。

（1）课前应对课的各部分练习内容、方法、次数做好时间上的推断，估计所占时间比例。对于各种练习占的时间和因调动队伍、拿放（球）器械等浪费时间要做到心中有数。一般时间设计方法是：准备活动按节数和拍数用秒表计算占用时间；行进间上篮练习，计算每个人做一次用多少时间，推算出全体学生的用时；练习多少次达到目的，总的时间是多少等等。如有必要，上课前可在场地上实践一下，或去观察其他教师上课，带一块计时表和记录本，记录下所用时间。如时间和条件许可，可做一次现场备课，按教学内容将课的全过程、某一部分或某项内容教材在课前进行教学预演，这些对初次上课的教师上好课很有益处。

（2）计算讲解、示范时间。教师讲解示范需要占用一定时间，要分别计算各次讲解、示范占用时间，对全部占用时间进行大致估计。一堂课教师单纯讲解的时间一般占13%—15%，讲解过多会影响学生练习时间，影响教学效果。

4. 确定教师行动计划

在一堂课的教学中，教师的站位与行动等，都应该在备课时就设计好，保证自己在课中行动的计划性、目的性和准确性，这既有利于指挥和指导学生的行动和练习，又能通过高效的组织避免由于行动的盲目性而产生忙乱。教师教学时要根据学生练习时占用场地面积、位置而选择站位，最基本的站位应是能将学生们的练习情况置于自己视野范围之内，方便观察以便发现问题及时解决。如学生练习全场运球上篮或二二人练习全场行进间传接球，则教师应站的位置有两点可以选择：一是站在练习的起点，面向场地，以便观察到全体学生的练习情况，而且离学生比较近，可以指挥他们按顺序、拉开间距进行练习。这种站位适合对初学篮球的学生教学采用，既观察到了学生练习技术的情况，又可以保证练习顺序和课堂组织纪律，还可以进行个性化指导。二是站在中场边线附近，面向场地观察学生练习中技术动作正确与否，并可左右环视，不断用语言提示，既观察到点，又观察到面，还可进行个性化指导，让学生感觉教师就在身边，不放松对每个动作的练习。

在练习基本技术时，教师可站在学生练习的侧前方，如在练习投篮、持球突破、传接球等技术时，这样既可以全面观察到学生的动作，又可以在发现问题时及时提示和纠正，保证练习效果。

教师的位置不是固定不动的，而是根据练习形式、内容、重点和难点来确定，目的是能全面观察到学生的整体情况，起到主导作用，把握教学的全过程。

第二节 课堂教学过程控制

由于体育课的教学特点，课堂教学过程实际上从上课前就已经开始。课堂教学过程控制的如何与课前教学准备是否充分密切相关。

一、上课前教学准备

教师应至少提前 10 分钟到达上课地点，为顺利进行教学做好上课准备。教师有必要做好以下几项课前准备：

（一）检查上课所需的场地器材是否满足上课要求，包括是否清场、球的数量、标志杆的位置、画图板、计时用的秒表等。

（二）检查教学文件，包括教学进度、教案、点名册是否备齐。

（三）做好身体准备，包括适当热身，检查服装、鞋是否整齐。将口哨挂在胸前以备随时利用。

（四）注意观察已经来到场地准备上课的学生。学生可能会提前到达场地，进行有球的运动或进行小型的对抗，要提醒学生抑制过于激烈的对抗，避免受伤，影响上课。

二、课上教学过程控制

课上教学过程控制体现教师对教与学的控制过程，其中教师在整个教学过程中起着主导作用。好的精神状态、清楚的语言表达、正确的示范动作、对学生的启发引导和积极性的调动、对课的时间把握等都直接影响课的效果。教学过程控制应做到以下几方面：

（一）保持良好的精神面貌。上课铃响，教师站在集合地点，精神饱满，充满自信，组织整队口令要清楚，声音要洪亮，展现出体育教师良好的精神状态。

（二）严格执行课堂常规。上课铃响后，由体育委员及时在指定地点集合整队，向教师报告出勤人数，教师应检查出勤情况，做好记录，并检查学生服装，宣布课的任务、内容，提出上课的要求。对于初次上课的教师来说，刚开始在学生面前讲话可能会紧张，可以考虑减慢语速，尽量保持语言连贯，以利逐渐平静紧张的心情。

（三）课的进程中，要不断用语言和行动调动学生学习的积极性，提倡多运用鼓励的语言，如你做得很好、你做对了、继续努力、加油等，增强学生学习劲头，活跃课堂气氛，促使其积极投入，达到好的教学效果。

（四）把握课的时间

1. 对课的内容、练习方法、练习次数、讲解、示范、组织、纠正等所占用的时间进行调控。虽然课前已经做了充分准备，可是因为初次上课往往对实际发生的情况把握不好、估计不足导致时间把握不准，以致前松后紧，影响课的进程。当发现有些内容没有充分展开，学生练习还不充分时，往往心里紧张，不知所措，这时应当及时调整教学内容和组织形式，尽可能保证主要内容的教学和练习，保证课的任务的完成。所以，初上课的教师备课一定要充分，这是把握好时间和保证课顺利进行的关键。

2. 尽量按备课时各部分教学内容规定的时间授课，不要拖延练习时间。教学中可能会发现没有达到预想的效果，似应临时增加或改变练习形式，但对于初次上课的教师来说不适宜作临时调整，否则会打乱教学的时间安排，影响课的进程。

3. 要严密组织教学，尽量减少教学组织过程和队形调动，尽可能以最快的速度组织队形，减少拿、放球的时间和次数，保证学生的练习强度和密度。

4. 精讲多练。严格把握讲解时间，选择合理的示范位置和示范面，保证学生都能看得清楚，取得好的示范效果。

5. 有序组织课堂教学。课堂上有时会遇到学生人数多、球少、场地不定、学生技术水平参差不齐等情况，给教学组织带来一定的困难，在教学和练习过程中有时还会出现一些意想不到的情况，应急处理不当可能会导致课堂混乱，影响教学效果。这就要求教师有较强的组织能力和应变能力，应付突变事件，以保证课堂教学有序地进行。

（五）注意发挥学生的主体作用

教学中，教师要随时观察学生的表现，及时做好师生、生生教学互动。

1. 运用启发式调动学生学习的主动性，通过提问、启发的方式引导学生去思考，锻炼和培养学生观察问题和解决问题的能力。

2. 结合篮球运动集体性、对抗性的特点，合理采用分组教学的方法，既发挥骨干的带头作用，又让学生通过实战演练加深对教学内容的理解。

3. 观察学生对教学内容的掌握情况。为加深对动作的理解和认识，调动学生的积极性，可让学生做示范、讲解、演示，让学生参与分析、讨论，组织学生积极参与研究性学习，然后教师给予讲评。

4. 结合学生做练习时掌握技术动作的规范程度，提出问题，组织学生互相交流，也可采用分组的形式研讨，将其中有代表性的看法向全体学生公布，教师也作为参与者与学生平等对话。

（六）安全教育

篮球运动是集体性、对抗性运动项目，教学过程中不可避免地会出现相互接触、磕、碰、撞等动作，以及其他不合理技术动作，有可能造成伤害事故、误会或争执，要注意进行以下安全教育：

1. 教师在教学中可结合教学内容随时讲解造成伤害事故的可能性及实例，以引起学生注意。

2. 纠正学生错误动作时，注意对出现伤害事故的可能性及时提醒。

3. 观察学生课堂组织纪律，有打逗现象时必须严厉制止，有可能造成误会、争执、引发纠纷时提出警告，避免打斗事故的出现。

4. 注意观察学生的个性技术发挥，对正确的要鼓励，对危险动作要及时制止。

5. 教师要全面观察学生练习时的身体状态，一是观察学生的面部表情，二是观察学生做动作时的行为表现，及时调整练习的强度和密度。遇突发事故要沉着、冷静处理，不要因此而影响教学。

（七）及时纠正错误动作

学生在初学技术动作时，不可避免地会出现各种各样的错误，教师要提高动作示范与讲解质量，明确动作的易犯错误及其纠正方法，有意识地、及时地纠正错误，纠正时应注意以下几点：

1. 首先肯定学生的进步，再指出错误的所在，并分析原因、弊病、适合个人特点的改进方法，以便提高学生改正的信心。

2. 遇到错误动作较多的情况时，要抓住错误动作的主要环节，如双手胸前传接球技术的练习，学生表现出传球时双肘外展、胸前推球、传球不会用力、动作不协调等错误，纠正时首先要观察学生持球手法是否两拇指成八字，其次观察持球的位置是否在胸腹部之间，再观察肩、肘、腕是否放松。这三点是传球技术的关键环节，能有效解决双肘外展、胸前推球的错误动作。

3. 纠正错误动作时，对普遍性错误，可采用集体纠正方法；如属个别现象，则应采取个别辅导方式。

第三节　课后总结

一堂课结束后，教师要对课堂教学的情况进行总结，分析课的任务完成情况和教学效果，找出存在的问题，提出今后改进的设想，其目的是为了改进和提高课的效果和质量,提高教学水平。课后总结可从教学效果、教师和学生的表现等方面有选择地进行。

一、对课堂情况的总结

课后总结首要的是对课的任务完成情况的总结。其中包括:

(一)课的任务完成情况、教学内容完成情况、课堂组织的合理性、内容安排的合理性、时间分配的可行性等。

(二)教师的教态、讲解示范效果、教学方法、教学方法对完成课的任务的得失分析。

(三)学生是否按教师的要求完成了计划规定的练习内容,掌握知识、技术、技能的有效程度如何,有多少学生能初步学会、或基本学会、基本掌握所学内容。

二、找出存在的问题

(一)教师的自我评价。教师组织队列、调队是否合理,示范动作与讲解存在哪些问题,包括示范位置、教学进程、内容顺序、对错误动作纠正等,有哪些没有解决的问题。

(二)对学生的评价。包括学生课堂组织纪律性、练习积极性,每个练习中普遍存在的问题和个别存在的问题,学生对练习形式的掌握理解、接受能力等。

三、提出改进的设想

提出改进设想是确定新的教学目标、提高上课质量、积累教学经验、提高教学效果的有效途径和方法,这是初次上课的教师不可缺少的重要环节。教师可以广泛收集对教学效果的意见,包括通过对学生进行调查,了解学生对课堂教学的评价,不断改进和提高教学效果。

(一)围绕教学内容、形式、手段、练习方法等方面,广泛收集意见并进行分析,为下一步教学提供依据。

(二)从组织课堂教学的时间分配、练习强度、课的密度结合学生的表现分析,为有针对性地进行教学设计提出改进设想。

(三)结合教师讲解、示范动作、示范位置对学生学习效果的影响,为教师如何更好地发挥主导作用提出改进措施。

（四）根据学生在本次课中对教学内容的认识、理解、接受能力进行分析，为今后教学内容安排提出修改建议。

（五）总结采用新的教学手段和方法对提高教学质量和效果的影响有针对性地提出今后改革设想。

思考题：

1. 作为一次课来说，教学任务的确定包括哪些方面？
2. 确定教学方法应考虑哪些方面的因素？
3. 篮球课试讲的目的是什么？包括哪些内容？
4. 篮球课程的教学如何更好地发挥学生的主体作用？
5. 篮球课教学如何做好教学设计？

第七章

篮球考核工作与方法

> **内容提要：**
> 　　本章阐述考核的意义和基本原则、考核内容和比重、考核的形式及基本要求。介绍了考核方法与评分标准，供考试选择与参考。

第七章 篮球考核工作与方法

篮球考核是教学过程中一个不可缺少的环节，是教学工作的重要组成部分。根据教学大纲所规定的考核内容与方法，在教学的各个阶段和结束时都要进行严格的考核，它能促进学生学习的积极性，检查教学的效果。由于教学任务不同，考核内容、方法、标准、要求也有所区别，有所侧重。不断积累学生考核材料，加以分析、总结，有助于提高教学工作的质量。

第一节 篮球考核的目的与原则

一、考核的目的意义

考核是教学过程进行信息反馈和调节的一个重要环节。通过考核可以合理而准确地评价学生掌握篮球理论知识、技术、战术与技能的实际水平，是及时检查教师教学效果、不断改进教学方法、提高教学质量的重要依据。考核不仅能够调动学生学习的积极性，也能激发学生勤学苦练、努力进取的精神。因此，采用科学、合理的考核手段与方法，对提高教学质量、促进教学改革具有重要的意义。

二、考核的基本原则

篮球考核与评定要遵循科学性与可行性相结合的原则。科学性集中表现在考核的可靠性、有效性和客观性三个方面。可行性是指评定的过程与方法和篮球教学的实际情况相符，现有的条件能够保证实现评定的目标，在教学实践中能够运用。要做到科学性与可行性相结合，就要学习和掌握有关测量与评定的基本知识，熟悉篮球教学的基本规律，在不断的实践探索中构建篮球考核工作的方法和评定标准。

为了使考核评定做到科学准确，必须测量到可用于评定指标的信息。指标是信息的载体，在制定指标和方法时必须符合以下原则：

（一）可靠性原则

可靠性是指相同测试条件下，对同一批学生使用相同的测试方法，重复测试结果的一致程度。测试到的结果具有高度的一致性，说明测试的可靠性较高；反之，测试的结果缺乏可靠性。

（二）有效性原则

有效性是指测量的方法与拟测量内容之间的一致性程度。它应反映拟测量事物的本质特征。因此，选择和制定考核标准必须具有明确的指标含义。测量有效性的高低，取决于选择测量方法达到测量目的的准确程度，两者相一致的程度越高，有效性就越高；反之，有效性就越低。考核篮球技术、技能的方法和内容很多，要注意可行性，选择哪种方法能够准确地反映教学大纲规定的技能考试内容，要经过反复实践、总结以及有效性的检验。

（三）客观性原则

客观性原则是指评定或评分的真实性，若干个主试教师对同一名学生测量结果的一致性程度。他们的评分一致程度高，说明大家评定看法一致，尺度掌握相近，测量结果的客观性较强；反之，说明分歧较大，测量结果的客观性较差，不能对教学作出真实准确的评价。在考核过程中应努力消除主试教师个人主观因素的干扰，明确具体的考核标准，规定严格的考核程序，不带有随意性、偶然性、主观性，切实做到实事求是、公正准确。

第二节　篮球考核的内容与比重

一、考核的内容

篮球考核的内容，主要是根据培养目标、教学大纲所规定的考核范围和形式，对不同年级、不同教学对象、不同教学阶段的具体要求，选择那些最基本、最常用的重点技术、战术和理论知识作为考核的基本内容。除此之外，还要考核教学训练、组织竞赛与裁判工作能力等。

二、考核的比重

根据不同的培养目标和教学计划，考核的内容、比重有所不同，可有所侧重。考核的内容应能全面反映学生对大纲所规定的教学任务、要求的完成情况。

一般考核的内容及比重分配可参考表7-1。

表7-1 考核内容及比重

分　类	比重（%）	内　　容
理论考核	30	篮球运动概论、技术和战术基本理论、竞赛组织与编排、竞赛规则与裁判法
实践考核	40	传接球、运球、投篮、突破
能力考核	20	教学实习、组织竞赛、裁判实习、技术和战术运用
平时考核	10	考勤、课堂上提问、课外作业

第三节　篮球考核的形式与方法

一、理论考核

理论考核主要采用口试和笔试两种形式。

（一）口试

口试可以采用课堂提问或专题答辩的形式进行。通过口试了解学生掌握篮球运动理论知识的深度和广度、分析和解决问题的能力及语言表达能力。

（二）笔试

笔试分开卷和闭卷两种形式。开卷主要考核学生运用知识分析问题和解决问题的能力，适用于高年级学生。闭卷主要考核学生对记忆性的篮球运动知识的掌握程度，适用于低年级学生。

篮球运动理论考核多采用标准化考试的方法。理论考试命题要能较好地反映学生掌握篮球运动基本理论知识的真实程度，选择试题内容要符合教学大纲的要求，题型应多样化，如填空、概念、判断、选择、计算、绘图、简答题、论述题、分析运用等。既要反映出各种不同指标的试题形式，又要掌握好主、客观试题的比例，试题难易度要适中，区分度良好，确保考试的可信度。根据试题类型及题目分数的比重阅卷评分，理论考核先以满分100分来评分，然后再按比例进行换算。篮球运动理论试题题型及比例分配可参考表7-2。

表 7-2 篮球运动理论试题题型及比例

比例\内容 题型	填空	鉴别	选择	概念	绘图	计算	论述	合计（%）
篮球运动的概述	3	3	2	2	0	0	0	10
篮球技术	6	5	6	5	0	0	2	24
篮球战术	2	4	4	4	4	0	2	20
技、战术教学	2	3	2	3	3	0	1	14
规则与裁判法	5	5	5	4	2	0	1	22
竞赛组织与编排	2	2	1	2	1	2	0	10
合计（%）	20	22	20	20	10	2	6	100

（引自孙民治．现代篮球运动教学与训练．北京：人民体育出版社，2003：423）

二、实践考核

实践考核通常采用技术评定和达标测试两种形式。

（一）技术评定

根据学生完成技术、战术动作的质量进行评分。考核前把所要进行考核的技术、战术，按其动作结构和配合过程分为若干个环节，根据各个环节完成情况予以评分。评分标准可以采用 10 分制、百分制或等级制，最后转换为学生实际得分数。

（二）达标测试

根据学生完成技术动作的速度、准确性，按一定的要求制定评分表。评分标准可以采用 10 分制或百分制，达标测试不仅运用于单个技术动作考核，也适用于组合技术的考核，它可单独采用，也可以达标与技评相结合使用。

三、基本能力考核

基本能力考核主要是通过教学实践来进行。通过教学比赛（半场或全场）考核学生在实践中运用技、战术的能力；通过教学实习（带准备活动或技、战术教学实习）考核学生组织教学的能力；通过组织篮球竞赛考核学生组织竞赛、编排和裁判工作的能力。根据学生的技、战术运用能力和实际工作表现来评定成绩。可采用百分制或等级制。

四、考核方法与评分标准

根据篮球教学对象不同、学时分配不同和考核的分值权重不等，考核时可选不同的考核内容、方法及标准。下面介绍几种考试方法与评定标准，供选择参考。

（一）五点投篮（技评与达标）10 分

1. 考试方法：如图 7-1 所示，以篮圈投影点为圆心，以该点至罚球线的距离为半径画圆，确定五点投篮的距离。考生由①号位置开始，按①—②—③—④—⑤的顺序投篮，每个点投两次，共投 10 次，计投中次数并给出技评成绩。

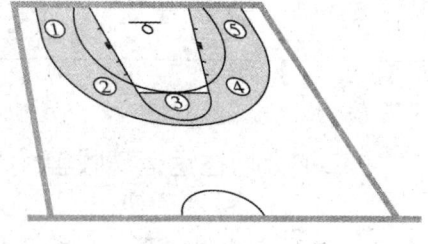

图 7-1

2. 要求：
（1）男生必须跳投，女生原地单手肩上投篮。
（2）投篮时，脚不许踩线，5 秒钟内将球投出。
（3）投篮后及时抢篮板球。

3. 达标与技评标准：如表 7-3、表 7-4。

表 7-3　篮球技术考试评分参考标准

五点投篮 10分				半场往返运球投篮 10分				持球突破 10分				传接球 10分	
达标6分			技评4分	达标4分		技评6分		达标4分		技评6分		技评10分	
男	分值	女	A⁺　4	中次	分值	成绩	分值	成绩	分值	成绩	分值	成绩	分值
5	6	5	A　3.5	2	4	A⁺	6	2	4	A⁺	6	A⁺	10
4	5	4	B⁺　3	1	2	A	5.5	1	2	A	5.5	A	9
3	4	3	B　2.5			B⁺	5			B⁺	5	B⁺	8
2	3	2	C⁺　2			B	4.5			B	4.5	B	7
1	2	1	C　1.5			C⁺	4			C⁺	4	C⁺	6
			D⁺　1			C	3.5			C	3.5	C	5
						D⁺	3			D⁺	3	D⁺	4
						D	2.5			D	2.5	D	3

表 7-4 技术动作规格评定参考标准

标准	等级	完成动作情况
优秀	优+	动作正确熟练、连贯、协调、有力、速度快、效果好
	优	动作正确、连贯、协调、有力、速度快
良好	良+	动作各主要环节较正确、较连贯、协调，速度较快
	良	动作各主要环节较正确，但不够连贯、协调，速度一般
及格	及+	动作各主要环节基本正确，但不够连贯、速度较慢
	及	动作各主要环节基本正确，但协调连贯性差、动作速度慢
不及格	不及格+	动作各主要环节不正确、不协调、不连贯、动作速度慢
	不及格	动作各主要环节不正确、不协调、不连贯、有明显错误

（二）半场往返运球投篮（技评与达标）10 分

1. 考试方法：如图 7-2 所示，考生从球场右侧中线处开始运球，在第一立柱前做右手体前变向运球，第二立柱前做左手体前变向运球右手上篮。抢篮板球后，右手快速运球至对侧中线处开始左手运球，在第三立柱前做左手体前变向运球，第四立柱前做右手体前变向运球左手上篮。抢球后左手快速运球至原处。计行进间投篮的命中次数并给出技评成绩。

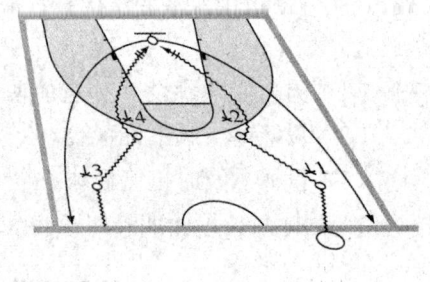

图 7-2

2. 要求：
（1）行进间单手低手投篮，否则不计分。
（2）投篮不中，不补篮继续进行。
（3）运球失误时，从该处继续开始。

3. 达标与技评标准：如表 7-3、表 7-4 所示。

（三）原地持球突破（技评与达标）10 分

1. 考试方法：如图 7-3 所示，考生从球场右侧中线处开始，做传接球在第一立柱处做交叉步突破上篮。抢球后运球到对侧中线处再做一次传接球在第二立柱处交叉步突破上篮。

2. 要求：

（1）行进间单手高手投篮，否则不计分。

（2）记录违例次数，每次违例都在技评分中扣 0.5 分。

3. 达标与技评标准：如表 7-3、表 7-4 所示。

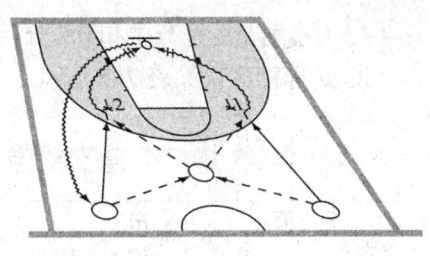

图 7-3

（四）双手胸前传接球（技评）10 分

1. 考试方法：如图 7-4 所示，两人一组，相距 4—5 米，做全场传接球上篮，抢到篮板球后再传回原处。

2. 要求：

（1）投篮不中，必须迅速补中。

（2）传接球失误（违例）时，每次都在技评分中扣 0.5 分，并从失误处继续开始。

3. 达标与技评标准：如表 7-3、表 7-4 所示。

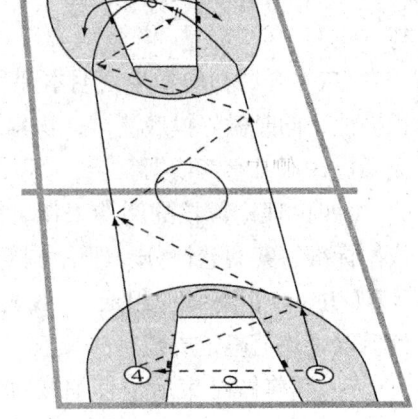

图 7-4

（五）三角形滑步（达标）10 分

1. 测试方法：如图 7-5 所示，测试者前脚站在 A 点上出发，同时开始计时，做滑步至 B 点，做撤步滑至 C 点，做侧滑步至 A 点，往返两次停表。

2. 要求：

（1）只许滑步，不得跑。

（2）脚必须触及线，否则违例。

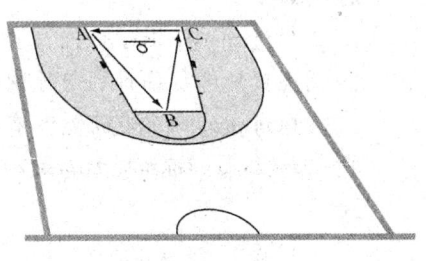

图 7-5

（3）违例在技评分中扣 0.5 分，两次违例则不计分。

3. 达标标准：如表 7-5 所示。

表 7-5　三角形滑步评分参考标准

分　值		10	9	8	7	6	5	4	3	2
标准	男	10	10.5	11	11.5	12	12.5	13	13.5	14
（秒）	女	12	12.5	13	13.5	14	14.5	15	15.5	16

五、考核工作的基本要求

（一）加强思想教育，使学生正确对待考核，严格遵守考试、考查纪律。

（二）从实际出发，根据培养目标和学生的实际情况，正确选择考核的内容与方法。

（三）开课初向学生说明本课程考核的内容、方法及要求，以激发学生学习积极性，同时做好摸底测试，积累原始资料和数据，为制定考核标准和检查教学效果提供可靠参考依据。

（四）理论考核的阅卷工作，应组成阅卷小组，采用分工流水作业的方法，依据标准答案阅卷评分。理论考核先以满分 100 分来评分，然后再进行换算。

（五）实践考核应组成 3—5 人考核小组，小组成员依据评分标准各自评分，然后取平均值确定成绩。

（六）考核结束后，仔细核对学生各项考核成绩，对学生总成绩进行评定；不断总结教学经验，提高教学质量。

思考题：

1. 简述篮球考核的目的与原则。
2. 篮球考核的内容有哪些？有几种考核形式？
3. 考核工作有哪些基本要求？

第八章

篮球竞赛的组织工作

内容提要：

　　本章从篮球运动竞赛工作的实际出发，阐述了竞赛的意义和种类，全面介绍了竞赛的组织工作和竞赛的制度与方法，特别是详细分析和推出了一种新的单循环编排方法。另外，本章还介绍了世界和国内一些大赛的编排方法，以帮助学生拓展视野，了解更多关于竞赛组织工作方面的知识。

篮球竞赛是篮球运动的基本表现形式,也是篮球运动体系的一个重要组成部分,是现代篮球运动中最具魅力的活动,篮球运动的价值往往就是在竞赛中得以最充分地表现。不论举办何种形式的篮球竞赛,也不论其规模大小和水平高低,都有一定的时限性,并且涉及其他的相关方面。因而,篮球竞赛的组织工作实际上是一项网络系统工程,这个系统中横向的协调融合和纵向的连贯流畅,是篮球竞赛活动顺利进行和圆满完成的重要保证。

第一节 竞赛的意义和种类

一、竞赛的意义

篮球比赛攻守对抗的凶悍性和技艺化,激烈精彩,引人入胜。优秀篮球队的比赛更为人们所关注,成为现代社会文化的一部分,越来越深刻地影响着人们对社会生活和经济生活的追崇。

(一)促进篮球运动的发展

篮球运动是较受欢迎、较易开展的一个体育项目,通过竞赛能够吸引更多的人,特别是青少年来参加这项运动,从而在更大的范围内推广这项运动;通过竞赛可以检查篮球教学训练的质量与效果,促进技术和战术水平、身体素质和心理素质等的提高;通过竞赛也可以互相观摩,交流学习,增进友谊;通过竞赛还可以锻炼参加者的品质风格,培养参加者的团队精神,激发参加者的进取愿望。

(二)丰富文化生活的内容

篮球竞赛是社会的一种文化生活,参加竞赛本身就是一种锻炼健身的生活方式;观看激烈对抗的比赛,欣赏比赛中的精湛球艺,也使人们的生活空间和余暇得到扩展及充实;公平激烈的竞赛本身就传播着平等竞争的文明风尚,也鼓舞着人们对真实、自信、进取和创新的向往;竞赛过程的变幻和比赛结果的不可预测,还给人们带来极大的悬念与乐趣,引发和满足人们对身体健康和美好生活的追求。

（三）适应社会活动的需要

篮球竞赛作为一种特殊的手段，能够起到提高国家声誉、振奋民族精神和创造社会安定环境的作用；也能够起到改善和促进国家关系，以及充当和平友好及慈善使者的作用；还能够起到推动竞技体育体制的改革和加快运动项目走向市场的作用。

（四）推动职业篮球的产业化

从传统意义上来讲，组织篮球竞赛是一种消费。美国职业篮球联盟的经营效果，可以说为组织篮球竞赛从消费向生产转化树立了典范。在高水平的篮球队伍中，组织经营性的篮球竞赛，作为体育产业的一种形式，可使其成为社会经济生活的一部分。

（五）带动社会相关行业的发展

篮球职业性的竞赛作为一种经济行为，不仅为自身的生存发展创造了良好的物质条件，也为其他行业提供了机会。高水平、较大规模的篮球竞赛必然会促使举办地的基础设施得以改善，促进相关产业的发展。如组织高水平的篮球竞赛，会使传媒业、旅游业、宾馆业、商业、餐饮业、保险业和公用事业等许多行业的生意兴隆起来，服务质量也会得到一定的提升。

二、竞赛的种类

组织篮球竞赛，根据竞赛的性质和目的，大体上可以分为非职业性比赛和职业性比赛两大类。

（一）非职业性比赛

1. 综合性运动会中的篮球比赛

篮球作为综合性运动会中的一个项目，与其他项目一起在同一时期内进行比赛，从一个侧面反映参赛国家或单位的体育运动整体水平。这种比赛有国际性运动会中的篮球比赛，如奥林匹克运动会、世界大学生运动会、世界中学生运动会、洲际和地区运动会中的篮球比赛等；也有全国性运动会中的篮球比赛，如全国运动会、解放军运动会、工人运动会、农民运动会、大学生运动会和中学生运动会中的篮球比赛等；还有各个省、地、市及企事业、学校等基层单位运动会中的篮球比赛。

2. 单一篮球项目比赛

主要反映参赛国家或单位单项运动的水平。有国际性的比赛，如世界锦标赛、世界青年锦标赛、各大洲的锦标赛、各大洲的青年锦标赛；也有全国性的比赛，如全国甲级联赛、全国乙级联赛、全国青年联赛以及各行业系统的比赛；还有省、地、市及基层单位的篮球比赛。

3. 国内外交往性比赛

主要为了加强交流，增进友谊，发展相互关系。有国际性的比赛，如国家之间双边的访问比赛，几个国家之间多边的邀请比赛；也有国内省、地、市之间的协作性比赛；还有基层单位之间的友谊比赛和表演比赛等。

除了上述的这些比赛之外，还有少年儿童的小篮球比赛、三对三的篮球比赛、扣篮和投篮比赛，以及专门的残疾人轮椅篮球、聋人篮球比赛。

这类非职业性的比赛，普及的面比较广，参加比赛运动员的层次各不相同，技术水平也有较大的差异，有利于吸引更多的人参加篮球运动。

（二）职业性比赛

1. 国外职业比赛

主要是为了依靠比赛的票房收入和其他收入来维持球队生计与创造利润。最有代表性的是美国 NBA 男子职业篮球联赛；还有一些国家举办的职业联盟比赛，如意大利、希腊、菲律宾、韩国的职业篮球联赛，以及一些国际性的俱乐部比赛等。

2. 国内职业比赛

主要是为了通过改革推动我国篮球运动跟上世界篮球运动的发展趋势，从管理体制、竞赛制度和方法等方面与国际接轨，从而提高整体水平。目前也是在篮

第八章 篮球竞赛的组织工作

球管理体制中实现从计划经济向市场经济的过渡。我国从 1996 年开始首次举办了男子 8 支球队参加的职业篮球比赛，目前的 CBA 联赛和 WCBA 联赛就是这种职业性比赛的延续和扩展。

职业性比赛，涉及的范围比较窄，但参加比赛运动员的技术水平比较高，它带有明显的商业性，对篮球运动的产业化进程是个促进。

第二节 竞赛的组织工作

竞赛组织工作是有目的地组织、指挥、控制和调节竞赛工作的过程，一般分为三个阶段。

一、竞赛前的准备工作

赛前工作是制定组织竞赛计划和实施计划为比赛做准备的过程。这个过程是从成立竞赛筹备组织起至比赛开幕止，包括建立竞赛组织机构、确定组织方案、制定竞赛规程和拟订具体工作计划等。

（一）建立竞赛组织机构

首先要成立竞赛领导小组，即筹备委员会，也就是竞赛开幕后的组委会，它对竞赛的全过程起组织领导作用。然后在它属下，再设立具体的工作机构。这些工作机构负责整个竞赛过程中的各项具体事务，协助领导小组完成竞赛任务。凡是与竞赛有关的事务，都要有相应的部门或人员负责管理。通常情况下，设秘书处、竞赛部门、技术代表、仲裁、场地和总务部门等。另外，根据竞赛层次和规模的不同，还可以增设一些专门部门。

（二）确定组织方案

竞赛领导小组要对竞赛的任务、规模、水平、承办单位的硬件、软件质量、组织竞赛经费等情况有全面的了解。在这个基础上，本着实事求是、精简高效和勤俭节约的原则，对竞赛期间各项活动内容作出计划和安排，对竞赛的各项收支规定标准作出预算。

(三) 制定竞赛规程

竞赛规程是竞赛工作的指导性文件,是竞赛的组织者和参与者都必须遵守的章程。竞赛规程主要包括竞赛名称、目的、任务、日期、地点、参加单位及人数限定、参赛者资格、报名及报到日期、竞赛方法、竞赛所采用的规则、名次评定和奖励办法、抽签日期和地点与注意事项。国内职业联赛中还包括对运动员的转会、外援引进人数、更换及上场时间和人次的规定。基层单位的竞赛有时需要有一些特殊的规定时,也要写入规程。规程一经审定,就应保证其严肃性和权威性。

(四) 拟订工作计划

各个工作部门建立后,应根据整个竞赛工作各阶段的进行顺序,按照不同分工,分别拟订具体的工作计划,经领导批准后实施。以下是各部门在竞赛中的主要工作:

1. 竞赛部门的主要工作

对运动员资格进行审查,做好竞赛的编排,安排好竞赛日程、时间、场地,编印比赛秩序册,召集领队、教练员会议,公布比赛成绩,仲裁比赛争议。

2. 裁判部门的主要工作

做好裁判员的赛前学习和体能测试,深入领会规则精神,提高认识,端正态度,统一尺度,加强配合,保持良好的精神和身体状态。记录台的工作人员要熟悉各种器材设备的操作使用,做到及时准确地反映比赛进行情况。

3. 场地部门的主要工作

检查、落实比赛场地、器材设备,做到标准、可靠、安全,使用正常,能够符合比赛要求,保证比赛顺利进行。

4. 宣传部门的主要工作

布置赛场,宣传竞赛法规,编辑简报,安排广播电视、报刊的报道,组织新闻发布,渲染竞赛气氛,吸引更多的人关注,扩大竞赛影响。

5. 总务部门的主要工作

做好食宿安排、物资供应、交通调度、安全保卫、医务保障、门票订购等后勤服务工作，掌握收支、控制标准、执行预算，做好财务管理工作。

二、竞赛期间的工作

竞赛期间的工作是竞赛组织的中心工作，从比赛开幕到闭幕，所有工作都要在领导小组的领导下进行，为使比赛顺利正常进行而努力。这期间的工作可分为比赛活动的管理和非比赛活动的管理。

（一）比赛活动的管理

根据比赛的日程，安排好裁判员、记录台工作人员、技术统计人员和场地工作人员，使每一场比赛都能够按时进行，不能因为工作人员的疏忽而使比赛情况得不到正确及时的反映，也不能因为器材设备的故障而使比赛延误、停顿、脱节。要按照篮球竞赛的法规、规则来管理比赛，建立良好的比赛秩序，使参赛的运动队能够在平等的条件下竞争。

比赛活动的管理，关键在于裁判工作。裁判员的公正、公平和敬业态度反映了比赛的严肃性，鸣哨的准确程度体现了判罚的权威性，执法的松紧程度影响着比赛的对抗性，判罚时的待人态度影响着运动员的比赛情绪。因而加强对裁判员队伍的管理，除了赛前的学习教育之外，赛间的及时检查、小结与监控，是保证比赛健康发展的重要措施。

另外，对赛场中可能出现的假球、赌球、"黑哨"和乱扔杂物、干扰比赛正常进行、围攻裁判员等有损文明行为的突发事件也要有充分的估计。竞赛、仲裁甚至保安部都要有相应的准备。

（二）非比赛活动的管理

在竞赛期间，有许多涉及各工作部门的非比赛活动需要进行组织管理，这些工作对整个竞赛有很大的影响，包括：

1. 对开幕式、闭幕式的管理

不管是较隆重的还是较简单的开幕式和闭幕式，都应给予足够的重视。主题要明确,安排要紧凑,场面要热烈,以扩大篮球运动的影响,提高篮球运动的社会地位,加强篮球运动员的责任感。

2. 对赛事服务工作的管理

组织好每次比赛后的新闻发布会,尽快地处理和传递当日比赛的信息,安排好每场比赛中间歇时间内的表演。抓紧对比赛场地器材设备的检查、保养和维修。经常对食堂进行食品卫生检查,预防肠道传染疾病的发生。对住地和赛场休息室进行相应的封闭治保,避免闲杂人员的干扰,保证参赛人员的休息和安全。为参赛人员提供某些特殊的服务项目。

3. 对赛场观众的管理

做好文明观赛的宣传工作,引导观众讲礼貌、守纪律,为比赛双方加油。对观众中可能出现的过激行为要有应急措施,大型的竞赛还要组织好安全保卫和观众的疏导工作。

另外,由于竞赛期间各种情况的复杂多变,还需要对各个工作部门的相互关系进行协调管理,以利比赛更好地运转。

三、竞赛的结束工作

赛后的工作包括以下几个方面:
编制和印发总的比赛成绩表、某些单项技术评比名次和其他一些获奖名单;
对比赛技术资料进行处理和归档;
对比赛器材设备的整理;
办理参赛队伍的离会手续;
对竞赛的收支进行财务决算;
进行竞赛工作总结;
为组织高一层次的队伍选拔和推荐人员。

第三节 竞赛制度和方法

一、竞赛制度

篮球竞赛制度是根据篮球项目的特点和要求,规范篮球竞赛性质、等级、周期，使之有系统、有计划、有目的地组织和推动竞赛社会化、多样化的体系。目前广泛实施的有赛会制和赛季制两种。

（一）赛会制

赛会制是让参加比赛的球队集中在一个地方，用几天或十几天的时间，连续进行比赛的一种竞赛制度。

1. 赛会制的特点

赛会制的适用范围比较广，比赛队伍集中，比赛地点固定，赛期短，比赛场次连续，比赛强度大，调整、恢复时间短，容易产生疲劳。赛会制的比赛为承办者提供了持续的社会篮球爱好者的注视热点，从而能带来相应的社会效益和经济效益。

2. 对组织工作的要求

（1）赛会制比赛规模较大，组织工作量大而复杂，要仔细制定好全面的组织方案，规划好各部门的工作范围，明确各部门的工作职责，协调好各部门的工作关系。

（2）赛会制的赛期短，赛程紧凑，赛间可能出现的问题比较集中，因此各方面工作要具体、细致，要有很强的时间观念，要始终处于紧张的运转状态，保证比赛的顺利进行。

（3）赛会制的参赛队伍和人员多，后勤工作部门要以全天候的方式保障参赛运动员有良好的休息和营养条件，以充沛的精力投入比赛。

（4）赛会制的比赛需要承办单位具有一定的基础设施条件，特别是承办大规模、高水平、国际性的篮球比赛，要事先进行大量的基本建设投入，以适应赛会制比赛的要求。

（5）承办赛会制比赛，要有市场经济意识，要以经营的思想来做好竞赛组织工作，既要讲社会效益，又要讲经济效益。

（二）赛季制

赛季制是一种竞赛时间较长，参赛队伍不集中，分别在参赛队各自的赛地进行比赛，参赛队每赛完一场后需移地并有若干天休整的一种分主、客场的竞赛制度。

1. 赛季制的特点

赛季制最明显的一个特点就是采用主、客场的形式进行比赛。赛季制的赛期长，一般约为半年，而且通常是跨年度的，可以根据比赛性质、时间和水平，安排比较多的比赛场次。但由于主、客场的比赛队伍经常往返于赛地，要有雄厚的经济实力保证，因而赛季制比赛应用的范围比较小，一般只是在一个国家内最高水平的比赛中运用。如美国的 NBA 比赛，从 1946 年起就用这种跨年度的赛季制，中国篮球协会举办的 CBA 和 WCBA 比赛中也实行赛季制。

2. 对组织工作的要求

（1）赛季制比赛的赛场分散，各赛地的比赛场数相对较少，但组织工作延续时间跨度大，因此，组织机构更应当精干、规范，并且要具有很强的机动性。

（2）在比赛的管理上，既要利用主场天时、地利、人和的有利条件，又要营造公平竞争的良好环境气氛。要加强对主场工作人员、运动员的职业道德教育和对观众的宣传教育，提高参与比赛和观赏比赛的文化氛围。

（3）主、客场比赛的形式，是一种市场经营，因而比赛应该属于经营者的一种产品，组织工作应当成为经营者的一项营销任务，从而促使篮球竞赛真正走进市场。

（三）混合制

混合制是在一个竞赛过程中，将赛会制和赛季制结合起来实施的竞赛制度，通常是竞赛前期采用集中在一起进行比赛，竞赛后期采用主、客场的形式进行比赛。我国目前举办的全国男子篮球联赛（简称 NBL）实行的就是这种混合制。

二、竞赛方法

竞赛最基本的要求，是为了使参加比赛的队能够在比较公平、合理的条件下竞争，采用适当的竞赛方法是创造良好竞争条件的前提，也是客观反映参赛队竞技水平的重要保证，而且对竞赛的组织工作也有很大的影响。篮球竞赛中通常采用的有淘汰法和循环法两种。

（一）淘汰法

淘汰法是在比赛中以胜进负退来确定比赛名次的一种方法，即获胜队可以继续参加进一层次比赛，失败队失去继续参加进一层次比赛资格的方法。失败一次便失去继续比赛资格的为单淘汰，失败两次便失去继续比赛资格的为双淘汰，和同一对手以3战2胜、5战3胜或7战4胜形式进行的实际上是由单淘汰延伸出来的多场淘汰。

1. 单淘汰的编排法

先根据报名参加的队数，对照$2^n \geq N$的关系式，来确定比赛的场数、轮数和号码位置数（N为参赛队数，n为大于1的正整数）。

比赛场数=N-1，比赛轮数=n，号码位置数=2^n。

然后由参赛队抽签，确定参赛队在比赛中的号码位置，再按顺序将号码两两相连，列出单淘汰的轮次表。

例如，8个队参加比赛（2^3=8），共要打7场比赛，分3轮进行，如图8-1所示。

如果除了确定冠、亚军之外，还需要确定其他名次时，往往采用附加赛的办法来弥补单淘汰的不足。附加赛的办法是在同一轮次中，胜队与胜队，负队与负队再进行比赛，直到排出竞赛所需要的名次顺序。例如，在8个队参加的淘汰赛中，需要排出8个队的名次，按照图8-2的方法进行附加赛，就可以将8个队的名次排列出来。

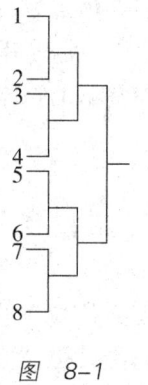

图 8-1

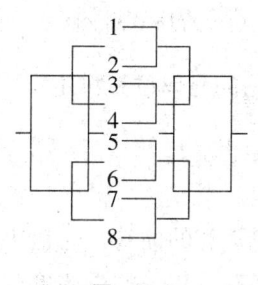

图 8-2

2. 双淘汰的编排法

双淘汰的办法是为了使在第一轮中失败的队能够有机会继续参加比赛，甚至参加到最后争夺第一名的比赛，以减少单淘汰中产生的偶然性结果。双淘汰的编排，第一轮与单淘汰的编排相同，从第二轮起，把失败的队再编起来比赛，只有第二次失败的队才被淘汰。因而，即使在第一轮比赛中失败的队，只要它在以后的比赛中能够保持不败，就有可能去争夺冠军（图 8-3）。不过，如果它在冠、亚军决赛中获胜的话，还必须再赛一场才能最终分出仲伯。

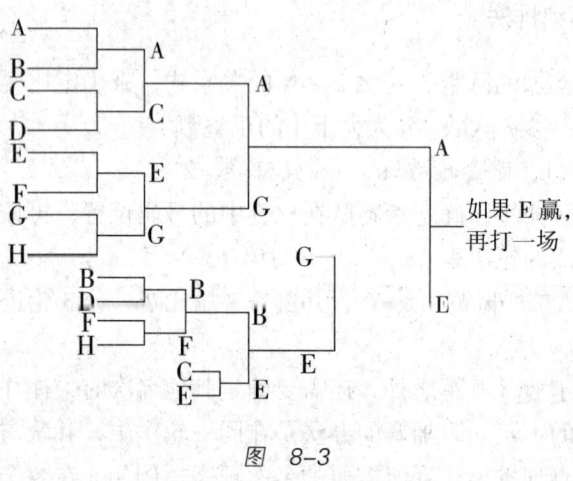

图 8-3

3. 多场淘汰的编排法

多场淘汰通常是在比赛水平比较高、双方实力相当，或者在一次篮球竞赛的后阶段比赛中采用的方法。它的编排与单淘汰是相同的，所区别的是采用两队之间 3 战 2 胜、5 战 3 胜，甚至 7 战 4 胜的结果来论胜负，克服了单淘汰中两队之间交锋一场论胜负的偶然性缺陷，更加客观地反映了参赛队的整体综合实力。

4. 淘汰法的号码位置排定

采用淘汰法的比赛，号码位置的排定是很有讲究的，较多采用的有以下几种：

（1）完全随意的抽签：这是让参赛队一起抽签确定号码位置的形式。虽然对每支球队来说有着相等的机遇，但它同时也伴随着有可能使强队之间相遇过早而被淘汰的不合理性。

（2）设种子队：种子队的设定应该是有根据的，并为各队所公认。种子队的号码位置，可以采用两种形式来排定。一种是按种子队的原来名次排定在种子位置号码上（种子位置号码是有规律地分布在比赛秩序表中各个不同"区"的顶部和底部）；另一种是让种子队抽签，确定在哪个种子位置号码上。在种子队排好后，再让其他非种子队抽签。

（3）按照比赛成绩：根据上一次竞赛或本次竞赛前一阶段的名次，以"跟种子"的原理排定位置。图8-4是4支球队和8支球队按先前比赛名次排定的比赛轮次表。

（4）优先选择：在"跟种子"的前提下，固定后一半名次队的位置，让前一半名次的队依次自行选择位置。如图8-4中，让4支球队中的前2名依次选择1和2两个位置，让8支球队中的前4名依次选择1—4四个位置。

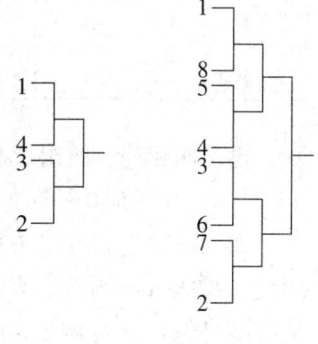

图 8-4

（二）循环法

循环法是使参加比赛的队，在整个竞赛中或在同一组的竞赛中，都能够相遇比赛，最后根据各队在比赛中的胜负场数，按一定的计分规定排列名次的一种办法。所有参赛队都能相遇比赛一场的为单循环，所有参赛队都能相遇比赛两场的为双循环，所有参赛队都能相遇比赛两场以上的为多循环。在参赛队数较多而竞赛时间有限的情况下，往往把参赛队分成若干小组，分别进行单循环，这就是从单循环衍生出来的分组循环。

1. 循环法的编排

单循环比赛的总场数为 N（N-1）/2（N为参赛队数）。

单循环比赛的总轮数：如参赛队为单数，则比赛轮数等于队数；如参赛队为双数，则比赛轮数为队数减去1。双循环比赛的总场数和总轮数比单循环增加一倍。

单循环比赛的编排都是按照成对进行的。表8-1是8支球队循环比赛的轮次表。将成双的号数一分为二，前一半号数自上而下写于左边，后一半号数自下而上写于右边，然后左右两两对应相连，就是第一轮比赛的编排。传统的编排方法都是固定左上角的号码再轮转，对于不成双队数的情况，存在较大的缺陷。这里介绍的是在第一轮排定后，固定右上角的号码，其他号码逆时针方向轮转一个位

表 8-1

第一轮	第二轮	第三轮	第四轮	第五轮	第六轮	第七轮
1-8	7-8	6-8	5-8	4-8	3-8	2-8
2-7	1-6	7-5	6-4	5-3	4-2	3-1
3-6	2-5	1-4	7-3	6-2	5-1	4-7
4-5	3-4	2-3	1-2	7-1	6-7	5-6

置，再两两相连，就组成整个比赛的轮次表。如果是 7 支球队参加比赛，那么以 0 取代 8，凡遇到 0 的队便为轮空。

如果以赛会制方式进行循环比赛的话，需要考虑场地和主、客队身份的平衡问题。按表 8-1 排列，如对应以 4 块场地，那么 8 号队的比赛都在 A 场地，都是客队身份，见表 8-2（如果是 7 支球队的话，就不存在这样的问题）。

表 8-2

主/客	队 1	队 2	队 3	队 4	队 5	队 6	队 7	队 8
A 场地	1/0	1/0	1/0	1/0	1/0	1/0	1/0	0/7
B 场地	1/1	1/1	1/1	1/1	1/1	1/1	1/1	
C 场地	1/1	1/1	1/1	1/1	1/1	1/1	1/1	
D 场地	1/1	1/1	1/1	1/1	1/1	1/1	1/1	
	4/3	4/3	4/3	4/3	4/3	4/3	4/3	0/7

可以用这样的方法来进行调整：先对 8 号队偶数轮次比赛的主、客位置进行左右摆动互换，使主、客身份有所变化，见表 8-3。再对 8 号队比赛场地进行调整，第四轮不动，相对称地将 8 号队第一、七轮中与 B 场地调换，第二、六轮中与 D 场地调换，第三、五轮中与 C 场地调换，见表 8-4。

表 8-3

	第一轮	第二轮	第三轮	第四轮	第五轮	第六轮	第七轮
A 场地	1-8	8-7	6-8	8-5	4-8	8-3	2-8
B 场地	2-7	1-6	7-5	6-4	5-3	4-2	3-1
C 场地	3-6	2-5	1-4	7-3	6-2	5-1	4-7
D 场地	4-5	3-4	2-3	1-2	7-1	6-7	5-6

表 8-4

	第一轮	第二轮	第三轮	第四轮	第五轮	第六轮	第七轮
A 场地	2-7	3-4	1-4	8-5	6-2	6-7	3-1
B 场地	1-8	1-6	7-5	6-4	5-3	4-2	2-8
C 场地	3-6	2-5	6-8	7-3	4-8	5-1	4-7
D 场地	4-5	8-7	2-3	1-2	7-1	8-3	5-6

这样，在不影响比赛轮次进行的基础上，使各支球队的主、客身份和赛场安排相对比较均等，见表8-5。

表 8-5

主/客	队1	队2	队3	队4	队5	队6	队7	队8
A 场地	1/1	1/1	2/0	0/2	0/1	2/0	0/2	1/0
B 场地	2/0	1/1	0/1	1/1	1/1	1/1	1/0	0/2
C 场地	0/1	1/0	1/1	2/0	1/1	1/1	1/1	0/2
D 场地	1/1	1/1	0/2	1/0	1/1	0/1	1/1	2/0
	4/3	4/3	3/4	3/4	3/4	4/3	3/4	3/4

2. 循环法的号码位置排定

比赛轮次排定后，各队进行抽签，抽签后按号码代入到轮次表中，再把各轮次的比赛编成比赛的日程表。

在进行分组循环比赛时，首先要把分组的办法确定下来。通常采用的分组办法有三种：第一种是按上一届竞赛中的名次进行分组，即蛇行排列的方法。例如，有20支球队参加比赛分4组时，排法如表8-6所示。第二种是先协商确定种子队（种子队数应等于或成倍于组数），然后由种子队抽签定组别，再由其他队分别抽组别签和组号签。第三种是全部参赛队一起抽签分组，分组后再抽签确定号码位置，或连组带号一起抽，然后将各队按号码分别代入到相应的各组比赛轮次表中去。

表 8-6

一	二	三	四
1	2	3	4
8	7	6	5
9	10	11	12
16	15	14	13
17	18	19	20

3. 循环法的名次排定

采用循环法的竞赛，要确定名次，不是以一场比赛的胜负，而是以在循环中各队的全部比赛胜负来计算的，如表 8-7 所示。一场比赛的胜负，以积分的形式来表示，胜一场得 2 分，负一场得 1 分，弃权为 0 分。

表 8-7

队名	A	B	C	D	E	F	积分	相互间			总得失分率	名次
								胜场	负场	得失分率		
A												
B												
C												
D												
E												
F												

下面是名次排列的原则：
（1）按积分多少排列。
（2）在积分相等的情况下可按以下原则排列：
第一，按相互间比赛的胜负场数排列；
第二，按相互间比赛的得失分率高低排列（得失分率＝得分之和/失分之和）；

第三，按循环组内所有比赛的得失分率高低排列。

如果只有 3 支球队参加比赛，在按上述原则也无法排出名次时，则按各队在比赛中的累积得分多少来排列；如果累积得分也相同时，那就由竞赛部门组织抽签来解决名次排列的问题。

排列双循环比赛的名次时，还应根据以上某一原则作出具体的范围界定。

不论采用什么样的方法，都应该体现出公平、合理、严密，并且要事先确定，写入规程，使所有参赛队心中有数。

（三）混合法

混合法是在一次竞赛中把淘汰法和循环法结合起来运用的方法。通常是把竞赛分为几个阶段，各个阶段采用不同的方法。比较多见的是先采用循环法，后采用淘汰法。

无论采用哪种方法，参赛队抽签后，都要将各队队名填到轮次表中，编出比赛的日程表，如表 8-8 所示。

表 8-8

日期	组别	时间	比赛队	比赛场地	雨天场地

总之，采用何种竞赛方式和方法，要根据篮球运动开展的情况、篮球比赛的水平高低和篮球市场的培育程度来决定。

第四节　国内外若干赛事的竞赛方法简介

一、NBA 的竞赛方法

NBA 共有 30 支球队，分为东西部两大联盟，每个联盟各有 3 个赛区，每个赛区 5 支球队。整个联赛分为两个阶段，第一阶段是常规赛，第二阶段是季后赛。

常规赛采用主、客场多循环的方法，每支球队与同区其他 4 支球队各打 4 场，共打 16 场；与本联盟其他 10 支球队共打 36 场（与 6 支球队各打 4 场，与 4 支球队各打 3 场）；与另一联盟的 15 支球队各打 2 场，共打 30 场。这样，每支球队在常规赛中要打满 82 场比赛。

同一赛区 4 场	（2 主 2 客）	4×4=16 场
同一联盟 3—4 场	（2 主 1 客或 2 客）	3×4+4×6=36 场
不同联盟 2 场	（1 主 1 客）	2×15=30 场

季后赛采用主、客场多次淘汰（7 战 4 胜）的方法，先在两个联盟内的八强间进行。各联盟的八强是这样产生的：3 个赛区第一名（共 3 支球队）直接进入季后赛，其余 5 个名额由 12 支球队根据常规赛最终成绩排名而定。在决出东、西部联盟的冠军后，再进行 NBA 总决赛。季后赛的编排见图 8-5。

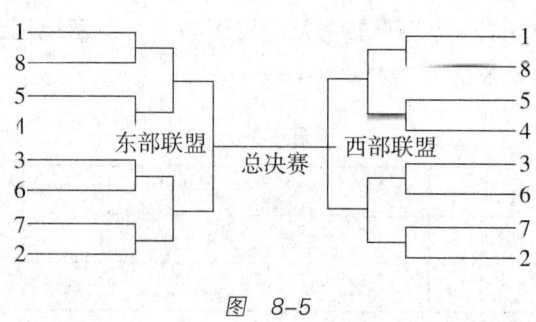

图 8-5

二、第 28 届雅典奥运会的竞赛方法

奥运会篮球比赛参赛队伍男女各为 12 支球队，12 支球队的名额是这样确定的：东道国和近届世界锦标赛冠军队直接进入奥运会，亚洲、非洲、欧洲、美洲及大洋州各有 1 个基础名额，近届世界锦标赛的第 2—6 名队各为本大洲获得 1 个参赛名额。除了东道国和近届世界锦标赛冠军队之外，其他名额须通过预选赛产生。比赛分两个阶段，第一阶段是小组赛，第二阶段是排名赛。

第一阶段采用分组循环的方法，将 12 支球队分成 A、B 两个小组，在小组内进行循环。

第二阶段比赛时，两小组后 2 名采用同名次比赛，决出第 9—12 名，两小组前 4 名采用附加淘汰的方式决出 1—8 名（图 8-6）。

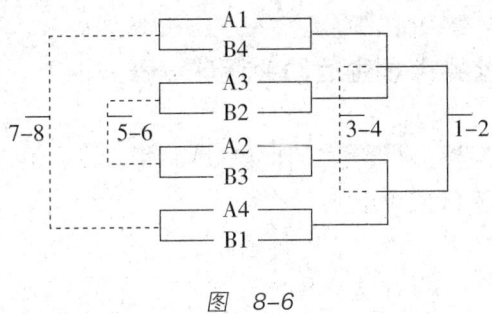

图 8-6

三、第 14 届世界篮球锦标赛的竞赛方法

14 届世界篮球锦标赛男女各有 16 支球队参加比赛,比赛分三个阶段进行(图 8-7)。

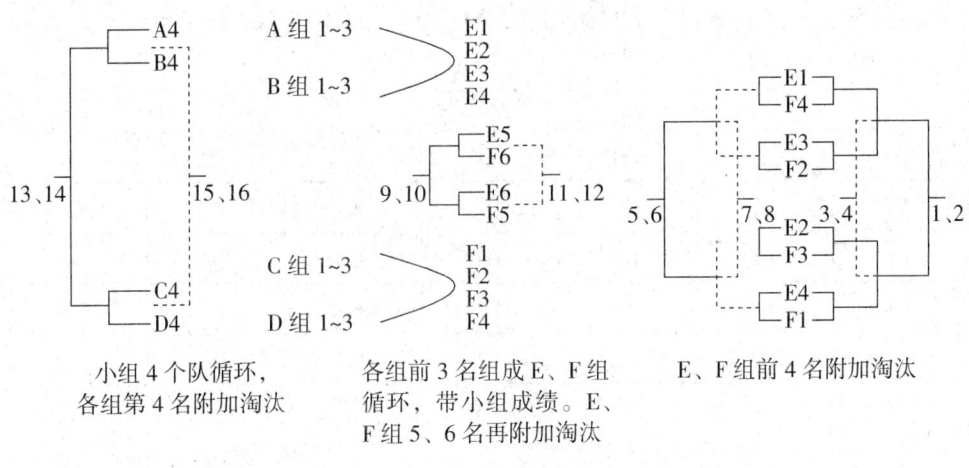

小组 4 个队循环,　　各组前 3 名组成 E、F 组　　E、F 组前 4 名附加淘汰
各组第 4 名附加淘汰　循环,带小组成绩。E、
　　　　　　　　　　F 组 5、6 名再附加淘汰

图 8-7

第一阶段将 16 支球队分成四个小组,各小组进行单循环比赛,排出小组的名次。

第二阶段将四个小组的前 3 名分别再组成 E、F 两个组,也进行小组循环比赛。同时,四个小组的第 4 名进行附加淘汰赛,决出第 13—16 名。

第三阶段将 E、F 两个小组的前 4 名组在一起,进行附加淘汰赛,决出第 1—8 名。同时,E、F 两个小组的后两名也进行附加淘汰赛,决出第 9—12 名。

四、第 21 届世界大学生运动会篮球竞赛方法

第 21 届世界大学生运动会于 2001 年在北京举行,参加篮球比赛的男子队伍有 27 支,女子队伍有 18 支。

(一)男子比赛竞赛方法

第一阶段,分成 A、B、C、D、E、F、G、H 八个小组循环(其中 A、B、G 组各有 4 支球队),排出小组名次。

第二阶段,各小组第 4 名(A4、B4、G4)单循环排出 25—27 名。各小组前两名分成 I、J、K 和 L 四个组,单循环排出各组的名次。各小组第 3 名分成 M 和 N 两个组,单循环排出各小组名次。见表 8-9。

第三阶段由 I、J、K、L 小组的同名次打附加赛,分别决出 1—16 名的队,M、N 组前、后两名分别交叉打附加赛,决出 17—24 名的队(图 8-8)。

表 8-9

I组	J组	K组	L组	M组	N组	
A1	B1	C1	D1	A3	B3	A4
E1	F1	G1	H1	C3	D3	B4
C2	D2	A2	B2	E3	F3	G4
G2	H2	E2	F2	G3	H3	

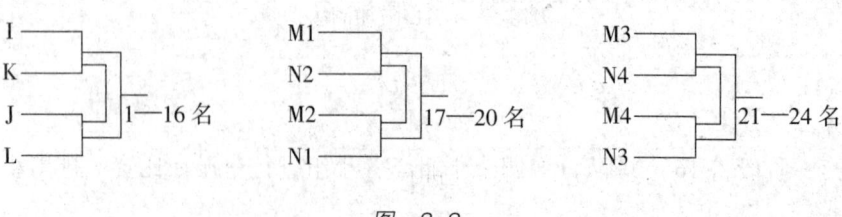

图 8-8

(二)女子比赛竞赛方法

第一阶段,分成 A、B、C、D 四个组循环(其中 A、D 组有 5 个队),排出

小组名次。

第二阶段，A、D 组第 5 名的队 3 战 2 胜决 17、18 名。四个组的前两名组成 E 组和 F 组，后两名组成 G 组和 H 组，分别进行小组循环赛。见表 8–10。

表 8–10

E 组	F 组	G 组	H 组	
A1	B1	A3	B3	A5
C1	D1	C3	D3	D5
B2	A2	B4	A4	
D2	C2	D4	C4	

第三阶段由 E、F 组的前两名交叉打附加赛决出 1—4 名，E、F 组的后两名交叉打附加赛决出 5—8 名，G、H 组的前两名交叉打附加赛决出 9—12 名，G、H 组的后 2 名交叉打附加赛决出 13—16 名（图 8–9）。

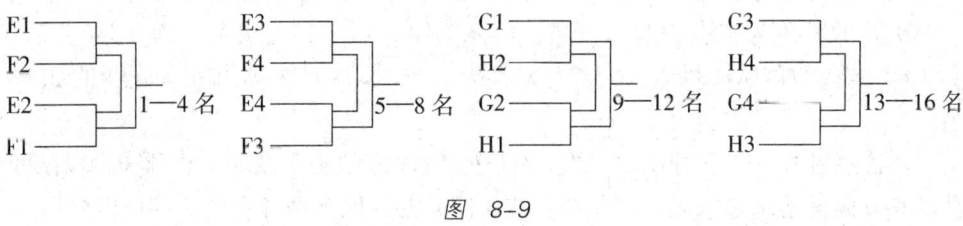

图 8–9

五、CBA 和 WCBA 的竞赛方法

（一）2005—2006CBA 的竞赛方法

第一阶段（常规赛），参赛的 15 支队分为南区（8 支队），北区（7 支队）。采用本区进行主、客场四循环和另区进行主、客场双循环的方法，按各支队伍的胜率排出 15 支队常规赛名次和各区名次。

第二阶段（决赛），第一阶段分区的 1—4 名进行主、客场交叉淘汰赛（图 8–10）。1/4 决赛和半决赛采用 5 战 3 胜，冠、亚军决赛采

图 8–10

用 7 战 4 胜的方法。

第二阶段决赛的胜队为联赛第一名，负队为第二名。1/4 决赛和半决赛的负队不再进行比赛，按常规赛名次排出 3—8 名，9—15 名队的名次按常规赛的名次排列。

（二）2005—2006 WCBA 的竞赛方法

第一阶段（预赛），参赛的 12 支球队采用主、客场赛制进行双循环比赛，按积分排列出预赛名次。

第二阶段（决赛），预赛 9—12 名的队进行双循环主、客场比赛，预赛前 8 名的队按图 8-11 所示（预赛前 4 名按名次顺序由运动队依次自行选择 A1-A4 的位置）进行

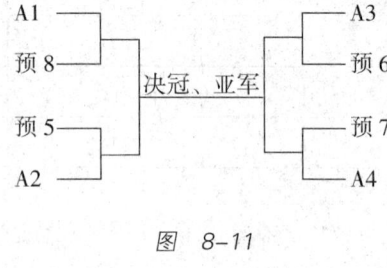

图 8-11

主、客场制 3 战 2 胜交叉淘汰赛（预赛名次在前的队多安排一个主场）。取得获胜场次后不再比赛，1/4 决赛和 1/2 决赛的负队不再进行比赛。

决赛的胜队为本次联赛第一名，负队为第二名。1/2 决赛（即 3、4 名队）和 1/4 决赛的负队（即 5、6、7、8 名队），按预赛名次排出本次联赛的 3—8 名。

本次联赛 9—12 名球队的名次是将决赛阶段成绩（双循环）和预赛阶段该四队的相互间的成绩（双循环）相加，按该四队共计四个循环赛的成绩排出名次。

六、第 10 届全国运动会的竞赛方法

预赛：共有男子 22 支球队、女子 20 支球队参加比赛。依照第 9 届全运会决赛名次，进行蛇形排列，分为四个组。没有名次的球队抽签分入各组。东道主队不参加预赛，直接进入决赛。预赛采用单循环的方法进行比赛。

附加赛：预赛小组第 3 名的 4 支球队采用单循环进行比赛，排出名次，然后单循环的第一名对第二名，第三名对第四名再进行比赛，决出附加赛的名次。

决赛：决赛分为两个阶段，第一阶段为分组赛，将预赛各组前两名的球队分为 A、B 组，按东道主队和附加赛的前 3 名球队依次排入 A、B 组。分组赛采用单循环的方法进行比赛。第二阶段为名次赛，A、B 组五、六名的球队进行单循环比赛（第一阶段比赛相遇过的队，成绩带入第二阶段），决出 9—12 名。A、B

组的前 4 名队按图 8-12 所示（其中 C1-C4 的位置按照 A1、B1、A2、B2 抽签决定的顺序依次选择）进行比赛，决出 1—8 名。

七、CUBA 的竞赛方法

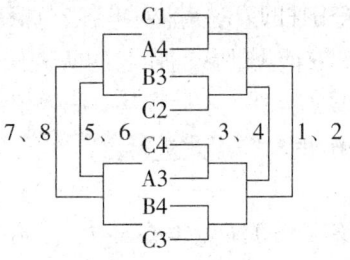

图 8-12

基层预赛：由各省、自治区、直辖市、特别行政区的大体协组织，以学校为单位的比赛。

分区赛：由基层预赛的冠军队分别参加东南区（8 支球队）、西南区（8 支球队）、西北区（9 支球队）、东北区（8 支球队）的分区赛。分区赛分两个阶段，第一阶段，各区按参赛队数分一、二组进行循环比赛，排出小组名次。第二阶段两组各取前 4 名按图 8-13 定位，进行淘汰赛。

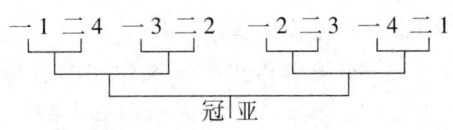

图 8-13

决赛：男子四个区各取前两名，共 8 支球队，定为 CUBA 男八强队，按图 8-14 定位进行淘汰赛。女子四个区各取第一名，定为 CUBA 女四强队，按图 8-15 定位进行淘汰赛。在最后冠、亚军决赛时，采用主、客场双赛的方式，如果出现 1:1 时，则在第二场结束后进行决胜期比赛，直至决出胜负。

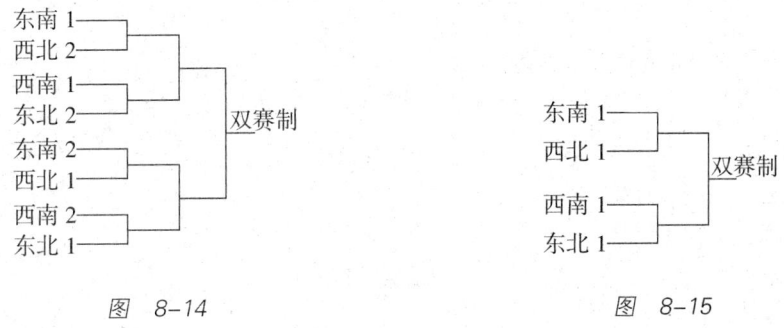

图 8-14　　　　　　　　　　图 8-15

八、2005—2006 中国大学生男子篮球超级联赛的竞赛方法

第一阶段（常规赛）：南、北两区各 8 支球队均采用主、客场进行双循环比

赛，分别根据积分排列出各支球队在本区的名次。获南、北区前 4 名的队进入第二阶段。

第二阶段（季后赛）：采用交叉淘汰，按图 8-16 的对阵形式进行主、客场 3 战 2 胜的淘汰赛。

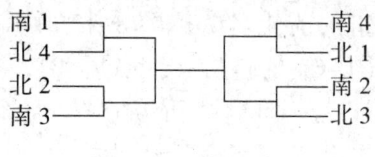

图 8-16

第三阶段（总决赛）：三、四名的决赛只进行一场比赛决出名次，冠、亚军决赛采用 5 战 3 胜的方法决出名次。

思考题：

1. 我国国内举办的 CBA 联赛和 CUBA 联赛属于何种类型比赛？这两种比赛的意义何在？
2. 如果由你组织一次学校内的篮球竞赛，你会考虑设立哪些工作机构？你认为这些工作机构应负责哪些主要工作？
3. 如果你负责组织有 15 支球队参加的篮球比赛，你会采用什么样的竞赛方法？并作出具体的编排。

第九章

篮球竞赛规则与裁判法简介

内容提要:

本章简明扼要地提示了篮球竞赛规则与裁判法的功能作用,重点介绍了比赛通则及其常见的违例、犯规等一般规定,以及篮球裁判员和记录台工作人员的基本素养和实践能力要求,以求使学生掌握基本知识,培养基本能力,能够胜任一般篮球竞赛的组织和执裁工作。

 篮球运动教程

第一节 篮球竞赛规则简介

篮球规则是篮球竞赛的法，它是参加篮球竞赛活动的人员必须遵守的比赛规定、技术标准和行为规范。篮球规则是以法规的条文方式，规定了竞赛的方法和竞赛原则，以及违反这些条例与规定应作出的判罚。其宗旨是，提倡公正竞赛、文明竞赛，鼓励积极进取、团结协作、遵守纪律的优良体育道德作风；限制不正当行为和不合理的动作，反对野蛮、粗暴的作风与打法，以促进技术、战术的不断发展，从而体现与维护篮球初创时期提出的基本精神、宗旨和目的，以保证与促进篮球运动的健康发展。

篮球规则，作为篮球竞赛的法，具有一定的稳定性和连续性。但这种稳定性与连续性是相对的，随着篮球运动的发展，篮球规则也在相应地修改与变化，以便及时反映和适应篮球运动发展的客观需求，并通过规则的不断修改与完善，推动与促进篮球运动的普及和提高，从而保持篮球运动的锻炼价值，增加篮球比赛的观赏性，提高篮球运动的吸引力。国际业余篮球联合会，简称国际篮联（FIBA）是制定与修改篮球规则的唯一机构。修改规则也是国际篮联的主要工作之一，通常每隔四年修改一次。

篮球规则具有严格的时限，国际篮联颁布的（2004年）篮球竞赛规则的主要内容如下：

一、比赛通则

（一）比赛时间

比赛由4节组成，每节10分钟；在第一节和第二节（即第一半时）之间、第三节和第四节（即第二半时）之间以及每一决胜期之前应有2分钟的比赛休息期间。每半时之间的休息期间应为15分钟。在比赛预定的开始时间之前，有20分钟的比赛休息期间。每一决胜期的时间为5分钟。

（二）比赛的开始与结束

第一节，比赛双方任一队员站在中圈内，由主裁判员执行跳球开始比赛。当

主裁判员抛出的球被一名跳球队员合法拍击时为第一节比赛开始,抛出的球被跳球队员拍击的一瞬间,计时员即刻开动比赛计时钟。

其后所有的各节比赛则以队员掷球入界的形式开始。由拥有掷球入界权的队在记录台对面边线中点处外掷球入界开始比赛;当掷出的球触及一名场上队员或被场上队员合法触及时为该节比赛开始。第三节比赛开始前,双方球队应交换比赛场地,然后同样由拥有掷球入界权的队,掷球入界开始比赛。

一节或决胜期的比赛,当结束比赛时间的比赛计时钟信号响时,为比赛结束。

当开始比赛时间已到,裁判员通知比赛双方准备开始比赛时,如果某队准备上场比赛的队员不足 5 名,则比赛不能开始。

在比赛中出现下列情况应视为弃权,宣布比赛结束:

1. 在预定比赛开始的时间 15 分钟后,某队不到场或不能使 5 名队员入场准备比赛,裁判员可判该队弃权,宣布该队比赛告负,判对方队获胜,且比分为 20:0。此外,被判弃权的队本场比赛在名次排列积分中为 0 分。

2. 在比赛中,如果某队因队员 5 次犯规下场或队员受伤以及其他原因在场上准备比赛的队员少于 2 名时,裁判员可判该队由于缺少队员使比赛告负,宣布比赛结束。此时,如判给获胜的队比分领先,则在当时的比分应有效;如判给获胜的队比分未领先,则比分应记录为 2:0。此外,因缺少队员而告负的队在名次排列积分中应得 1 分。

(三)活球与死球

裁判员在比赛中应随时掌握球的状态,即此刻球是活球还是死球,清楚地了解和明确哪些状态下表示球成活球,什么状态下表示球成死球,这有助于裁判员对临场中当球在不同状态下发生各种情况时作出正确的判罚和处理。

1. 活球

(1)跳球中,球被一名跳球队员合法拍击时;
(2)罚球中,罚球队员可处理球时;
(3)掷球入界中,掷球入界队员可处理球时。

2. 死球

(1)任何投篮或罚球中篮时;
(2)球是活球,裁判员鸣哨时;

（3）比赛计时钟信号响以结束每节时；
（4）队控制球24秒钟装置信号响时。

（四）交替拥有与一次跳球情况发生

1. 下列情况为一次跳球情况发生

（1）宣判了一次争球；
（2）球出界，裁判员对谁是最后触及球的队员拿不准或有争执时；
（3）在最后一次或仅有一次罚球未中，双方队员发生罚球违例时；
（4）一个活球停在球篮支架上（罚球之间的除外）；
（5）当任何一队既没有控制球又没有球权时球成死球；
（6）在抵消了双方球队的相等罚则后，没有留下其他要执行的罚则，并且在宣判第一次犯规或违例之前任何一队既没有控制球也没有球权时；
（7）除第1节外，其他所有节的开始时。

2. 裁判员在执行交替拥有时，应掌握好以下几点

（1）在第1节开始的跳球后未能在场上获得控制球的队则首先获得交替拥有。在随后的比赛中，发生的所有跳球情况，都将由双方球队交替拥有在最靠近发生跳球地点的界线外，掷球入界重新开始比赛。
（2）在比赛中，一次跳球情况发生，应由获得交替拥有权的队在最靠近发生跳球的地点掷球入界重新开始比赛。
（3）在任一节比赛结束时，应由获得下一次交替拥有权的队在记录台对面的中线延长部分以掷球入界开始下一节比赛。
（4）在比赛中，需执行交替拥有掷球入界重新开始比赛时，执行裁判员应根据记录台前的交替拥有标志，即刻指明球队的进攻方向与掷球入界的地点。

（五）球队控制球

规则第14条规定：当该队一名队员控制一个活球或球在该队队员之间传递时，即为球队控制球。

裁判员必须懂得什么叫球队控制球，哪些情况表明球队控制球结束，这是裁判员在临场中正确地判断和处理场上出现的诸多违反规则行为的重要依据。如：

球回后场、控制球队犯规、抢球时发生的犯规、全队累计犯规的处理以及对判断球队是否构成3秒钟违例、5秒钟违例、8秒钟违例、24秒钟违例等都与球队控制球的概念有直接联系。

下列情况为球队控制球结束：
1. 一名对方队员对球获得控制时。
2. 球成死球时。
3. 在投篮或罚球中球已离开队员的手时。

（六）球中篮

规则第16条规定，在比赛中，只有当一个活球从上方进入球篮并停留球篮内或穿过球篮时才为球中篮。在比赛中出现下列情况时：
1. 如果队员意外地将球投入本队的球篮，中篮计2分，记在对方的队长名下。
2. 如果队员故意地将球投入本队球篮，则是违例，中篮不计得分。
3. 如果队员使整个球从下方进入球篮，则是违例。

（七）暂停与替换

暂停与替换是教练员在比赛中实施战术意图与进行战斗力调整的一项重要措施与方法。同时，也是裁判员进行赛场管理的重要时机。在比赛中，无论教练员或裁判员，都必须明确和掌握规则对暂停与替换的相关规定，以便教练员及时地运用暂停与替换和裁判员正确地实施赛场管理。

1. 暂停：规则规定，在第一个半时的任何时间，每队可准予2次要登记的暂停；在第二个半时内，可准予3次要登记的暂停，以及每一决胜期的任何时间可准予1次要登记的暂停。未用过的暂停，不得遗留给下一个半时或决胜期。每次暂停为1分钟。

在比赛中，只有教练员或助理教练员有权请求要登记的暂停。他应亲自到记录员处清楚地要求暂停，并做出规定的暂停手势。

在比赛中，教练员或助理教练员请求要登记的暂停，只有当球成死球，比赛计时钟停止时；或当投篮得分时，非得分队已在投篮前提出了暂停请求时，记录台方可发出信号允许暂停。

2. 替换：在比赛中，只有替补队员有权请求替换。他应到记录台前清楚地要求替换，做出替换手势或坐在替换席上，并做好比赛的准备。

在比赛中，当某队请求替换时，只有：当球成死球，比赛计时钟停止，裁判员已结束了与记录台联系时；或在第四节的最后两分钟或每一决胜期的最后两分钟内，投篮得分时，非得分队的队员请求替换，记录台可发出信号允许替换。

裁判员在执行替换时应掌握以下几点：

（1）一次替换发生，队员已成为替补队员和替补队员已成为队员，分别不能重新进入比赛或离开比赛，直到一个比赛的钟表运行片断之后球再次成死球为止。

（2）根据裁判员的判断，如果替换有不合理的延误（超过约30秒钟），应给违反时间规定的队登记一次暂停，如果该队没有剩余的要登记的暂停，可登记教练员一次技术犯规（B），并执行相应的罚则。

（3）在最后一次或仅有一次的罚球后球成死球时（如罚球中篮），罚球队员可以被替换。此时对方队也可以进行一次替换，只要该请求是在最后一次或仅有一次的罚球后球成活球之前提出。

（4）在比赛中，当出现：罚球队员受伤；罚球队员已发生第5次犯规；罚球队员已被取消比赛资格等情况时，罚球队员必须被替换。一旦替换完成，应由被替换上场的队员执行罚球。

二、违　例

违例是违犯规则的行为。在比赛中，常见的违例有：使球出界；运球违例；带球走；掷界外球违例；球回后场；干扰球；拳击球和有关违反时间方面规定的违例等。

在比赛中，裁判员宣判某队队员违例时的罚则是：由对方队在发生违例的最近地点界线外掷球入界重新开始比赛。

（一）队员出界与球出界

在临场中，根据规则的有关规定，谁使球出界，就是谁违例。裁判员依据下列几点来判断：

（1）球场上的边线和端线属于界外。

（2）以队员触及的地面来判断。

（3）以球触及场外任何人员、地面、物体来判断。

当球触及了下列物体时，即是球出界，最后触及球及球触及的队员是使球出界的队员：

（1）在界外的队员或任何其他人员。

（2）界线上、界线上方或界线外的地面或任何物体。

（3）篮板支架、篮板背面或比赛场地上的任何物体。

当裁判员无法判断谁使球出界时，可视为一次跳球情况发生（即争球）。

（二）掷界外球违例

在比赛中，除投球中篮得分外，其他任何情况下获得控制球权的队在界外掷球入界时，都必须经由裁判员递交球，裁判员可将球递交给掷球入界的队员或置于他可处理的地方，也可将球抛或反弹给执行掷球入界的队员。掷界外球时，掷界外球的队员必须遵守下列规定，否则可判为违例：

1. 当裁判员认为该队员可处理球时，该队员即应在5秒钟内使球进入场内。

2. 掷界外球的队员在球未离手前，不得在裁判员指定的地点横向移动超过1米或向不止一个方向移动。但只要情况许可，他从界线后退多远都可以。

3. 当投篮成功或罚球中篮后，非得分队的任一队员在中篮得分的端线外任一地点掷球入界时，执行掷球入界的队员可横向移动或后移，球可在端线后的同队队员之间传递，但是，当界外第一名队员可处理球时，5秒钟计时就开始。

4. 在边线处掷界外球时，当裁判员将球递交后，掷界外球的队员不得将球交给另一同队队员掷球入界。

5. 掷界外球时，脚踩线不算违例，只有当身体触及场内地面时才算违例。界线属于界外。

6. 掷界外球时，掷出的球不得碰到篮板背面、支柱、天花板或卡在篮圈支颈上，或直接中篮。

7. 在掷出的球触及场上队员之前，掷球入界的队员进场不得首先触及球。

8. 掷界外球时，在球被掷入场内前，场内其他队员不得将身体的任何部位越过界线，当界线外掷球入界的地点无障碍物区域少于2米时，防守队员不得靠近掷球入界的队员1米之内。

（三）运球违例

裁判员判断队员运球是否违例（俗称两次运球），首先应从规则的含义中搞

清楚什么是运球；哪些情况不算运球；什么时候算运球结束；什么情况下可以重新运球。这样才能对队员运球时出现的违例作出正确的判断。

规则规定：当在场上已获得控制活球的队员将球掷、拍、滚或运在地面上，并在球触及另一队员之前再次触及球为运球开始。当队员双手同时触及球或允许球在一手或双手中停留时为运球结束。队员第一次运球结束后，在球失去控制之前或在球失去控制之后未触及另一队员或被另一队员触及之前，他不得再次运球，否则可判该队员运球违例。

下列情况不算两次运球：连续的投篮（即根据裁判员的判断，只要是投篮动作，不管投出的球接触篮圈、篮板与否，投篮队员可以再次接触球并运球或传球、投篮）；一次运球的开始或结束时漏接球，即接球不稳；在抢球时利用连续挑拍动作试图获得控制球；拍击另一队员控制的球后再运球；只要不发生带球走违例，将球在两手抛接并在球触及地面前允许在手中停留。

（四）带球走

带球走是比赛中发生在持球队员身上最常见的一种违例现象，裁判员应给予充分的重视，不得掉以轻心，以免出现漏判或错判，影响队员技术运用的正常发挥，给比赛造成不公正的影响。

带球走是指：当队员在场上持球向任何方向移动时不得超出规则的一定限制，否则应视为非法移动，即带球走违例。

规则对队员持球移动的限制主要体现在队员持球移动时对中枢脚的限制。因此如何判断带球走，确定中枢脚是关键。

根据规则的相关规定，队员原地静止状态下接球或移动中接球双脚同时着地，可以用任何一脚做中枢脚，当他一脚抬起的一刹那，另一脚就成为中枢脚；队员在移动或运球中接到球，如一脚正接触地面，则该脚就成为中枢脚；当队员一脚着地，也可跳起此脚然后双脚同时着地停步，此时哪一只脚都不能单独成为中枢脚，队员如需运球，必须在球离手后，两脚任一脚才能离地。

同时规则规定，队员在场上一旦控制了活球并已确定了中枢脚，在开始运球时，球出手之前中枢脚不得离地，否则可判为带球走；队员提起中枢脚可做传球或投篮，但在球出手之前任一脚不得落回地面。

当一名队员持球跌倒在地面或躺或坐在地面上获得控制球是合法的，如果而后该队员持着球滑动、滚动或试图站起来则是违例。

第九章 篮球竞赛规则与裁判法简介

（五）违反时间规则方面的违例

在比赛中，涉及违反时间规则方面的违例主要有：

1. 3秒钟规则。它是指当某队在前场控制活球并且比赛计时钟正在运行时，该队的队员不得停留在对方的限制区内超过持续的3秒钟，否则可判该队员违例。

下列情况则不应视为3秒钟违例：当进攻队员在限制区内，他正试图离开限制区时；或当他或他的同队队员正在做投篮动作并且球正离开或已离开投篮队员的手时；或他在限制区内已接近3秒钟时正运球投篮时。

2. 5秒钟规则。在比赛中发生5秒钟违例主要有三种情况：

（1）掷界外球时，从执行掷球入界的队员可处理球时到球离手不应超过5秒钟。

（2）罚球时，从裁判员递交球后执行罚球的队员可处理球时到球离手不得超过5秒钟。

（3）一名队员正持着活球，被对方队员严密防守时必须在5秒钟内传球、投篮或运球。

一旦控制球队的队员违反上述时间规定，即可判该队队员违例。

3. 8秒钟规则。它是指当一名进攻队员在他的后场获得控制活球时，他的队必须在8秒钟内使球进入他的前场。否则可判该队违例。

4. 24秒钟规则。它是指当一名进攻队员在场上获得控制活球时，他的队必须在24秒钟内投篮；在24秒钟装置的信号发出前，球必须离开队员的手，否则可判该队违例。

（六）球回后场

球回后场是指控制球队的队员在前场使球回到后场。在比赛中，当控制球队的队员使球进入了前场，或在球触及有部分身体接触中线或位于中线的该队队员，然后，又使球首先接触了后场地面的该队队员即为该队球回后场违例。

根据以上规定，裁判员判断是否构成球回后场时，应依据以下三个要素进行判断：

（1）控制球队的队员在前场控制了球；

（2）控制球队的队员使球从前场进入后场；

295

（3）控制球队的队员在后场首先触及球。

以上三个要素是构成球回后场的必备条件，缺一不可。

（七）脚踢球与拳击球

篮球是用手进行的运动项目，不允许脚踢球或用拳头击球。故意用脚踢球或用腿的任何部位拦阻球以及用拳击球都是违例，球偶然地触及或碰及脚或腿不算违例。

（八）干扰球

在投篮的时候，当球在飞行中下落，并完全在篮圈水平面以上时，无论是进攻或防守的队员都不能触及球，否则应判触及球的队员干扰球违例，但在球触及篮圈后或明显不会触及篮圈时除外。

1. 在比赛中，队员违反下列规定应视为干扰球违例

（1）当投篮或罚球的球触及篮圈时，进攻和防守双方队员都不得触及球篮或篮板。

（2）当投篮或罚球的球触及篮圈后弹起或在篮圈水平面以上时，攻守双方队员都可以触及球，但不得触及篮圈和篮板。

（3）队员不得从下方伸手穿过篮圈并触及球。

2. 罚则

（1）进攻队员干扰球违例，球中篮无效，判由对方队在罚球线所对应的边线外掷球入界。

（2）防守队员干扰球违例，无论球中篮与否，均按照投篮区域判给进攻队2分或3分。

（3）当防守队员干扰球发生在最后一次或仅有一次的罚球中，应判给进攻队得1分。

三、犯　规

犯规是对规则的违犯，含有与对方队员的非法身体接触或违反体育道德的举

第九章 篮球竞赛规则与裁判法简介

止。篮球比赛10名队员在有限的场地内快速移动和激烈地对抗，不可避免地要发生身体接触。因此，裁判员必须明确犯规与身体接触的区别，掌握好处理犯规的一般原则和基本精神，以及规则对比赛双方的行为和动作有哪些规定等等，才能在临场中依据规则的精神与原则，对队员的动作与身体接触是否构成犯规作出正确的判断，并及时、果断地给予判罚。这些原则和精神主要包含以下内容：

第一，圆柱体原则——是指一名队员所占据的地面位置为一个假想的圆柱体内的空间。它包括该队员从下至上的整个空间，其双手和双臂可以在躯干前面伸展，双臂弯曲后肘部不超过双脚的位置，双脚间的距离应与他的身高成比例。对方队员进入这个假想的圆柱体，并与处于圆柱体内的队员发生了接触，进入圆柱体的队员应对此接触负责。

第二，垂直原则——是指场上每一名队员都有权占据未被对方队员已经占据的任何位置（圆柱体）。这一原则的基本精神具有双重的含义，即保护队员所占据的地面范围和他在此空间内垂直跳起时的上方空间，但他一旦离开了垂直位置并与其他已占据了垂直位置的对方队员发生了身体接触，他应对此负责并可能被判犯规。

第三，合法的防守位置——防守队员面对对手，双脚以正常的跨立姿势着地（两脚间的距离与身高成比例），就是采取了合法的防守位置。合法的防守位置可被视为一个圆柱体，延伸到队员的上面空间。队员可将手臂伸于头上，但两臂应保持垂直。

第四，防守控制球的队员——在场上，防守控制球的队员时，时间和距离的因素可置之于不顾。持球队员必须料到对方的防守，随时做好准备。当防守队员一瞬间在持球队员的前面占据了合法的防守位置时，持球队员应立即停步或改变方向，否则，持球队员将对造成的接触负责。但是，防守队员在占据合法的防守位置之前必须未与对方队员发生身体接触，并保持正常的防守姿势，即双脚着地，面对对手，否则将判防守队员犯规。掌握这一原则对正确判断和区分阻挡与带球撞人犯规具有重要意义。

第五，防守未控制球的队员——未控制球的队员有权在场上自由移动并占据任何未被其他队员占据的位置。但未控制球的队员和任何防守他的队员在行动中都必须考虑时间与距离的因素，即不论防守队或进攻队的无球队员都不能离对手太近，不能过快地插入对手移动中的路径上，以致使对手没有足够的时间或距离停步或改变方向，由此而造成的身体接触，应由插入的队员负责。一旦防守队员已经占据一个合法的防守位置，他可以移动，以使自己保持有利的防守位置，但是他不得伸展臂、肩、臀或腿来阻止从他身旁通过的对手的移动，由此而发生的身体接触，他应负责。

第六，腾空的队员——是指在比赛中队员从场上某一地点跳起有权再落回同一地点，也有权落在场上的另一地点，只要这个另一地点和从起跳点之间的路径没有被对手占据。根据这一原则，当队员已跳起在空中后，对方队员不得移至该队员的路径上。移至一名腾空队员的身下（如果发生接触），通常是违反体育道德的犯规，在某些情况下可能是取消比赛资格的犯规。

如果起跳腾空的队员落地时，其冲力使他碰撞了在附近已经占据合法位置的、静止的对方队员时，起跳腾空队员应对此发生的身体接触负责，可判他犯规。

第七，合法掩护与非法掩护——掩护是篮球比赛中常见的一种战术手段，发生在进攻队员试图延误或阻止对方队员到达希望到达的场上位置时，是队员利用自己的占位用身体去挡住对方队员的移动路线，使同伴借以获得摆脱对手的机会。掩护时往往容易发生接触，必须引起裁判员的足够认识，分清什么是合法掩护，什么是非法掩护，以便在比赛中作出正确的判罚。合法掩护是指掩护队员在掩护时两脚着地未移动。当掩护队员在移动中进行掩护并与被掩护队员的防守者发生身体接触时，应视为非法掩护。

如掩护队员处在被掩护队员防守者的直接视野范围内（前面或侧面）进行静立的合法掩护，发生接触应由被掩护队员的防守者负责。如被掩护者的防守者是静立的，在他的视野范围之内进行掩护时，掩护队员可靠近对手，只要不发生身体接触；如在他的视野之外进行掩护时，必须给对手留有一定的空间，允许对手向掩护队员迈出一步而不发生身体接触。否则掩护队员将对此接触负责。

第八，用手和/或手臂接触对方队员——也称手测。在比赛中，用手触及对方，本身未必是犯规。在场上，如果是为了辨别对手的位置，当对手位于某队员的视野之外时，该某队员偶尔地触及对手是合法的。如果对手位于某队员的视野范围之内，就没有理由用手去辨别。裁判员的责任是要判定引起接触的队员是否因此获得了不公正的利益，如果这个接触在任何方面限制了对方队员的移动自由，这一接触就是犯规。

第九，居中策应——垂直原则也适用于居中策应。位于居中策应的进攻队员和防守他的队员都必须尊重彼此的垂直权利（圆柱体）。

根据这一原则，在场上，当防守队员已占据了合法的防守位置后，进攻队员为了挤占其防守者已占据的位置以便更靠近篮下时，试图用肩或髋将他的防守者用力挤出或撞或扛开，都应视为进攻队员犯规。

进攻队员伸展肘或臂来干扰附近防守他的对方队员的活动自由，应视为犯规。同样，如果防守队员使用臂、膝或身体的其他部位干扰策应队员的活动自由，同样应判为犯规。

犯规按照不同的性质分为：侵人犯规、违反体育道德的犯规、技术犯规和取消比赛资格的犯规等。

（一）侵人犯规

侵人犯规是指在比赛中与对方队员发生身体接触的犯规，无论球是活球或死球期间，一旦出现，裁判员都应根据规则的基本精神与原则，及时判罚。规则明确指出，在比赛中，队员不得通过伸展他的手、臂、肘、肩、膝或脚来拉、阻挡、推、撞、绊、阻止对方队员行进，以及不应将其身体弯曲成"反常的"姿势（超出他的圆柱体）；也不应放纵任何粗野或猛烈的动作。否则可判该队员侵人犯规，情节严重的可判为违反体育道德的犯规。

裁判员宣判了某队员侵人犯规应按下列罚则处理：

1. 应给犯规队员登记一次侵人犯规。
2. 如果是对未做投篮动作的队员发生侵人犯规，应由非犯规的队在最靠近犯规的地点掷球入界重新开始比赛。
3. 如果是对正在做投篮动作的队员发生侵人犯规，投球中篮，应计得分并判给1次追加的罚球；如果投篮未中，应按投篮区域，判给投篮队员2次或3次罚球。

（二）双方犯规

双方犯规是指两名攻防队员大约同时相互发生侵人犯规的情况。

当裁判员宣判了双方犯规应按下列罚则处理：

1. 应给每一犯规队员登记一次侵人犯规，不判给罚球。
2. 比赛应按下列所述重新开始比赛：

（1）如果在投篮得分或最后一次或仅有一次罚球得分的同时发生双方犯规，应将球判给非得分队从端线掷球入界。

（2）如果某队已控制了球或拥有球权，应将球判给该队在最靠近犯规的地点掷球入界。

（3）如果任一队都未控制球也没有球权，可视为一次跳球情况发生。

（三）违反体育道德的犯规

根据裁判员的判断，一名队员不是在规则的精神和意图的范围内合法地试图去直接抢球而发生的接触犯规是违反体育道德的犯规。确定场上队员的犯规是否是违反体育道德的犯规，裁判员应运用以下原则进行判断：裁判员必须根据动作来判断，如果一名队员不是努力去抢球而发生的接触，这可能就是一起违反体育道德的犯规；如果一名队员在努力抢球中造成过分的接触（严重犯规），则该接触也应被判定是违反体育道德的犯规；如果一名队员做合法的努力去抢球（正常的争抢）而发生了犯规，这不是违反体育道德的犯规。

当裁判员宣判了违反体育道德的犯规应按下列罚则处理：
1. 应给犯规队员登记一次违反体育道德的犯规。
2. 判给被犯规的队员 2 次罚球以及随后该队中场的球权。
3. 如果是对正在做投篮动作的队员发生的犯规，如中篮应计得分并加判给 1 次罚球；如未中篮得分，应视投篮区域判给 2 次或 3 次罚球。

（四）取消比赛资格的犯规

队员、替补队员、教练员、助理教练员或随队人员的任何恶劣的违反体育道德的行为是取消比赛资格的犯规。

当裁判员宣判了取消比赛资格犯规应按下列罚则处理：
1. 应给犯规者登记一次取消比赛资格的犯规，并要求他立即离开比赛场馆。
2. 判给对方队两次罚球以及随后中场的球权。
3. 如果是对正在做投篮动作的队员发生的犯规，如中篮应计得分并加判给 1 次罚球；如未中篮得分，应视投篮区域判给 2 次或 3 次罚球，以及随后中场的球权。

（五）技术犯规

任何故意的、或不遵守规则的言论与行为，应判为一次技术犯规。

技术犯规是包含（但不限于）行为性质的队员非接触性犯规。技术犯规按其对象和时间分为：场上队员技术犯规；场外教练员或助理教练员以及替补队员、随队人员技术犯规；比赛休息期间的技术犯规等。不同的对象和时间发生的技术犯规其罚则也有所不同。

当裁判员宣判了技术犯规，应按下列罚则处理：
1. 应判给对方队 2 次罚球以及随后中场的球权。
2. 如队员技术犯规，应登记一次技术犯规，并作为全队犯规计数；如场外教练员("C")、助理教练员("B")或替补队员("B")或随队人员("B")的技术犯规,均登记为教练员一次技术犯规,但不作为全队犯规之一计数。

3. 在比赛开始前的20分钟、任何两节间的间隔和所有决胜期前的休息时间内发生的技术犯规,其罚则是:登记犯规队员一次技术犯规,判给对方队2次罚球,并作为全队犯规计数;如是教练员、助理教练员或随队人员技术犯规,则对教练员进行登记,判给对方两次罚球,该犯规不计入全队犯规之中。罚球完毕后,比赛按原有的程序进行(在中圈跳球开始比赛或由拥有交替拥有权的队掷球入界开始比赛)。

第二节 篮球竞赛裁判法简介

篮球裁判工作是搞好篮球运动竞赛必不可少的重要组成部分,它对促进篮球运动的普及与提高具有十分重要的作用。

一场比赛的圆满结束,是裁判员集体合作的成果。它既需要裁判员临场执法做到"公正、准确、积极、稳定",又需临场裁判员之间的默契配合,以及他们与记录台工作人员之间的沟通和协作。

裁判员是一场比赛的主持者,他应依据《篮球竞赛规则》和裁判法的要求,依"法"有"序"地对运动员在比赛中表现出来的行为和动作,作出正确的判罚与处理,对参赛双方在比赛中的一切举止和活动进行及时的管理,使比赛得以顺利流畅地进行并最终评定胜负。所以说,裁判员的工作对赛场的精神文明、体育道德的体现,以及双方运动员技、战术的发挥和比赛的圆满结束都起着十分重要的作用。

一名优秀的篮球裁判员不仅要有良好的思想道德和身体素质,具备稳定的心理素质和团队协作精神,还要精通篮球竞赛规则,全面与深入地掌握和贯彻比赛本身的精神,并须正确与熟练地掌握和运用篮球裁判法(即《裁判员手册》、裁判方法与技巧),它是国际篮联制定与公布的规范性文件,是指导篮球裁判员临场工作的范本。国际篮联(FIBA)一般每隔四年在修改和通过规则的同时,即对《裁判员手册》也作必要的修订。

《裁判员手册》强调执裁每一场比赛的一致性,体现了在执行规则的方法和技巧之中的统一性和规范性要求,以便不同国家或地区、不同语言、不同水平的裁判员能够达成共识,默契合作,很好地完成比赛工作,保证比赛的执裁质量。以下是《裁判员手册》的主要内容。

一、两人裁判制的工作方法与技巧

根据临场工作任务，两名裁判员分别为一名主裁判员和一名副裁判员。

主裁判员主要负责组织和领导比赛。他的职责和权利除了按规则进行工作外，还要负责检查和批准比赛中使用的所有器材；在比赛第一节开始时执行跳球和管理所有其他节开始的掷球入界；有权判定某队弃权；在比赛时间结束时或任何他认为有必要的时候，仔细审查记录表；负责在比赛时间结束时认可和在记录表上签字，最后终止裁判员对比赛的管理和联系。

副裁判员的职责和权利除了按规则进行工作外，还要协助主裁判员组织和领导该场比赛。

在比赛中，每一名裁判员都有权在他的职责范围内作出宣判，但无权不顾或质问另一裁判员作出的宣判。

（一）比赛程序与方法

1. 比赛前的准备

裁判员对每一场比赛都应做好准备，包括良好的身体和精神状况。两裁判员应在比赛开始前20分钟一起到达比赛场地，并开始行使裁判员的权利。赛前主裁判员应检查和批准比赛场地、器材，检查记录台工作的相关设备，包括记录表和有关运动员比赛资格的证件等；挑选和确定比赛用球；督促双方教练员向记录台递交队员名单、号码；两裁判员应站在记录台前面监督和管理球队的赛前练习。

2. 比赛前的工作程序

赛前10分钟，裁判员应检查记录员已填好的记录表，督促教练员到记录台前核实队员的姓名、号码，指明开始上场的5名队员并在记录表上签字。

赛前6分钟时，主裁判员鸣哨，双方停止练球并回到球队席内，由记录台宣告员依次介绍双方球队的队员、教练员和临场裁判员。然后，主裁判员鸣哨并做出手势宣告"离比赛还有3分钟"。

离比赛开始时间还有1分钟30秒时，主裁判员鸣哨指令所有运动员停止热身练习，并回到球队席区域，准备比赛。入场前，主裁判员应主动与副裁判员握手，并相互祝愿合作成功。最后，主裁判员持球进场到记录台的对面，面对记录台，准备在中圈执行跳球开始比赛。

（二）裁判员的站位与职责

现代篮球比赛的执裁要求，两裁判员在工作中应互相合作，并力求获得尽可能好的位置，以便达到更好地观察比赛的目的。为了便于相互理解与配合，通常把半场划分成 6 个区域（图 9-1）。

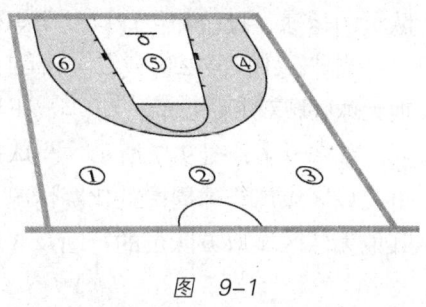

图 9-1

根据球在各区域所处的位置，两裁判员进行定位与观察。在临场中，根据裁判员所处的位置，我们又把两裁判员分别称为追踪裁判和前导裁判。

追踪裁判——是指位于进攻方向球或队员后面负责观察比赛的裁判员。在比赛中当球在推进时，追踪裁判应位于球的左后方位置，离球 3—5 米。

前导裁判——是指位于比赛进攻方向球前面负责观察比赛的裁判员。当他到达进攻队前场端线后，应在其左侧的 3 分线和其右侧的限制区边缘之间的位置，并根据球的转移正常地移动。

如图 9-2、图 9-3、图 9-4、图 9-5 所示，当球在①区或②区或③区和⑥区

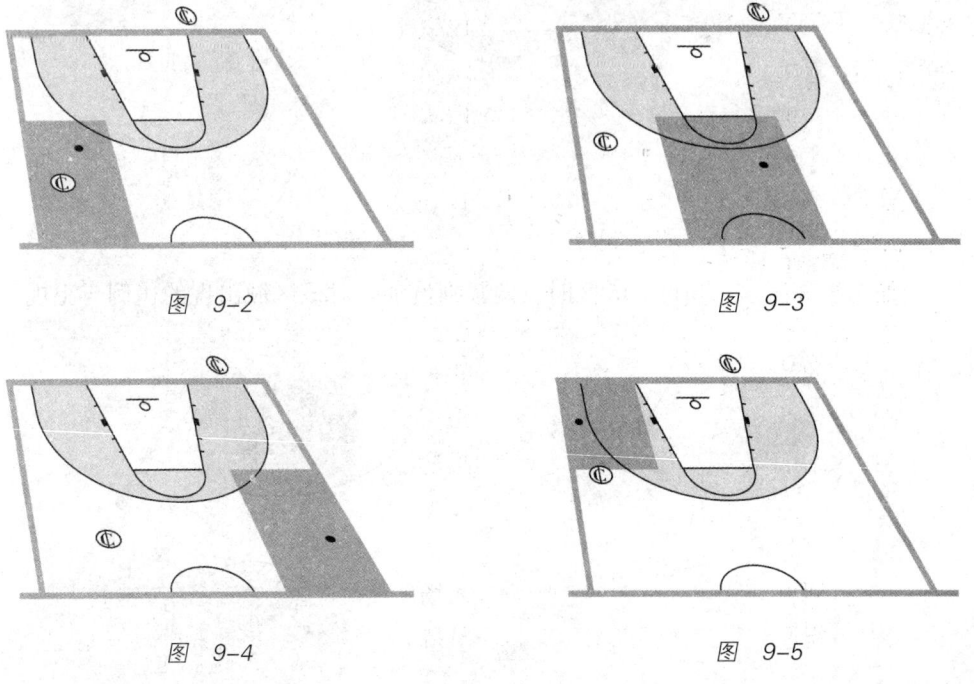

图 9-2   图 9-3

图 9-4   图 9-5

的 3 分投篮区时，追踪裁判主要负责该区域球和球周围的比赛情况，尤其要观察队员的运球、投篮和传球以及防守他的队员，有无违例或犯规。

当球在①区或②区或③区和⑥区的 3 分投篮区任一区域时，前导裁判则负责其他无球区域双方队员的行动，特别注意可能发生的非法掩护及 3 秒钟违例等情况。

如图 9-6、图 9-7 所示，当球进入④区或⑥区 2 分投篮区域时，由前导裁判负责该区域球与球周围的比赛情况；此时，追踪裁判的主要任务是重点负责观察其他无球区域双方队员的行动及 3 秒钟违例等情况。

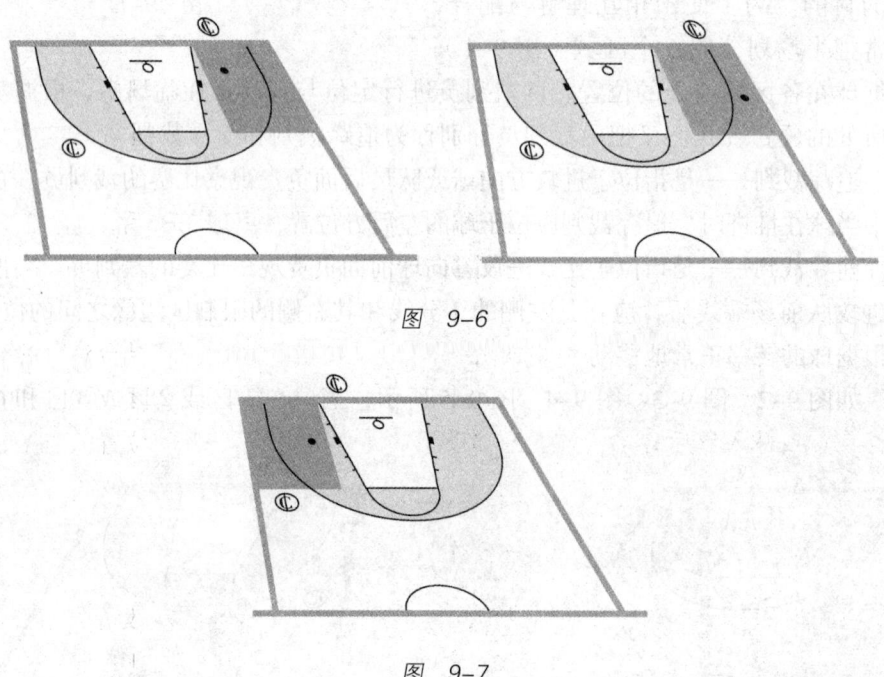

图 9-6

图 9-7

如图 9-8 所示，当球在⑤区时，两裁判员都应对该区域出现的违例与犯规及

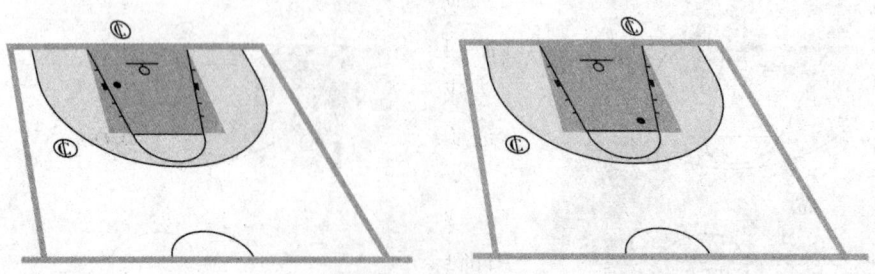

图 9-8

时作出宣判，共同负责观察与管理该区域双方队员的行动。

（三）其他情况下裁判员的分工与合作

裁判员的区域分工，是为了明确责任，分工是为了更好地合作。由于比赛情况的错综复杂，两位裁判员必须在任何时候任何情况下都保持密切的合作，才能有高质量的宣判。

1. 比赛开始时的分工与合作

当比赛开始时（即第一节），主裁判员持球在中圈准备执行跳球时，副裁判员应在临近记录台前的中线处站立，面向场内。此时，副裁判员虽不负责跳球的实际管理，但是他应准备好在球被拍击时立即移向比赛的前方，快速向球的同一方向移动，跑在比赛的前面并移动至端线，担任前导裁判。抛球后，主裁判员应在原地稍停片刻，观测比赛将朝哪个方向发展，直到球和队员们已离开圆圈为止，然后根据进攻队的方向，移动到追踪裁判的位置上。

随后的各节比赛（包括决胜期），开始时均由主裁判员在记录台对面中线延长线外的边线处负责执行掷球入界，副裁判员应迅速地移动到前场端线外，担任前导裁判；球入界后，主裁判员则移动至球的左后方 3—5 米的位置，担任追踪裁判。

2. 出界与掷界外球时的分工与合作

队员出界和球出界都涉及到界线，对界线的责任划分是：一般情况，追踪裁判应负责管理他左侧的边线和中线；前导裁判负责端线和他左侧的边线。必要时，两裁判员应相互提示，一裁判员可用手势或眼神或语言协助另一裁判员对他负责管理的界线出现的情况作出及时正确的判断和处理。

当球出界时，应由负责那条边线或端线的裁判员鸣哨宣判，鸣哨的同时做出违例手势，并清楚地指出获得球权队的比赛方向和掷球入界的地点。

掷球入界时，应由负责那条边线或端线的裁判员把球递交或传给掷球入界的队员，或放在队员可处理处。当球进场首先触及场上队员时，该裁判员应及时做出时间开始的规定手势。

凡是在端线和前导裁判管辖的那条边线的罚球线延长线到端线之间范围内，需要掷球入界继续比赛时，都应由前导裁判负责掷界外球时的递交球。除此之外，无论在前场或后场其他任何地方的界线掷界外球，都应由追踪裁判负责递

交球。

在掷界外球时，负责执行的裁判员在递交球给掷界外球的队员之前，应先用目光与同伴联系或应用"竖起拇指"的联系手势，查看同伴是否已做好了准备。

3. 全场紧逼防守时的分工与合作

由于紧逼防守往往防区扩大，打乱了正常的球场区域分工，给裁判员的执法工作造成困难。因此，要求两裁判员必须更加专心与合作。

当场上出现全场紧逼防守时，两裁判员的距离不宜拉得太远，以免发生中场无人管理的现象。全场紧逼防守时，如果有3名或更多的防守队员在对方的后场时，前导裁判不要急于跑向前面端线，应与球保持相应的距离，以便协助同伴观察比赛。

一旦球进入前场，前导裁判则要快速地移向端线的正常位置。在紧逼防守中，如只有一名防守队员在对方的后场内，前导裁判必须注视靠近他半场内的所有队员；追踪裁判应根据需要尽量靠近比赛，仔细地观察可能发生的违例和犯规。

4. 投篮时的分工与合作

队员投篮时，追踪裁判负责观察球的飞行；如果球中篮，他应决定是否算得分并及时做出相应的中篮得分手势。相反，前导裁判应重点观察离开球的情况。

当宣判犯规时，投球中篮，应由宣判犯规的裁判员（前导裁判或追踪裁判）决定中篮是否得分。

当队员在3分投篮区准备投篮时，应由追踪裁判做出3分试投手势。当进攻队员在④区试图做3分投篮时，前导裁判有责任协助追踪裁判。

当场上出现干扰球时，原则上应由追踪裁判对该情况作出判断和最终判罚。

5. 宣判犯规和罚球时的分工与合作

当一名裁判员宣判犯规后，应由该裁判员向记录台报告。另一裁判员不要急于去捡球，应站在原地或移动到一个能观察到所有队员的位置上，观察场上队员的行动，并协助宣判犯规的裁判员记住犯规队员与被犯规队员的号码，以及是否需要罚球和投篮的球是否中篮，直到场上处于正常情况时再去拿球。

一般情况下，当裁判员宣判了犯规向记录台报告后，他应回到他原来的位置，两裁判员不需交换位置。只有当球进入前场后，前导裁判宣判了犯规，当他向记录台报告后，两裁判员才应交换位置。

当宣判后需执行罚球时，此时应由位于前导裁判位置的裁判员执行罚球，他应持球进入罚球区，用手势清楚地表明罚球的次数，将球反弹给罚球队员，再站到端线左侧与限制区的交界处位置。此时追踪裁判应站到罚球线左侧延长线3分线外的位置，做出罚球次数的手势。

罚球时，当前导裁判做出罚球次数的手势之后，开始计算5秒。当宣判后的罚则出现了一罚一掷或两罚一掷时，前导裁判负责执行一次或两次罚球，追踪裁判则应站在记录台对面边线中点处，一旦罚球结束，准备执行掷界外球。

6. 暂停与替换时的分工与合作

（1）当记录台发出某队请求暂停的信号时

一般应由靠近记录台的裁判员，或正在向记录台宣判的裁判员宣判完毕后，鸣哨并做出暂停手势，再清楚地指出哪一队暂停的手势。然后，两名裁判员应按暂停后重新比赛的方向分别站在两半场罚球圈的位置上，面向球队席监管场上情况。如该次暂停是请求暂停的队的最后一次暂停时，负责暂停的裁判员应通知该队教练员。

暂停时间到，应按接下来的罚则执行或由先前已获控制球权的队掷球入界重新开始比赛。

（2）当记录台发出某队请求替换的信号时

由靠近记录台的裁判员，或由正在向记录台宣判的裁判员宣告完毕后，鸣哨以示确认准予替换，并做出替换手势。然后招呼替补队员进场，之后用目光或"竖起拇指"的手势与另一裁判员联系，尽快地重新开始比赛。

无论是暂停或替换，两裁判员都应记住：如暂停或替换后是罚球，则应记住罚球队员的号码与罚球次数；如暂停或替换后是掷界外球，则应记住掷界外球的队和地点。

（四）裁判员的宣判程序与手势

1. 违例的宣判程序与手势

每当发生违例时，负责宣判的裁判员应：

（1）立即鸣哨一声并同时做出违例手势（即单手举手在空中，伸开手掌，手指并拢），以停止比赛计时钟；

（2）接着清楚地用手势做出违例的类型，例如做出带球走的手势；

（3）然后用一手清楚地指出比赛的方向和掷球入界的地点；

（4）在所有的情况下，因发生违例而获得球权的队掷球入界时，均需由裁判员递交球。

2. 犯规的宣判程序与手势

每当发生一起犯规时，负责该区域比赛的裁判员应：

（1）鸣哨一声，同时单手握拳向上伸直手臂，以停止比赛计时钟，用另一手直臂向前伸出，掌心向下指向犯规队员的腰部，清楚地指明犯规队员是谁；必要时可接着指出该犯规的罚则，如罚球、罚几次或掷界外球。

（2）接着移向记录台，选择一个使记录员能看清楚和身前无障碍的位置，离记录台6—8米；

（3）用手势向记录员清楚地报告犯规队员的号码和犯规的类型。

（4）然后，指出犯规的罚则，即罚球的次数或随后的比赛的方向。

注：如发生犯规时，投球中篮，在向记录台宣告时必须先行做出该得分有效或取消的手势。

二、篮球竞赛的记录台工作

记录台工作是篮球竞赛中的一个十分重要的环节，是篮球裁判工作的一个组成部分。记录台工作的好坏直接影响竞赛的效果，在比赛中记录台工作的任何一点失误都会给临场裁判员带来麻烦，甚至会给竞赛带来不可挽回的影响。记录台人员必须具有高度的责任感，明确分工与职责，精通规则，熟悉操作方法；互相配合，协调一致，保持整体工作高度统一。

记录台工作人员由一名记录员、一名助理记录员、一名计时员和一名24秒计时员组成。对于国际篮联主要的正式比赛或有一定规模的比赛，应有一名技术代表到场，他应坐在记录员和计时员的中间。在比赛中，他的主要职责是监督记录台人员的工作，并协助主裁判员和副裁判员使比赛顺利进行。

（一）计时员的工作与职责

计时员负责掌握比赛时间的开始和停止比赛时间。

1. 在比赛中下列情况应开动比赛计时钟

跳球中，球被一名跳球队员合法地拍着时；在最后一次或仅有的一次罚球不成功，并且球继续是活球，球触及一名场上队员或被他触及时；掷球入界中，球触及一名场上队员或被他触及时。

2. 在比赛中下列情况应停止比赛计时钟

在一节比赛时间的末尾时间终了时；因发生违例或犯规以及其他原因裁判员鸣哨时；场上出现了24秒钟装置信号响时；某队已请求暂停，对方投篮得分时；在第4节或任一决胜期的最后两分钟内投篮得分时。

（二）24秒计时员的工作与职责

24秒计时员应按下列要求操作24秒装置：
一旦队员在场上获得控制活球时启动或再启动；一旦出现裁判员因犯规、争球或违例而鸣哨（因球出界判给先前控制球的队掷球入界时除外），投篮的球进入球篮或触及篮圈，涉及到控制球队的对方队的行为使比赛停止时，则应停止和复位到24秒钟；一旦对方在场上获得控制活球应复位到24秒钟；当原先已控制球的队由于以下原因被判给掷球入界时，应停止但不复位到24秒钟；球出界、双方犯规、由于控制球队引起的任何原因而使比赛停止。在任一节或决胜期中，当某队获得控制球时比赛的余下时间少于24秒钟时，则停止操作，不显示影像。

（三）记录员和助理记录员的工作与职责

包括赛前记录表（图9-9）的填写、比赛期间的记录（图9-10）以及比赛结束后的工作。

思考题：

1. 常见的违例有哪些？如何判断？
2. 常见的犯规有哪些？如何判断？
3. 画图说明两人裁判制中裁判员在半场区域的分工。
4. 举例说明违例和犯规的宣判程序。

图 9-9 / 图 9-10

第十章

篮球场地器材设备与维修

内容提要：

本章重点阐述了篮球场地设备的规格、篮球场地的画法及篮球场地的修建与维护，目的是使学生了解篮球场地设备与维修的基本知识。

第一节 篮球场地器材设备

一、标准篮球比赛场地的规格

（一）球场尺寸

国际篮联规定的正式比赛的球场称为标准场地，是一个长 28 米、宽 15 米的长方形，球场的丈量从界线的内沿量起。根据 2006 年篮球竞赛规则，对于所有其他比赛，国际篮联的适当部门，如地区委员会或国家联合会，有权批准的最小尺寸为长 26 米、宽 14 米的现存球场。所有新建球场的尺寸都要与国际篮联正式比赛所规定的要求一致。正式球场的全部尺寸如图 10-1 所示。

（二）球场线、区、圈的名称和规格

1. 界线

球场的界线要用相同颜色（最好是白色）、清晰可辨、宽度为 0.05 米的线条定界。界线距离观众、广告牌或任何其他障碍物（包括球队席就座的人员）至少 2 米。球场长边的界线叫边线，短边的界线叫端线。

场地的丈量从边线、端线内沿量起，场内各线均由其外沿量起。

2. 中线

连接两边线的中点、平行于端线的线叫中线。中线要向两边线外侧各延长 0.15 米。

3. 罚球线、限制区和罚球区

（1）罚球线：罚球线是一条与端线平行、长 3.60 米的线，它的外沿距离端线内沿为 5.80 米，其中点必须落在连接两条端线中点的假想线上。

（2）限制区：从罚球线两端画两条线段至距离端线中点各 3 米的地方（均从外沿量起）所构成的地面区域叫限制区。

如果在限制区内部着色，它的颜色必须与中圈内部的着色相同。

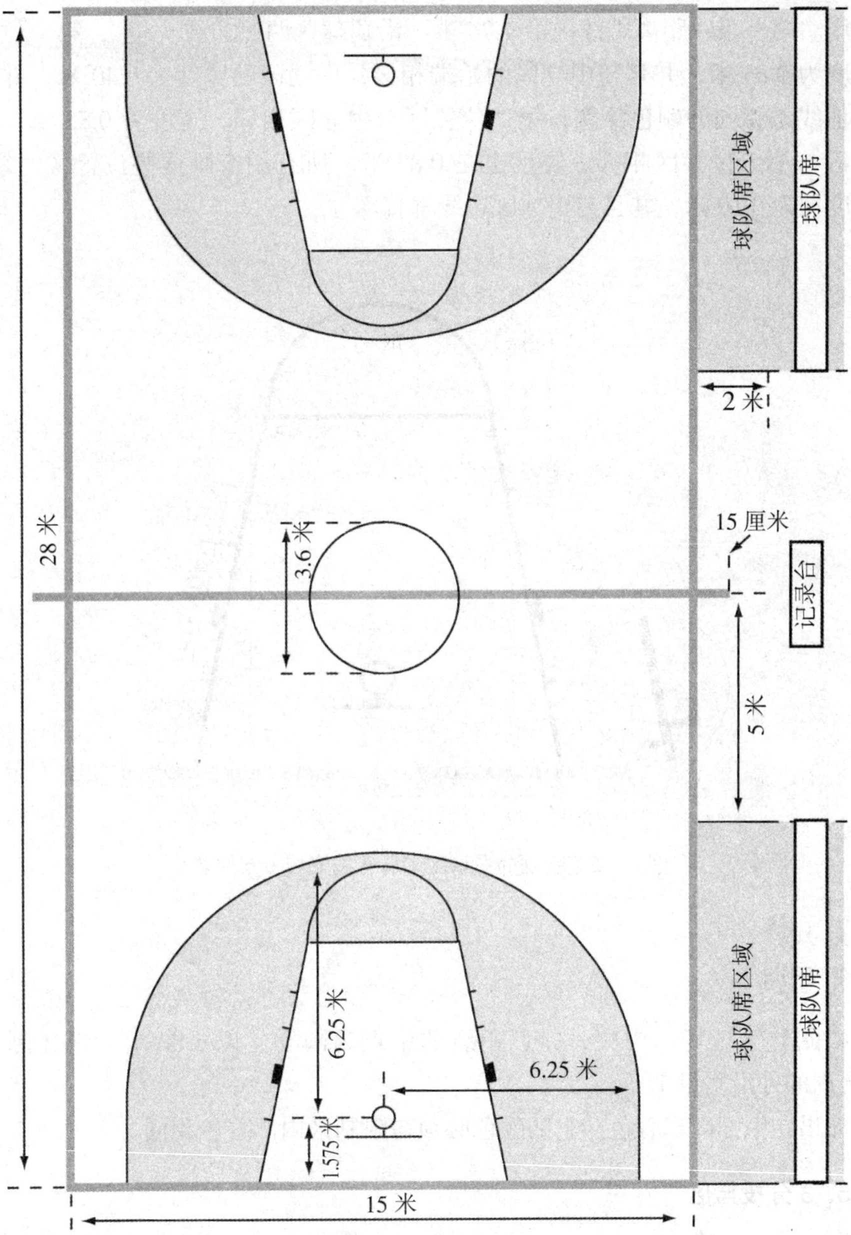

第十章 篮球场地器材设备与维修

图 10-1 球场的全部尺寸

（3）罚球区：罚球区是限制区加上以罚球线中点为圆心、以 1.80 米为半径，向限制区外所画出的半圆区域（图 10-2）。罚球区两旁的位置区，供球员在罚球时使用。第一条线距离端线内沿 1.75 米（沿罚球区两侧边线丈量）；第一位置区的宽度为 0.85 米，并且与中立区的始端相接；中立区的宽度为 0.40 米，并且用和其他线条相同的颜色涂实；第二位置区与中立区相邻，宽度为 0.85 米；第三位置区与第二位置区相邻，宽度也是 0.85 米。所有用来画这些位置区的线条，其长度均为 0.10 米，并且与罚球区边线垂直。

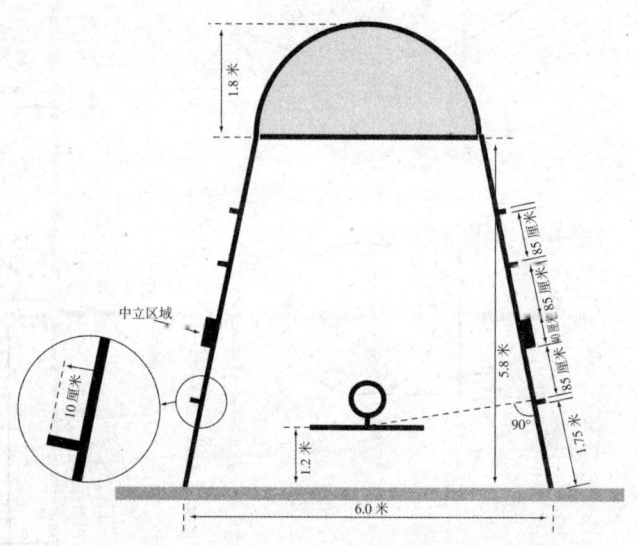

图 10-2　正规的罚球区（所有线宽均为 5 厘米）

4. 中圈

中圈位于球场的中央，是以中线的中点为圆心、以 1.80 米为半径画成的（从圆周的外沿丈量）。

如果在中圈内部着色，它的颜色必须与限制区内部着色相同。

5. 3 分投篮区

某队的 3 分投篮区是除对方球篮附近被下述条件限制出的区域之外的整个比赛场地的地面区域（图 10-3），这些条件包括：

第十章 篮球场地器材设备与维修

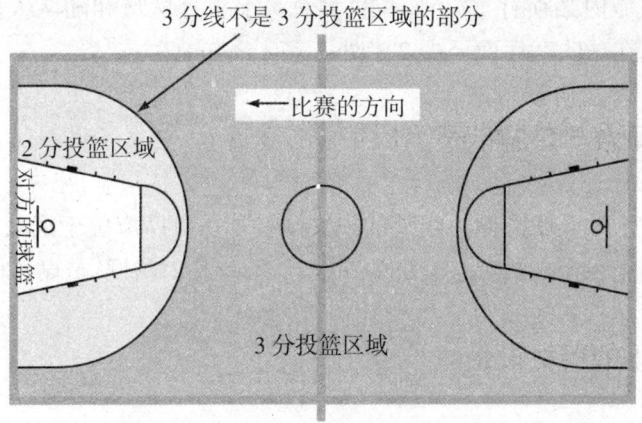

图 10-3　2 分／3 分投篮区域

其一，分别距边线 1.25 米，从端线引出两条平行线；

其二，半径为 6.25 米（量至圆弧外沿）的圆弧（半圆与两条平行线相交）；

其三，该圆弧的圆心要在对方球篮的中心垂直线与地面的交点上，圆心距端线内沿中点的距离为 1.575 米。

6. 球队席区域

球队席区域位于记录台两侧。每个区域分别由一条从端线向外延伸至少 2 米长的线段，和另一条距离中线 5 米且垂直于边线并至少长 2 米的线段所限定（图 10-4）。

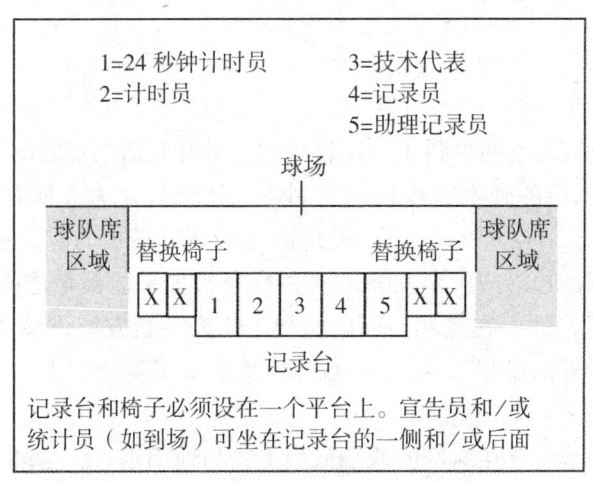

图 10-4　记录台和替补队员席

球队席区域内必须有 17 个座位供教练员、替补队员和随队人员使用,任何其他人员均应在球队席后面至少 2 米处。

二、记录台与替补队员席

记录台位于球队席同侧边线外的中央,替补队员席应位于记录台前,注意其座椅不可挡住记录台人员观察全场的视线。记录台和替补队员席见图 10-4。

三、场地的器材设备

(一) 篮球架

篮球架可用金属或木料制作,立于场外,有固定和移动的两种(图 10-5),都必须把篮球架牢固地固结在地板上。

篮球架支柱的前面(包括包扎物)距端线外沿至少 2 米。其颜色应鲜明,并与端线后面的背景有明显的区别。篮球架应做如下包扎:

1. 在篮板背后的任何篮板支架,应在其下面包扎,直至距篮板正面 1.20 米处。包扎物的最小厚度为 0.05 米,并且其密度与篮板包扎物的密度相同。
2. 所有的篮球架,在面向球场的基座表面必须全面地包扎,包扎的最低高度为 2.15 米。包扎物的最小厚度为 0.10 米。
3. 所有篮板和篮球架的包扎物都必须具有至少 50% 的压痕系数。

(二) 篮板

篮板要用适宜的透明材料(应用整块的,最好有适当韧度的安全玻璃,其坚硬度应与 0.03 米厚的硬木篮板相同)制成。篮板尺寸为:横宽 1.08 米(±3 厘米),竖高 1.05 米(±2 厘米),下沿距地面 2.90 米。篮板的前面必须平整。

在篮板四周的边沿应画出 0.05 米宽的线条,如果篮板是透明的,则画白线;若不透明,则画黑线。在篮圈后面的篮板上画出一长方形,横宽 0.59 米,竖高 0.45 米(从线的外沿量起),线宽 0.05 米,此长方形底边的上沿要与篮圈水平面齐平(图 10-6)。

篮板应牢固地安置在球场的两端篮架上,与地面垂直,与端线平行。篮板前面的中心要垂直地落在球场上,该点距离端线内沿中点 1.20 米。如果篮板发生

第十章 篮球场地器材设备与维修

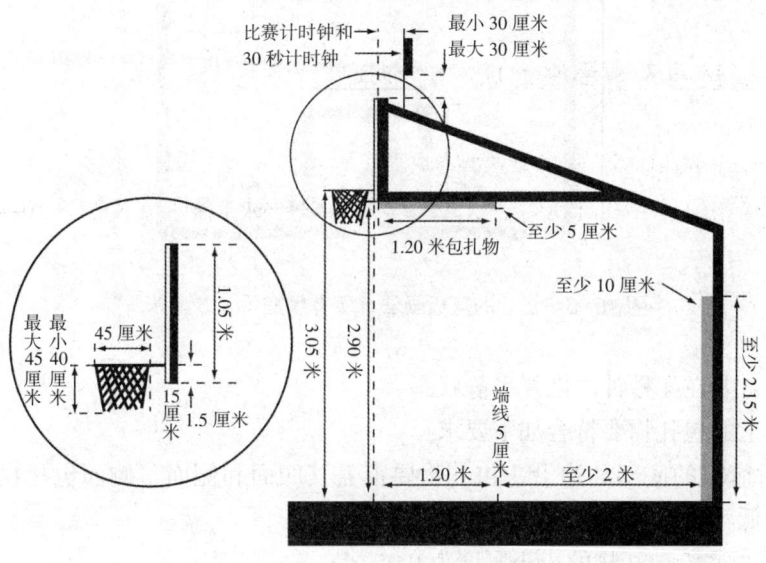

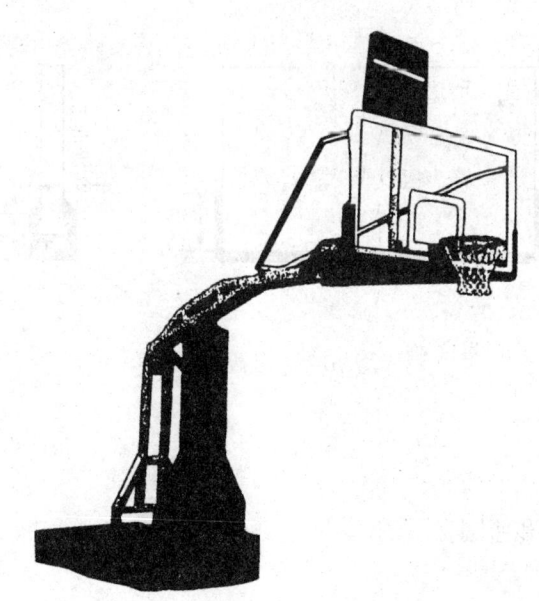

图 10-5 篮球架

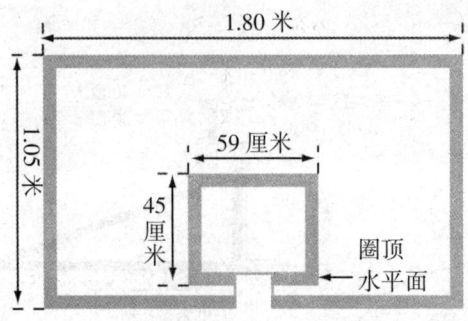

图 10-6　正规的篮板画法（所有线宽均为 5 厘米）

横向移动，要在 4 秒钟内恢复平静状态。

篮板上的包扎物要符合如下要求：

1. 对篮板的底部和边沿，包扎物要覆盖其底面和侧面，侧面包扎物距离篮板底部最低为 0.35 米；

2. 篮板底沿包扎物的最小厚度为 0.05 米；

3. 篮板前、后面距底部最低 0.02 米处要覆盖，包扎物的最小厚度为 0.02 米（图 10-7）。

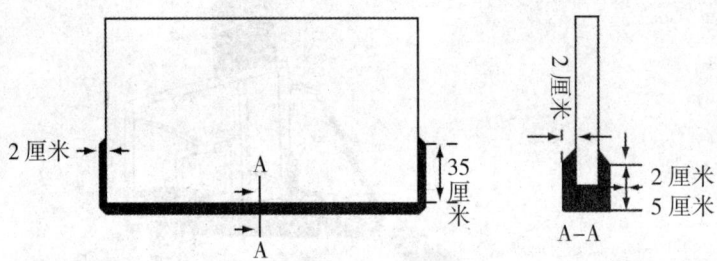

图 10-7　篮板包扎

（三）球篮

球篮包括篮圈和篮网。

1. 篮圈

篮圈要用实心钢材制成，内径最小为 0.45 米，最大为 0.475 米，漆成橙色。圈材的直径最小为 0.016 米，最大为 0.020 米，圈的下沿设有系篮网的附加系统。把篮网系在篮圈上的系统必须是没有尖锐的角和没有容得手指进入的空间（间隙）。篮圈应安装在支撑篮板的构架上，篮圈顶面要成水平，距地面 3.05 米，与篮板两垂直边的距离相等。篮板正面距离篮圈内沿的最近点为 0.15 米（图 10-8）。

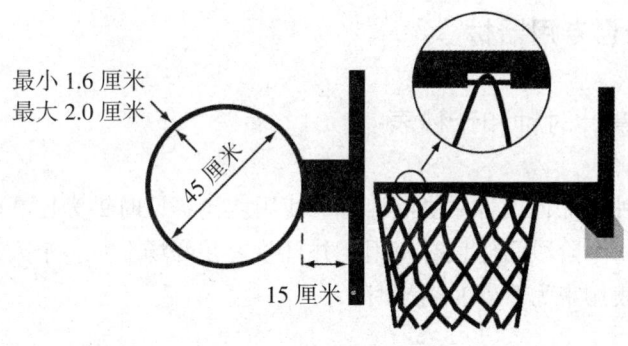

图 10-8　篮圈

篮圈支撑系统的反弹或弹性应该是：能量吸收范围占全部冲击能量的 35%—50%，并且在同一场地上球篮之间的差值在 5% 之内。

在比赛中可以使用抗压篮圈。

2. 篮网

篮网使用白色细绳结成，悬挂在篮圈上。它的结构要能够使球穿过球篮时有暂时的停顿。网长不短于 0.40 米，不长于 0.45 米。篮网的上部应是半硬状态的，要有 12 个小环作为与篮圈的连接物。

（四）篮球

篮球是圆形的，为认可的橙色，按惯例它应有八瓣成型的镶片。球的外壳为皮革、橡胶或合成物。球面的接缝或槽的宽度不得超过 0.00635 米。7 号球（成年男子用球）的圆周为 0.749—0.780 米，其重量为 576—650 克。6 号球（成年女子用球）的圆周 0.700—0.710 米，重量为 510—550 克。充气后，使球从 1.80 米的高度（从球的底部量起）落到球场的地面上，反弹起来的高度不得低于 1.20 米，也不得高于 1.40 米（从球的顶部量起）。比赛时，主队至少要准备两个用过的、符合上述规格的球。

（五）灯光

比赛场地的灯光不得少于 1500 勒克斯。这个光度是从球场上方 1.5 米测量。

四、记录台专用器材

（一）比赛计时钟和计秒表

比赛计时钟和计秒表各一块供计时员使用。比赛计时钟为比赛的每个阶段计时和在比赛的每个阶段间休息时使用，并且放置在赛场上每一个人都能清楚看到的地方。计秒表用来为暂停时间计时。

（二）24 秒钟装置

24 秒钟装置提供给 24 秒钟计时员，用于管理 24 秒钟规则。24 秒钟装置要由一个控制单元去操纵，并且应具备以下功能的显示器：

1. 数字倒计数型，用秒来指示时间；
2. 两队都不控制球时，装置上不显示；
3. 具有从停住的时间处继续计时的能力。

该显示器应在每块篮板上方设置一个，位于篮板后面 0.30—0.50 米，或安放在球场地面上，分别位于端线后面 2 米处。如果有 4 个显示器，要将它们分别放在球场的 4 个角落。如果仅有两个显示器，它们应对角放置，其中一个放置在记录台右侧距边线 2 米处，这些显示器应让与比赛有关的每一个人都能看清楚。

（三）信号

至少要提供两种互相独立的声响信号器材，它们能发出显然不同并且非常响亮的声响。

一种是计时员和记录员所用信号。对于计时员，该信号在指示每半时、每节和整场比赛终了时要自动发出声响。对于记录员和计时员，当出现请求暂停、替换等事项，在暂停开始后的 50 秒钟、暂停已结束时或出现可纠正的失误的情况要适当引起裁判员的注意时，要手动操纵信号发出声响。

这种信号都要足够地响，在最不利或最嘈杂的条件下容易被听到。

（四）记录板

记录板应在场地的最明显处，使与比赛有关的每个人（包括观众）都能看清楚。

（五）记录表

对所有国际篮联的主要正式比赛，记录表都要由国际篮球联合会批准，并由记录员在比赛开始前和比赛中按规则规定进行填写。

（六）队员犯规次数标志牌

由记录员处置的标志牌要符合下列要求：

1. 标志牌为白色，牌上的数字最小长 0.20 米，宽 0.10 米。
2. 对于 4×10 分钟的比赛，使用分别写有 1—5 数字的标志牌，1—4 的数字为黑色，5 为红色。
3. 对于 4×12 分钟的比赛，使用分别写有 1—6 数字的标志牌，1—5 的数字为黑色，6 为红色。

（七）全队犯规标志

要按下列要求为记录员提供两个全队犯规标志：

1. 它们是红色的；
2. 最小尺寸为宽 0.20 米，高 0.35 米，当它们放在记录台上时，要让与比赛有关的每个人都能看清楚。

全场犯规标志可以是用电的或电子装置，但它们要符合上述要求。

（八）全队犯规指示器

全队犯规指示器是指明全队犯规次数的适宜装置。该装置要停在全队犯规的次数上（对于 4×10 分钟的比赛每节为 4 次；对于 4×12 分钟的比赛每节为 5 次），表明某队已达到了受处罚的状态。

第二节　篮球场地的修建与维护

一、篮球场地的修建

（一）室外场地的修建

在选定的地段上，挖掘 25 厘米左右，取土后在底面铺碎砖或大石子（直径 5—7 厘米），第二层（中层）可铺煤渣或直径 2—3 厘米的石子，填铺时要均匀、平坦，中间地段可略高一些，以便使雨水向四周流淌。铺完第二层后，用 0.5—0.7 吨重的碌子压平。通常基底的厚度在碌压以后最好是 20 厘米。最上层（表层）的厚度压实以前要有 8—10 厘米，压实后要有 5 厘米以上（图 10-9）。表层的铺压工作不应中断，要在一天内完成，以保证整个球场为一样的硬度。可以用轻一些的碌子（0.3—0.4 吨重）碌压。

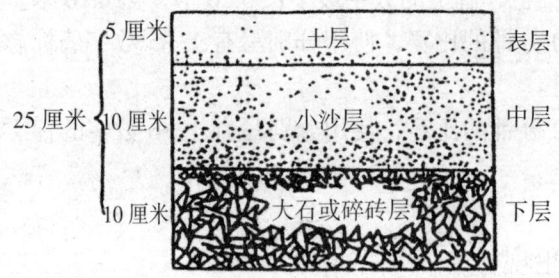

图 10-9　室外土场地截面简图

为使表层具有必要的质量，一般使用沙土、黏土、熟石灰等混合土，碌压前要把混合土拌匀。如果表面很坚实，但洒水后较滑软时，则在混合土中掺些细沙。如果碌压后表面裂缝或散碎，则需在混合土中掺些黏土（一个球场需用 50 公斤盐化成的盐水）。铺好的混合土在碌压以前要耙平，然后浇水，待水渗下后表面干爽时再碌压。碌压顺序为纵压和横压，每次都向同一个方向一直压到场边，要压到场上没有碌子印为止，而后撒上细沙，用轻一些的碌子再压一次，并把地面浮余的沙子扫净。按照这种方法修建的球场，其优点为：排水快，下雨后很快就干；表面比较坚实、平坦而有弹性，能够延长使用时间。

此外，根据气候等条件还可以考虑其他修建方法。如修建水泥场地，可在中层的小石子上面盖一层粗沙，而后铺水泥浆，刷平刷光后凝固即成。再如修建沥青场地，由沥青与细石子拌匀后，铺盖在中层小石子之上压平即可。

有条件的还可修建人工草皮和塑胶篮球场。

（二）室内篮球场地的修建

室内场地一般用浅色的硬木或合成材料地面。其修建步骤为，将场地整平压好并铺设混凝土待干，然后铺设桄条，桄条之间的距离最好不大于30厘米，用细煤渣填充（也可用木屑或锯末填充，但要掺上干石灰，以免虫蛀），以减少运动时地板自身发出的噪音。如果铺设单层地板，地板的尺寸最好为5—8厘米宽、5厘米厚。如果铺设双层地板，则底层的木质可比上层的稍差一些，其厚度最好不低于5厘米，宽度20厘米左右；上层的尺寸最好为5—8厘米宽、2厘米厚，并要使上下两层的木板成交叉状。一般较好的木板材料是榆木、槐木、柳木或水曲柳等木材。

（三）篮球场地的画法

画篮球场地可按以下几个步骤进行（图10-10）：

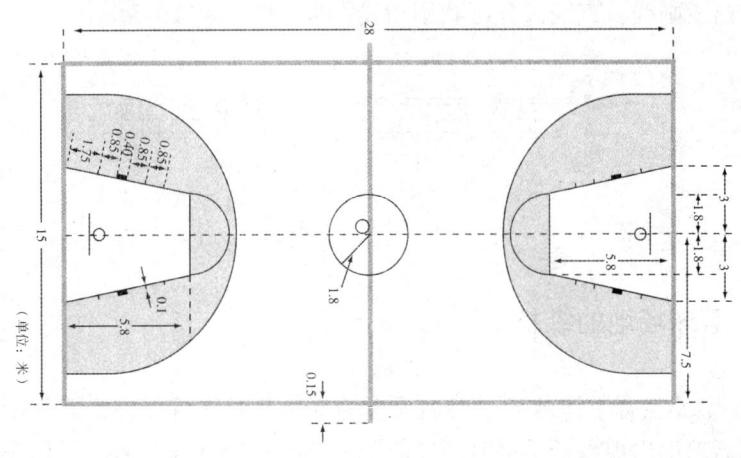

图10-10　篮球场地

1. 确定球场的位置和方向后，先在场地正中画一条纵轴线，其长度不少于

28米，并以纵轴的中点为圆心，以1.80米为半径画出篮球场的中圈。

2. 在纵轴的两端轴，距中点各14米的点上，分别画出垂直于纵轴线的两条15米长的端线，端线的中点必须是纵轴线与端线的交点。

3. 分别连接两条端线的端点，画出平行于纵轴线的两条边线。

4. 连接两条边线的中点画出中线。中线的中点应与纵轴的中点重合。中线两端应超出边线各15厘米。

5. 从两条端线的中点，分别沿纵轴线向内丈量5.80米即罚球线的中点，画出与端线平行的两条各3.60米长的罚球线。以罚球线的中心点为圆心，以1.80米为半径画圆，在限制区内的半圆不应画出来。

6. 从两条端线的中点沿端线向两侧各丈量3米取出两点，分别把两点与罚球线的两端相连，画出限制区。

7. 分别在限制区的两条斜线上画出与斜线垂直的分位线构成三个位置区。三个位置区的宽度均为85厘米，第一位置区沿斜线到端线的距离是1.75米，第一位置区与第二位置区之间是40厘米的中立区（图10-2）。分位线长度均为10厘米。

8. 分别以两个篮圈的中心垂直线与地面的交点为圆心，以6.25米为半径（包括线宽5厘米在内），各画出半圆弧线，两端分别画成平行于边线的1.575米长的线与端线相交，构成三分投篮区线（图10-3）。

在土质的地面上画篮球场，可用普通水壶装上石灰水浇画。在木质的地面画篮球场用白漆画线，直线部分可利用印线木板（图10-11）。

图 10-11

二、篮球场地的维护

（一）室外三合土篮球场要根据天气的变化及时进行养护，天气干燥要经常洒水，雨后地面出现高低不平时要及时补充沙土进行碾压修补，铲除杂草后要注意平整。最好每年整修一次。

（二）室内木质地板篮球场要保持通风、通气、防潮、防腐，经常用干拖把清理地面，定期打蜡。禁止穿硬底或带钉的鞋进入场地活动，禁止在地板上洒水。

三、奥运会对篮球馆的特殊要求

（一）举办奥运会篮球比赛，篮球馆的座位容量要达到一定的标准。如果只有一个馆可以供正式比赛使用的话，这个馆必须有 1.5 万—2 万个座位；如果有两个馆可以使用的话，那么一个馆应当有 1 万—1.5 万个座位，另一个馆至少要有 8000 个座位。同时，要有 6 个篮球馆或独立的训练场地供参加比赛的运动队单独进行练习。

（二）篮球馆内除了具备符合国际篮联标准所选择的器材、设施外，还必须有：一间为国际篮联主席准备的办公室；一间为技术专家准备的办公室；一间为技术代表准备的办公室；两间为裁判长准备的加锁房间和六间为球队准备的加锁房间。

（三）篮球比赛馆至运动员奥运村驻地距离应在 10—15 公里之间。

思考题：

1. 国际篮联规定的正式篮球比赛场地的规格（包括球场尺寸、球场线、区、圈的名称和规格）。
2. 篮球场地设备器材的规格、标准。
3. 简述篮球场地的画法。

第十一章

多种形式的篮球活动

内容提要：

本章重点介绍了小篮球、三人制篮球、轮椅篮球、聋人篮球、投篮、扣篮与双人投篮比赛及其他形式的篮球活动组织方式，旨在为从事篮球运动的组织实践提供指导。

第十一章 多种形式的篮球活动

作为篮球运动的主体，现代竞技篮球以其对抗性、竞争性、技巧性和观赏性吸引了世界上众多的参与者和观赏者。目前，世界性和地区性的大型综合运动会都设有篮球项目，国际篮联每年都会组织不同类别的篮球竞赛，世界上绝大多数国家都开展了篮球运动。篮球成为名副其实的世界性运动。

随着社会的发展，人们对体育运动的形式也有了越来越多和不同的追求，篮球运动同样如此。由于不同年龄、不同性别、不同职业的各种人群需要有各自相适应的篮球活动，因此也就出现了多种多样的活动形式。我国是世界上开展篮球运动最广泛的国家之一，具有深厚的群众基础。通过开展各种不同形式的篮球活动，使更多的参与者能够强身健体、增趣益智。因此，篮球运动又是促进全民健身和大众健康的有效方法。

本章主要对社会上开展较多的几种篮球活动作一简要介绍。

第一节 小 篮 球

一、特点与作用

从生理学和医学的角度来看，儿童少年是进行篮球启蒙训练的最佳时期。在儿童少年中开展小篮球活动，早已得到篮坛有识之士的高度重视。一些篮球强国，更是把开展小篮球活动视为不断提高本国篮球水平的根本。

小篮球活动具有阶段性的特点。少儿篮球一般分为三个训练时期，即6—9岁年龄期，9—12岁年龄期和12—15岁年龄期。各年龄阶段均按循序渐进的原则和严格的训练计划进行训练。6—9岁年龄期队员的训练多为篮球游戏，9岁以后的少儿则重视规范化技术训练，且通过组织经常性的比赛，激发兴趣、锻炼能力和培养篮球意识。

由于成年人篮球不适合儿童身体、心理、智力和技术的协调发展，于是，1978年我国教育界和篮球界的许多人士开始实验适宜儿童特点的篮球活动，1986年国家体委通过小篮球形式鉴定，在我国小学经过多年实验训练，结果表明，它是一种适宜儿童生理、心理特点的篮球运动形式。

二、规则与裁判法

（一）器材与场地

1. 篮板、篮圈

（1）篮板：篮板分为标准型和简单型。

标准型：横宽 120 厘米，竖高 80 厘米（图 11-1）。白色，周边漆成 5 厘米

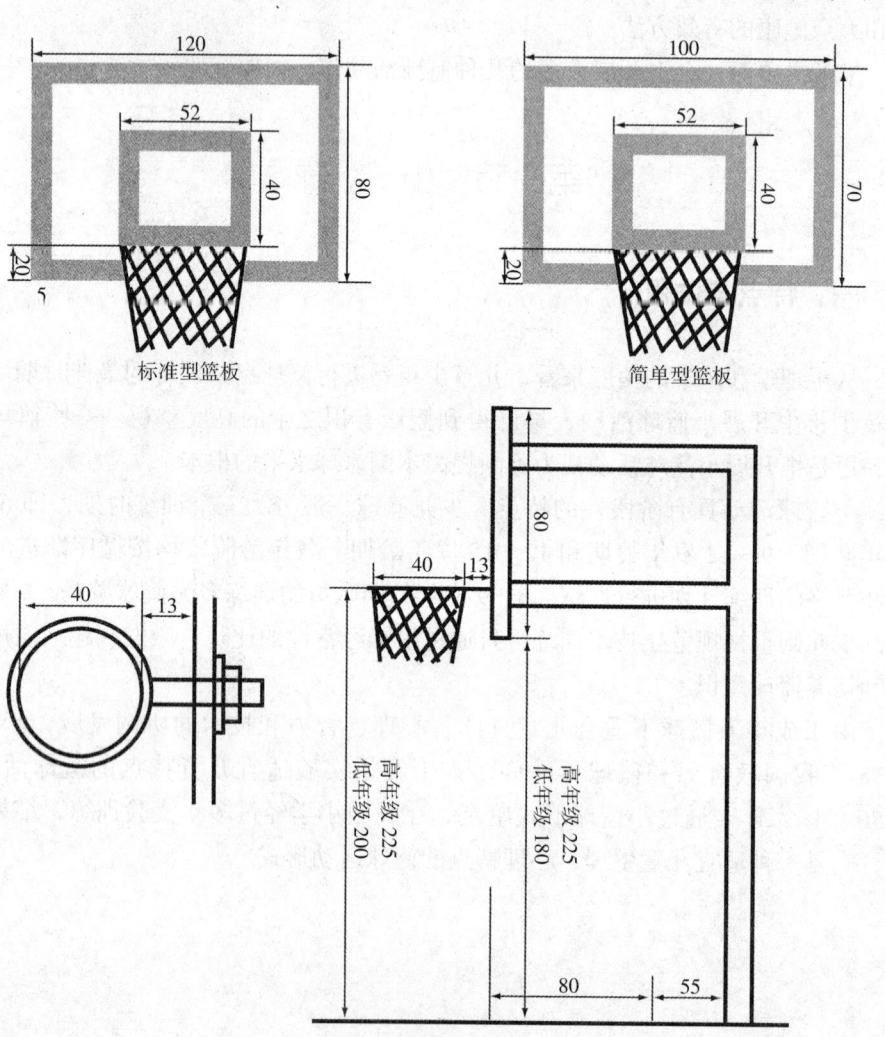

图 11-1 小篮球篮架规格图（单位：厘米）

宽的黑框。篮板中间再漆一宽5厘米的黑框，其外沿横宽52厘米，竖高40厘米，底边内沿距离板底下沿20厘米。

简单型：横宽100厘米，竖高70厘米（图11-1），黑框画法同上。

（2）篮圈：直径40厘米，内沿到篮板距离13厘米，篮圈水平面距篮板下沿20厘米。

2. 篮架

（1）篮球圈距地面的高度：高年级（4—6年级，9—12岁）225厘米，低年级（1—3年级，6—9岁）200厘米（图11-1）。

（2）篮板立柱和球场端线之间的距离：篮板在地面之投影与球场端线间的距离为80厘米，立柱立在场外，与球场端线之距离不少于55厘米，与篮板投影的距离不少于135厘米（图11-1）。

3. 篮球

高年级用球：周长58—60厘米，重量268—395克。

低年级用球：周长49—51厘米，重量172—300克。

4. 球场

小篮球运动场地规格有以下两种：

（1）球场长18米，宽10米。罚球线距端线3.95米。罚球线及中圈直径均为2.4米（图11-2）。

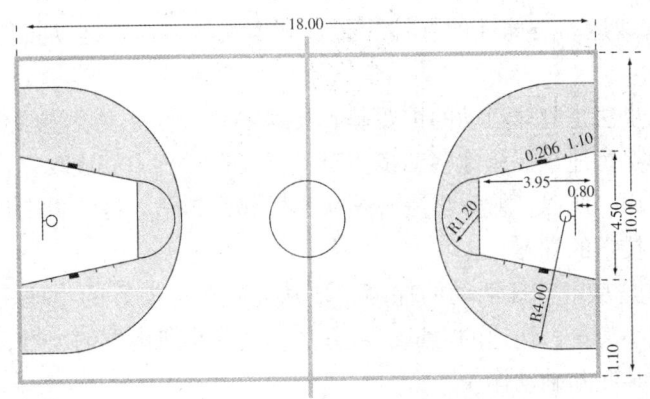

图11-2 小篮球球场规格图（单位：米）

（2）球场长22米，宽12米。罚球线的外沿距离端线4.80米，中圈及罚球区的半径为1.50米（从圆的外沿算起）。罚球区的形状与标准篮球场相似，罚球区的两条斜边与端线的两个交点之间距离为5米。罚球区的三个位置区（不包括分位线）均为0.75米，端线内沿至第一位置区的距离为1.50米。篮板前沿在地面上的投影线距离端线为1米。场上各线的宽度均为0.05米，边线与端线的宽度不包括在场内。

（二）比赛规则与裁判法

1. 每场比赛分上下两个半时，中间休息10分钟。每半时分两节，每节8分钟，节与节之间休息5分钟。每队每节最多可暂停一次。

2. 比赛采取五对五的方法（同成年比赛一样），也可采取三对三的形式（低年级可在条件允许的情况下将球场适当缩短）。

3. 除以上特殊规定外，比赛规则和裁判法应尽量采用成人篮球竞赛规则；在条件不具备的地方，可适当放宽（如进攻时间不一定限制为24秒等），具体尺度由竞赛单位规定。友谊赛、对抗赛等小型比赛，也可由临场裁判员征得双方同意后灵活掌握。

三、活动的组织与注意事项

小篮球早期启蒙训练应以运球技术作为训练的先导。小篮球活动是少儿篮球启蒙训练的一种适宜形式，要学会和打好篮球，必须有很强的控制球和支配球的能力，一名篮球运动员球性的好坏，影响其本人从事篮球运动技能的提高与发展。

篮球移动步法是篮球运动的重要基础技术之一，也是实现篮球战术目的的重要手段，正确熟练地掌握篮球移动步法对于提高在对抗中完成攻守技、战术将会起到积极的作用。所以，篮球步法必须从小抓起，越早越好，否则将影响对高难度动作和对抗技术的学习。

身体素质是从事篮球活动的保障，要从儿童少年实际的生理、心理特点出发，选择一些小力量、快速的力量练习方法，发展小肌肉群的力量，以促进掌握小篮球活动的某些基础动作。

运用小篮球活动形式进行早期启蒙训练时，还应注意下面几个问题：

1. 7岁以后的儿童身体发育，特别是大脑的发育很快，在完成训练内容的过程中,应适当增加难度,如增大动作的幅度、加快动作的频率等,以及在快速、有障碍和对抗的情况下完成动作。

2. 针对儿童活泼好动、求胜心强、泛化阶段长的特点,在完成一项教学时,除了采用多种方式和游戏方法以免产生枯燥感外,还必须有一定的重复次数以达到强化的目的。

3. 严把动作的质量关。小篮球的训练内容都是篮球技术的基础,所以既要注意动作的规范化,又要根据篮球运动的实际来练,这样才有价值和意义。

4. 投篮训练要规范,要重视质量。投篮是篮球运动中的关键技术,所以各个层次的训练都把掌握正确的投篮手法放在极其重要的位置。但是,由于少儿的力量较差,故在初学时,不宜过多地进行持球投篮练习,训练强度、密度和难度都要适宜,否则容易出现持球点过低、推球等错误动作。可多做一些徒手模仿动作及持球向上、向前的模仿动作。

5. 练习时间不宜过长,练习结束后要注意放松与恢复。

第二节 三人制篮球

一、特点与作用

篮球运动经过百余年的发展演变,已逐渐走进大众的文化娱乐生活之中。起源于美国、流行于美国街头、社区和学校的三人篮球赛,像中国的半场"斗牛"一样,具有浓郁的大众化色彩。任何人走上街头或社区、学校,只要有最基本的场地和篮圈,就可以随意组成三人一队进行比赛,有些国家的比赛往往在音乐的伴奏下进行,把打球、娱乐、健身和游戏融为一体。

20世纪90年代以来,我国各大城市也广泛开展这项活动,在北京、上海、广州以及其他的一些省市已形成一种传统性的篮球赛事,而且盛况空前,形成了寓健身与文化为一体的篮球运动大众化的独特景观。它具有普及面广、技巧性高、趣味性强和比赛周期短等特点。

（一）普及面广

三人制篮球赛参赛人数可变性大,参赛者年龄可大可小,也可以男女混合。场地设备要求和比赛规则可根据实际情况确定,比赛强度也易于自我调节。由于

三人制篮球赛是在半场进行，运用战术和技术不受全场整体攻守战术行动的时空制约，只要两三个人默契组合成简便的攻守配合，就可以完成一次进攻与防守。因此，比赛中个体特长易于得到发挥，攻守行动的活动性大，所以也便于普及推广为大众健身娱乐手段。

（二）技巧性高

三人制篮球赛的技术动作是由各种跑、跳、运、传和投等基本技能所组成。以积极争夺控球权为手段，以投篮为目的，双方既同场竞技，又攻守交替，共用一个篮圈，并在同一篮圈下有限的空间进行争夺，技巧性高，其中个人控制和支配球的时间相对增加，技术和战术的应用更具有灵活性。

（三）趣味性强

三人制篮球是一项趣味性较强的运动。进攻得分是篮球比赛最佳的自我情绪体验。在三人制篮球比赛中，由于人数减少，攻守面积增大。因此强调得分是三人制篮球赛的重要方面。在战术方法中，两三人间的基础配合作为战术方法的主要内容，不乏趣味和精彩，更能满足和实现参赛选手的自我表现欲望。总之，三人制篮球赛是一项以基础配合为手段、强调得分、充分体现篮球趣味性的运动项目。

（四）比赛周期性短

由于三人制篮球参赛队数多，主办单位往往采用分组循环进行编排，把参赛队分成若干小组，各小组进行单循环赛，排出各小组的名次。如第一阶段的预赛是分两个小组进行单循环赛，那么第二个阶段可把小组前两名编在一组争夺第一到第四名，把小组的三、四名编在一起争夺第五到第八名，其余类推，以此来缩短竞赛周期。

总之，三人制篮球所体现出的健身娱乐休闲等特点深受大众的喜爱。作为一种大众性运动形式和手段，三人制篮球已经引起广大体育健身群体和学校社区民众的重视。通过进一步推广和普及，能够使其为全民健身运动的开展发挥更大的作用。

第十一章　多种形式的篮球活动

二、比赛方法与规则

（一）比赛方法

三人制比赛，每队三人出场，另有一名替补队员。比赛分为上、下半场。每半场 7.5 分钟或者 10 分钟，也有采用先得 22 分为胜的方法。场上设三分区，在三分线内投中得 2 分，在三分线外投中得 3 分，罚球命中得 1 分，比赛中不得扣篮。

（二）比赛规则

三人制比赛，目前国际上尚未统一比赛规则，中国篮球协会于 1999 年颁布了"三对三"篮球竞赛规则（试行）：

1. 场地

标准的半个篮球场地（14 米×15 米），或按半场比例适当缩小（长度减 2 米，宽度减 1 米），地面坚实，场地界线外有 1.5—2 米的安全地带。

男子成年及女子高中以上、男子初中以上（含初中）青年组的球篮高为 3.05 米，女子初中及男子小学组的球篮高为 2.08 米。

2. 工作人员及职责

设 1—2 名裁判员和 1 名记录员。

裁判员和记录员着装一致，但其颜色、款式应区别于运动员。

裁判员是比赛中唯一的宣判和终决人员，负责在记录表上签字。

记录员兼管计时、记分，记录两队累积的分数（包括投篮和罚球的得分）、全队及个人犯规次数以及比赛时间，并按规则要求宣布比赛进行的时间和比分。

3. 除下列特殊规则外，比赛均按照当年最新国际篮球规则执行

（1）比赛双方报名为 4 人，上场队员 3 人。

（2）比赛时间。初赛、复赛不分上、下半时，全场比赛 10 分钟（组织者可根据参赛队多少修订时间为 12 或 15 分钟）。比赛进行到 5 分钟和 9 分钟时，计

时员各宣布一次时间。10分钟内双方都不得暂停（遇有球员受伤，裁判员有权暂停比赛1分钟）。决赛分上、下两个半时，每半时8分钟，上半时之后休息2分钟再进行下半时。

（3）比赛开始，双方以掷硬币的形式选发球权。

（4）比赛开始和投篮命中后，均在发球区（中圈弧线后）掷球入场，算作发球。

（5）每次投篮命中后，由对方发球。所有犯规、违例及界外球均在发球区发球，发球队员必须将球传给队友，不能直接投篮或运球，否则为违例。

（6）守方队员断球或抢到篮板球后，必须迅速将球运（传）出三分线外方可组织反攻，否则判违例。

（7）24秒违例的规则改为20秒。

（8）双方争球时，争球队员分别站在罚球线两侧跳球。

（9）比赛中，允许每名队员三次犯规，第四次犯规罚出场。任何队员被判夺权犯规，则取消该队比赛资格。

（10）每个队累计犯规达五次后，该队出现第六次及以后的侵人犯规均由对方执行两次罚球。前五次犯规中，凡对正在做投篮动作的队员犯规时，如投中，记录得分、对方个人及全队记犯规次数，不追加罚球，由守方发球；如投篮不中，则判给攻方一次罚球，罚中得1分，并由攻方继续发球。如罚球不中，由攻方发球。

（11）只能在死球的情况下进行替换，被替换下的队员不能重新替换上场（场上队员不足三人时除外）。

（12）比赛中，队长是场上的唯一发言人。

（13）比赛时间终了，以得分多者为胜方。如出现平局，初赛及复赛阶段执行一对一依次罚球，只要出现某队领先1分时即为胜方，比赛结束。如果在决赛阶段，比赛时间终了，双方打成平局，则加赛3分钟，发球权仍以掷硬币的形式决定。如果加时赛仍打成平局，则以一对一依次罚球的形式决胜，某队领先1分即为胜方，比赛结束。

（14）在使用小篮架的比赛中，不允许队员出现扣篮动作，绝不允许队员将身体任何部位悬挂于篮圈（或篮架）上，否则可判罚离场并不能再替换进场。

（15）比赛中应绝对服从裁判，以裁判员的判罚为最终决定。

此规则适用于我国各种级别的三对三比赛，解释权归属中国篮球协会。

第三节 轮椅篮球

一、特点与作用

轮椅篮球是残疾人体育的一个重要项目,由于参赛人员均为伤残者,都需坐在轮椅上打球,故与健康人的篮球运动有着不同的风采,以及与之相适应的规则。

轮椅篮球又是一个趣味性极强的运动项目。参赛队员既要控球、运球、投篮,又需驾驭轮椅行进,赛场上车轮滚滚,拼争激烈,极具趣味性。

轮椅篮球运动员在赛场上展示的那种自强不息、勇猛顽强的运动风采和拼搏精神感人至深。他们身残志坚,以其聪明才智、高超技艺、娴熟配合展现了勃勃生机。

随着我国经济的迅速发展和人民物质与精神文明的提高,我国对残疾人事业的关注和投入也在加大。轮椅篮球的开展,能够吸引更多的残疾人加入到轮椅篮球运动中来,这对激发残疾人自强不息、勇于拼搏的精神,培养他们身残志坚的人生信念和推进全民健身运动的深入和全面的开展,都具有十分重要的作用和意义。

二、比赛规则与裁判法

除以下特殊规定外,轮椅篮球竞赛规则均按国际篮联制定的规则执行。

（一）参赛级别

凡符合国际轮椅篮球联合会运动员分级委员会颁发的分级方法的残疾人运动员均可参加比赛,运动员分级后的分值为:1.5分、2.5分、3.5分、4.5分。

（二）对轮椅的要求

1. 1.5分和2.5分的运动员,其轮椅座垫厚度不得超过10厘米;3.5分和4.5分的运动员,其轮椅座垫厚度不得超过5厘米。座垫要厚薄均匀,硬度要达到可以对角折叠的标准。座位上不得附加木板或其他坚硬的设备。

2. 轮椅搁脚板前面的最高点与地面的距离不得超过11厘米。

3. 为了保护地面，可以在搁脚板下面安放一滚轴。

4. 轮椅座位两侧的支撑杆距地面的高度不能超过53厘米。

5. 轮椅应有四个轮子，两大轮在轮椅后面，两小轮在轮椅前面。包括轮胎在内，大轮子的最大直径为66厘米。

6. 每个轮子上必须有一个手轮。

7. 轮椅的脚垫下须安装损害场地的保护装置。

8. 轮椅上不允许安装动力装置、刹车和齿轮。

9. 不允许使用黑色轮胎。

10. 轮椅上的扶手和其他的上体支撑装置均不得超过运动员自然坐姿时腿和躯干的长度。

（三）记录台的特殊处理

记录台应增加一个方向指示器，方向指示器上的箭头必须指向下一次出现争球时的掷界外球方向，他要使双方职员、队员和裁判员容易看到。

（四）一般规定

1. 跳球时，两队的队员应将轮椅横放在距本方球篮较近的半圈内，轮椅靠近两跳球队员之间的线。

2. 除在上、下半时及每一决胜期开始时执行中圈跳球程序外，当比赛中出现争球时，两队将轮流交替由掷界外球代替跳球，原非控球队（在中圈跳球开始比赛时确定）首先获掷界外球权。

3. 三分区投球中篮得3分。

4. 执行罚球时，发球队员轮椅的后两大轮必须在罚球线后，而前两小轮可压在罚球线或进入限制区内，在位置区站位队员其轮椅的所有轮子都必须在罚球区的梯形线以外。

（五）违例

1. 队员与其轮椅的任何部分触到界线或界线外的地面。

2. 除手以外,身体的任何部位触及地面。
3. 由于轮椅倾斜,造成除轮胎以外任何部位触及地面。
4. 队员应在腰以下及车辆两侧或前后运球,不能在两膝间运球,否则违例。
5. 每驱车两次,必须运球一次,超过两次而没有运球的即为违例。
6. 进攻队员在对方限制区内停留时间不得超过 5 秒钟。

(六) 犯规

1. 使用未获准的用具。
2. 无论在死球或活球状态,队员与对手或对对手的轮椅接触。
3. 其他侵人犯规同国际篮联的《篮球竞赛规则》。

(七) 技术犯规

1. 比赛中,为获得优势,臀部离开轮椅座面。
2. 比赛中,为获得优势,脚离开搁脚板。
3. 利用下肢的任何部位获得不公正的优势或使轮椅获得动力。
4. 使用不合规定的轮椅。
5. 场上五名队员的医学分级分数之和超过 14 分。

第四节 聋人篮球

目前中国有六千多万残疾人,其中有听力障碍聋人约占 1/3,是世界上聋人数量较多的国家。聋人在国际上有自己的组织,其中包括聋人体育组织,聋人篮球是聋人运动项目之一。

就残疾人参与运动而言,聋人在残疾人中属于障碍最小的人群,所以聋人篮球比赛使用的是健全人的《篮球竞赛规则》,只是在比赛中增加视觉装置,辅助比赛顺利进行。

聋人篮球是夏季聋奥会的正式比赛项目。2005 年 1 月在澳大利亚的墨尔本举行了第 20 届聋奥会,我国也首次派出了男、女国家篮球队参赛,在此次比赛中,男队获得第八名,女队获得第九名。

世界聋人篮球锦标赛为每四年举行一次,与聋奥会相互交错,形成世界性大赛为每两年进行一次的格局。2007年将在我国的广州市举办第2届世界聋人篮球锦标赛。此外，各大洲每年也举办聋人篮球锦标赛。每年6月举办欧洲聋人篮球锦标赛。亚太地区聋人运动会中包括聋人篮球项目。

在我国，聋人篮球比赛始于20世纪50年代末期。1959年在北京举办全国首届聋人篮球赛，绝大部分省、市、自治区参加了比赛，上海队获第一名，北京队获第二名。1985年9月，在天津举办了8省市聋人"自强杯"篮球比赛，济南队获男篮冠军，天津队获女篮冠军。1986年成立了中国聋人体育协会。1986年5月，沿海开放城市举办了"新兴杯"聋人男篮邀请赛，参加比赛的单位有大连、秦皇岛、烟台、青岛、连云港、上海和福建，并邀请了漳州、徐州参加，共有200多名运动员。1986年10月，在山东省济南市举办了全国聋人"泰山杯"篮球邀请赛，有16个省市20多支男、女队的302名运动员参加比赛，山东男、女队均获冠军。

2001年至今，中国残疾人体育协会每年都举办聋人篮球锦标赛。

2001年4月在天津体育学院举办了全国聋人篮球运动会，其中有11支男子队伍，近百名运动员参加了比赛。2002年在北京顺义举办了全国聋人篮球锦标赛，其中有14支男队共143名运动员参加了比赛。2003年7月在天津体育学院举办了第六届全国残疾人运动会预赛，即2003年全国聋人篮球锦标赛，有23支男队的245名运动员参加比赛；同年，在江西省常州市举办了第六届全国残疾人运动会聋人篮球决赛，有10支男队。2004年8月在哈尔滨举办了2004年全国聋人篮球锦标赛，有16支男队和4支女队参加比赛。2005年10月在新疆，举办了2005年全国聋人篮球锦标赛。

第五节　投篮、扣篮与双人投篮比赛

一、投篮比赛

篮球比赛是以投篮命中得分多少决定胜负的，准确、优美的三分投篮技术常激动人心，使场上与场下的运动员与观众和谐地形成比赛高潮，给人以巨大的鼓舞与娱悦。组织投篮比赛能够促进并提高投篮的准确性，增加篮球比赛活动的内容，增加观赏性、娱乐性和趣味性，同时亦可达到鼓励远投并提高远投水平的目的。

规则与方法简介

（一）在三分区外两边0°、45°与正中弧顶共设置五个投篮架，每个架上放置

4个普通球和1个彩球。

（二）队员从一侧0°开始，依次投出4个普通球和1个彩球。第一位置区投完后移至第二位置区，第二位置区投完后移至第三位置区（弧顶），依次将5个区的25个球投出。

（三）要求在1分钟内将25个球投完，到时未投完的球不能再投。

（四）投中一个普通球得1分，投中一个彩球得2分，总分为30分。

（五）比赛采用预、决赛办法。预赛得分多的前三位进入决赛，决赛时得分多者名次列前，取前三名给予奖励。

（六）NBA的三分球投篮大赛是全明星周末的新项目，邀请8名前半个赛季三分球命中率最高和投入三分球最多的球员参赛。

二、扣篮比赛

运动员身体素质的提高，尤其是弹跳与身体滞空能力的增强，为在高空运用不同姿势和手法进行扣篮创造了物质保障。在篮下扣篮不仅得分率高，而且难以防守，容易造成对方犯规，而巧妙配合下的高空接球扣篮更具观赏性。组织扣篮比赛不仅是为了推进扣篮技术的发展，更重要的是鼓励运动员增强全面的身体素质，推崇创新精神，推动篮球运动向更高、更强、更美的方向发展。

规则与方法简介

（一）运动员在半场内任何一个位置和从任何一个角度运球起动，按正常步伐腾空扣篮、打板后空中接球扣篮、运球反弹跳起接球扣篮、反扣、正扣、单手扣、双手扣，以及在空中变换动作或换手扣篮均可，只要是规则允许的动作，不带球走、不两次运球违例。

（二）扣篮比赛分为预赛和决赛。预赛每位队员扣篮3次，以得分高的一次为预赛得分。预赛得分最高的三位参赛者可晋级决赛。决赛中每人有两次扣篮机会，也只计其中成绩最好的一次。

（三）五位专家组成的裁判组对每位运动员的扣篮动作进行技评评分。技评依据弹跳的高度、空中滑行的远度、动作的难度、完成动作的准确度、力度、伸展度以及美感等综合评分。满分10分，参赛者最高可得50分。

（四）比赛采用预赛、决赛方式。预赛采用抽签分组方式排序。决赛的出场顺序则按预赛的成绩而定，排名低者先扣。决赛分值高者名次列前。

（五）NBA的全明星扣篮大赛推举6人参赛，冠军被称为"扣篮王"。

三、双人投篮比赛

双人投篮比赛是投篮比赛的另一种形式，它将远投、中投、近投和不同位置、不同角度综合起来进行投篮比赛。目的是为了推动投篮技术的提高和增加趣味性、观赏性。双人投篮比赛讲究技术与合作精神，同时也是一种很好的投篮训练方法与考评运动员投篮技能的方法。

规则与方法简介

（一）轮转比赛法

1. 在半场范围内，在限制区与三分线内外不同位置画出七个圆圈，如图11-3所示。

2. 比赛时每队由一男一女组成，两人投篮得分之和即为该队的得分。

3. 比赛开始前，女队员在①区，男队员在⑦区。比赛开始，女队员在①区投篮，自投自抢后将球传给⑦区的男队员投篮，男队员自投自抢后将球传给跑入②区的女队员投篮，女队员自投自抢后将球传给跑入⑥区的男队员投篮，依次轮流，共投篮1分钟。①区投中得1分，⑦区投中得3分，其他各区投中得2分。

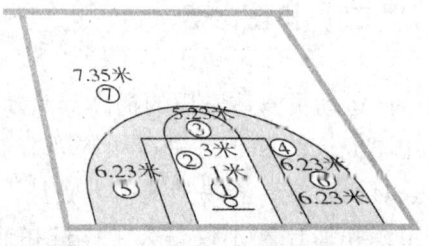

图11-3 双人投篮位置示意图1

4. 比赛分预、决赛。预赛得分高的两个队进行决赛。决赛分数高的球队名次列前。

（二）投篮比赛法

1. 在半场的七个圆圈内设定不同的分数，分值分别为1、3、5、7、9、11、13（图11-4）。

2. 运动员可在任意一圆圈内投篮，投篮后自抢，然后将球传给跑到任一圆圈内的同伴。同伴投篮后自抢，依次进

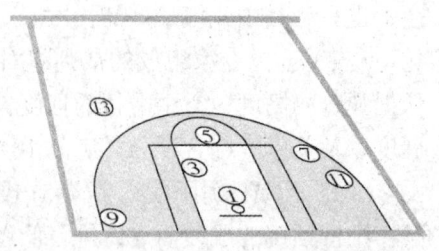

图11-4 双人投篮示意图2

行投篮至 1 分钟结束。

3. 运动员在哪一圈内投篮，投中即获得相应的分数，两人得分之和即为本队得分。得分高者名次列前。

在美国 NBA 联赛过程中，有时也安排一些有巨额奖金的各种名目的比赛，比如幸运观众比赛、中圈投篮比赛等等，主要是为了使比赛更加丰富、活跃、吸引观众。

第六节　其他形式的篮球活动

一、水上篮球

在游泳池的两端设立篮架，使用适于水上漂浮的特制篮球。比赛双方各由六人组成，有男有女，女运动员不得少于两名，不能多于四名。各队戴不同颜色的帽子，以示区别。

水上篮球比赛在标准的游泳池中进行，篮圈高度距水面 2 米。比赛时运动员坐在一个特制的充气轮胎上进行传球和投篮。女队员投中得 2 分，男队员投中得 1 分。比赛分为三节，每节 10 分钟，两节之间休息 5 分钟，以投篮得分多少决定比赛的胜负。

这一项目关岛非常普及，活动时，运动员既可以享受搏击水面的乐趣，又可体验篮球运动的韵味。具有很强的娱乐性与观赏性。

二、无板篮球

在东南亚的一些国家里，流行一种无篮板球架。篮圈高度、大小等均与正规篮球架相同，区别在于篮圈背后不设篮板。这种篮球架设在街头空地或别墅花园、草坪之内，不受场地大小和地面质地的限制。无板篮球架主要用于投篮比赛，要求投篮尽可能空心入网，满足人们远距离投篮命中的娱悦心理，同时也可以培养运动员投篮的准确性。这项运动在英国等一些欧洲国家女子中学里非常流行。球场长 30 米，宽 15 米。球场两端有一个半径为 5 米的半圆，是投篮区。立柱高 3 米，顶端有一直径 38 厘米的圆形篮圈。比赛双方各有 7 名队员，每名队员的活动范围和职责都有限制，球只能在球员间传递，不得持球前进。每场比赛分为 4 节，每节 15 分钟。也可以分为两节，每节 20 分钟。

三、荷兰式篮球

荷兰式篮球球场长 90 米，宽 40 米，分中场和各方的后场三等分。篮圈装在一根高 3.5 米的柱顶，用柳枝和藤条编成。由底线中点向场内 14 米的地方有一罚球点。

比赛每方有 12 人，6 男 6 女。规则规定：盯人和拦截球时只能在同性之间进行，不准有任何身体接触。另外，球在手中既不能拿着走，也不能像篮球那样拍着走，只能及时传给队友。当一方在自己后场犯规时，对方将在罚球点上直接投篮。一场比赛为 90 分钟，分为上、下半场。

四、冰上篮球

冰上篮球于 1985 年出现在英国。每场比赛分为 4 节，每节 15 分钟。比赛双方各出 5 名运动员。篮圈是个木盒子，吊在场地上方。规则十分的简单，可以采取任何形式去争抢，因而运动员经常发生冲撞和挤成一团，场面犹如橄榄球赛。

五、乒乓篮球

乒乓篮球出现在日本。球台长 1.2 米，宽 0.6 米，网高 8 厘米。在台面中间线的两端，各设置一个带网的篮圈，圆孔直径为 10 厘米。比赛采用三盘两胜制，使用普通的乒乓球拍和乒乓球。规则类似乒乓球运动，每进一球得 1 分，先获 11 分者为胜。不同于乒乓球的是，发球不用球拍，而是用不拿拍的手将球抛在自己一侧的台面上，让球越过球台，进入对方台面，球在无弹跳的情况下直接打入对方的篮圈内，一次可得 2 分；球拍和身体任何部位在球台上方触及到对方打来的无弹跳球为犯规，判罚 2 分，其他犯规判罚 1 分。

思考题：

1. 多种形式的篮球比赛具有哪些特点？
2. 简述开展小篮球活动时应注意哪些问题。
3. 简述三人制篮球比赛的特点。
4. 你了解和知道还有哪些形式的篮球比赛活动？

第十二章

篮球游戏理论与方法

内容提要：

本章主要阐述了篮球游戏的特点、功能；设计及创编原则，组织游戏教学的程序、手段与要求，并介绍了不同类别的篮球专项内容活动性游戏的方法，以利培养学生对学习篮球运动的兴趣，提高篮球教学课程的水平和人才培养的质量。

第一节 篮球游戏的基本理论

一、篮球游戏的特点

篮球游戏除了具有体育游戏和篮球活动的一般特点外，还有其自身所固有的特点，即目的性、娱乐性、竞争性、可变性和趣味性。只有认识和了解了篮球游戏自身的特点和规律，才能充分发挥其应有的作用。

（一）目的性特点

篮球游戏是一种有意识的活动行为，其主要目的是为了增强体质和提高技能。不同的游戏其侧重点不同，有的侧重提高篮球专项素质和技能；有的重在发展体力和智力；有的是为了提高心理素质和道德品质；有的侧重于调节情绪和状态。此外，篮球游戏还具有合理安排运动负荷的作用。

（二）娱乐性特点

篮球游戏由于本身的趣味性、休闲性，可使人们在轻松愉快的气氛中调节情感、娱乐休闲；开展趣味性的竞争，可使人们在不知不觉中愉悦精神，领悟篮球运动的精髓，从而吸引了不同人群参与篮球活动，这就是篮球游戏的魅力所在。

（三）竞争性特点

篮球游戏与其他体育活动内容一样，同样具有竞争性，但它与竞技体育的竞争有所区别。竞技体育的竞争是一种在统一严格的规则制约下，强者的竞争，只有体能好、专项技术和战术水平高的运动员，才可能在竞争中获胜。竞争的内容可以随意变通，可以比体能、技能、智力，比与同伴协作的能力，比集体的力量，比应变能力，因此出现的结果也是多种多样的。篮球游戏的这种竞争性，可以使弱者有成功获胜的可能，给强者提出新的挑战。只要全力以赴，参加者就有夺标的希望。在游戏中可以更好地挖掘人的潜力，各显神通。篮球游戏在争胜过程中，以量化（数量、质量、快慢节奏）为指标决定胜负，所以篮球游戏不仅能提高参与者的活动能力，还能培养思维、创造、应变能力和进取精神。

（四）可变性特点

篮球游戏的活动方法、动作路线、主要规则可以根据参加者的实际情况有不同的设计与变化，场地器材也可以根据实际情况选用。游戏中的动作，可以根据参加者的具体情况和不同要求作相应变化，可以是正常的跑、跳、投；也可以是变异的各种跑、跳、投；可以徒手进行，也可以采用篮球及各种辅助器械；可以提出严格的动作规范，也可以淡化动作规范，这与竞技篮球严格的技术规范形成了鲜明对比。篮球游戏中的路线，可以根据参加者具体情况和不同要求作相应的变动，可以是直线、曲线也可以是弧线、螺旋线；可以一次直接到达终点，也可以几个人接力到达终点或一个人数次往返。篮球游戏中的规则，不需过分精细，只需有几条主要规则即可。规则可根据篮球游戏的目的，对活动的路线作不同限制，能产生不同的游戏效果。篮球游戏对场地器材要求极低，可以根据实际情况因地制宜。

（五）趣味性

篮球运动本身就是由游戏发展而形成的，趣味性是篮球游戏的显著特征。由于篮球游戏是参加者自由选择的活动，所以参与者能轻松、自由、平等地参加活动，从而获得自由表现的机会，把注意力集中于活动过程的乐趣上，使参与者拥有一种轻松愉快的心境。篮球游戏的变通性使游戏的创编更具灵活性，从而赋予游戏具有引人入胜、精彩纷呈的色彩。篮球游戏过程中的随机性、偶然性，会使游戏参加者产生浓厚的兴趣和出乎预料的愉快成分，满足人们情绪、情感上的需求，产生愉快的情绪体验，使人情趣倍增。

二、篮球游戏的设计和选择原则

设计和选择篮球游戏时，应注意贯彻针对性、科学性、合理性、教育性、安全性和创新性等原则。

（一）针对性原则

篮球游戏的设计和选择应注意针对性以提高趣味性，可以根据本次教学和训练的目的和内容,有针对性地设计和选择游戏的内容、方法、规则,还可以针对不同的教育目的,有针对性地设计和选择不同的篮球游戏。

(二)科学性原则

篮球游戏所设计和选择的内容、方法,可以根据课的密度、强度进行科学的安排,也可以根据需要安排大强度和小密度或小密度和大强度等篮球游戏。

(三)合理性原则

篮球游戏在时间、内容和方法上可以根据需要安排。可在准备活动(热身)后、课的基本部分、课的结束前进行,以活跃课堂气氛和调动参与者参与篮球教学与训练活动的积极性,提高和增强篮球专项素质。合理地安排篮球游戏的内容方法,才能体现篮球游戏的价值,达到预期的效果。

(四)教育性原则

开展和组织篮球游戏,应重视培养参与者的道德品质、顽强作风、团结友爱和集体主义精神,以及自觉约束自己行为的能力。因此,设计和选择篮球游戏时,必须注意教育性原则。

(五)安全性原则

篮球游戏所使用的场地一般是平整的篮球场,使用的器材大都是篮球、标志杆等,一般说能够保证参与者的安全。但是在设计某些针对性强的游戏时,一定要注意贯彻安全性原则。

(六)创新性原则

篮球游戏是随着篮球运动的发展而不断发展和创新的。随着篮球运动的不断发展、创新,设计和选择篮球游戏也应重视将篮球专项技术、战术的内容有机地融入游戏之中,使游戏更受参与者的喜爱。

三、篮球游戏的组织和教法

篮球游戏应根据课程内容的具体要求,制定采用的游戏内容和步骤,同时还应根据参与者的年龄、身体状况、技术掌握的程度、气候和季节、场地和器材条件等具体情况,有目的、有计划地组织教学。

篮球游戏的组织和教法,是做好篮球游戏的重要保证。为了达到游戏的目的、提高游戏的教学质量、完成教学任务,应从课前的准备、作好预案、讲解示范、进行分组和确定领头人等方面认真考虑。

(一)课前准备

1. 备课。上课前对篮球游戏的内容、方法、要求和规则等,要做细致的准备,特别是对游戏中技术动作的规格和规则要作认真的研究,仔细推敲。不同类型篮球游戏都具有独特的性质,只有保证游戏的质量,才能达到游戏的目的,取得预期的效果。

2. 准备场地和器材。游戏前应画好场地线,如圆圈、起点线、终点线等。上课前应认真清点游戏器材,如球、标志杆、实心球、彩旗等。如果准备不充分,不仅会影响参与者的积极性,而且会直接影响游戏的效果。

(二)作好预案

科学合理地作好预案,可以保证游戏的顺利进行,例如在组织快速追逐、躲闪、投掷等篮球对抗游戏时,应该预见可能发生的问题,就应该远离固定器械、墙壁和窗户,以免发生意外。

(三)讲解示范

1. 讲解示范要简明扼要,条理清晰。讲解示范时要做到能够使参与者听了、看了就懂得怎样做。对游戏中的一些特殊规则要讲解清楚,以免参与者做游戏时出现不应有的失误。

2. 讲解时注意调整好参与者的队形。组织者应根据游戏的内容和方法、要求合理布局,队形要有利于全体参与者听讲和观察比赛场地,注意在比赛时,后面参与者因看不到比赛情景而移动位置，队形就乱了。

3. 讲解时语言要生动简明，示范要准确简练。儿童、少年的特点是活泼好动，模仿能力强，不喜欢长时间的等待，组织者讲解时要启发参与者的形象思维，边讲边示范，或让参与者示范，组织者讲解说明。通过讲解和示范使参与者明确游戏的目的、任务、要求和规则等。

（四）合理分组和确定领头人

做游戏时合理分组和确定领头人，对游戏的效果和游戏的气氛起着重要作用。一些竞赛性篮球游戏，参与者对胜负的竞争往往超过对游戏内容的关注。如果组织者在分组时忽视了各组人数、实力以及男、女生平均分配等，参与者往往会因对游戏的结果有意见而影响游戏的效果。领头人对每组能起到组织和鼓动的作用。

第二节　常见篮球游戏示例

根据篮球运动技术分类，篮球游戏可分为移动、传接球、运球、投篮、持球突破、篮板球、抢断球、快攻、专项身体训练等不同类型。

一、移　动

（一）反应追逐

【目　的】改善学生灵敏性及提高快速起动能力。
【场地器材】篮球场 1 块。
【方　法】学生分成甲、乙两队，双方在中线面对面站立，相距 2 米。学生根据教师的手势或信号做起动追逐。如教师发出"单数"信号，则甲追乙；如发出"双数"信号，则乙追甲。在追至端线前拍击到对方为胜，超过端线后追上无效（图 12-1）。
【规　则】看信号起动，追逐路线为直线，以跑出端线为胜，在场内被拍击者为失败。
【建　议】如果场地端线外区域受限，可规定跑过罚球线后追上无效。

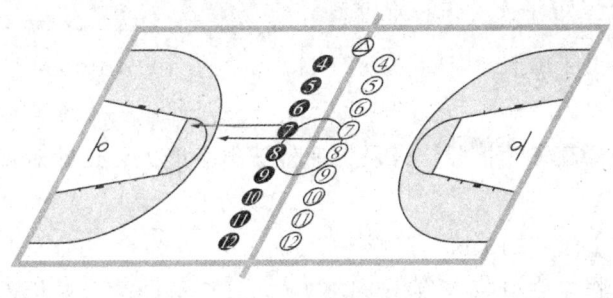

图 12-1

二、传接球

(一) 传接球触人

【目 的】提高学生快速传接球的能力和躲闪的灵活性。

【场地器材】篮球场地或平整的空地 1 块，篮球 1 个。

【方 法】学生分散在场内任意跑动，指定两人传球。在不准走步、运球的情况下，传球人通过传接球去追逐并及时用球去触及场上跑动的人。被触到者参加到传球人的行列，最后看谁没被触到（图 12-2）。

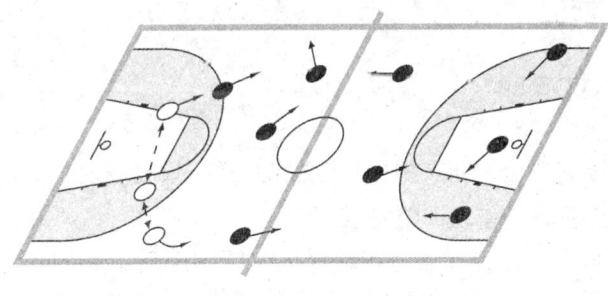

图 12-2

【规 则】

（1）徒手者不准超出规定的场地线，否则算被触到。

（2）传球人只能持球去"触及"徒手者，传球到徒手者身上无效。

【建 议】

（1）可根据学生人数的多少决定开始时的传球人数。

（2）开始时可只在半场内进行，以后随着传球人的增加可扩大至全场。

（3）还可根据学生的水平规定传球方式如反弹传球等。

（二）传球比赛

【目　的】提高学生摆脱接球及快速传球出手能力、迅速观察判断能力和扩大传球视野。

【场地器材】篮球场1块，篮球1个。

【方　法】将学生分成人数相等的两队，在中圈跳球开始进入攻防。进攻队在全场范围内互相传球，并大声报出传球次数，不得运球，不要投篮，球在每名队员手中停留时间不能超过3秒钟；防守队做全场紧逼防守。球出界或进攻队员3秒钟内不能将球传出，即由对方掷边线球开始进攻。24秒钟为一局。可连续比赛若干局，以单局传球次数多者为胜。

【规　则】

（1）持球者不得运球和在手中停留超过3秒钟。

（2）学生接到球时，教练员在场外要大声报时间："1秒""2秒""3秒"，报到3秒时，鸣哨判违例，由对方进攻。

（3）不准两名进攻者之间来回传接球。

三、运　球

（一）相互打运球

【目　的】提高学生快速运球中控制球和身体平衡的能力。

【场地器材】篮球场1块，篮球若干个。

【方　法】每人一球，在2分投篮区内，听哨声后，开始相互打掉其他人的球，又要保护好自己的球。自己的球被别人打出2分投篮区为失败1次。在规定时间内（1—2分钟）球出2分投篮区的次数少者为胜。

【规　则】

1. 要抬头观察，不能只顾追别人、逃避追击，不能拿球去打别人的球。

2. 只能在规定的球场内进行，球出2分投篮区为失败1次。

（二）运球抓人

【目　的】提高学生运球技术和快速反应能力。

【场地器材】篮球场 1 块，篮球若干个。

【方　　法】在半场内，两人一组，左右站立。全队成圆形，每人一球，在原地运球。教师可令一组参与者首先做追捕练习。一名学生为追捕者，另一名为被追捕者。在追捕过程中，被追捕者可利用其他人做屏障进行躲闪，也可贴在某一组一侧人的身侧，这时另一侧的人变为被追捕者。追捕者拍击到被追捕者身体的某一部位时（除头部外）即为追上。追捕者和被追捕者交换追捕，游戏继续。

【规　　则】手中无球或拿球（未运球）抓到被追捕者无效。

四、投　篮

（一）五点投篮追逐赛

【目　　的】给学生施加心理压力，提高投篮命中率，改进投篮技术。

【场地器材】篮球场 1 块，篮球若干个。

【方　　法】如图 12-3 所示，学生成一列横队，位于端线处站好，按 5 个点依次进行投篮，采用原地投篮或跳起投篮均可。率先完成 5 点投篮者为胜。

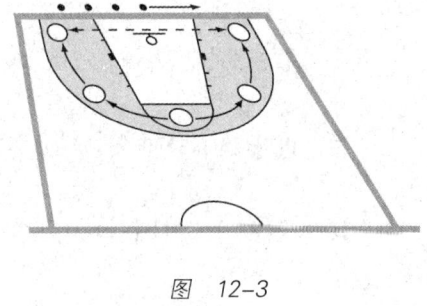

图　12-3

【规　　则】每点投中后方可轮转到下一点，当后面的学生超过前面的学生时，前面的学生则被判罚下。

（二）运球上篮比赛

【目　　的】提高学生快速运球上篮技术和行进间投篮的准确性。

【场地器材】篮球场 1 块，篮球两个。

【方　　法】把学生分为人数相等的两队，分别成纵队站在球场两端线后方，排头各持一球。游戏开始，两队从排头起依次快速运球到前场做行进间投篮，投中后再运球返回到后场篮做行进间投篮，投中后把球传给下一人做，直到全队做完，速度快的一队为胜。

【规　则】

1. 行进间投篮不中，可以篮下补投，直至投中。
2. 必须投中才能返回或把球交给下一人继续做，否则所投无效，罚其重做 1 次。
3. 两次运球或带球走，返回中线后重做 1 次。

【建　议】

1. 可根据实际情况规定或不规定投篮动作。
2. 可根据实际情况规定是否必须投中才能返回。
3. 可根据规定时间内上篮，以投中次数多的队为胜。
4. 可以下列上篮动作为规定的投篮动作：行进间单手高手上篮；行进间单手低手上篮；行进间跑投；篮下急停跳投；中距离跳投和各种方式的左手上篮等。

五、持球突破

（一）大打小、小打大比赛

【目　的】熟练各种突破的运用时机和方式。

【场地器材】篮球场 1 块，篮球 2 个。

【方　法】如图 12-4 所示，把学生分为人数相等的甲、乙两队，大个为甲队，小个为乙队，两队各出一人进行攻守对抗，甲₁进攻，乙₁防守。甲₁把球

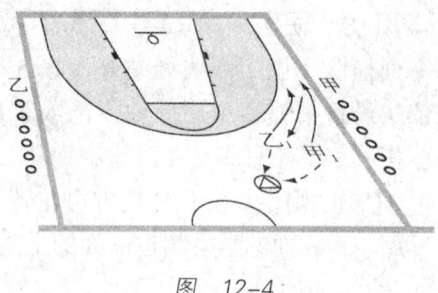

图 12-4

交给位于中线附近的组织者△后，利用快速步法移动摆脱乙₁的防守，接组织者△传出的球后面对乙₁突破上篮；防守者则努力防守对方突破得分。若进攻成功则进攻队得 1 分，反之则防守队得 1 分。然后双方换另一人进行同样的对抗，直到两队每人都轮 1 次。最后计算双方得分，得分高的队为胜。

【规　则】

1. 只能用原地持球突破动作，若用其他动作（例如接球跳步急停突破）即为犯规。
2. 两人互换时只有接到球才能起动，否则为犯规。

3. 凡犯规或违例者，必须在最后重做 1 次。

（二）连续突破上篮

【目　的】提高学生在快速移动和模拟对抗中突破上篮技术的运用能力。

【场地器材】篮球场 1 块，篮球 4 个。

【方　法】以球场的纵轴为界，把球场分为两个半区，把学生分为三人一队，站位如图 12-5 所示。首先由甲队与乙队对抗，两队各占用半侧球场。

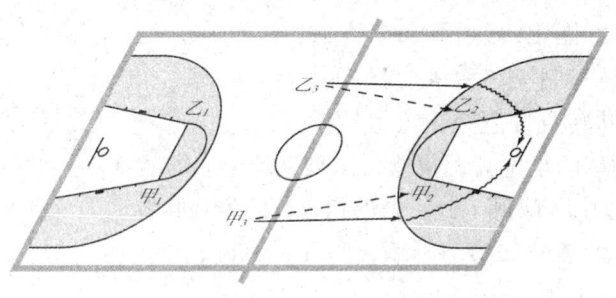

图 12-5

游戏开始，甲、乙两队同时进行：持球的甲$_3$（乙$_3$）迅速运球起动，在越过中线后把球传给甲$_2$（乙$_2$），甲$_2$（乙$_2$）接球后，把球回传给甲$_3$（乙$_3$），甲$_3$（乙$_3$）在甲$_2$（乙$_2$）前做跳步急停接回传球突破上篮。返回时甲$_3$（乙$_3$）不管投中与否，都自抢篮板球并把球传给向外拉的同伴甲$_2$（乙$_2$），甲$_2$（乙$_2$）迅速向另一篮运球推进，在越过中线前把球传给甲$_1$（乙$_1$），再接甲$_1$（乙$_1$）的回传球做跳步急停突破上篮。甲$_2$（乙$_2$）抢篮板球传给甲$_3$（乙$_3$）。如此反复进行，直到规定时间到，计算双方三人累加的投中次数，投中次数高的队为胜。然后换另两队进行同样的比赛。

【规　则】

1. 运球时必须在越过中线前传球出手再接回传球做突破，否则投中无效。
2. 在运、传、投中两次运球或走步上篮无效。

【建　议】

1. 可根据实际情况把跳步急停突破改为接球急停转身突破。
2. 此游戏参加人数不宜太多，以每队 6 人为宜。如果参加人数多，可分为几个队，采用淘汰制或"打擂台"进行对抗。

六、篮板球

(一) 抢 3 分比赛

【目　的】提高学生转身抢球和篮下强攻能力。

【场地器材】篮球场 1 块，篮球 1 个。

【方　法】如图 12-6 所示，三人一组在篮下背对球篮站立，教练员投篮后④⑤⑥三人立即转身抢篮板球（包括投中的球），抢到球的学生立即投篮，未抢到球的立即防守。如此投篮、抢球、防守连续进行。投中一球得 1 分，先得到 3 分的为获胜者。

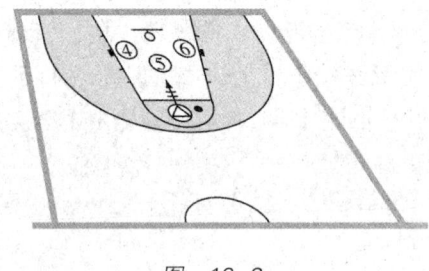

图 12-6

【规　则】两名防守参与者积极防守，可做轻微的推、拉、撞等对抗动作，但不允许有大的动作，否则扣 1 分。

(二) 抢篮板球比赛

【目　的】提高抢篮板球技术和快攻一传能力。

【场地器材】篮球场 1 块，篮球 1 个。

【方　法】将学生分成 3 人一组的若干组，每次由两组 6 人做游戏，教师站在罚球线处投篮，两组各 2 人共 4 人分别站在分位线上抢篮板球，两组的另一人在中线处准备接应（图 12-7）。当教师抛球打篮板时，分位线上的 4 人迅速拼抢

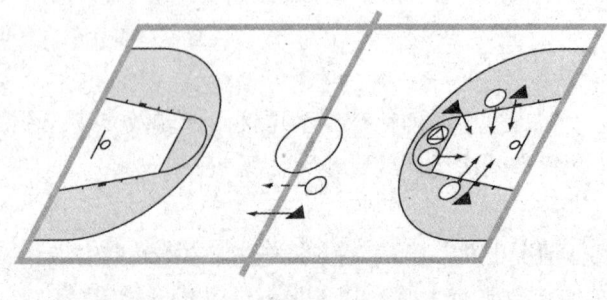

图 12-7

篮板球，抢到球后，立即传给中线外的本组接应者，完成的得2分，被对方断到球要倒扣1分。

【规　则】
1. 按篮球规则执行，不可违例，如走步等。
2. 抢到篮板球后，只能运1次球。
3. 球未传出中线时，无球方可以进行抢断，但不能犯规。

【建　议】
可规定抢到篮板球后，在5秒钟内球必须过中线，为快攻的成功打好基础。

七、抢断球

（一）原地抢球

【目　的】体会原地抢球手法。
【场地器材】篮球场1块，篮球若干个。
【方　法】把学生分成人数相等的两个队，面对面站立，每两人一组一球，双方同时握住球，当教师鸣哨后，两人立即进行抢球，抢到一次得1分。比赛若干次，得分多的一队为胜。

【规　则】
1. 持球时，两手只能在球的两侧，不能手臂将球抱住。
2. 可采用拉抢、转抢等动作。

（二）传、断球

【目　的】体会断球时机及提高手脚的协调配合能力。
【场地器材】篮球场1块，篮球若干个。
【方　法】把学生分成5人一组一球，攻方3人站成三角形，相距4米左右，相互传球。防守者两人站在三角形内进行断球，断球到手、触击到球或进攻者传接球失误，失误者转为防守者，游戏继续进行。

【规　则】
1. 外围三个传球人不得放大相互间的距离。
2. 可用任何方式传球，但球在手中停留不得超过5秒钟，不准运球。

八、专项身体素质

（一）力量素质

推小车

【目　的】发展学生上肢力量和耐力，提高身体的协调性，培养团结友爱的精神。

【场地器材】篮球场1块。

【方　法】把学生分成人数相等并为偶数的甲、乙两队，各队"1、2"报数，两人一组分前后站在端线后。如图12-8所示，各队数1者两手撑地，数2者将数1者两腿抬起扶于身体两侧。教师发令后，数1者双手交替支撑前进，数2者在后面将数1者"推"到中线，两人交换。数1者再以同样方法把数2者从中线"推"回到端线。然后站到排尾，先到者得1分。各队第二组的游戏者听到教师口令后继续进行，其他各组依此类推，以积分多者为胜。

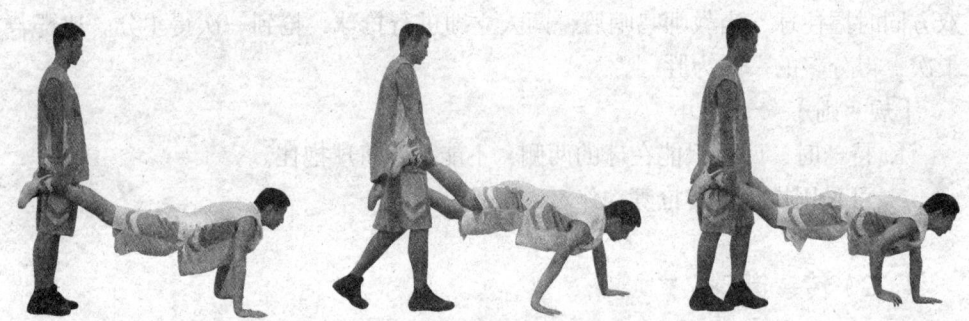

图 12-8

【规　则】支撑前进的游戏者，两手必须超过中线或端线后，才能与对方交换。

【建　议】根据学生的身体状况，可增加推车的距离。

（二）耐力素质

跑跳跟进

【目　的】提高人体有氧代谢水平。

【场地器材】篮球场1块，篮球两个。

【方　法】把学生分成3—10人为一队的两队，分别成纵队站立于篮板下左、右侧，两队排头各持一球。游戏开始，两队排头把球掷向篮板，随即原地跳起在空中接球，并把球再次投向篮板，其后一人跳起在空中接从篮板上反弹出来的球再把球投向篮板；其他人重复同样动作，每个人掷完后回到本队队尾，先到30次的队为胜。

【规　则】

1. 必须跳起连续在空中将球碰板才有效，否则取消已累加的次数，重新计算该队跳起打板碰板次数。

2. 不能落地，否则取消已累加的次数，重新计算该队跳起托球碰板次数。

【建　议】

1. 可把两队分列于两端篮板下同时进行，碰板次数可为30—60次。

2. 为提高游戏强度，可在球场另一端设一标志物，凡打板后必须跑步绕过标志物后方能回到该队队尾。

（三）弹跳素质

双脚跳接力

【目　的】提高学生跳跃能力和动作的协调性。

【场地器材】篮球场1块，跳绳若干根。

【方　法】将学生分成人数相等的两队，分别成纵队站在篮球场的端线外，排头持绳做好准备。听到口令后，双脚跳绳到前场端线然后返回，把绳交给第二人者，第二人按同样方法进行。两组都完成后，以速度快慢分胜负。

【规　则】

1. 只许双脚跳，不许单脚跳。

2. 交绳必须在端线以外。

【建　议】

1. 如器材允许，每人一根跳绳。

2. 可采用其他跳法或几种跳法结合进行。

（四）柔韧素质

"斗鸡"

【目　的】发展学生柔韧性和协调能力。

【场地器材】篮球场 1 块。

【方　法】如图 12-9 所示，两人一组，都用右手在背后握住后屈的右脚脚背，只用单腿支撑。左臂屈肘贴住身体，用合理冲撞的方法，在规定的时间内把对方撞出圈外，或者使对方握脚的手脱开，并且使悬空的脚触及地面为胜。

图 12-9

【规　则】

各组之间不要乱撞，允许做假动作、躲闪动作等，握脚的手脱手而脚没有触及地面，允许重新握住，不算失败。主要用肩部、躯干、腿部进行冲撞。

【建　议】

组织大家熟悉几次再正式做，时间不宜太长，两腿轮换练习。握脚的方法可以变化，例如用左手握左脚等，但不允许在体前提脚，以避免发生伤害事故。

思考题：

1. 试述篮球游戏在篮球教学中的特点、功能和作用。
2. 你在篮球教学训练中如何运用篮球游戏作为教学手段？
3. 篮球游戏的设计创编原则是什么？
4. 简述篮球游戏课程的组织与教法。
5. 请从中学篮球教学实际出发，围绕传接球、运球、投篮各编写出一个游戏。

第十三章

NBA 与 CBA

内容提要：

本章从历史的角度追溯了美国篮球职业化的起因和 NBA 的发展历程，分析了中国篮球职业化开创背景；分别介绍了 NBA 和 CBA 的组织管理、经营开发、主要的政策法规制度、竞赛体制以及后备队伍的培养。

 篮球运动教程

学习篮球运动不能不了解 NBA 与 CBA，因为 NBA 是世界上运作最为成功的职业体育组织之一，是当今世界最高竞技运动水平的职业篮球联赛；CBA 则是我国自己的篮球组织，自己的职业篮球联赛。如今 NBA 风靡全球，声名如日中天；而 CBA 品牌的美誉度也在不断增加，联赛在完善中稳步向前推进。

第一节 NBA 的发展概况

一、NBA 的历史演进

（一）美国篮球职业化的起因

20 世纪 40 年代，第二次世界大战终于结束，在这次世界大战中，作为战胜国的美国，利用战争大发横财，从中获得了巨大的利益，加快了国家工业化的进程，也迎来了经济的繁荣。人们需要娱乐和体育，一来希望借此释放因久历战争而造成的压抑；二来想把他们在战时积攒的钱花出去，娱乐和体育成为当时人们新的消费热点。而那时除职业棒球稍具规模外，职业冰球、职业美式橄榄球、职业拳击和赛马并不能满足人们的需求。体育馆除进行冰球比赛外，常常闲置。在这样一个社会背景下，作为这些体育馆和冰球馆的老板们以其敏锐的商业眼光发现了这一问题，于是这些经营体育市场的行家们迅速对当时的竞技运动项目和市场进行了分析，他们发现大学生篮球联赛非常红火，可是成立于 1937 年的"NBL"的球队多集中在美国中西部的中、小城市，于是他们决定在大城市投资建立职业篮球队，成立一个职业篮球联盟。

1946 年 6 月 6 日，是职业篮球史上值得纪念的日子，由波士顿花园球馆的老板沃尔特·布朗和克里夫兰队的老板艾尔·萨林芬挑头，共 11 家冰球馆老板在纽约的"舰长饭店"里召开会议，决定成立一个新的全国性的职业篮球联盟 BAA（全美篮球协会，Basketball Association of America，即 NBA 的前身）。这次会议还选出了当时的美国冰球协会主席，来自纽黑文的律师普多洛夫为第一任总裁。会后，经过 4 个月的筹划和组建，于 1946 年 11 月 1 日，BAA 第一场比赛终于在加拿大的多伦多市举行，拉开了美国篮球职业化的序幕。值得一提的是，BAA 诞生和以往成立的篮球联盟有着一些明显的不同：

1. BAA 篮球联盟是一个全国性的篮球组织。
2. 所有 11 支球队的老板都拥有自己的体育馆。

3. BAA 的联赛借鉴了当时冰球联赛的赛程安排,球队分成东、西两大联盟,然后再按地理位置分成若干赛区。

4. BAA 的队员都是来自于大学毕业的篮球选手。在球迷心目中,大学联赛是最"干净"、最"公平"的比赛,故深得人心。

5. BAA 设计了一套新的规则,如一场比赛 48 分钟,分成四节,每节 12 分钟;个人犯规满 6 次罚下场,只允许采用人盯人防守,不允许区域联防等。

此外,BAA 发起人之一布朗先生提出了新的职业篮球理念:

其一,球队的拥有者,必须具有一定规模的资产。他认为如果没有雄厚的财力,就无法保证运动员的高收入;没有高收入,为生计所困扰的运动员就无法保证全身心投入训练和比赛;没有联赛的高水平就吸引不了观众,从而就会影响球市的发展。

其二,运动员必须和俱乐部签订严格的合同,而且只能和一家俱乐部签约。联赛还要建立运动员储备制,以防现役球员受伤或者因故无法参赛时,球队的整体实力不受太大影响。

(二) NBA 的发展历程

NBA 的发展并不像人们预想的那样一帆风顺。几十年来,它在聚合与离散、冲突与妥协、竞争与磨合中艰难地生存与发展,一步步走向成熟。

1946—1947 年,BAA 开始了它职业联赛的第一个赛季。第一个赛季后,有 4 支球队宣布解散。创建时的 11 支球队还剩下 7 支,为了使联赛能继续下去,BAA 从当时的另一职业联盟 NBL 中拉来了巴尔的摩的一支球队,与此同时不得不压缩比赛的规模,由原先一个赛季的 60 场比赛压缩至 48 场比赛。出师未捷,这无疑给投资联赛的老板们泼了一盆冷水。可以看出,当时美国职业篮球的资源处于一种分散状态。

毕业于耶鲁大学、律师出身的 BAA 第一位总裁普多洛夫精明过人,他说服联盟中的老板们,果断地将 NBL 中拥有众多球迷的超级明星乔治·迈肯挖了过来;同时他又四处游说,成功地将 NBL 的 4 支球队"策反"到 BAA 中。1948—1949 赛季,BAA 的参赛球队增加到了 12 支。随后,BAA 又吞并了 NBL 剩下的 6 支球队。为了避免可能引起的法律纠纷,BAA 正式改名为 NBA(National Basketball Association)。合并后的联盟赛制、规则均是 BAA 的继续。1949—1950 赛季,NBA 的 17 支球队分成了 3 个赛区。NBA 终于摆脱了危机,开始了它新的发展历程。

然而,在 BAA 与 NBL 合并改名为 NBA 之后,美国的职业篮球并没有就此

 篮球运动教程

蓬勃发展，1949—1966 年，在近 20 年的时间里，进展缓慢。尽管 60 年代后涌现出了拉塞尔和张伯伦两位巨星，但比赛的整体观赏性不高，整个赛季也很少通过电视转播，在激烈的市场竞争中，远不如职业棒球和职业橄榄球。到了 1966 年，NBA 仅剩下 10 支球队在困境中坚持。

1967 年 2 月 2 日，美国又一个职业篮球联盟——ABA（美国篮球协会 American Basketball Association）成立。从此，ABA 与 NBA 展开了竞争。由于 ABA 和 NBA 双方对篮球人才的竞争，使球员的身价不断攀升，经过 9 年的对抗之后，双方都对被哄抬起来的合同价格难以承受，到了 1975—1976 赛季，ABA 已经难以坚持，只好宣布解散，其中 6 支球队经过协商，被 NBA 接收，大量的如"J 博士"朱利叶斯·欧文、摩西·马龙等篮球好手涌入 NBA，一时间 NBA 呈现出前所未有的群星争辉的局面。至此，NBA 球队增加到了 22 支，并吸纳了 ABA 许多关于管理、营销、包装球员、比赛规则等好的做法。NBA 终于完成了对美国职业篮球从人才、资金到市场营销的全部垄断。

在经历了竞争、磨合、完善、整合之后，NBA 进入了 80 年代的稳步发展阶段。80 年代的 NBA，人才辈出。80 年代初，NBA 迎来了两位全美大学篮球明星：一位是黑人后卫"魔术师"埃文·约翰逊；另一位是白人前锋"大鸟"拉里·伯德。这两位新秀，技术全面，各有特长，有着对篮球运动同样深刻的理解。"魔术师"约翰逊司职控球后卫，在场上指挥若定，传球神出鬼没，2.06 米的身高，使他在必要时还可以担纲前锋和中锋的角色。和约翰逊有着同样身高的"大鸟"伯德，司职前锋，有着足以和"魔术师"媲美的传球技巧，更有一手"百步穿杨"的三分球功夫。伴随着他们的加盟，NBA 拉开了 80 年代黄金岁月的序幕。

从 80 年代初期开始的湖人队、凯尔特人队和费城 76 人队的"三国"鼎立，到中期湖人队与凯尔特人队的两强对峙，欧文、贾巴尔、约翰逊、伯德等 NBA 群星荟萃，比赛精彩纷呈。特别是约翰逊代表的湖人队与伯德代表的凯尔特人队长达近十年的竞争，上演了一幕幕扣人心弦的"黑、白双雄会"。他们全面的技术、高超的技巧、出神入化的配合，不仅改变了 NBA 传统的位置概念，丰富了技、战术打法，也提高了比赛的观赏性。他们之间通过不断竞争、对抗，提高了技艺，并结下了深厚的友谊，体现了体育的精神本质，这些都被后人传为佳话。在紧张的比赛对抗中，他们不仅表现出了精湛的球技，坚韧、顽强的意志品质，更展现出了良好的职业道德风范，他们将篮球比赛带入了一个艺术境地。他们给广大球迷（特别是对青少年）的不仅是一种精神享受，更是一种教育。加上媒体对"魔术师"和"大鸟"的宣传，使 NBA 的魅力迅速上扬，为日后 NBA 走向全

第十三章　NBA 与 CBA

世界奠定了基础。

到了 80 年代中、后期，随着乔丹、奥拉朱旺、巴克利、卡尔·马龙等新生代球星的加盟，NBA 更加生机盎然。他们不仅以极富创造性的个人机动进攻打法和刻苦敬业精神，把篮球运动的技、战术提前推向了一个新的高峰，而且使篮球比赛变得简洁、流畅、充满激情、富有韵味，使观众完全陶醉在他们的表演中。特别是天才球星迈克尔·乔丹更是脱颖而出，他在球场上表现出的舍我其谁的领袖气质、全面近乎完美的技术、超人的身体素质、匪夷所思的创造性即兴发挥，向人们展示了 NBA 的全部内涵，其魅力倾倒了全世界无数球迷。90 年代初，乔丹率领公牛队三次蝉联 NBA 总冠军，成为 NBA 史上第三支获此殊荣的球队。从 1995 年开始，他再一次率领公牛队三次蝉联了 NBA 总冠军，更是演绎了当今 NBA 的神话。这一代代球星在篮球场上的兢兢业业和不懈努力，不断创造出一个又一个 NBA 的新纪录，他们不仅使 NBA 成为今天世界上最受欢迎的体育运动项目，而且也把 NBA 变成了一项巨大的产业。

进入 90 年代以来，NBA 从一个仅存于北美的职业联赛，一步步发展成为拥有 30 支职业球队、众多国际球员加盟、进行着跨年度长达八个月的联赛、在全世界拥有着广大球迷、年产值超过 40 亿美元的巨大产业。和职业棒球、职业橄榄球、职业冰球相比，NBA 已成为历史最短、最为成功的职业体育组织，它已取代棒球，在美国成为职业体育新的霸主和青少年心目中的第一运动。除了上述历代球星、教练员的努力外，NBA 今天的辉煌与成就与现任总裁、被誉为 NBA 改革总设计师大卫·斯特恩先生的管理理念与改革有着直接的关系。斯特恩的理念是："球员不是联盟的敌人，而是联盟的财富；如果没有天才，篮球将一事无成。"他将这一观点告诉每一位球队的老板。他有一句名言，即"观众永远不会买票来看老板们打球"。

NBA 从无到有，从小到大，如果说，是普多洛夫和乔治·迈肯等人将 NBA 挽救于襁褓中，并巩固了它的话，那么今日的斯特恩和乔丹等人不仅使篮球运动获得了飞跃发展，推进了 NBA 的国际化，而且使 NBA 变成了一个巨大的产业，并成功地将其打造成一个如同"好莱坞"式的体育文化品牌。

二、NBA 组织管理、经营开发及政策法规制度

NBA 风雨五十几载，经过几代人的努力，目前从组织管理、市场运营、球队建制、竞赛体制、法规保障到后备队伍的培养，已形成了一套完善的运作体系，堪称世界职业体育的典范。

（一）NBA 的组织结构

NBA 今日的成功，很大一部分要归功于它合理、完备的组织结构，因为它保证了 NBA 的运行与发展。NBA 的董事会，是由 30 支球队的老板或者是老板指定的代表组成。NBA 中行政权力最高的就是总裁。NBA 的总裁是由董事会聘任，董事会拥有决定权，总裁和总部拥有最高行政权。NBA 资产公司主要负责 NBA 电视节目的播出和授权产品、销售情况的监控，以及各地区的公共关系和新闻简报分发等事务。NBA 电视与新闻媒体公司主要负责电视、电脑和互联网络，以及电信行业中许多新技术的跟踪与开发。WNBA 总部主要负责女子职业联赛（图 13-1）。

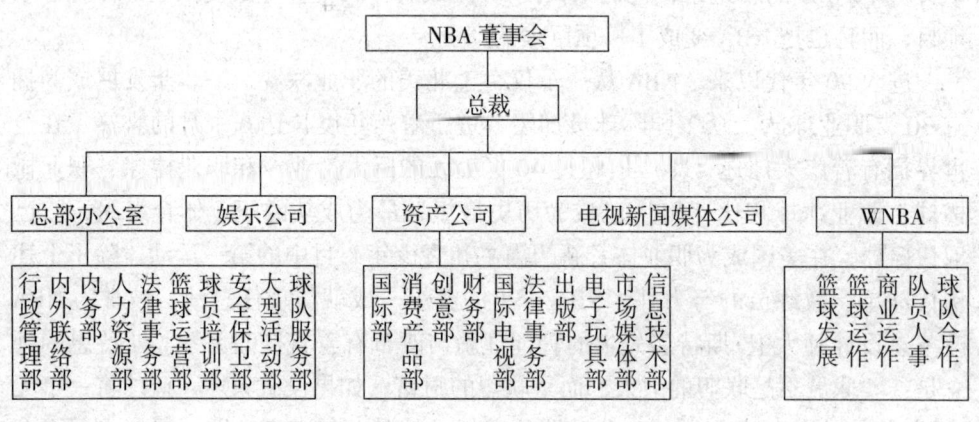

图 13-1　NBA 的组织结构

（二）NBA 球队的建制

1. 球队的建制

NBA 每支球队都有自己的老板和董事会，董事会是由投资各支球队的老板组成，老板既是球队的投资者也是球队的所有者。在 NBA，球队的投资类型有两种：一种属于独资，即一个老板单独投资；另一种是几个老板合伙投资，属股份制。在老板和董事会之下设有一个类似 NBA 总部的行政机构，分成各个部门，其中总经理和总教练的职权最大，分别负责球队的经营推广和比赛训练。

2. 球队的组织结构

虽然 NBA 各球队中组织结构不完全一致，但一般均包含负责营销、法律、财务和公关、电台、电视评论的部门（图 13-2）。

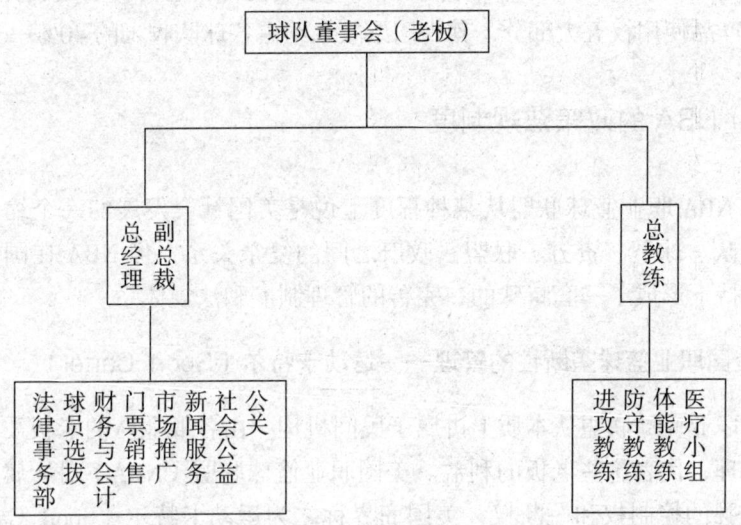

图 13-2　俱乐部组织构图

此外，从 NBA 组织结构和人员构成看，无论在总部还是各俱乐部，各种工作人员的数量远远超过运动员。

3. 加入 NBA 联盟应具备的条件

（1）申请人须向 NBA 交纳入会费以及电视转播和相关产品的有关手续费（1995 年这笔费用是 1.25 亿美元）。

（2）篮球运动在当地很普及，基础好、有氛围。

（3）保证一个赛季三分之二的套票预售。

符合以上申请要求，再由 NBA 董事会投票决定，有四分之三以上股东投赞成票方可通过接收。

（三）NBA 的经济来源

众所周知，NBA 在获得了巨大的社会影响同时，其经济效益也非常显著。

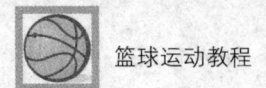

NBA 总部的收入主要渠道是：电视转播权、赞助商的广告、授权产品签约金和球队管理费四大部分。近年来，NBA 实施全球化战略，不断开拓海外市场，在世界多处设有分公司，为包括中国在内的十余个国家和地区提供国际互联网站，积极寻找全球合作伙伴，开展 NBA 商品的全球授权等等。NBA 下属各支球队的收入主要渠道是：门票、NBA 总部经营分成、当地电视台和电台转播权、赞助商的广告、授权产品使用权五大部分，其中门票收入约占各球队收入的 40%—60%。

（四）NBA 的政策法规制度

美国 NBA 职业篮球联盟从某种程度上说是美国社会发展的一个缩影，其中包含了球队、球员、资方、联盟、政府之间的复杂关系，但 NBA 在国会和最高法院的支持下形成了一套特殊的、完善的管理制度和法规体系。

1. 美国职业篮球垄断性的管理——运动卡特尔（Sport Cartel）

美国职业篮球联盟从本质上讲属于民间机构，由各职业队的老板委托一些专家进行管理，代表这些老板的利益。美国职业篮球联盟（NBA）对所属的职业运动队有较强的控制权和垄断权，美国商界称之为运动卡特尔（Sport Cartel），即职业运动联盟。所谓"卡特尔"系指工业界为某一目标，如限价、限制工资、控制产品、分配订单等而成立的垄断组织。因此，实际上美国职业篮球联盟是"经济上的合资企业、法律上的合作实体"。在美国这样一个崇尚自由竞争的社会，反垄断法是美国经济生活中最重要的法律条文之一。但美国的职业体育联盟实际上控制着职业体育各个方面，它主要从以下几方面给予包括 NBA 在内的职业体育以"反垄断豁免"权：

（1）确定职业队的数量及其合理分布，以免过分集中，影响经济效益。
（2）决定运动员的合理分配和流动，使各队实力大体相当，比赛更加吸引观众，同时避免各队为争夺运动员而抬高运动员的工资。
（3）确定比赛规则，决定比赛日程。
（4）与全国性的电视媒体谈判，出售电视转播权并分享收入。
（5）就门票等其他收入的分配问题进行协商并制定方案。

2. NBA 独特的法规制度

（1）选秀制度。为了使各队实力均衡，NBA 在每年总决赛之后要举行"新人选秀"大会。其基本原则是：各球队按照本年度在常规赛中的胜率排名，由弱到强的顺序依次挑选，每一轮每个队只能选一个新人，一般进行 2—3 轮。

（2）转会制度。转会制度不仅是 NBA 又一保证各队实力均衡的重要制度，也是保护球员和球队利益的重要手段。转会的形式有两种：一种是球员合同期已满，他可以续签，也可以和新的球队签约；第二种是球员合同未满，球员可以自己提出意向，但转不转、转给哪个队最终决定权在俱乐部。

（3）限薪制度。为了控制球员工资的总量，以免造成球队之间实力的不平衡。1996 年 NBA 规定了每支球队的工资总额不能超过 2430 万美元，但同时又规定每支球队的工资总额下线不得少于封顶额的 75%。尽管对球队工资总量有限制，但每队可以有一名自由人工资不受封顶约束的情况，仍然受到 1987 年制定的"拉里伯德"条款保护。

三、NBA 的竞赛体制与后备队伍的培养

（一）NBA 的竞赛体制

竞赛是 NBA 的主打产品，按照一切从市场出发的原则，NBA 的竞赛体制以其赛制科学、联赛时间长（从每年 11 月初开始至第二年 6 月中下旬左右结束）而被人称道。它分常规赛和季后赛两个阶段，具体办法如下：

常规赛。NBA 的 30 支球队分成东、西两个联盟，6 个赛区，一共要进行 2460 场比赛，平均每队要打 82 场。常规赛季结束后，按照比赛的胜率（胜场数/82）的高低排出东、西部的前 8 名。东、西两联盟各分区排名第一的球队直接进入季后赛；在各联盟常规赛中，成绩最好的另外一支球队与前面的三支球队列为前四名球队，并且成为季后赛的种子队，与本联盟各赛区剩余球队在常规赛中战绩最好的 4 支球队捉对比赛。

季后赛。首先在东、西两联盟内部进行，共 3 轮，采用淘汰制。季后赛每轮都采用 7 战 4 胜制，3 轮的主客场制采用 2 场主场—2 场客场—1 场主场—1 场客场—1 场主场，常规赛排名较高的球队多一个主场优势。3 轮过后决出各个联盟的冠军代表东西部参加 NBA 总决赛。总决赛采用 7 战 4 胜制，主客场制采用 2 场主场—3 场客场—2 场主场原则排定，哪支球队先赢得 4 场比赛便可以赢得 NBA 总冠军。

（二）NBA 后备队伍的培养

NBA 为什么能常盛不衰，而且球星辈出，除上述各种因素外，美国伊利诺

 篮球运动教程

伊州大学教授罗伯特·麦特卡夫先生道出了它的真谛，那就是美国拥有世界上最多的篮球人口和一个最完整和合理的篮球人才培养体系。

美国篮球人才结构如同一个金字塔，塔基是数以百万计的中、小学生选手，塔身则是数以万计的大学选手，塔顶则是数以千计的职业选手（包括NBA等各种职业和半职业队中的选手）。而从NBA中选出的"梦之队"，则可以说是镶在塔尖上的钻石明珠。从小学开始到中学直至大学，他们都有各自的训练系统和联赛，每一级别的联赛按照年龄特征和运动能力所处的阶段都制定了不同的竞赛规则和竞赛办法，自成体系，各级之间相互衔接，既注重了训练的系统性，又在频繁的实战中得到了磨炼。

四、NBA各支球队名字的由来

美国NBA是世界篮球运动中一朵鲜艳夺目的奇葩，它以其竞技化、智谋化和艺术化为一体的精彩绝伦的表演，深深吸引着广大的中国人。特别是姚明、王治郅和巴特尔先后加入NBA后，NBA在中国更是家喻户晓，受到众多篮球爱好者的关注与青睐。但是，有关NBA各球队名字的由来，以及这些名字后面的故事，对很多人来说可能知道的并不多，因此，以下简单介绍NBA现有30支球队的有关情况。

NBA分为东部联盟和西部联盟，两个联盟是以密西西比河为界，密西西比河也是美国传统上东西部的分界线。

东部联盟：

1. 纽约尼克斯队（New York Knicks）

1626年，最早来到当今纽约市一带定居的欧洲人是来自荷兰的移民，他们根据荷兰城市的名字将这片土地称为"新阿姆斯特丹"。到了1664年，该市被英国人占领了，重新将它命名为"新约克"，即纽约。而荷兰的一个姓氏"尼克伯克尔"则成为了一个俗语，用来指那些祖辈是荷兰移民的纽约人。在美国历史上最著名的"尼克伯克尔"人是罗斯福家庭，这一家族出了两位总统，即西奥多·罗斯福（1901—1904）和富兰克林·罗斯福（1933—1945）。"尼克"是"尼克伯克尔人"的简称（尼克斯是尼克的复数形式）。吉祥物是美国著名黑人导演斯派克·李。

2. 波士顿凯尔特人队（Boston Celtics）

从19世纪40年代开始，大量的爱尔兰移民来到了波士顿，最后，波士顿成为了爱尔兰人最多的美国城市。约翰·肯尼迪（1961—1963年任总统）就是出生于波士顿的爱尔兰裔美国人。"凯尔特"一词表示一种古老的语言凯尔特语，也表示爱尔兰（以及威尔士、苏格兰）人的祖先凯尔特人，该词纪念了波士顿爱尔兰裔美国人的传统。吉祥物是小妖精。

3. 费城76人队（Philadelphia 76ers）

美国大西洋沿岸最初是英国的殖民地。1776年7月4日，这些殖民地宣布独立，建立了美利坚合众国，发表《独立宣言》的会议就是在费城召开的，费城篮球队的名字纪念了这一历史事件。吉祥物是Hip-Hop（有"空中之兔"之称）。

4. 迈阿密热队（Miami Heat）

1988年组建，球队位于四季温暖宜人的佛罗里达州迈阿密，所以在众多队名中选中了"热"，既显示出了迈阿密的气候条件，又希望球队能有个红红火火、蒸蒸日上的未来。吉祥物是伯尼。

5. 华盛顿奇才队（Washington Wizards）

"奇才"（英文意为"巫帅""魔术师"）作为队名没有什么特别的意义，该篮球队在1997年之前叫"子弹队"，之所以改名是因为华盛顿曾经而且现在仍属于全国暴力犯罪高发地区，考虑到发生在该市的大量持枪犯罪，"子弹队"这个名字是不大适宜的。吉祥物是巫师。

6. 奥兰多魔术队（Orlando Magic）

佛罗里达州的奥兰多以迪斯尼世界乐园最为著名。迪斯尼世界乐园的中心是"魔术王国"，该队的名称便由此而来。吉祥物是魔术龙。

7. 印第安纳步行者队（Indiana Pacers）

印第安纳波利斯市以印第安纳波利斯500英里汽车赛最为著名，每年都要举办500英里（805公里）长的汽车赛。在比赛的某些地段，参赛者都要跟着一辆领跑车，以领跑车的速度往前开（英文领跑车一词pacer也作步行者讲，中国人就将其译成了步行者队,其实译成领跑车队更为准确)。吉祥物是布玛猫。

8. 底特律活塞队(Detroit Pistons)

1948年加入NBA时,大本营在福特怀恩,老板是从事活塞制造业的,"活塞"就成了球队的队名。1957年,球队迁到汽车城底特律后仍然沿用这个名字。吉祥物是胡伯(一匹马)。

9. 密尔沃基雄鹿队(MiLwaukee Bucks)

在北美地区能看到很多白尾鹿,但在威斯康星州的田野和森林里尤其多。实际上,白尾鹿还是威斯康星州的标志之一。"Bucks"是指这种鹿中的雄性,是唯一能长鹿茸的一种鹿。吉祥物是邦戈(一头鹿)。

10. 芝加哥公牛队(Chicago Bulls)

在20世纪80年代和90年代,迈克尔·乔丹使公牛队成为世界上最知名的美国篮球队。在乔丹时代之前的一百年,芝加哥是美国肉类加工业中心。美国中部各个地方的牛都被装上火车运到芝加哥,并在大型肉类加工厂进行屠宰。虽说如今肉类加工厂大部分已撤出了芝加哥,但"公牛"这一名字还是让人回想起那段历史。吉祥物是贝利(一头可爱的牛)。

11. 新泽西网队(New Jersey Nets)

1967年建队,当时名字叫做新泽西美洲人队(New Jersey Americans)。当时球队还是属于另一个联盟ABA,它是ABA成立时最早的11支球队之一。当时的老板是Arthur Brown,球队辗转于纽约市区的6个不同场馆。1968年新泽西美洲人队最终定居在纽约市,改名为新泽西网队。选择网队的来由非常滑稽,源于当时Brown听信一个记者的建议,认为Nets的发音和纽约大都会棒球队Mets以及纽约喷射机橄榄球队Jets的发音押韵,所以把Americans改成了Nets。随着1976年NBA对ABA的吞并,网队加入了NBA。由于当时NBA已经有纽约尼克斯队,网队在商业上很难跟同城的尼克斯队竞争,因此选择迁至离纽约市40里、一河之隔的新泽西,改名为新泽西网队。吉祥物是聪明狐。

12. 亚特兰大鹰队(Atlanta Hawks)

亚特兰大鹰队的根是密西西比河的Tri-City三城(伊利诺州的Moline市、Rocklsland市和爱沃华州的Davenport市)。原名叫三城黑鹰队(Tri-City Blackhawks），它是 NBA 创立时的最早成员之一，为了纪念美国历史上一位很出色的印第安部落酋长——Blackhawk，在三城度过了两年时间的黑鹰队迁至密尔沃基，并把名字缩短至鹰队。1955 年球队又移师至圣路易斯（St. Louis），改名为圣路易斯鹰队。在圣路易斯度过一段成功的岁月之后，1968 年扎根亚特兰大市。吉祥物是哈瑞鹰。

13. 克利夫兰骑士队（Cleveland Cavaliers）

1970 年成立并加入 NBA，它和波特兰开拓者、水牛城勇士队都是当年 NBA 扩军的产物。克利夫兰在给新成立的职业篮球队起队名时，在当时投票表决，结果 6000 张选票中超过三分之一的票数都选了"骑士"。吉祥物是月亮狗。

14. 多伦多猛龙队（Toronto Raptors）

猛龙队于 1995 年诞生，当时作为 NBA 海外扩张计划的一部分，主场设在加拿大的多伦多市，队名也是征集而来的，最后选中了凶猛、速度快、弹跳高的"龙"。吉祥物是小恐龙。

15. 夏洛特山猫队（Charlotte Bobcats）

山猫是北卡罗莱纳州山林中的野生动物，它机警，善于捕捉猎物，拥有猫科动物的所有习性。山猫队于 2004 年加入 NBA，2004—2005 赛季加入到东部联盟中，正式开始其在 NBA 的征程。吉祥物是鲁弗斯。

西部联盟

1. 孟菲斯灰熊队（Memphis Grizzlies）

身体硕大的灰熊分布在美国与加拿大境内的洛基山脉，在孟菲斯市（位于密西西比河岸边）附近的任何地方都不是它们的栖息地，那为什么孟菲斯队以灰熊命名呢？因为该队最初落户在加拿大的温哥华市，温哥华地处不列颠哥伦比亚省，在加拿大西部的太平洋海岸，而那里是灰熊的家。吉祥物是格瑞（一头灰熊。）

2. 明尼苏达森林狼队（Minnesota Timberwolves）

像孟菲斯一样，明尼苏达也用野兽作为该州球队的名字，但是森林狼这个名字的确有意义，与加拿大接壤的明尼苏达州拥有大片森林，荒无人烟，森林狼在那里安了家。吉祥物是酷狼奇。

3. 圣安东尼奥马刺队（San Antonio Spurs）

有关独闯天下、吃苦耐劳、自强自立的牛仔的故事一直是美国特征的重要组成部分，而对于圣安东尼奥市所在的得州来说尤为如此。虽说如今得州人多是在办公室而不是在马背上工作了，但牛仔还是得州重要的文化象征。马刺是附在牛仔靴子上的尖尖的金属物，牛仔用马刺戳马的肋部，就可以让马跑得更快。马刺队的队标上就有一个马刺。吉祥物是小野狼。

4. 达拉斯小牛队（Dallas Mavericks）

达拉斯（位于得州）的队名也反映出得州的牛仔历史。maverick 是指拒绝遵守社会规范的反叛之人，该词来源于一个叫 Samuel Maverick 的人的姓。他是得州的一个牧场主，拒绝按照通则给他的牛打烙印（将 maverick 译成小牛队有悖原意，译为特立独行者队则更为准确，虽说 maverick 也可代表没打烙印的离群之牛）。吉祥物是牛仔人。

5. 休斯顿火箭队（Houston Rockets）

美国宇航局控制中心位于休斯顿，因此取名火箭队。有意思的是，其实没有一枚火箭是从休斯顿发射的，火箭发射是在佛罗里达州的另一个基地。吉祥物是火箭熊。

6. 犹他爵士队（Utah Jazz）

爵士乐是美国南部黑人所发明的一种独特的美国音乐流派，而犹他州是极为保守的洛基山区的州，几乎没有黑人居住，与爵士乐也毫无联系，用这个名字的原因何在呢？该队最初落户于新奥尔良，而新奥尔良是爵士乐的发源地之一，后来该队搬到了犹他州。吉祥物是爵士熊（爵士熊的扮演者出身于马戏团，技艺高超）。

7. 丹佛掘金队（Denver Nuggets）

位于科罗拉多州的丹佛市，是在 1859 年的淘金热中崛起的。在这个洛基山区的州中，对天然金矿、银矿的寻找曾经非常重要，即使是在今天，矿业仍在该州的经济中起着重要作用。吉祥物是洛奇狮。

第十三章　NBA 与 CBA

8. 洛杉矶湖人队（L.A. Lakers）

如果打开洛杉矶一带的地图，在都市地区简直就没有湖，为什么他们有湖人队这个名字呢？这个名字只有在你知道该队最初所在地——明尼苏达州的明尼阿波利斯市才有意义。明尼苏达州号称"万湖之地"，这是因为该州拥有大量的小湖，并位于世界上最大的淡水湖苏必利尔湖边上。由于美国南部和西部人口飞速增长，而北方人口增长则比较慢，湖人队从明尼苏达搬到洛杉矶。实际上，加利福尼亚州的 NBA 球队（湖人队、快船队、勇士队和国王队）最初都是在北部城市，后来才迁往加利福尼亚州的。吉祥物是好莱坞影帝尼克尔森。

9. 波特兰开拓者队（Portland Trail Blazers）

在 19 世纪，正值美国西部大开发。当先行者们向西行进时会为后面的人沿路做下记号。这些西行之路中最著名的一条就是俄勒冈之路，这条路引导着位于美国中部密苏里州的人们来到西北角的俄勒冈州。今天，波特兰是俄勒冈州最大的城市，它的 NBA 球队的名字是纪念当年沿着俄勒冈之路行进的开拓者。吉祥物是火焰猫。

10. 西雅图超音速队（Seattle Supersonics）

由于波音公司地处西雅图，西雅图一直是飞机制造业的中心。虽然最近波音将总部搬到了芝加哥，但大部分制造厂还是留在了华盛顿州，波音 747 和其他喷气式飞机都是在西雅图造出来的。超音速这个名字是为了纪念西雅图对喷气式飞机时代的贡献。吉祥物是史考熊（西雅图地区的代表性动物）。

11. 洛杉矶快船队（L.A. Clippers）

在 19 世纪中叶，航速很快的帆船带着货物和乘客漂洋过海。在修建贯穿美洲大陆的铁路之前，加利福尼亚州的大量贸易也依靠这种快帆船进行。快帆船时代的结束是在轮船出现之后，但对它们的记忆还留在洛杉矶两支 NBA 球队之一的名字上。"快船队"第一次获得此名是他们在海滨城市圣迭戈打球的时候，后来这支球队来到了洛杉矶，但原来的名字还保留着。没有吉祥物，不过由少年组成的"天使"合唱团却在 NBA 非常有名。

12. 菲尼克斯太阳队（Phoenix Suns）

菲尼克斯所处的自然环境是热带沙漠。它作为一个大城市能够得以存在，靠的是空调和从外面运来的水。该队的名字道出了菲尼克斯骄阳似火的天气。吉祥物是大猩猩。

13. 金州勇士队（Golden State Warriors）

1946年诞生于费城，队名为"费城武士队"，是为表达对美国独立战争中牺牲的勇士的一种敬意。1962年移师旧金山后改为"金州勇士队"。吉祥物是桑德（别名"霹雳雷电"）。

14. 新奥尔良黄蜂队（New Orleans Hornets）

新奥尔良黄蜂队是1988年NBA扩军的产物，1988年在夏洛特成立，原名是夏洛特黄蜂队。取名黄蜂队是因为夏洛特在运动史上的重要地位，夏洛特历史上的一支低级联盟棒球队和World Football League都是以Hornets为队名的。2002年黄蜂队移师新奥尔良市，改名新奥尔良黄蜂队。吉祥物是休格（一只黄蜂）。

15. 萨克拉门托国王队（Sacramento Kings）

该队更名之多是NBA其他球队望尘莫及的，刚成立时叫"罗切斯特皇家队"，1957年更名为"辛辛那提皇家队"，1972年改称"堪萨斯城·奥哈马国王队"，直到1985年才定居萨克拉门托，更名为萨克拉门托国王队。吉祥物是西蒙狮。

第二节 CBA发展概况

一、中国篮球职业化的开创背景

新中国成立以后，在党和各级政府的重视与支持下，我国篮球运动得到了迅速的发展，逐步形成了与计划经济体制相适应的三级训练网。进入80年代，按照"思想一盘棋，组织一条龙，训练一贯制"和"国内练兵，一致对外"的原则，中国的篮球运动在普及与提高方面均取得了不俗的成绩，但随着改革开放的深入，篮球运动发展的外部环境发生了很大变化。

（一）在国家体委集中优势、突出重点、优化结构、分类管理的"奥运争光战略"思想指导下，各省市体育部门也相应实行了"全运战略"。篮球作为一个集体项目,由于投资大、金牌少,随着政府投入经费减少,为了把有限的资源用于重点项目,天津、广西、云南、贵州、新疆、宁夏、青海、江西、安徽等十几个省市的篮球队相继被取消、解散;作为中国篮球"半壁江山"的部队球队,大部分也因经费的困扰被迫解散。"龙头"的变化很快波及到作为"龙身"的我国篮球后备人才培养的网络,原有的篮球训练体系呈支离状态。

资料表明,在20世纪80年代,我国曾有篮球专业队(省、市、部队)75支,到了1990年只剩下34支。1980年我国一线篮球运动员为1323人,1993年为598人,到了1998年仅有544人。体校类(包括运动学校和业余体校)的三线队员,也由1981年的47385人下降到1998年的32403人。

(二)随着市场经济的不断发展,原有的篮球管理体制、选拔制度、运动员工资、奖励制度、管理制度和资源配置状况,日益暴露出它的不足。教练员、运动员训练的主动性、积极性不高,导致训练水平的下降。

(三)竞赛体制滞后,不能适应形势发展的需要。表现为竞赛少、时间短、形式单一、水平不高、缺乏观赏性、场面冷清等。20世纪80年代中期以来,美国NBA开始推行其全球扩张计划,借助电视传媒,将NBA精湛的球艺,传播到世界各地,吸引了众多的篮球爱好者。

(四)国际上篮球职业化成为一种潮流。1988年国际奥委会允许职业球员参加比赛,特别是1992年美国"梦之队"的参赛,更是推波助澜,一时间,国际上职业篮球迅起,成为一种趋势。商业与篮球的结合,使篮球的运作方式、竞赛组织、训练方法和手段,乃至篮球理念、技术和战术打法都发生了重大变化。

在上述背景下,从20世纪80年代中期开始,中国篮球为了求生存,寻求企业赞助以缓解经费不足,迈出了中国篮球改革尝试的第一步。从企业赞助比赛、企业赞助专业队到企业自己出资或与体委合作办队,以及高校办高水平篮球队等,改变了体委"一家办"的旧格局,促进了篮球的社会化,在一定程度上暂时缓解了经费的困难。但这些均属小修、小补和细小的局部改革,层次不高。只是延缓而未能止住篮球下滑的趋势。进入90年代,伴随我国社会主义市场经济体制的确立,在这一宏观大背景下,原来计划经济体制下的体育体制已不能适应新的形势,为了改革体育的体制和运行机制,实现两个根本转变,1992年国家体委开始以足球为突破口,进行了职业化的改革尝试。与足球相比,中国的篮球无论是普及程度,还是竞技水平在世界上的地位都要高出许多。全国第四次体育场地普查资料显示,全国的篮球场地远多于足球场地和排球场地

（表13-1）。

表13-1　1995年全国篮、排、足球场统计

内容	总计	体育场	运动场	足球场	体育馆	灯光球场	篮球房	篮球场	排球房	排球场
数字	615693	1223	5033	2630	935	5672	1139	426903	225	74313

（资料来源：国家体委计划财务司《全国第四次体育场地普查总体数据报告》）

在竞技水平上，足球只有一次打入奥运会，无名而归。而篮球，中国男篮是亚洲盟主，多次打入奥运会和世锦赛，并且两次夺得世界第八。中国女篮也多次夺得亚洲冠军，更是取得过世锦赛和奥运会银牌。众多外商如国际管理集团（IMG）等以其商业眼光看到了中国巨大的、潜在的篮球市场，准备投入。1994年，在足球改革初步成功的基础上，为改革原有的篮球运作体制，适应市场经济的要求，使中国篮球走出低谷，跟上世界篮球运动发展潮流，由政府主导自上而下推进，开始了中国篮球职业化历程。1994年底，中国篮协决定以竞赛制度作为篮球改革的突破口。1995年中国篮球协会与外资合作组建了各俱乐部可以引进外籍球员由吉林、天津、北京体育师范学院和上海交大等7支队伍参加的CNBA职业联赛。不久由国际管理集团投资，也从1995年开始，全国男篮甲级联赛采用主客场和跨年度的新赛季制，至此，开始了中国篮球这一自上而下的职业化进程。

二、CBA的组织管理、经营及政策法规制度

CBA（英文全称为Chinese Basketball Association），它既代表中国篮球协会，又是中国男子职业篮球联赛的简称，类似于NBA。中国篮球协会是具有独立法人资格的全国性群众体育组织，它接受国家体育总局、民政部的业务指导与监督管理。

（一）CBA组织结构

1993年以后，结合国务院机构改革，为实现体育改革的总目标，国家体委对原有的体育体制和运行机制进行了改革。1997年11月24日，国家体委正式批准成立篮球运动管理中心，篮球管理中心是国家体委承担篮球运动全面管理职能的直属事业单位，同时也是中国运动篮球协会常设的办事机构。它在国家体育

总局宏观管理下,以篮球运动管理中心为核心,实行以篮球协会为组织网络的新的管理体制。篮球运动管理中心与中国篮协实行两块牌子一套人马,下设7个部,拥有各自的责、权(图13-3)。

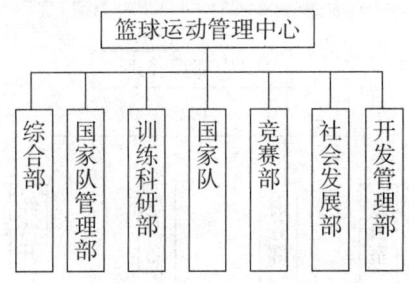

图 13-3　CBA 组织管理结构

中国职业篮球没有独立的管理组织机构,有关中国职业篮球的竞赛、俱乐部管理、经营开发和后备队伍培养等分属篮球运动管理中心7个部门的对口管理。

(二) CBA 职业俱乐部的建制

1. 俱乐部的形式

我国的篮球俱乐部建立于计划经济向市场经济转轨的过程中,因此必然会带有计划经济的痕迹,同时又具有市场经济的特征。目前俱乐部有以下几种形式:

(1) 国有企、事业投资合作形式。由国有企业和省市球队合作,国有企业投入大部分资金,省市体育局宏观领导,冠名国有企业的称号,如北京首钢、江苏南钢队等。由国有事业单位和省市体育局篮球队合作,由国有事业单位投入大部分资金,省市篮球队保留编制经费中已有的资金,冠名国有事业单位的称号,如上海东方队等。

(2) 外资企业或合资企业投资合作形式。由外资企业或合资企业与省市篮球队合作,外资或合资企业投入资金,冠名以合作双方认可的称号,如原浙江中欣、山东宝元等。

(3) 私有企业投资合作形式。由私有企业投资组建的篮球俱乐部,如原北京奥神队、广东宏远队。

(4) 部队篮球队。过去部队篮球队一直是我国篮球运动的一支主要力量,但随着改革的深入,目前仅存"八一"一支队伍。

2. 俱乐部的机构设置

我国职业篮球俱乐部的机构设置并无固定模式，其组织结构大致如图13-4。

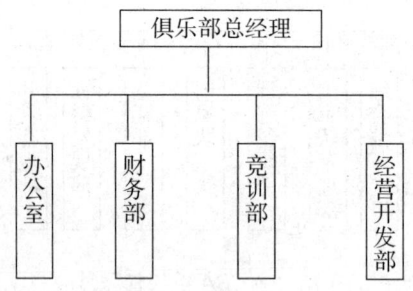

图13-4 我国职业篮球俱乐部的机构设置

（三）CBA 的经济来源

CBA 主要经费来源于四个方面：国家体育行政管理部门的拨款；国内外团体和个人的捐赠；会费和竞赛有关收入；有偿服务收入和其他合法收入（如管理费、转会费等）。

上述各种费用中，每年有关 CBA 联赛的推广商和联赛冠名权的收入居首位。CBA 将这笔收入返回一部分给参赛的各俱乐部，其余用于 WCBA 和青年队伍的训练与培养。中国篮球运动管理中心拥有 CBA 和各俱乐部标志的知识产权。

CBA 所属的各俱乐部主要收入渠道有企业投入、门票、CBA 分成、广告收入、电视转播权、俱乐部冠名权等。企业投入、门票和 CBA 分成各俱乐部均有，其中企业投入占各项投入之首。

从总体来看，随着球员收入的攀升和支出的增加，除少数俱乐部外，大部分俱乐部收支难于平衡。其原因是多方面的，除了竞赛水平外，相关政策扶持和对 CBA 经营开发力度不够可能是一重要原因。如，电视转播权是全球职业体育俱乐部是否赢利的重要因素，在我国却是通过中国篮球运动管理中心统一出售电视转播权后平均分给各家俱乐部，2003—2006 年三个赛季中的电视版权费虽然分别达到了创纪录的 300 万元、350 万元、400 万元，但是，每个赛季每家俱乐部平均才分到 25 万—33.3 万元，对俱乐部全年的支出仍是杯水车薪。

（四）CBA 的规章制度

近年来，随着篮球运动管理中心的成立，中国篮球协会逐步制定了一系列管理办法和条例。如《中国篮球协会章程》《中国篮球协会运动员、教练员、裁判员管理办法》《CBA 篮球联赛技术手册》《篮球竞赛管理及处罚规定》《篮球俱乐部管理、篮球协会运动员转会管理》《中国篮球协会注册运动员及注册俱乐部篮球队标志的市场推广管理条例》等，它们为中国篮球职业化的正常运行和发展起到了一定的保驾护航作用。但是，我国篮球主管部门这些年来出台的这些法规性文件，其实质都是一些行业规定，并非是真正意义上的法律法规。而且，我国目前适用于市场化体育活动的法律法规尚不健全，对竞技体育、竞技篮球运动中出现的一些违规现象缺乏相应的适用法律条文。

三、CBA 的竞赛体制与后备队伍培养体系

（一）CBA 的竞赛体制

CBA 联赛由每年的 11 月中旬开始至第二年 4 月下旬结束，历时 5 个月，一共 15 支球队参加。比赛分为两个阶段进行。

第一阶段（常规赛）：分为南、北两区，南区广东、江苏、八一、云南、上海、浙江、福建、东莞 8 支球队；北区辽宁、北京、新疆、吉林、陕西、河南、山东。采用本区进行主客场四循环和另区进行主客场双循环比赛办法，胜 1 场得 2 分，负 1 场得 1 分，弃权得 0 分。按胜率排出 15 支球队常规赛名次和在本区名次。

第二阶段（决赛）：进行主客场制交叉淘汰赛，常规赛名次列前的队多安排 1 个主场，取得获胜场次后不再比赛。1/4 决赛和半决赛采用 5 战 3 胜制，冠亚军决赛采用 7 战 4 胜制（1/4 决赛和半决赛的负队不再进行比赛）。

此外，参加 CBA 联赛的球员需通过中国篮球运动管理中心规定的身体素质测试；允许各参赛运动队按《全国篮球运动员注册与交流管理办法实施细则（试行）》等有关规定引进两名外籍运动员。外籍运动员上场规定：实行 4 节 4 人次，最后一节只能有一名外籍运动员上场。

（二）CBA 后备队伍培养体系

我国目前 CBA 后备队伍人才结构分两个等级，即二线和三线。二线包括传

统中学、竞技体校、体育运动学校、青年队以及 CUBA；三线包括小学篮球传统学校、普通业余中学、重点体校。为了抑制中国篮球运动的滑坡，中国篮协对加入职业俱乐部的入会条件进行了硬性规定，凡申请加入 CBA，成立职业俱乐部，必须有一支不少于 12 名运动员的代表队，并拥有相应的后备力量队伍（俱乐部二线队）。

思考题：

1. NBA 目前有几支球队？简述其竞赛体制。
2. 简述 NBA 的选秀制度。
3. CBA 职业联赛是何时开始的？目前有几支球队？
4. 简述 CBA 职业联赛竞赛体制。

第十四章

篮球研究性学习指导

内容提要：

　　篮球研究性学习是以目的规定学习目标和学习内容的能动过程。学生在学习活动中追求的是预想结果，是目的性很强的学习活动。学生只有主动地进行研究性学习，才能摆脱学习的被动性、盲目性，进行有主见性的学习，将有限的精力集中到主攻目标上去，从而达到理想的学习效果。

21世纪是一个充满希望的世纪，也是一个充满竞争的世纪。面对迅速发展的社会，面对飞快的知识更新速度，面对"全球化""信息化""学习化""知识经济"的新形势，我们要建设繁荣富强的祖国，要在国际竞争中处于领先地位，就必须培养大批有创造性的复合型高素质人才。江泽民同志曾指出："创新是一个民族进步的灵魂，是国家兴旺发达的不竭动力。"要培养有创新精神的适应21世纪现代化建设的社会主义新人，就要深化教育改革，全面推进素质教育。其着眼点是要改变学生的学习方式，以培养学生的创新精神和实践能力为重点，使学生坚持书本知识与投身社会实践相统一，"让学生感受、理解知识产生和发展的过程，培养学生的科学精神和创造思维习惯，重视培养学生收集处理信息的能力、获取新知识的能力、分析和解决问题的能力、语言文字表达能力以及团结协作和社会活动能力"。为此，有一批教育战线上的有识之士立足于学习者的个体发展与潜能提高，分别在课程建设、教学模式、教学手段等方面进行了可喜的探索，为提高学生的学习能力，尤其是可持续性发展的学习能力与综合素质，探索出一种新型的学习方式——研究性学习。

第一节 研究性学习理论与方法概要

一、研究性学习理论内容概要

研究性学习就是指在教学过程中，为学生创设一种类似于科学研究的情景和途径，让学生以类似于科学研究的方式去主动获取知识、应用知识、解决问题、获得发展。在这种学习方式下，教师不再作为知识的权威将预先组织好的知识体系传授给学生，而是充当指导者、合作者和助手的角色，与学生共同经历知识探究的过程。学生不再作为知识的接收者被动学习，而是能与教师一样通过各种途径获取信息，带着自己的兴趣、需要与客观世界对话，从而使学习与研究统一。

研究性学习的理论依据在于全面理解和准确掌握正确的教育观和人才观，树立基础教育要为提高全民族素质、为国家和民族未来负责的大功能观；树立基础教育要为各类人才脱颖而出奠基的大人才观；树立基础教育要实现各种教育因素最佳组合的大育人观。体现"以学生发展为本，以学生人人成功为目标，以学生学会学习为中心，以培养学生创新能力为核心"的教育思想内涵。可以说，"让每个学生有进步"是研究性学习的核心价值取向。学生在研究性学习过程中始终处于主体地位，既学到了知识，又锻炼了直觉思维能力和创造思维能力，塑造了自信和自尊。世界上很多国家都开始了类似于研究性学习的课程，掀开了教育改革的新浪潮。

必须说明的是，"研究"作为研究性学习的基本事实方式，可以是涉足于未知知识领域的探究，也可以是对已有知识进行的个性化的再认识，不一定要具有前沿性或是前所未有。研究结果也不一定要造福人类，或具有创造性，甚至不一定要有结果或正确的结果。因此，研究性学习实际上是注重研究的过程，而不是研究的结果；注重学生的意识、精神、创造性的培养，而不注重现成的结论。研究性学习的根本目的是让学生更多地感受、理解知识的产生和发展的过程，更好地培养学生的科学精神、创新思维，切实有效地提高学生收集和处理信息的能力、获取新知识的能力、分析和解决问题的能力以及团结协作和社会活动的能力。

研究性学习具有以下特点：

（一）学习内容是综合开放的

研究性学习无固定的、统一的课程内容，许多来源于学生的学习生活和社会生活，立足于研究、解决学生关注的一些社会问题或其他问题，涉及的范围很广泛。它可能是某学科的，也可能是多学科综合、交叉的；它可能偏重于实践方面，也可能偏重于理论研究方面。学生可根据自己的兴趣或经验，从不同视角出发，运用不同方法和手段进行研究。

（二）学习过程需要积极主动参与

在研究性学习过程中，学习的内容是在教师的指导下学生自主确定的研究课题。学习的方式不是被动地记忆、理解教师传授的知识，而是敏锐地发现问题，主动地提出问题，积极地寻求解决问题的方法，探求结论的自主学习过程。

研究性学习多采用小组学习形式，这不仅有益于个人发挥特长，而且有助于每个学生的责任感和协作精神，体验到个人与集体共同成功的快乐。

（三）学习过程强调实践体验

研究性学习强调理论与社会、科技和生活实际的联系，特别关注环境问题、现代科技对当代生活的影响以及与社会发展密切相关的重大问题。

（四）重视创造能力的培养

学生应在研究性学习过程中充分发挥创新潜能，提高自己的创造能力。创造力是一种综合能力，是知识、能力、人格的有机融合和促进，是人的一种潜能。

研究性学习是学生在教师指导下，从自然、社会和生活中选择和确定专题进行研究，并在研究过程中主动地获取知识、应用知识、解决问题的学习活动。

总之，研究性学习是基于人类对学习活动的不断认识而逐步形成的一种现代学习观。

二、研究性学习方法内容概要

研究性学习的内容涉及到方方面面，有自然科学方面的，也有社会科学方面的，或者既包括自然科学又涉及社会科学范畴的。因此，采用的研究方法也会有多种多样，不能机械地认为一个课题中只能用一种方法。也许在课题中某个问题上用一种方法，而在解决课题中另一个问题时采用其他的方法。总之，在研究的过程中要选择适合自己课题的研究方法才能进行实质性的研究。

研究性学习有以下几种实施方式：

（一）观察研究法，或者叫做比较异同。即向学生提供内容上互相关联的一组学习材料，让学生通过观察对其相同点、不同点进行探究，展开研究性学习。通过这种方式，可以让学生在课堂上展开积极主动、生动活泼的研究性学习，活跃思维，在研讨、探究、辩驳中闪烁出许多可贵的创造性思维的火花。

（二）评价研究法，即对已有的结论、课外材料或课文，让学生大胆地进行品头论足、评价鉴赏，阐明自己的观点，进行研究性学习。

（三）观点争鸣研究法，即让学生对课本中或教师选择的课外材料中有争议的观点，大胆发表自己的见解，努力阐明理由，在观点争鸣中开展研究性学习。

（四）焦点争论研究法，即由教师提出焦点问题，或鼓励学生自己去发现有研究、讨论价值的焦点问题，在小组中展开讨论探究，进行研究性学习。

（五）质疑问题研究法，即在学习中从学生的疑难问题起步，放手让学生提出自己不懂的问题，大家讨论解决。

（六）"专家"研讨法，即让学生就某方面问题大量查阅资料，充分准备，撰写研究报告，在"专家研讨会"上，进入专家角色，展开研究学习。

（七）实践研究法，即对已有实践操作内容或学习材料，让学生自己模拟，进行实践操作，在具体的体验过程中开展研究性学习。

（八）调查研究法，即采用"社会调查"的实践方式，让学生发现问题，就问题展开社会调查，进行研讨。

（九）学科融合法，即抓准本学科与其他学科的融合点，让学生从这些融合点出发，大量涉猎其他学科中的相关知识，展开专题研究活动，撰写研究论文。

除此之外，如文献研究法、调查研究法、预测研究法、溯因研究法、内容分析法等也是研究性学习常用的学习方法。

第二节 研究性学习在篮球教学过程中的意义与作用

一、研究性学习在篮球教学过程中的意义

首先，研究性学习过程是一个相对完整的生活过程，而非单纯的认识过程。研究性学习有很强的实践性，它要求学生从全部的只是获得书本知识和间接经验，到同时重视通过实践活动、体验来获得直接经验并解决问题；从单纯地关注学生对学科知识体系的掌握程度、学生的模仿和再现书本知识的能力，到同时重视培养学生对大量信息的搜集、分析、判断、反思和运用能力；从仅仅追求教学的"知识性"，转向重视包含知识在内的学生素质的全面提高。

（一）研究性学习将带来篮球教学观念的根本变革

教学观念是对人们教学活动的认识、理解和看法。研究性学习的特征给传统篮球教学观念造成了强烈的冲击：试想，如果我们自觉地以辩证唯物主义为指导思想，立足于现代人对学习的认识水平来理解篮球运动的教学实践，篮球课教学观念就会出现一种格式塔意义的转换，这就是由"教学认识观"转换为"教学生活观"。这意味着，篮球教学不仅仅是一种特殊的认识过程，而且是一种生活，一种以精神交流为主要目的的生活。

（二）研究性学习预示着篮球教学规范的彻底转型

传统篮球教学规范中，教师扮演的是权威的代言人角色，他们将各种技术动

作方法、战术打法、概念与理论统统以"标准答案"的形式灌输给学生，学生则进行简单模仿、记忆这些现成的动作方法和概念。从本质上看，这种程序化的教学规范是把学生当成物的表现，忘却了学生是有自由意志、丰富灵敏的内心世界和独立判断能力的活生生的人，使本该生动、鲜活、充满生机和意蕴的课堂生活变得琐碎、平庸、贫乏与沉闷。

研究性学习给我们展现了一种以对话、探讨为中心的全新的篮球教学规范。这种规范是师生"尊重彼此的观点；尊重彼此的看法和行动自由；共同决定对话的形式和内容；通过实践进行验证"。教师和学生都可能处于一种无知状态，或者说，"学生的教师和教师的学生不复存在，代之而起的是新的术语，教师式的学生及学生式的教师。教师不再仅仅去教而且也通过对话被教，学生在被教的同时，也同时在教。他们共同对整个成长过程负责"。总之，后现代课程论代表人物多尔关于课程的"丰富性""回归性""关联性""严谨性"的特点则在这里得到生动的体现。

（三）研究性学习将促进篮球教学理论的自我反思

首先，随着篮球学科的发展，仅从传统的认识论和教学论的角度来构建现代篮球教学理论，其缺陷也是明显的，一些新现象、新问题难以得到圆满的解释和说明。因此，我们还必须在加深认识论这一基础的同时，拓宽教学论的基础，把实践唯物主义与认识论有机结合起来，共同作为篮球教学理论的基础，扩展篮球教学理论研究的问题域，增进其阐释力。

其次，研究性学习方式本身对传统教学论的一些经典范畴提出了质疑，例如，"教学"与"课程"范畴，随着实践的发展，其内涵日益模糊，很难说明它们之间的关系，给实践带来了很多问题。如面对研究性学习，很多教师感到非常困惑：研究性学习与传统教学模式完全不同。我应该怎么教？为此，有必要在反思传统教学论范畴的同时，深入研究一些由教学实践提出的新范畴，如"课程教学""教学生活"等，以对教学实践的发展作出应答。

最后，从研究性学习对传统教学论的基本观点进行反思。研究性学习认为：教学过程首先是以交往为基础的生活过程，这是将教学过程视为特殊的认识过程的前提和基础，这也是从研究性学习的特征来反思"教学是一种特殊的认识过程"这一传统观点的必然结论。

在篮球教学过程中，研究性学习的意义是丰富的。当前，摆在我们面前的新问题是如何将教育改革园地中研究性学习，这股"清新空气"用于改造我们的篮球教学实践和构建指导篮球教学实践的当代教学新理论。为此，我们愿作进一步的探索。

二、研究性学习在篮球教学过程中的作用

研究性学习对于发展学生的探究能力和搜集、利用、处理信息的能力，对于改变学生的传统学习方式，开拓学生的学习领域，都具有其他教学方式不可代替的作用。作为篮球实践课中的研究性学习，又同其他理论学科中作为学习方式或者教学模式意义上的研究性学习有着很大的区别，因为在篮球实践课中，研究性学习成为独立且关键的一个要素。它的实施充分地体现实践活动课本身所具有的独特的设计理念，比如获得直接经验与体验的理念、综合与交叉的理念、活动性与生成性的理念等等。众所周知，篮球教学是一个复杂、多元的过程。在学生学习技术动作、战术打法的过程中，教师运用语言讲解、整体示范、分解示范等方法来辅助教学，学生既需要仔细听教师讲解动作要领，又需要认真观察教师的示范动作，同时还要了解每一动作的技术难点所在和应当如何把握等等，在这样的情况下，对学生而言能否掌握研究性学习方法，往往对其能否学好篮球课程起着至关重要的作用。比如说篮球课上教师讲解、示范需要学生观察，研究其理论构成；讲解之后的练习环节又需要学生进行实践操作，在具体的体验过程中开展研究性学习，最终达到掌握技术动作，形成动力定型，此类种种都是研究性学习在篮球课程教学、学习过程当中的重要性之所在。

第三节　篮球研究性学习理论与方法

一、篮球研究性学习的理论概述

研究性学习的心理学基础：认知学习理论和人本主义学习理论从科学主义和人文主义的角度，奠定了研究性学习理论的基础。研究性学习观具有科学性、主体性、探索性、创新性的基本特点，具体描述如下：

研究性学习观是建立在现代学习理论基础上的科学学习观，学习过程是积极的、有意义的学习过程。从学生生理、心理特点来看，学生有探究和创造的潜能，研究性学习本身可激发学生学习的兴趣和动机以及求知欲。研究性学习重视运用科学的认知方式和策略，尊重学生学习的认知规律。研究性学习关注知识表

征、认知结构的发展及问题的解决。研究性学习不仅在于对问题的解决，更注重学习的创造性与主体性人格的培养，并以此作为研究性学习的主要目的。心理学家在提出研究性学习理论的同时，也探索了研究性学习的理论派别，具有影响的理论主要有以下几种：

（一）心理训练的学习理论

认为研究性学习的目的是协调发展每个人的意志和良心，使学生能运用他的内在能力去承担公民的责任。

（二）自然展开或自我实现的学习理论

主张教师要允许学生的生活亲近自然，使他们有可能无拘束地纵情于他们的自然冲动、本能和情感当中。

（三）统觉的学习理论

统觉是新经验和已构成心理的旧经验的联合过程，它比心理训练或把学习看做自然展开更复杂得多。统觉是以没有先天的观念这个基本前提为基础的能动的心理联想主义，认为一个人认识的一切事物，是从它自己外部来的。这意味着心理完全是一个内容的问题——他是被联想结合在一起的、初步印象的混合物，是在题材由外面提供并同以前的心理内容构成某些联想或连接的时候形成的。

（四）刺激—反应的学习理论

学习是一种观察得到的行为的改变，它是通过按照机械论的原理而发生联系的刺激与反应来实现的。因此，学习是一系列的刺激和反应之间的某些联系的形成过程。

二、篮球研究性学习的方法

作为一种学习方式，研究性学习是指教师不把现成结论告诉学生，而是学生自己在教师指导下自主地发现问题、探究问题、获得结论的过程。在篮球教与学的过程当中,研究性学习的学习方法有广义和狭义的理解两种:广义的理解是指在研究性学习过程中,一切为了达到学习的目的、掌握学习内容而采取的手段、方法和途径,以及学习所要遵循的一些操作性原则、组织管理等环节。狭义的理解是指学习过程中学习者采取的具体活动措施与策略。实质上,篮球研究性学习方法是一系列相互关联的活动,是学习者在一定的学习原则调节指导下,有意识地发挥自己的心理能力和体力,把一系列具体的方式和手段连为一体而形成的有明确目的的活动。篮球研究性学习方法既可以表现为经验,又可以表现为理论,两者都来源于人们的学习实践,正确的学习方法也是学习的对象。

方法是解决问题的手段与途径,研究性学习方法是完成研究性学习任务的手段与途径。正确的学习方法,包括在篮球研究性学习过程中教师采取的指导方法都应由下列六个方面组成相互联系的整体,即科学性、目的性、功效性、程序性、实践性、独立性。从宏观上看,学习方法有四个层次:第一个层次,也是最高层次,就是哲学方法论;第二个层次,是在篮球学科中普遍运用的研究性学习方法,如观察研究法、实践研究法等等;第三个层次,是分类学习方法,如篮球理论知识学习方法、篮球技术学习方法、篮球战术学习方法等等;第四个层次,是分类学习方法中的单项学习方法,如实践技术学习方法中的持球突破学习方法等。

第四节 篮球研究性学习指导

一、篮球研究性学习指导的要求

研究性学习强调学生的主体作用,同时也重视教师的指导作用。在研究性学习实施过程中,教师应把学生作为学习探究和解决问题的主体,并注意转变自己的指导方式。教师在研究性学习中的意识是关系到研究性学习活动开展成败的关键。在研究性学习中,教师必须具有培养学生个性健全发展的意识、民主平等的教学观、促进学生发展的评价意识。树立正确的意识对于当前开展研究性学习活动、纠正对研究性学习实践中的错误认识和深化研究性学习的实践,都具有一定的价值。

在研究性学习活动过程中会碰到许多新问题,研究性学习的学习内容因题而异、因人而异,不可预知、综合开放。往往会增加教师的指导压力,影响教师指导的质量。有效的研究性学习指导需要更多教师之间的研讨、交流与互助，形成合力。但是，从基本面来说，一个研究性学习指导老师需要为学生提供以下四个方面的指导。

（一）基础知识指导

包括科研基础知识指导、专业背景知识的介绍和学科知识的渗透。基础知识指导应着重于教会学生获取知识，并运用所学知识开展研究，最好不要把课题中所需的知识材料直接提供给学生。即使是向学生推荐相关书籍，也不要把书籍直接给学生，而是指出获取这些书籍的主要途径。

（二）研究方法指导

在众多的研究性学习指导书中，这方面的内容很多，现结合实践谈几个比较有用的研究方法：第一，写研究日记。每个学生都把开展研究性学习过程中的体会和心情以日记的形式记录下来，为研究性学习总结阶段写研究体会积累原始资料。第二，把所有的日记、调查表、调查分析等研究性学习过程中的原始记录都转化为电脑记录，保留原始记录。第三，不管是采访，还是问卷调查，还是亲身实践，都需要有原始的资料、数据记录，查找到的资料必须注明来源，以此培养学生的科学精神和科学习惯。第四，在开展研究性学习的过程中，提倡资源的共享、互补和拓展。要正确认识网络交流（BBS、留言版、QQ、E-mail 等一切网络工具）的重要性，网络的开放性、交互性、个性化等特点为研究性学习的开展提供了丰厚的土壤。开展研究性学习忽视网络这一强大的工具是一个非常不明智的选择。

（三）思维方法的指导

通过研究学习活动转变学生的传统的思维方式，提高学生主动地发现问题、分析问题、解决问题的思维能力，培养学生的批判精神和创新精神是研究性学习课程开设的一个重要目标之一。我们在篮球课上实施指导的过程中，遵循循序渐进的教育原则，先让学生尝试运用，然后是经常运用，最后是习惯运用一些科学创新的思维方法（如求异思维、发散思维、类比思维、右脑思维、非言语思维、次协调思维、辩证思维）去思考解决问题。

（四）心理素质指导

在研究性学习实施过程中，应加强以下几方面的心理指导：1. 对学生进行挫折教育、意志教育，以培养学生耐挫力和意志力；2. 通过对疑难问题的研究活动发展学生对篮球学科的参与兴趣，以及关注篮球运动现在、将来的发展走向；3. 通过对集体成果的评价让学生学会合作，发展学生在学习生活和社会生活中乐于合作、善于合作的团队精神；4. 通过主动探究的实践活动，使学生获取亲自参与研究、探索的情感体验，培养学生主动求知、乐于探究的心理品质和勇于创新的精神。

教师作为研究性学习活动的组织者、参与者、指导者、评价者，应当树立起全新的育人意识，只有在培养学生健全个性的这一课程理念的指引下，在教学中坚持民主平等的师生关系，在评价中以促进学生的发展为出发点，才能使研究性学习的价值得以真正实现。

二、篮球研究性学习指导的程序

构建篮球研究性学习模式实施的程序是创设情境—建立假说—实践体验—总结提高。

（一）创设探索问题的情境

本阶段要求师生共同创设一定的问题情境。一般由篮球课教师依据教学目标，寻求与篮球课内容密切相关的、可以激发学习兴趣的材料，通过讲座、组织参观讨论、学习有关文章、创设问题情境，向学生提出要研究的领域，引导学生发现并提出需探究的核心问题，确定题目。例如，关于带一支篮球队，可以设计以下一些问题：如何选材？影响篮球运动成绩的因素有哪些？篮球训练的内容有哪些？采取哪些具体的手段和方法进行训练？如何加强球队管理？

（二）建立假说

通过教师的指导和学生的讨论，对所研究的问题作出假定说明或解答。在研究的过程中，各个学生提出的假说可能存在相当大的个体差异，这时需要教师激发每个学生都能提出自己的见解，对解决问题提出初步的设想。

（三）实践体验

实践体验是篮球课程实施研究性学习最为重要的一个环节。在确定要研究解决的问题后，学生要进入具体解决问题的过程，针对问题提出解决问题的初步计划。计划内容包括采用何种研究方法、收集和分析信息资料、以何种组织形式进行研究性学习、多长时间完成等。按照计划提出的问题进行研究，并对研究课题进行分析，推理判断，从而产生假设，然后再分别进行收集资料和调查研究，在此基础上得出初步的研究成果，最后在小组内或个人之间进行交流，丰富个人的研究成果，培养科学精神与态度。在此环节实施过程中，教师要及时了解学生开展研究活动时遇到的困难以及他们的需要，有针对性地进行指导。教师应成为学生研究信息交汇的枢纽，成为交流的组织者和建议者。在这一过程中，要注意观察每一个学生在品德、能力、个性方面的发展，给予适时的鼓励和指导，帮助他们建立自信，并进一步提高其学习积极性。教师的指导切忌将学生研究引向已有的结论，而是提供信息、启发思路、补充知识、介绍方法和线索，引导学生质疑、探究和创新。此外，教师还可以根据学校和班级实施研究性学习的不同目标和主客观条件，在不同的学习阶段分别进行重点的指导，如着重指导学生把握技术动作重要环节，或指导学生把握技术动作的各环节连贯等等。

（四）总结提高

在这一阶段，学生将自己的收获和学习成果进行归纳、整理、总结，形成书面材料或口头报告材料。交流的形式可以是多种多样，可以开研讨会、辩论会、将报告材料编成文集等，要求学生以口头报告的形式，就有关内容向全班发表自己的看法与观点。通过交流、研讨，同学们共享成果。在这一过程中初步学会了研究的方法，提高了科研能力，学会了学习，学会了欣赏，学会了分析与辩证的思考，学会了理解和宽容。

三、篮球研究性学习指导的内容

（一）篮球理论研究性学习的指导

实践证明，只有理论与实践紧密结合，才能尽快培养出具有高水平的篮球人才。为了实现这一目标,实现理论指导实践,在教学实践中应该遵循有关体育教学的科学理论,结合篮球运动的特点,合理地安排理论学习内容。作为教师,应当培养学生进行篮球理论知识的研究性学习。

1. 确立教学中学生的主体地位

学生是研究性学习过程中的主体,学生能动、自觉地规范自身的发展,成为自己发展的主人,是教学成功的重要标志。作为教师,应当鼓励学生进行研究性学习,尊重学生、爱护学生、相信学生、培养学生。在教学中强调"发现"知识的过程、学生独立解决问题的能力和主动探索的精神。作为学生,学习的过程就是发现问题的过程。同时,教师的主导作用应是根据学生的认知能力、学习心理规律和认知结构特点等,创设师生共同参与、相互合作的环境,激发学生主动学习、主动探索的积极性,让每一个学生都享受到成功的喜悦。

2. 教会学生学习是教学的主要任务

21世纪,世界各国进入了经济、综合国力的竞争阶段,这些竞争实际上是人才的竞争,高科技的竞争。要培养出适应新世纪的创新型人才,我们必须"教会学生学习",把学习的能力教给学生,使他们学会探求知识、发现知识,掌握篮球学科的学习能力和思维方法。

3. 遵循篮球教学中的反馈与强化原理

篮球技能的学习,练习中时刻伴随着反馈与强化,成功的练习会带给练习者欣喜的感觉。强化是一种对操作行为的评价,通过评价结果来促进篮球技能的形成。在教学实践中,运用反馈与强化手段时,必须遵循"及时反馈"的原则,对练习者及时作出评价,这样练习效率将会提高。

(二)篮球技术研究性学习的指导

在篮球技术教学中,衡量教师主导作用的主要标志是学生的主动性发挥程度和学习效果。要提倡尊师爱生,教学相长,既要充分发挥教师的主导作用,又要展现学生的主体作用。教师首先要进行研究性学习,学科融合,抓准篮球学科与其他学科的融合点。既要注意实践课的教学,又要注意技术理论课的教学,把多学科的理论知识与方法运用于篮球技术教学之中,使学生更好地掌握篮球的基本理论、基本技术和技能,并将知识和技能转化为能力,以适应未来教学工作的需要。

(三) 篮球战术研究性学习的指导

篮球战术的学习是篮球教学中的难点之一。因为篮球运动没有固定模式，尽管战术打法相对不变，但是在比赛过程中，场上情况瞬息万变，这就要求学生在场上所采取的战术打法也不能一成不变，墨守成规。如何指导学生掌握根据场上情况相应地变化技、战术，是教师教授战术的重点之一，使学生学会应时而变，掌握战术运用的规律才是关键。

思考题：

1. 试述研究性学习的概念以及研究性学习方法的特点与意义。
2. 如何在篮球教学训练过程中运用研究性教学？
3. 试述研究性学习的内容。
4. 结合篮球教学实践过程，如何指导研究性学习？

中国篮球运动重大活动简记

1891年，篮球运动由在加拿大出生的美国马萨诸塞州斯普林菲尔德市青年会干部培训学校体育教师詹姆斯·奈史密斯（James Naismith）发明。

1895年，美国人来会理（David Willard Lyon）将篮球运动传入中国天津市基督教青年会。同年12月8日进行了篮球表演，这是史料记载中国历史上的第一场篮球表演，也是中国篮球运动的起源。

1896年，天津市基督教青年会举行首次篮球表演比赛。

1896年后，篮球运动由天津向北京、上海、广州、武汉等城市的青年会及大、中学校传播，逐渐传入社会。

1910年，在南京举行的旧中国第1届全运会上，篮球运动被列为表演项目，从此登上中国体育舞台。

1913年，中国首次参加在菲律宾举行的第1届远东运动会，这也是中国篮球运动首次参加国际比赛；同期北京清华学校、汇文学校举行校际比赛，华北与华东地区的篮球比赛交往增多。

1914年，在山西太原举行的旧中国第2届全运会上，篮球运动被列为比赛项目，华北队获冠军。

1915年，中国参加在上海举行的第2届远东运动会篮球比赛。

1916年，上海爱国女校女子篮球队参加江苏省运动会表演，由此女子篮球由南方向北方流传。

1917年，中国参加在日本举行的第3届远东运动会篮球赛。

1918年，上海举行"万国"篮球赛，这是中国首次举办的中外篮球爱好者联谊赛。之后，天津、北京等地区也有类似的比赛举行。

1919年，中国组队参加在菲律宾举行的第4届远东运动会篮球赛。

1921年，中国组队参加在上海举行的第5届远东运动会篮球赛并获得冠军，这也是中国队在远东运动会上获得的唯一的一次冠军。1923—1934年，中国组队参加了第6届（1923年，日本）、第7届（1925年，菲律宾）、第8届（1927年，中国）、第9届（1930年，日本）、第10届（1934年，菲律宾）远东运动会篮球赛。

1919—1936年，篮球运动在华北、华中、华东等地区的运动会上先后被列为比赛项目。在北京、上海、天津的一些高等学校和中学也开展了校际比赛。

1924年，在湖北武昌举行了旧中国第3届全国运动会篮球比赛，华北队获冠军。

1925年，天津市举行"万国"篮球赛，有大学师生、商界和在华外国人参加，成为在中国华北津、京地区内举行的首次由中外人员参加的篮球比赛。

1930年，在浙江杭州举行旧中国第4届全国运动会，除男子外，女子篮球也列为比赛项目，天津、北京队分获男、女冠军。

1930年，上海两江女子体育专科学校篮球队出访，成为女子篮球运动市际交流的开端。

1931年，上海两江女子体育专科学校篮球队出访日本、朝鲜和东南亚，成为中国第一支出国访问的女子篮球队。随后日本、菲律宾等队也来访中国。

1933年，在南京举行旧中国第5届全运会篮球赛，河北、上海队分获男、女冠军。

1935年，在上海举行旧中国第6届全运会篮球赛，上海男、女队分获冠军。

1936年，许多竞技运动开始在世界范围内流行，男子篮球被正式列为奥运会比赛项目，中国首次派队参加在德国柏林举行的第11届奥运会篮球赛，成员有后来成为中国篮球协会主席的牟作云以及于敬孝、王士选、王玉增、王南珍、李绍唐、蔡演雄等14人，教练员为董守义，他们成为中国参加奥运会的第一批人员。但由于实力水平和政治、经济条件受限，中国队未能进入决赛。我国第一位国际级篮球裁判员舒鸿执法此次奥运会美国队与加拿大队的决赛。

在中国共产党领导下的抗日地区和解放区，面对日本帝国主义和国民党的扫荡、围剿造成的艰难环境，全面开展抗日战争，积极开展体育活动。

1938—1940年间，八路军120师在贺龙倡导下组建了"战斗"篮球队，成员有戴金川、张之槐、张联华、黄烈、李侃等。同时还有抗日军政大学三分部由东北干部组成的"东干"篮球队，成员有张学思、罗文、金声、韩复东等。两队的影响深远。群众性篮球活动活跃，在延安开展的"十分钟运动"，以及机关、学校、部队和广大解放区根据地民众性篮球比赛十分频繁。

在非根据地一时没有全国性比赛，但由于篮球运动深受广大群众喜爱，因此多自发组建篮球队，如上海成立的"中华"队、"百乐门"队、"华联"队以及1947年前后成立的"大公"队、"回力"队；当时的北平有"木乃伊"队、"体友"队、"北星"队等。

1946年，菲律宾华侨组成的"群声"篮球队访问厦门、上海等城市，共赛15场，获得全胜。"群声"篮球队的运动技巧和快、灵、准的打法，给国内球队留下了深刻的印象。

1948年5月，在上海举行旧中国第7届运动会篮球赛，上海男、女队分获冠军。这一时期，武汉、西安、重庆、广州、沈阳等城市也组织了各种形式的篮球队。

1948年8月，中国组队参加在英国伦敦举行的第14届奥运会男子篮球赛，共23支球队参赛，中国队获得第18名。参赛成员有李震中、吴成章、蔡文华、蔡史强、李世侨、包圆松等，教练员为宋君复。

1949年8月，中华人民共和国成立前夕，由京、津两地的大学生运动员组团，参加在匈牙利布达佩斯举行的第10届世界大学生夏季运动会篮球赛，并获第6名。

1949年10月1日，中华人民共和国成立，党和政府关心体育事业，于10月26日成立中华全国体育总会，新中国的篮球运动在政府支持下有序发展，进入新的发展阶段。

1950年8月，新中国成立后，从京、津、沪三城市选拔组成中国大学生男子篮球队，参加在捷克斯洛伐克首都布拉格举行的世界大学生第2次代表大会体育比赛中的篮球比赛，获第4名。

1950年12月，新中国成立后第一支外国强队——苏联国家男子篮球队来访，带来了新技术、新战术、新打法、新经验。在北京、上海、广州、武汉、沈阳、天津、南京、哈尔滨8个城市进行了33场比赛，苏联队都以大比分取胜，每场平均比分为95:27，在新中国篮球界引起了强烈的反响。

1951年，中国组队参加在德意志民主共和国柏林举行的第11届世界大学生运动会，获第6名。

1951年，举行新中国成立后第1次全国篮、排球比赛大会，解放军组队参赛（"八一"队诞生），华东队获冠军。

1952年，毛泽东题词"发展体育运动，增强人民体质"，有力地推动了群众性体育活动和篮球运动的普及、发展。

1952年，新中国第一次组队参加在芬兰赫尔辛基举行的第15届奥运会篮球赛，成员有李汉亭、程世春、田福海、陈文彬等，后因美国搞"两个中国"的阴谋，中国代表团退出比赛。同年9月参加世界大学生运动会篮球赛，获第3名。

1953年5月，中华全国体育总会在天津举办全国篮、排、网、羽四项球类运动会，解放军队首次登上全国篮球冠军宝座。同年中国男子篮球队参加第1届国际青年友谊运动会篮球比赛，获第5名。

1954年10月，在北京举行全国篮球联赛，"八一"队和中央体育学院分获

男、女冠军。同年中国男、女篮球队参加第 12 届世界大学生夏季运动会，均获第 5 名。

1955 年 3 月，召开全国运动员训练工作会议，提出在球类项目训练中要贯彻"积极、主动、快速"的战术指导思想，这对后来的中国篮球运动形成自己的技术风格和战术指导思想确立了方针。

1955 年 4 月，针对苏联队来华访问比赛后的影响，篮球教练员们在《新体育》杂志上发表的文章对活跃新中国篮球运动实践与理论建设具有一定的意义。

1955 年 8 月，中国男、女篮球队参加在波兰华沙举行的第 2 届国际青年友谊运动会篮球赛。

1955 年 8 月，在上海、天津、南昌举办了全国大城市分区篮球、排球锦标赛，篮球赛男子有 24 支球队、女子有 23 支球队参加。

1955 年 10 月，在北京举办了全国篮球联赛，沈阳部队和西南体育学院队分别获男、女队冠军。通过联赛选拔并组成了准备参加第 16 届奥运会的篮球代表队，后因美国等国的破坏，未能参加比赛。

1953—1957 年，我国篮球运动积极开展对外交流，取得了较好的成绩。至 50 年代末，篮球运动技术水平不断提高，与欧洲强队水平逐渐接近。

1956 年，开始试行《中华人民共和国运动员等级制度》，1958 年改为《运动员技术等级制度》，分为运动健将、一级、二级、三级和少年级运动员。

1957 年，国家体委公布杨伯镛、钱澄海、刘贵乙等 16 名男运动员和杨洁、周懿娴、李少芬、郑于莲等 12 名女运动员为首批运动健将，王长安、罗景荣、韩茂富等 18 人为国家级篮球裁判员。

1956 年和 1957 年，在北京举行全国篮球指导员训练班，聘请苏联篮球专家波·莫·切特林进行讲授。经过两届全国联赛后，国家体委提出了进一步树立和发展我国篮球运动"积极、主动、快速、灵活、准确"独特风格的要求。

1956 年 10 月，经过一年的筹建，中华人民共和国篮球协会正式成立，第一任主席为董守义，第二任主席为张青季，第三任主席为牟作云，第四任主席为张发强。

1956 年，中国篮球协会实行赛制改革，将过去的全国联赛（男、女）改为全国甲级队联赛。

1957 年，为了培养高层次的篮球专门人才，国家体委在上海体院举办了篮球研究生班，聘请苏联专家、功勋运动员、国家队队员尤·克·拉古那维邱斯培养了新中国 25 名首届篮球研究生，由曾代表中国参加第 14 届奥运会篮球赛的李震中教授协助教学。

1957年前后，中国篮球界在理论方面加强探索，当时的著名教练员牟作云、陈文彬、杨福鹿、于钢等相继发表了各自的篮球专题性文章。至1962年后，理论探讨形成了高潮，《篮球技、战术的运用》《篮球讲义》《篮球裁判法》《怎样打篮球》等专著相继出版，成为各体育学院进行篮球专业教学的参考教材。

1956年和1958年，试行《裁判员等级制度条例》和《教练员等级制度条例》。

1957年起，国家体委将全国篮球联赛改为甲、乙、丙三级升降级联赛制。

1957—1958年，两届全国甲级联赛分别在广州、上海、北京举行，联赛反映出我国篮球运动员普遍提高了高度和速度，在攻守技术、战术的质量上也有所提高。解放军、北京和上海男、女队实力较强。

1958年，中华全国体育总会发表声明，断绝与国际奥委会的关系，同时退出国际业余篮球联合会。

1959年7月，在上海举行全国篮球教练员训练班，进一步提出了"以投篮为纲"的训练指导思想，要求发扬狠、快、准、灵的技术风格和"以我为主、以攻为主、以快为主、积极防守"的战术指导思想。虽然这些提法不够完整，但在当时却起到了指引方向的作用，这与形成新中国成立以来篮球运动的传统风格和战术打法是密不可分的。这段时间内，中国男篮接连战胜匈牙利、捷克斯洛伐克、保加利亚等欧洲劲旅，反映出较高的竞技水平。快攻、中投和全场紧逼成为中国队取胜的"三大法宝"。

1959年8月，举行了新中国成立后的第1届全国运动会篮球赛，四川男队、北京女队分获冠军。

1960年，中国前卫队参加第1届社会主义国家公安系统男子篮球赛，获第1名。

1961年，中国人民解放军男队获友军运动会篮球赛冠军。同年召开全国篮球教练员会议，提倡贯彻"双百"方针，强调树立不同风格特点和"以小打大、以快制胜"的战术思想。

1961年，国家体委组织出版的全国统一的体育院系球类运动教材《篮球》，由李震中、石善根等体育院系教师撰写，成为第一本全国体育院系通用篮球教材，同年在北京体育学院招收篮球研究生。

1963年，中国男、女篮球队在新兴力量运动会上获冠军。

1964年，国家体委在上海召开训练工作现场会，提出"从难、从严、从实战出发，进行大运动量训练"的原则。群众性篮球运动进一步蓬勃开展起来。

1965年，召开篮球界座谈会，进一步展开对树立中国篮球风格问题的讨论，此后我国篮球运动正是从实际出发，逐步形成了自己的不同风格特点的南方风格流派和北方风格流派，这是中国篮球运动进入全面发展的跃进时期。

1966年5月—1976年，"文化大革命"期间，党和国家各行各业都遭遇特殊困难，篮球运动与各条战线的事业一样处于停滞状态，群众性篮球活动全面终止，篮球竞技水平下降，竞赛制度废弃，篮球竞技水平由高潮转入低谷。

1972年，在周恩来总理等党和国家领导人的关心下，冲破重重困难，在"文化大革命"中期举行了全国五项球类运动会，给广大篮球工作者以较大的鼓舞。同年12月在北京召开了篮球训练工作会议，研究了现状，提出了"积极主动、勇敢顽强、快速灵活、全面准确"的16字技战术方针。

这个时期的主要篮球活动：

1971年6月，在终止多年对外交流后，中国男篮出访古巴；1972—1973年，罗马尼亚男篮来访，并获全胜；之后，中国男篮由于受人为因素的影响，又先后败给西班牙、南斯拉夫、美国等队；中国女篮1973年访问古巴全负。

1974年，我国第一次参加亚洲运动会，负于韩国和日本队获第3名。根据国家体委制定的篮、排、足球训练规划（1973—1976年），确立了我国篮球运动的奋斗目标，但由于特定时期的条件所限而难以正常实施。

1975年9月，在北京举行了第3届全国运动会篮球赛，中国台湾地区队员参赛，成年组"八一"队和北京队分别获得男、女冠军。

1975年，在泰国召开第8届亚洲篮球联合会会议，确认中华人民共和国篮球协会在亚篮联中的合法地位。

1976年，在加拿大蒙特利尔举行的国际业余篮联第10届代表大会上，批准恢复中华人民共和国篮球协会在国际业余篮联中的合法席位。

1978年，国际业余篮球联合会批准新中国成立后的第一批国际级裁判员，有王长安、罗景荣、韩茂富、吴惠良、田国庭等9人。

1978年为了加强国际交流，学习先进经验，举行了第一次北京国际男子篮球邀请赛。

1978年7月，为了提高我国篮球教练员水平，在吉林长春市举办了全国篮球教练员学习班，由国家队教练员和南斯拉夫教练员讲学。1979—1982年间又多次在北京、南京举办了不同层次的教练员短训班。另外，还派队、教练员出国进修学习。

1979年国家体委公布牟作云、张子沛、张长禄、程世春等12人为第一批国家级教练员。

1979年9月在北京举行了第4届全运会篮球赛，解放军男篮和北京女篮分获冠军。

1981年12月—1982年1月，在杭州召开了全国篮球教练员工作会议，主要内容为"复兴中国篮球""树立一盘棋思想"，贯彻"国内练兵，一致对外"方针，同时强调科学化训练，为我国篮球运动登上国际先进行列奠定了基础。

1981年，北京体育学院等开始招收攻读体育教学与训练专业硕士学位的篮球研究生。

1982年，在第9届亚运会上，中国女篮第一次荣获冠军。

1982年，中国篮球协会和中国体育科学学会在郑州联合举行新中国成立以来第一次篮球运动学术论文报告会。

1983年，中国女篮参加了在巴西圣保罗举行的第9届世界锦标赛，名列第3名，取得了历史性突破。同年中国男篮参加了在西班牙巴塞罗那举行的第10届世界锦标赛，荣获第9名。

1983年，国家体委公布杨伯镛、钱澄海等8人为中国第一批高级教练员。同年在上海举行了第5届全运会篮球比赛，北京、解放军队分别获得男、女冠军。

1984年，中国女篮在美国洛杉矶第23届奥运会上获第3名，同年在上海举行的第10届亚洲女子篮球锦标赛上获得第2名。

1980—1985年，中国篮球协会为了总结经验、展望未来，积极开展篮球科学研究活动，以不同形式召开篮球科学论文报告会。中国《体育科技》不断组织篮球专题文章发表，魏均、杨沽、高鹗、李峨恒等以及我国不少省市的篮球教练员发表论文，篮球界科研学术风气活跃。为了适应篮球运动普及发展的需要，1985年，《中国篮球报》在长春创刊。

1985年，在沈阳召开篮球训练工作会议，研究如何进一步从我国实际出发，走自己的路，加强训练工作，重视对高大中锋、核心队员和三分球投篮手的培养等问题。

1986年，我国群众性篮球活动进一步在城乡活跃，形成普及的新高潮，社会对篮球队伍的资助日趋活跃，为不少篮球专业队伍的生存和发展增强了活力。同年我国女篮在吉隆坡亚洲锦标赛和汉城第10届亚运会上分获冠军。

1987年9月，在广州举行了第6届全运会篮球赛，解放军男、女队双获冠军。

1987年，中国篮球协会在北京体育师范学院相继举办篮球教师、教练员短期训练班，并在1993年开始转为系统的、长期的全国高级、中级、初级教练员岗位培训班。

 篮球运动教程

1988年，中国男、女篮参加第24届奥运会，分获第11名和第6名。

1988年，由教育部组织出版了高等学校教材《球类运动——篮球》和卫星电视教材《篮球》，先后由李震中、张德山、孙民治等撰编，成为高等师范院校体育教育专业篮球教学通用教材。

1989年，在北京举行的第15届亚洲篮球锦标赛上，中国男篮获冠军；1990年，中国女篮在第13届亚洲锦标赛上获冠军。

1990年，中国大学生篮球协会成立。

1990年，中国男、女篮分别参加了第11届世界篮球锦标赛，分获第14名和第9名。同年在第11届亚运会上男队获冠军，女队获亚军。

1990年，国际业余篮球联合会更名为国际篮球联合会，同年取消对职业篮球运动员参加国际篮球大赛的限制。

1991年，由李辅材等编撰的《中国篮球运动史》出版。

1992年，美国NBA职业篮球选手乔丹等组成的"梦之队"参加了第25届奥运会并获冠军，由此推动世界篮坛发生了新的变化。中国女篮首次获奥运会亚军，这也是至今为止的最佳成绩。

1993年，国家体委批准中国篮球协会在北京体育师范学院成立"中国篮球学校"，这是新中国成立以来第一所篮球专业学校。

1994年，在第12届世界锦标赛上中国女篮又获亚军，男篮在同年世界锦标赛上获第8名。这标志着中国男、女篮进入辉煌时期。

1995年，我国男子篮球进行竞赛体制改革，全面推进职业化进程，各种形式的专业队逐渐被职业化俱乐部所代替。原浙江队首先与台资合作，并引进外援。CBA联赛逐步走向市场化，有力地推动了中国篮球运动与世界篮球运动的接轨。

1996年，中国篮球协会根据国家体委"坚持方向，抓住机遇，继续深化改革，发展体育事业"的精神，在篮球赛事上引进外资、外援举办竞赛，一方面与国际管理集团合作举办全国甲级队联赛（后改为CBA职业联赛），另一方面与当时的外资企业"精英公司"合作试办"CNBA联赛"（又称职业联赛），成为中国篮球初试职业化主客场联赛的开始，参加队有前卫、吉林、北京体师、上海交大、天津等8支半职业和职业篮球队。

1996年，中国男子篮球队参加第26届奥运会篮球比赛，获得第8名。

1996年，应我国台湾省篮球组织的邀请，由杨伯镛任团长的省市篮球代表团首次访问台湾。同年，北京大学生男子篮球队访问台湾。

1996年，全国8支职业篮球队引进外籍球员参加全国职业联赛，其中北京

体育师范学院和上海交通大学在全国高校中首先尝试与企业合作承办高水平职业篮球队。前卫、吉林、北京体育师范学院队获此次联赛前3名。

1997年，为培养篮球专业高级教学、训练、科研人才，北京体育大学首次招收篮球博士研究生。

1997年，我国篮球运动分成CBA、甲A甲B和乙级队3个层次的比赛，每个级别的最后两名降入下一个层次，甲B和乙级的前两名升入上一个层次。

1997年，中国男篮在亚洲锦标赛上失利，未能取得世界锦标赛的入场券。

1997—1999年间，中国篮球协会进行管理体制改革，成立篮球运动管理中心，将行政职能转变为事业性领导。与此同时，各种形式的篮球俱乐部、篮球学校在全国各地建立、发展、壮大。

1998年，中国大学生体育协会举办的CUBA篮球联赛正式开始。

1999年，中国篮协在上海召开全国篮球工作会议，研讨十多项改革条例和制度，CBA联赛和俱乐部管理逐步规范化、制度化，促进了职业化、市场化进程；在会上还表彰了新中国成立以来在世界性篮球大赛中作出杰出贡献的牟作云、张长禄、程世春、陈文彬、杨伯镛、钱澄海、宋晓波、郑海霞、柳青、丛学娣、孙凤武等50位篮球界优秀人士。

1999年，中国女篮在亚洲篮球锦标赛上失利，仅获第4名，竞技水平跌入50年以来的最低谷，引起全国篮球界的关注；中国男篮在日本亚锦赛上获冠军，取得2000年悉尼奥运会的入场券。

1999—2000年，解放军男篮在CBA联赛中获五连冠。中国男篮组建了建国以来高度最高、条件最好、实力最强的队伍参加悉尼第27届奥运会，获得了第10名。

2000年4月，中国篮球运动管理中心在浙江宁波召开省市篮球管理部门负责人和篮球协会负责人会议，进一步研究全国篮球纵向管理和推动省市篮球运动发展的工作会议。

2000年7月，中央军委主席江泽民签署命令，授予为中国篮球竞技运动作出突出贡献的解放军男子篮球队"团结拼搏的篮球劲旅"荣誉称号。中央军委号召全军，特别是文化、体育战线的官兵要向解放军男篮学习。

2000年10月，国家体育总局和国家教育部批准立项的国家级重点教材《篮球运动高级教程》由人民体育出版社出版，该书由国家体育总局局长袁伟民任编委会名誉主席、副局长张发强为顾问，孙民治教授任主编，杨贵仁、史康成、信兰成、刘玉林为副主编，汇集全国篮坛知名教授、专家钱澄海、杨伯镛、白金申、于钢、王世安、杨桦、李杰凯、郭玉佩等40多名人士编写，成为培养篮高级人才的专用教材。

2001年6月，中国篮球协会为提高篮球教练员队伍的业务水平，在国家体育总局科教司统筹下组织孙民治、李方膺（任主编）及有关专家编写了《中国体育教练员岗位培训教材——篮球》，由人民体育出版社出版。

2001年8月，国际篮联代表向中国篮协副主席和国际篮联中央执委张长禄颁发国际篮球联合会荣誉勋章。张长禄成为中国获此殊荣的第一人。

2001年4月，王治郅与达拉斯小牛队正式签约，成为第一位在NBA效力的中国球员，同时也成为"NBA亚洲第一人"。

2002年6月，中国球员姚明当选NBA历史上第一位外籍"状元秀"，加盟休斯敦火箭队。

2002—2003年，中国球员巴特尔效力于NBA圣安东尼奥马刺队，该队获2002—2003赛季总冠军。

2002年2—4月，首届WCBA女篮联赛举行，这是中国第一次实行女篮联赛主客场制，解放军、沈阳部队和广东队分获前3名。

2002年4月19日，上海队在2001—2002CBA联赛宁波客场以1分险胜"六连冠"的解放军男篮，以总决赛3胜1负的战绩首次夺取CBA联赛总冠军。

2002年8月，在国际篮联第17次代表大会上，亚篮联主席、中国香港的程万琦被选为新一届国际篮联主席，任期4年，成为第一位当选国际篮联主席的亚洲人。中国篮协的刘玉民被选为执行委员之一。

2002年9月，中国男篮获得第14届世界男篮锦标赛第12名，并在第14届亚运会上失去了蝉联4届的亚洲冠军，引起中国篮球界的震动和反思。

2002年9月，中国江苏首次承办世界女篮锦标赛，中国女篮获得第6名，韩国女篮跻身四强，显示出亚洲女篮运动的复苏。10月，中国女篮在第14届亚运会女篮比赛中获得了近16年来中国女篮的第一块亚运会金牌，继2001年亚洲锦标赛后，中国女篮再一次站到了亚洲篮坛的最高领奖台上。2003年8月，中国女篮获得了第22届世界大学生运动会篮球比赛的冠军。这些都标志着中国女篮已经冲出低谷，正在重新崛起。

2002年10月，由于中国男篮队员王治郅在美国参加NBA的比赛后滞美逾期不归，中国篮协作出"关于将王治郅开除出国家男篮"的决定，并声明对王治郅还是本着宽容的态度，如果他认识到错误，尽快回国，还有改正错误的机会。

2002年12月，首届中国国际篮球产业论坛在北京举行。国际篮联秘书长帕特里克·鲍曼（Patrick Baumann）、NBA休斯敦火箭队总经理乔治等人介绍了世界先进的篮球产业经营理念和方法，200多名国内体育产业人士到会。

2003年10月,在哈尔滨第22届亚洲男篮锦标赛上,中国男篮以106:96击败韩国队,获得亚洲唯一一张2004年雅典奥运会篮球比赛的入场券,并提出了"保十争八"的奋斗目标。

2003年9月,在哈尔滨召开全国篮球工作座谈会,会议总结经验教训,讨论改革的大政方针和发展规划与系列制度,对建立全国性的中国篮球职业组织进行了探索,并对世界篮球运动的发展趋势、中国篮球运动的训练指导思想、技术和战术风格,以及篮球运动比赛的制胜因素进行了探讨,还在健全篮球运动管理中心职能和管理制度,加强训练工作,培养高素质、高水平教练员人才和后备队伍人才,以及进一步重视国家男、女篮球队组建、训练,倡导大力培养球星,乃至进一步推广篮球俱乐部建设和产业化进程,强化全方位管理等方面,统一了认识,明确了"立足当前,放眼未来"的改革基本思路,并提出了继续以赛制改革为龙头,以制度建设为重点,以强化俱乐部建设为前提,推进中国篮球职业化、产业化改革的具体思想。

2003年12月20日,经国家体育总局科教司、篮球运动管理中心批准,中国篮球运动发展研究会成立大会在广州体育学院举行。标志着我国篮球科研发展将从理论与实践、研究与运用、培养与提高等方面进入一个新阶段。

2004年,中国篮协提出,中国男篮多年称雄亚洲(参加23次亚洲比赛获18次冠军),但在世界大赛中的成绩一直在第8—14名之间徘徊,与社会各界对男篮的期望与要求相差甚远。中国男篮要在世界大赛中取得优异成绩,必须树立"向世界水平冲击的勇气和信心,加强队伍的教育和管理,提高全队的凝聚力和战斗力,明确训练指导思想和技、战术风格,学习和掌握世界最先进的篮球理念、训练方法和手段,加强与世界强队的交流,并借鉴其他运动项目的成功经验,以尽快提高中国男篮的技术、战术水平和运动成绩,从而推动中国篮球运动整体水平的提高。

2004年2月,中国篮协聘请美国人戴尔·哈里斯(Del Harris)和立陶宛人尤纳斯·卡斯劳斯卡斯(Jonas Kazlauskas)分别担任中国男篮主教练和助理教练。本届中国男篮教练组由中外方教练员共同组成,成立了中国男篮队委会,实行队委会领导下的中外方教练员分工、协作负责制。

2004年3月3日,广东宏远队98:84战胜"八一"双鹿队,以3:1的总比分夺得2003—2004CBA联赛总冠军。在征战CBA赛场9个赛季后,广东宏远队终于夺得了自己在CBA联赛中的第一个总冠军,广东宏远队是继解放军和上海之后,第三支夺得CBA总冠军的球队。

2004年3月27日,解放军女队95:83战胜黑龙江队,以2:0的总比分夺得

2003—2004WCBA联赛总冠军，实现了在WCBA联赛中的"三连冠"。

2004年4月，中国篮协正式提出"北极星计划"，目标是在10年内将CBA打造成世界级的职业篮球联赛。作为改革的一个重要环节，2004—2005赛季，CBA扩军至14支球队，划分为南北两大赛区，并取消了升降级。2004—2005赛季为此作出了一系列改革尝试，也是中国篮球"北极星计划"启动的重要步骤。本赛季推出了包括CBA标志、至尊钻戒和冠军鼎、CBA公益计划、联赛赛制改革在内的一揽子改革举措：首次取消升降级制度；并将联赛分成南北两大赛区，实行一周三赛；首次把联赛分为常规赛、分区决赛和总决赛3个阶段；首次组织赴美统一外援选秀；首次引入胜场奖励制；首次聘请专业攻关公司对联赛进行包装。

2004年5月，北京奥神篮球俱乐部拒绝该队队员孙悦到国家男篮U20集训队报到，违反了中国篮协的相关章程，被停止2005年一年的注册资格。

2004年7月，在马来西亚吉隆坡举行的亚篮联执委会会议上，篮球运动管理中心主任李元伟当选亚洲篮球联合会主席，并出任亚洲篮球联合会执委会委员、亚洲篮球联合会中央局委员、亚洲篮球联合会技术委员会主席。

2004年8月，中国男篮以7战2胜5负的战绩夺得雅典奥运会第8名。中国女篮在奥运会上未能实现"保六争三"的目标，最终无缘八强仅名列第9，使人们重新认识了世界女篮运动的格局和中国队的诸多不足。

2004年10月，NBA休斯敦火箭队和萨克拉门托国王队分别在上海和北京各举行了一场季前赛，引爆了空前的轰动效应。首次在中国举办季前赛，是NBA全球化战略中重要的一环，海外市场，特别是庞大的亚洲市场对NBA来说，充满着巨大的诱惑力。作为NBA开拓市场的一种战略，全球化加强了NBA和国际篮球之间的交流与融合。上海站比赛火箭88:86胜国王，北京站比赛国王91:89胜火箭。

2004年10月，第1届中国大学生篮球超级联赛揭幕，全国16所著名高校的男篮代表队分为南北两个赛区进行主客场比赛。大超联赛是"体教结合"的一个探索，以实现体育系统和教育系统的资源共享与互动。大超联赛由大学生体育联合会和中国篮球协会共同主办，由专业公司进行市场化运作，以保证整个赛事的权威性和专业性。中国篮球正尝试走一条从小学到中学到大学再到职业队的新路子。第一届中国大学生男子篮球超级联赛冠军是中国人民大学队。

2005年1月，由中国篮球协会和韩国男子篮球联盟共同在汉城、哈尔滨市举行"2005CBA-KBL全明星赛"。双方球员是由中韩两国通过本国篮球联赛各选出的12名明星队员和两名最佳外籍球员组成。此项赛事每年举行一次。

2005年2月,教育部下发《教育部关于公布2004年度国家精品课程名单的通知》(教高函[2005]4号)文件,首都体育学院《篮球》课程(课程负责人:孙民治)被教育部评为2004年度国家精品课程。这是全国体育院校中首门课程进入国家精品课程系列,可称历史性突破。

2005年3月,中国篮协聘请澳大利亚人汤姆·马赫(Tom Maher)担任中国女篮主教练。马赫给中国队带来了先进的篮球理念,他强调篮球的整体性,提倡加强球队的防守能力。

2005年4月,中国篮协授权正式成立"中国男子篮球职业联赛委员会",该委员会组成如下:中国篮协委派委员6人,有资格参与联赛准入标准评审的俱乐部各委派委员1人,来自新闻、法律、产业研究、篮球技术等领域的专家委员4人。《中国男子篮球职业联赛委员会章程》规定:联赛委员会为适应中国职业篮球市场化改革的需要,进一步规范职业篮球的运行机制,加强科学与民主决策,是联赛的管理机构,全面管理联赛及与之相关的各项事务。联赛委员会受中国篮协的领导、指导和监督,遵守中国篮协的有关规定。联赛委员会全体会议是其最高权力机构。

2005年5月,在宁波召开2005年全国篮球工作会议。篮管中心主任李元伟作了《以科学发展观引领,开创中国篮球新局面》的工作报告,在结合当前国内国际宏观形势的基础上,明确提出了"十一五"期间我国篮球事业的指导思想、远景规划和奋斗目标,并对国家队、职业联赛以及社会篮球等相关工作,进行了统筹规划,提出建设和发展具有中国特色的篮球文化。

2005年5月,中国篮球协会教练委员会、科研委员会换届。

2005年7月,首届斯坦科维奇洲际篮球冠军杯赛在北京举行,这是国际篮球联合会在中国举办的世界最高级别的篮球赛事。本次赛事为纪念前任国际篮联秘书长斯坦科维奇(Stankovic)为国际篮球运动以及中国篮球事业的长期贡献。参赛队有欧洲冠军立陶宛队、大洋洲冠军澳大利亚队、非洲冠军安哥拉队、美洲亚军波多黎各队、2004年雅典奥运会冠军阿根廷队、亚洲冠军中国队。立陶宛队、阿根廷队、澳大利亚队分列本次比赛的前3名,中国队名列第4。

2005年7月—2006年3月,北京奥神职业篮球俱乐部赴美国训练,参加了美国篮球联盟ABA联赛,以20胜14负的战绩获得第9名。此举首开中国各职业篮球俱乐部先河。

2005年8月,在阿根廷举行的21岁以下世界青年男篮锦标赛上,中国青年男篮6战6负,场均输给对手25.5分,最终排位第11名,反映出在体能、力量及基本技术上与欧美强队相比存在着明显差距。

 篮球运动教程

2005年10月，在第10届全运会上，解放军男篮以71:60战胜广东男篮，夺得男子篮球比赛冠军，在全运会上实现"五连冠"。解放军女篮以8连胜的战绩蝉联全运会女篮冠军，成就"六连冠"。

2005年10月，中国篮球协会派遣年轻教练员到美国篮球学院学习，并在美国大学篮球联赛（NCAA）的各支队伍中执行助理教练员的职能。这是中国篮球外派教练员学习规模最大的一次。

2005年11月18日，2005—2006赛季CBA中国男子篮球职业联赛开始。这是中国篮球职业化发展进程中的一个重要转折点。本赛季是CBA实行准入制的第一个赛季，通过评估审核，新赛季的参赛球队数量变为15支；比赛场次也有所增加，常规赛达到308场，季后赛和总决赛改为5战3胜、7战4胜。

2005年11月，由中国篮球协会主办的"篮球运动传入中国110周年庆典暨篮球运动发展论坛"在武汉体育学院举行。

2005年12月8日，篮球运动传入中国110年。

2005年12月，中国篮球协会、苏州大学体育学院和《体育文化导刊》杂志社联合主办首届中国篮球文化论坛。

2005年12月，首届"贺龙杯"中国业余篮球公开赛（CBO）在北京揭幕。有30个省（区、市）和前卫体协、部队系统和包括全国篮球城市在内的100多个城市报名参加，这是我国有史以来覆盖面最广、参加球队最多、持续时间最长的全国性群众篮球比赛。

2005年12月28日—2006年1月4日，由篮球运动管理中心和CUBA组委会联合举办的首届李宁杯CBA-CUBA青年篮球四强对抗赛在武汉举行。此次赛事目的是促进CBA青年队与CUBA球队的交流与提高，探索"体教结合"的新途径。广东宏远青年队和华中科技大学队分获男、女冠军。

2006年1月，中国篮球协会为中国篮球界传奇元老举办新春团拜会。国际篮联主席罗万琦、国际篮联秘书长鲍曼和澳大利亚篮协主席德尔文及中国篮协高级官员出席。中国篮协向牟作云、张长禄、钱澄海、杨伯镛、程世春、李世华、孙民治、于钢8位篮球元老赠送了刻有他们名字的翡翠吊牌，以表彰他们为中国篮球事业作出的巨大贡献。

2006年2月，中国篮协确定盈方公司为"CBA（中国篮球协会）全球战略合作伙伴"。该公司将在未来3年内，向中国国家篮球队提供技术及资金支持，并负责其商务推广工作，协助中国篮协聘请来自欧洲和美国的高水平篮球科研和训练人员，帮助国家队建立起科学的备战系统，帮助国家二线青年队、少年队提高水平，协助中国篮协提高全国各级队伍的训练水平。

2006年2月26日,辽宁衡业队在丹东主场82:70击败了沈部三洋队,在3战2胜制的WCBA总决赛中以2:1的总比分,历史上首次夺得WCBA冠军。1998年,辽宁队曾经夺得了当时全国女子篮球联赛的冠军。前4届WCBA冠军"八一"队在半决赛中被沈部三洋队淘汰。

2006年4月9日,王治郅在国家男篮领队匡鲁彬陪同下,从美国洛杉矶返回北京。

2006年4月19日,广东宏远队以88:81战胜解放军火箭队,在7战4胜制的CBA总决赛中以4:1的总比分,夺得CBA总冠军。继解放军队之后,广东队成为了CBA历史上第二支获得"三连冠"的队伍。

2006年9月,中国男篮在第15届世界男篮锦标赛上以6战2胜4负的成绩获得第15名;中国女篮在第15届世界女篮锦标赛上以8战3胜5负的成绩获得第12名。

2006年12月,中国男、女篮分获第15届亚运会篮球比赛冠军。这也是自1986年亚运会之后,中国男、女篮首次在同一届亚运会上夺冠。

注:世界篮球运动重大活动简记可参考《现代篮球高级教程》附录。

附录2

全国体育院校部分招收篮球研究生一览表

院校名称	层次	主要导师	研究方向
北京体育大学	硕士 博士	杨桦★ 池建★ 李元伟★ 李宗浩★ 郭永波★ 范民运等	篮球教学训练理论与方法
上海体育学院	硕士 博士	姚颂平★ 李元伟★ 许宗祥 许永刚★ 傅企明等	篮球教学训练理论与方法
武汉体育学院	硕士 博士	杨鹏飞 孙义良 王贺立等	篮球教学训练理论与方法
成都体育学院	硕士	张培峰 郭永东等	篮球教学训练理论与方法
沈阳体育学院	硕士	李杰凯 马毅 魏丕来等	篮球教学训练理论与方法
西安体育学院	硕士	赵映辉 赵诚民等	篮球教学训练理论与方法
首都体育学院	硕士 博士	孙民治★ 李颖川 于振峰 王守恒 谭朕斌 陈钧等	篮球教学训练理论与方法
广州体育学院	硕士	许宗祥 许永刚等	篮球教学训练理论与方法
天津体育学院	硕士 博士	李宗浩★ 朱越彤 李实等	篮球教学训练理论与方法
南京体育学院	硕士	张世林等	篮球教学训练理论与方法
山东体育学院	硕士	叶国雄等	篮球教学训练理论与方法
哈尔滨体育学院	硕士	潘桂芝等	篮球教学训练理论与方法
苏州大学体育学院	硕士 博士	王家宏★ 孙民治★等	篮球教学训练理论与方法
东北师范大学体育学院	硕士 博士	姜立春★ 孙民治★等	篮球教学训练理论与方法
福建师范大学体育学院	硕士 博士	孙民治★	篮球教学训练理论与方法
河南大学体育学院	硕士	杨改生等	篮球教学训练理论与方法

注：★为博士导师

附录3

人民体育出版社部分篮球专业读物推荐

序号	书名	出版日期	作者
1	现代篮球训练理论与实践	1993-01	
2	篮球大辞典	1993-06	《篮球大辞典》编辑委员会
3	篮球（体育爱好者丛书）	1995-01	殷成年 袭长城
4	篮球组合技术	1995-08	王梅珍 于振峰 李经
5	篮球规则回答（1994-1998）（规则问答丛书）	1995-10	郭玉佩
6	篮球裁判600问	1996-01	郭玉佩
7	怎样打篮球	1996-02	牛钟岐 刘玉林 王文涛
8	篮球实战荟萃	1996-02	白金申
9	NBA明星教你打篮球	1996-08	[美] 克里斯·穆林
10	篮球纵横	1996-10	孙民治
11	篮球[函授]2000	1998-04	全国体育函授成教组
12	篮球裁判员手册	1999-01	郭洪宝 惠建华
13	篮球运动研究必读	1999-03	叶国雄
14	篮球竞赛裁判手册	1999-09	郭玉佩
15	少儿篮球图解	1999-12	李鸿江
16	篮球技术指导	2000-02	武国政
17	从小打篮球	2000-06	黄频捷 胡晓刚
18	篮球运动高级教程	2000-10	孙民治、刘玉林等
19	篮球基本战术	2000-10	王梅珍
20	篮球技战术阶梯训练法	2000-12	李宇载
21	奥林匹克篮球	2001-06	俞继英
22	篮球（中国体育教练员岗位培训教材）	2001-06	孙民治 李方膺等
23	篮球运动教程（一版）	2001-08	孙民治 刘玉林等

（续表）

序号	书名	出版日期	作者
25	篮球两周通	2001-08	吴从斌
26	篮球对抗技术	2001-11	于振峰等
27	篮球裁判员专业英语	2002-01	闫育东
28	篮球3对3比赛技巧	2002-02	王梅珍
29	篮球基本技术	2002-08	王梅珍
30	篮球运动教学训练试题解答	2003-03	孙民治等
31	篮球教练员成功之道	2004-03	鲍勃·希尔［美］
32	篮球策应技术与训练	2004-05	裴博儒［美］
33	女子篮球训练101例	2004-06	特里萨·格伦茨［美］
34	篮球进攻技术训练	2004-07	仓石平［日］
35	现代篮球高级教程	2004-08	孙民治等
36	现代篮球运动教学与训练	2004-10	孙民治等
37	篮球训练计划精选	2004-10	鲍勃·默里［美］
38	篮球界外球训练101例	2004-10	乔治·卡尔［美］
39	乔丹篮球宝典.卷一.彩虹七剑篇	2004-10	肯特
40	乔丹篮球宝典.卷二.降龙八掌篇	2005-12	肯特
41	新中国篮球运动发展史	2004-11	王家宏 孙民治 于振峰等
42	篮球进攻训练101例	2004-12	乔治·卡尔［美］
43	青少年篮球训练110法	2005-03	裴博儒［美］
44	篮球防守101例	2005-03	乔治·卡尔［美］
45	简明篮球规则图解	2005-04	北原宪彦［日］
46	街头花式篮球	2005-09	毕仲春等
47	现代篮球训练方法新探	2005-10	唐煜章
48	打篮球学绝招	2005-12	王闻涛
49	美国篮球移动进攻战术精解	2005-12	哈里·哈金斯［美］
50	现代篮球教学	2005-12	于振峰
51	青少年篮球意识训练	2006-01	谢泽新
52	现代篮球运动研究	2006-01	刘玉林等
53	制胜篮球——篮球进攻技术与训练	2006-01	拉尔夫·皮姆［美］
54	篮球竞赛规则裁判方法问答	2006-02	曹国义
55	达摩篮球秘笈	2006-02	肯特

（续表）

序号	书名	出版日期	作者
56	篮球系统战术	2006-06	张秀华 刘玉林
57	斗牛王——NBA超级巨星绝招穴道分析	1998-06	肯特
58	NBA50年	1999-07	张雄 徐济成
59	NBA体能训练	2005-08	孙欢
60	篮板球训练101例	2004-01	乔治·卡尔［美］
61	篮球运动规程（二版）	2007-02	孙民治等

参 考 文 献

1. 王世安，等. 篮球体育学院普修教材. 北京：人民体育出版社，1992.
2. 王世安，等. 体育学院专修教材. 北京：人民体育出版社，1991.
3. 孙民治，等. 篮球运动高级教程. 北京：人民体育出版社，2000.
4. 汤铭新. 我国参加奥运会沧桑史. 中国台北奥委会.
5. 汤铭新. 篮球进阶训练. 中国台湾篮球协会，1993.
6. 大韩笼球协会. 笼球训练八十年. 汉城：信友文化社，1989.
7. 姜登荣，杨桦，等. 篮球运动的起源和初期发展. 成都体育学院学报，1989（3）.
8. 杨桦，等. 现代篮球战术. 成都：成都电子科技大学出版社，1997.
9. 杨桦，等. 论篮球运动本质特征及发展趋向. 成都体育学院学报，2001（4）.
10. 杨桦，等. 篮球战术创新理论. 成都体育学院学报，1982.
11. 叶国雄，等. 篮球运动研究必读. 北京：人民体育出版社，1999.
12. 孙民治. 篮球纵横. 北京：人民体育出版社，1996.
13. 张月英，等. 篮球专修课的组织与教法. 北京：人民体育出版社，2005.
14. 李杰凯. 关于改革我国篮球教材现行技术分类体系的探讨. 北京体育大学学报，1995，18（1）.
15. 李杰凯. 论现代体育教学观及其教学模式. 沈阳体育学院学报，1996，13（2）.
16. 李杰凯. 体育教学原理与教学模式. 沈阳：辽宁教育出版社，1996.
17. 北京体育科学学会. 教练员训练指南. 第1版. 北京：人民体育出版社，1992.
18. 田麦久. 论运动训练计划. 第1版. 北京：北京体育大学出版社，1999.
19. 陈树华，许永刚. 篮球运动训练理论与方法. 第1版. 广州：广东高等教育出版社，2000.
20. 徐本力. 运动训练学. 第1版. 济南：山东教育出版社，1990.
21. 韩冬，等. 体育管理学. 北京：人民体育出版社，1996.
22. 刘建和，等. 运动竞赛学. 成都：四川教育出版社，1990.
23. 沈文益，等. 世界篮球与NBA. 北京：旅游出版社，1993.

24. 《篮球大辞典》编辑委员会. 篮球大辞典. 北京：人民体育出版社，1993.
25. 王世安. 篮球. 北京：北京体育大学出版社，1998.
26. 李辅材，等. 中国篮球运动史. 武汉：武汉出版社，1991.
27. 李颖川，等. 新视角下的篮球文化内涵与趋势的再研究. 北京体育大学学报，2006（6）.
28. 李颖川，等. 中国普通高校高水平篮球队现状与发展对策. 成都体育学院学报，1999（2）.
29. 孙民治，等. 现代篮球高级教程. 北京：人民体育出版社，2004.
30. 孙民治，等. 现代篮球教学与训练. 北京：人民体育出版社，2004.
31. 孙民治，等. 球类运动——篮球. 第3版. 北京：人民体育出版社，2001.
32. 王家宏，等. 球类运动——篮球. 新版. 北京：高等教育出版社，2005.
33. 王家宏，等. 新中国篮球运动史. 北京：人民体育出版社，2004.
34. 于振峰，等. 篮球对抗技术. 北京：人民体育出版社，2001.
35. 于振峰，等. 篮球. 桂林：广西师范大学出版社，2000.
36. 刘玉林，等. 现代篮球技术教学与训练. 北京：北京体育大学出版社，1992.
37. 刘玉林，等. 现代篮球运动研究. 北京：人民体育出版社，2006.
38. 孙民治，等. 篮球——教练员岗位培训教材. 北京：人民体育出版社，2001.
39. 孙民治，等. 篮球运动教程. 第1版. 北京：人民体育出版社，2001.
40. 叶国雄，等. 论我国篮球教材技术分类的新体系. 上海体育学院学报，1995（5）.
41. 王守恒，等. 篮球防守技术概念注释. 首都体育学院学报，2003（4）.
42. 王守恒，等. 中国女篮防守技、战术能力评定指标体系与评定方法的理论研究. 首都体育学院学报，2006（1）.
43. 王守恒，等. 美国职业篮球俱乐部发展及借鉴. 北京体育师范学院学报，1999（9）.
44. 于振峰，等. 篮球战术创新原理新探. 成都体育学院学报，2005（1）.
45. 于振峰，等. 中国篮球竞技后备人才现状调查与培养对策. 体育学刊，2002（9）.
46. 王家宏，等. 新中国学校篮球运动的发展历程. 体育学刊，2004（1）.
47. 王家宏，等. 新中国群众篮球发展史学研究. 体育文化导刊，2003（9）.

48. 袁伟民. 我的执教之道. 北京：人民体育出版社，1986.
49. 池建. 发展中的北京体育大学研究生教育. 北京体育大学学报，2005（3）.
50. 谭朕斌. 篮球运动的高度与速度均衡规律. 山东体育学院学报，2004（3）.
51. 陈钧. 篮球职业化概念的界定. 体育学刊，2002（4）.
52. 陈钧. 美国篮球职业化的起因、发展、启示. 西安体育学院学报，2002（10）.
53. 赵晶，等. 我国篮球训练组织系统的优化配置研究. 广州体育学院学报，2005（2）.
54. 孙民治，等. 我国篮球训练指导思想与技术特点、战术风格的研究. 广州体育学院学报，2005（2）.
55. 孙民治，李颖川，等. 篮球运动教学训练试题解答. 北京：人民体育出版社，2001.
56. 孙义良. 篮球基本技术训练及其质量研究. 武汉体育学院学报，2002（11）.
57. 白金申. 篮球实践荟萃. 一、二册. 北京：人民体育出版社，1995—1996.
58. 黄汉升. 体育教育训练学高级教程. 桂林：广西师范大学出版社，2003.
59. 王秀卿，等. 研究生教育概论（修订本）. 北京：北京理工大学出版社，2001.
60. 裴博儒. 青少年篮球训练110法. 张云涛，译. 北京：人民体育出版社，2004.
61. 鲍勃·希尔. 篮球教练员成功之道. 谭朕斌，译. 北京：人民体育出版社，2004.
62. 裴博儒. 篮球策应技术与训练. 张云涛，译. 北京：人民体育出版社，2003.
63. 中国篮球协会. 篮球竞赛规则与裁判法. 北京：人民体育出版社，2003—2005.
64. 郭玉佩. 篮球竞赛裁判手册. 北京：人民体育出版社，1999.
65. 杰里·克劳斯. 篮球双语教学. 陈钧，译. 北京：北京体育大学出版社，2005.
66. 埃利奥特·卡尔布. 谁更好，谁更强——NBA球星华山论剑. 承相，等，译. 北京：人民体育出版社，2006.
67. 唐煜章. 现代篮球训练方法新探. 北京：人民体育出版社，2005.
68. 哈里·哈金斯，等. 美国篮球移动进攻战术精解. 武国政，译. 北京：人民体育出版社，2005.
69. 张雄，等. NBA50年. 北京：人民体育出版社，1999.
70. 闫育东. 篮球裁判员专业英语. 北京：人民体育出版社，2004.

扫码观看本书视频

进攻技术

防守技术

进攻战术配合

防守战术配合